변화를
경영하다

변화를 경영하다

혁신의
생태학
시리즈 1

오춘백 지음

작은 웅덩이에 머물 것인가, 거대한 강물로 흐를 것인가?
변화를 탐구하고, 변화에 대응하며, 변화를 기회로 이용한다!

W미디어

Contents

변화와 혁신, 천천히 서둘러라

1. 에피소드 하나

내가 왜 그런 말도 안 되는 아집을 부렸는지 모르겠다. 2003년에 영국으로 유학을 갔었는데, 담당교수와의 첫 미팅에서, 일단 논문 제목과 읽어야 할 책 리스트를 정하라는 것이 아닌가? 공대 출신인 내게는 굉장히 어색한 일이 아닐 수 없었다. 책에 나오는 공식을 (이 해하기보다는) 외워서 퀴즈, 중간, 기말고사를 잘 보면 공부를 잘한다고 그동안 생각했었으니 말이다.

게다가 책을 읽으면서 (그것도 영어로 된 책을) 좋은 문구나 구절이 있으면 PC에 계속 저장을 해놓으라는 것이다. 이를 토대로 나의 생각이나 아이디어를 더해서 논문을 써야지만 졸업이 된다는 것이었다. 있는 내용을 요약해서 파워포인트로 멋지게 만들어 프레젠테이션하고 이에 대해서 임원진의 동의를 얻으면 이를 (실행방안, 실행계획 등으로 불린다) 현장에 구현하는 게 일의 전부라고 생각했던 나에게는 황당한 주문이었다. 요약은 잘 할 수 있겠는데, 요약된 내용과 책에 있는 내용을 적절히 풀어서 제대로 논리에 맞게 구성하고 나의 생각과 일종의 화학반응을 일으켜 구체적으로 제시해야 했기 때문이다.

또한 나중에 논의하겠지만 경영혁신기획, TPM, SPC, Six Sigma 등은 내가 최고라는 자부심(곧 자만심으로 밝혀졌지만)을 갖고 있었는데 이를 아예 무시하고, 관련된 참고문헌을 철저히 조사하여 내가 원하는 논문에 맞게 논리를 제시하라는 것이었다. 아니, 나의 아이디어를 좀 더 구체화하기 위해서 유학을 왔는데, 다른 사람의 아이디어를 토대로 전개하라니 처음에는 하나부터 열까지 모두 이해할 수 없는 것들이었다. 비록 어떤 회사에서 처음 적용되었을지라도 분명히 그와 유사한 성공담, 실패담이 있을 수 있으니 이를 토대로 본인이 전개하려는 논리를 튼튼히 하라는 주문이었던 것이다. 하늘 아래 새로운 것은 하나도 없다는 평범한 진리를 나의 만용이 벽처럼 막고 있었다. 요약하는 것도 중요하지만, 기존의 이론과 논리를 '책'이나 '논문'의 형태로 구성하는 것도 창의적, 논리적, 분석적 사고를 향상시키는 데 굉장히 중요하다는 것을 30대 중반이 되어서야 알게 된 것이다.

2. 에피소드 둘

개인적으로 음악 듣는 것을 굉장히 좋아한다. 요즘은 이런 저런 이유로 일부러라도 클래식 음악을 듣기 위해 노력하지만 내가 좋아하는 스타일은 아닌 것 같다. 또한 요즘 젊은 세대에서 유행하는 힙

합이나 댄스 음악도 생경하기는 마찬가지이다. 예전부터 들어왔던 재즈나 록이 40대 중반을 넘어선 지금도 나에게는 가장 듣기 좋은, 가장 편안한 음악이다. 자면서도 헤비메탈을 듣는다면 내가 얼마나 이 계열의 음악을 좋아하는지 이해가 되실지 모르겠다. 이러한 음악을 하는 아티스트나 밴드 중에서도 음악적으로 좀 더 깊이 있는 '변화'를 추구하는 아티스트나 밴드를 특히 좋아하는 편이다. 많이 있지만 각각 하나씩만 예로 든다면 재즈에서는 누구나 좋아하는 마일스 데이비스Miles Davis가 있고, 록 음악 분야에서는 스웨덴 출신의 오페스Opeth라는 그룹을 들 수 있다.

마일스 데이비스는 트럼펫 연주자로도 일가를 이루었지만, 특히 재즈를 춤추는 데 사용되는 음악(빅밴드 음악이라고 보통 말하기도 한다)에서 예술적인 경지로 이끄는 데 주요한 역할을 하게 된다. 독자 여러분에게는 생소할지 모르겠지만 쿨이나 비밥 그리고 퓨전재즈로 이어지는 기나긴 재즈 음악 스타일의 '변화'에는 언제나 마일스 데이비스가 그 중심에 있었던 것이다. 또한 그의 음악은 나 같은 문외한에게도 귀에 착착 달라붙는 매력이 있다.

20세기 전체를 관통하면서 대중음악의 '변화'에 큰 이정표를 남긴 마일스 데이비스와 비교할 수는 없겠지만, 익스트림 메탈에서 프로그레시브 메탈 그리고 현재는 프로그레시브 록으로 좀 더 깊이 있는 음악적 '변화'를 추구하는 오페스 또한 내가 매우 좋아하는 밴드이다. 그들 특유의 서사적 구성과 음울한 멜로디 라인은 나로 하여금 그들에게 푹 빠지게 만드는 결정적 요소가 아닌가 생각된다.

allmusic.com이라는 웹사이트가 있다. 전 세계 모든 음악[1]을 다루는 음악에 관한한 최고, 최대의 웹사이트라 할 수 있는데, 별점을 주는 형식으로 각 앨범에 대한 평가를 하고 있다. 헤비메탈처럼 매니아 계층이 선호하는 음악에 대해서는 조금 박하게 평가하는 편인데도, 오페스만큼은 평론가나 그들의 팬들로부터 탄탄한 지지를 받고 있는 것이다. '변화'를 꾀했으되 진정한 '품격'과 제대로 된 '방향성'을 가지고 있었기 때문이다.

3. 에피소드 셋

'페스티나 렌테festina lente.' 사실 내가 처음 이 단어를 접한 것은 이어령의 책 《젊음의 탄생》을 통해서였다. 이 책을 보면 이런 대목이 나온다.

> 베스파시아누스 황제의 초상이 그려진 동전 뒤에는 닻과 돌고래의 모양이 새겨져 있었는데, 그것은 "천천히 서둘러라"는 아우구스투스의 좌우명을 로고로 만든 것이라고 합니다. 그리고 르네상스 시대에는 닻과 돌고래의 아이콘이 여러 지식인들 사이에 널리 퍼져 있었지요. 무거운 닻은 배의 안전을 의미하고, 돌고래는 파도를 가르고 재빨리 헤엄치는 속도의 상징입니다. 그래서 돌고래가 닻을 감고 있는 모양은 바로 천천히 신중하게, 그러나 민첩하게 움직이라는 아이콘이 되는 것이지요. 일정한 속도를 유지하며 듬직하게 기회를 기다리고 마침내 기회가 왔을 때에는 돌고래의 추진력을 발휘하라는 메시지인 것입니다.[2]

이 문장을 처음 접한 순간 나도 모르게 "아하! 이게 변화와 혁신을 나타내는 최적의 문구이구나!"라는 감탄을 한 적이 있다.

L사에 근무할 당시 경영혁신실장께서 농담반 진담반으로 항상 일을 "대충 철저히" 하기를 주문하시곤 했다. 이것도 어떤 의미에서는 페스티나 렌테festina lente의 정신과 일맥상통한다고 볼 수 있다. 경영혁신을 추진하다보면 일을 급히 서둘러야 할 때가 있고, 상황을 예의 주시하면서 천천히 기회가 포착되기를 기다려야 하는 때가 항상 공존하고 있는 것이다. 사람을 변화시키고 시스템을 혁신한다는 것이 급하게 서두른다고 결코 되는 것도 아니고, 또한 마냥 나를 기다려주지도 않는 아주 복잡 미묘한, 살아있는 유기체와 같은 것이다. 변화와 혁신은 '천천히 서둘러야' 하는 대상이자 '따로 또 같이' 해야 하는 활동인 것이다. 그렇다. 변화와 혁신은 따로 논할 수가 없다. 변화 또는 변화관리는 다소 소프트한 측면을, 혁신 또는 경영혁신은 조금은 무겁고 딱딱한 측면이 없지 않아 있지만, 의미상으로 서로 같을 뿐만 아니라 실제적으로 현업에서 사용할 때에도 거의 비슷한 맥락으로 사용하기 때문이다. 필요충분조건인 것이다.

호아킴 데 포사다와 엘런 싱어가 쓴 《마시멜로 이야기》에는 이런 구절이 나온다. "아프리카에서는 매일 아침 가젤 영양이 잠에서 깬다. 가젤 영양은 가장 빠른 사자보다 더 빨리 뛰지 않으면 잡아먹힌다는 것을 안다. 아프리카에서는 매일 아침 사자가 잠에서 깬다. 사자는 가장 느린 가젤 영양보다 더 빨리 뛰지 않으면 굶어 죽으리란 것을 안다. 태양이 떠오르면 뛰어야 한다."[3] 살아남기 위해서 가젤은 매일 남들보다 더 빨리 변해야 하고, 매일매일 새로워져야 하는 것이다.

이는 단지 아프리카의 초원에서만 일어나는 일이 아닐 것이다. 지금 현재, 우리가 사는 이곳에서 매일 일어나는 일인 것이다. 이런 의미에서 이제 우리들은 변화하느냐, 변화하지 않느냐가 아니라 누가 더 빨리 변화하느냐 하는 '변화속도 경쟁의 시대'에 진입했다고 해도 과언이 아니다.

좀 더 의미를 확장해보자. 대부분의 기업들은 위대한 기업, 지속 가능한 사업을 구현하기 위해 노력하고 있다. 이러한 상황 속에서 환경변화에 대한 대응, 즉 '변화와 혁신'은 그 무엇보다 중요한 화두로 부각되고 있다. 이는 비단 경영에만 국한되지 않는다. 최근에는 정치권에서도 여야를 막론하고 모든 정치인들이 '변화와 혁신'을 외치고 있음을 여러분은 쉽게 볼 수 있을 것이다. 각 정당의 슬로건에 언제부터인가 '변화'나 '혁신'이 한가운데 자리 잡고 있다. 마찬가지로 최근에 와서 국내 유수의 기업치고 변화와 혁신을 슬로건으로 내걸지 않은 기업을 찾아볼 수가 없다. 국내 그룹 최고경영자들은 매년 초에 신년사를 내놓고 있는데 여기에 단골로 등장하는 단어가 바로 '변화'와 '혁신'이다. 이처럼 변화와 혁신은 생존을 위한 필수불가결한 요소로 인식되고 있는 것이다.

그렇다면 기업이나 공공기관, 대학교 등에서 경영혁신을 담당하는 직원들이나 전사적 경영혁신의 울타리 안에서 움직이는 모든 사람들은 도대체 무얼 어떻게 해야 한단 말인가? 시중에는 기법 중심의 경영혁신 담론談論, 소위 경영의 구루들이 제시하는 각종 대안이 마구 쏟아지지만 정작 혁신 담당자나 혁신을 실천하고자 하는 이들이 궁금해 하는 부분을 바로바로 해결해주는 사례는 찾아보기 어렵다. 이는 경영혁신을 업으로 삼고 있는 컨설턴트도 마찬가지이다. 특정 기법에 있어서만큼은 전문가적 자질이 풍부한 사람들로 차고 넘치지만 현업의 고충을 충분히 헤아리고 이를 성과와 연계시키는 '산파' 역할을 충실히 해내는 사람은 찾아보기 어려운 실정이다.

이에 필자는 지난 20년간 현장에서 직접 뛰어보고 컨설팅을 통해서 머리와 발로 경험한 내용을 바탕으로 이 책을 정리하였다. 경영혁신 기법이나 변화관리 활동 중 어느 한 쪽에만 치우치지 않고, 경영혁신을 하면서 반드시 알아두어야 한다고 생각하는 내용을 최적으로 구조화하여 이 책을 통하여 제시하고자 한다. 기존의 경영혁신이나 변화관리 관련 서적들이 구름 위에서 노는 듯한 느낌이 들고 바로 현업에 적용하기에는 어렵다, 무겁다는 평이 대부분이었다. 현장에서 교육을 하거나 과제를 지도하게 되면 항상 받는 질문이기도 하다. 특히 (곰곰이 들여다보고 연구해보면 훌륭한 사례이지만) 사례들이 자국(특히 미국) 중심으로 되어 있어 우리 실정과 간혹 맞지 않은 경우가 발생한다. 선뜻 적용하기가 쉽지 않다는 말이다.

따라서 이러한 문제점을 극복하고자 현실의 땅에 굳건히 발을 딛고 현실의 문제를 적극적으로 재해석하여 극복하는 길을 같이 고민하고 제시하는 계기가 되길 바라는 마음에서 이 책을 구성하게 되었다. 이 책은 전작인 《MBB BB를 위한 Six Sigma Bible(운영편)》을 쓰면서 아쉬웠던 부분을 집중적으로 보강하고 '변화와 혁신'이라는 관점에서 전체적인 균형을 맞춤과 동시에 경영혁신의 현장에서 실무자들이 가장 아쉬워하는 실질적인 사례를 많이 포함하고 있다.

변화의 역동성, 변화의 지속적 추구, 외부 환경변화에 대한 적극적이고 선행적 대응이 기업 성장의 지름길이라는 것은 이미 널리 알려진 사실이다. 하지만 이러한 역동성, 적극성은 관리와 조절이 필요하며 긍정적인 총합이 필요하다. 기업을 운영하면서 현실에서 맞부딪치게 되는 다양한 변화의 상황에 적극적으로 대응하기 위한 방법론이 필요한 것이다. 따라서 이 책에서는 변화관리의 의미와 방법론을 이론적으로 살펴보고 필자의 경험과 노하우를 담아서 업무의 현장에서 가장 필요로 하는 최적의 방향을 제시하고자 하였다.

필자의 개인적인 바람이 있다면 그동안의 지식과 경험을 정리하여 고민을 같이 하는 독자 여러분들과 나누고 싶다는 것이다. 「혁신의 생태학」 시리즈가 바로 그것이다. 필자가 생각하는 혁신의 생태계는 [그림 1]과 같이 표현할 수 있겠다. 지금 여기서 여러분이 보고 있는 「변화관리」 분야를 포함하여, 「혁신 전략」, 「진단 및 평가」, 「사례집」 등도 컨설팅을 진행하다 보면 항상 기업에 있는 분들에게 가장 많이 요청받는 분야이다. 이와 더불어 책으로 정리하는 과정에 약간의 수정이 있을 수 있겠지만, 경영활동이나 사업을 하면서 반드시 맞닥뜨리게 되는 핵심 개념인 「정의Concept」,4 「프로세스」, 문제를 해결하는데 긴요한 「사고思考뭉치들」 그리고 「통계적 문제해결의 민낯」 등도 좀 더 깊이 있게 다뤄볼 생각이다. 독자 여러분의 많은 호응을 바라는 바이다.

이 책에서는 우선 그 첫 번째 여정으로 「변화를 경영하다」를 소개하고자 한다. 그동안 경영혁신을 추진하면서 중요하게 여겨왔지만 정작 실체적인 접근이 어려웠던 변화관리 분야에 대해 이론과 실무를 최적으로 조합하였고, 생생한 현장의 사례를 많이 싣고 있다.

[그림 1] 혁신의 생태계

먼저 제1장에서는 「왜 변화, 변화관리인가」에 대해서 다루고 있다. 변화의 원래적 의미와 경영환경에서 변화관리의 필요성을 상세히 다루고 있다. 제2장 「변화관리란 무엇인가」에서는 변화관리의 역할에 중점을 두고 사례와 이론을 접목하여 여러분에게 제공하고자 구성하였다. 「변화관리의 장애요소 및 해결방안」은 제3장의 핵심적인 부분이다. 기업 또는 사회에서 변화의 바람이 불어 닥치면 반드시 있게 마련인 갈등과 저항을 세세히 살펴보고 어떻게 하면 이를 슬기롭게 극복할 수 있을지 같이 고민해보는 시간을 갖도록 하겠다. 제4장은 필자가 이야기하고 싶은 부분이기도 하다. 20세기 중반 이후 사회학, 심리학, 조직행동학, 경영학 등을 통해 제시되어온 대표적인 「변화관리 추진 모델」을 좀 더 깊이 있게 정리하였다. 아울러 필자가 그동안의 현업 경험과 컨설팅 경험을 토대로 정리한 모델을 제시하고 이를 상세히 여러분에게 보여주고 있다. 제5장부터 제9장까지는 필자가 제안하는 변화관리 추진 모델의 구성요소를 필자의 경험과 다양한 성공, 실패 사례를 토대로 여러분에게 상세히 전해드리고자 한다. 부디 독자 여러분의 많은 지도와 편달이 있기를 바란다.

요즈음에도 종종 존경하는 사람이 누구냐는 질문을 듣곤 한다. 어렸을 때에는 이러한 질문을 받게 되면 한번쯤은 곰곰이 생각해보기도 하였지만, 지금은 '글쎄, 존경하는 사람이 누구였지?' 하는 고민을 한참 하게 된다. 내가 세파에 너무 찌들어 무뎌졌거나, 아니면 진짜 존경할 만한 인물이 없는지도 모르겠다. 그럼에도 불구하고 굳이 존경하는 인물을 꼽으라고 한다면 가끔 다산 정약용을 생각해보게 된다. 위대한 지식인이자, 사상 최고의 편집자라는 생각이 종종 들기 때문이다. 이 책도 저명한 학자들과 현장에서 열정적으로 일하시는 분들의 생각과 고민을 잠시 빌려 왔다고 생각한다. 이를 다듬고 필자의 생각과 경험을 더해 필요로 하는 분들과 나누고 싶은 마음에 거칠고, 조야粗野하지만 여러분들에게 이렇게 내놓게 되었다. 일일이 찾아뵙고 경위에 대해 설명을 드려야 하지만 한편으로는 일면식이 없는 분들도 있고,[5] 시간이 여의치 않아 찾아뵙지 못한 분들도 계시다. 이 자리를 통해 모든 분들께 진심으로 양해를 구하고 감사의 마음을 전하는 바이다. 이 분들의 혜안이 없었다면 변화와 혁신을 논의하면서 반드시 알아야 할 것들을 이처럼 의미 있게 정리할 수 없었을 것이다.

아무래도 이 자리를 통해 아내 안수정과 딸 오태경에게 다시 한 번 고마운 마음을 전해야 할 것 같다. 태경이 덕분에 『원령공주』, 『센과 치히로의 행방불명』, 『바람계곡의 나우시카』, 『하울의 움직이는 성』과 같은 명작 만화영화를 '변화와 혁신'이라는 관점에서 다시 볼 수 있게 되었으니 말이다. 또한 아내 안수정이 지난 연말 감기에 걸려 새벽에 잠을 못자고 뒤척이는 바람에 나도 덩달아 깨어서 다운받아 놓았던 『미생』을 모두 볼 수 있게 되었다. 오랜만에 본 감동적인 드라마였다. 이것이 촉매가 되어 그동안 묵혀 두었던 이 책의 원고를 다시 쳐다볼 수 있게 되었다. 마지막으로, 보잘 것 없는 원고를 책의 형태로 만들어 주고, 시리즈에 대해서 가치 있는 작업이 될 수 있도록 독려를 아끼지 않는 W미디어의 박영발 대표에게도 진심으로 감사의 말씀을 전한다.

이 책에서는 여러 학자 및 경영자들의 다양한 연구논문과 저서들을 많이 참고하였다. 참고한 책은 《 》로 표시하였고, 논문, 신문, 잡지는 〈 〉, 영화나 드라마는 『 』로 표시하였다. 제시된 사례는 (책, 논문, 영화, 드라마 등의 사례를 제외한) 사실에 기반을 두었으나, 여러 가지 사정상 일부 허구적인 내용이 있음을 미리 밝혀두는 바이다. 또한 이름을 거론할 때에는 책, 논문, 신문기사 등을 통하여 공론화되지 않은 경우 가명이나 익명으로 처리하였다. 아무쪼록 이 책이 공공기관, 기업, 대학교의 현장에서 변화와 혁신을 통해 개인과 조직이 변하고, 나아가서는 조직의 성과를 극대화하는데 있어서 작으나마 도움이 되기를 바라며 변화와 혁신을 위한 여정을 시작한다.

제1장

왜 변화, 변화관리인가?

(그리고 보다 나은 전투 전략의 필요성)

일반적으로 사람들은 지금의 상태를 바꾸는데 드는 비용은
적고, 편익은 상당히 크더라도 현상유지를 포기하고 변화를
택할 가능성은 희박하나.[1]

　10여 년 전에 내가 유학을 간 곳은 영국 중남부에 위치한 워릭
대학교Warwick University였다. 이곳에서 〈Warwick Manufacturing
Group〉이라고 하는 일종의 '테크노 MBA 과정'에 입학하였다. 이 학
교에서는 적극적으로 유학생을 유치하기 위해 세계적인 마케팅 활동
을 펼쳤고, 주로 개발도상국에서 많은 유학생들이 왔었던 것으로 기
억된다. 중국, 태국, 터키는 물론이고 남미의 멕시코, 베네수엘라,
아프리카의 우간다 등에서도 유학생들이 물밀듯이 밀려왔었다.
　나 또한 여러 대학을 모색해본 결과 워릭대학교의 이 과정이 가장
전망이 밝다는 생각을 굳히고 유학을 결심하였다. 석사 논문의 주제
는 현업에서의 경험을 바탕으로 Six Sigma, TPM 등의 방법론을 최
적으로 접목하여 강건한 프로세스를 운영하자는 취지로 방향을 잡았
었다. 그런데 세계 각국에서 온 유학생 중 베네수엘라에서 온 친구

(물론 띠 동갑인 친구였지만)가 자기는 변화관리를 주제로 한다지 않는가? 아니, 그때까지 내가 알고 있는 변화관리는 현장에서 분위기를 다잡기 위해 매년 연례행사처럼 "으쌰으쌰!" 하는 캠페인이나 보여주기용 교육이 전부라고 알고 있었는데 멀리까지 유학 온 친구가 이걸 주제로 무얼, 어떻게 풀어나가겠다는 건지 감이 오질 않았었다. 나의 무지가 드러나는 순간이었다.

이수 과목 중에 마침 정보 전략과 관련된 과목이 있어서 변화관리에 대한 에세이를 쓸 기회가 생겼다.[2] 그런데 이 때 도서관에서 찾아본 변화관리 관련 서적은 그 때 한창 세계적인 붐을 일으키고 있던 식스 시그마보다 규모나 질적인 측면에서 훨씬 많은 게 아닌가? 내가 알고 있었던 변화관리는 전체 큰 그림의 매우 지엽적인 부분이었던 것이다. 뒤통수를 한 대 '쾅' 하고 얻어맞은 느낌이었다. 나름 경영혁신과 관련된 모든 분야에 대해서 많이 안다고 생각했는데, 우물 안 개구리였던 것이다.

이런 씁쓸한 기억을 뒤로 한 채 필자는 한국으로 돌아와 2000년대 중반에 컨설팅 업계에 발을 들여 놓게 되었고, 국내 유수의 자동차 부품업체에서 전사적인 경영혁신 활동의 PM Project Manager으로 컨설팅을 시작하였다. 그런데 이곳에서도 일반적인 경영혁신 패턴과는 달리 유독 변화관리를 강조하는 것이 아닌가? 한국적 상황에서는 특정한 기법이 곧 경영혁신과 동일한 이름으로 불리게 되는데,[3] 이 회사에서는 사람이 변하지 않는다면 아무리 좋은 기법을 들이밀어도 제대로 운영될 수 없다는 최고경영자의 강력한 철학이 있었던 것이다. 그래서 유학시절 전후에 경험했던 각종 사례를 통합하여 '변화관리 추진계획'을 어렵사리 결재받았고, 이를 바탕으로 열정적으로 경영혁신을 추진했던 기억이 난다. 이와 관련된 사례들은 향후 차근차근 설명해 나가겠다.

변화관리는 경영혁신과 한 몸이라 할 수 있다. 이를 나누거나 하나를 없애는 순간 경영혁신은 딱딱한 활동이 되고, 저항의 물결에 몸살을 앓게 되는 것이다. 마찬가지로 변화관리 활동만 한다면 이는 그야말로 이벤트성 활동으로 성과창출을 필요로 하는 경영혁신의 의미가 많이 후퇴하는 것이다.

따라서 본 장에서는 이처럼 중요한 변화관리 활동이 대체 무엇이고, 어떻게 추진하는 게 가장 효율적인지를 알아보고자 한다. 이와 함께 현재까지 학계나 기업에 소개된 다양한 이론과 함께 필자가 경험한 사례를 접목하여 변화관리 추진 모델을 제시할 생각이다. 여기서 제시하는 모델이 전가寶家의 보도寶刀와 같이 딱 맞는 정답일 수는 없겠지만 무엇을 어떻게 헤쳐 나가야 할지 막막한 현업 담당자에게는 곧바로 현업에서 유용하게 쓰일 수 있는 모델이 되리라 확신하는 바이다.

아무튼 필자는 이때부터 변화관리를 이론과 실무의 융합이라는 관점에서 바라보게 되었고, 보다 진지하게 현실에 적용할 수 있는 방안에 많은 관심을 가지게 되었다. 지금부터 다룰 내용은 그러한 고민의 결과물이라 할 수 있다.

1. 변화란 무엇인가?

131년 '필름 왕국' 코닥의 몰락

미국 〈월스트리트저널〉은 "수 주 내에 코닥이 파산보호 신청을 하게 될 것"이라고 보도했다. 주가가 무려 90%나 폭락해 주당 0.47달러까지 주저앉았다. 코닥의 몰락을 가져온 것은 디지털 카메라다. 그런데 디카를 처음 개발한 회사는 역설적이게도 코닥 자신이다. 그러나 이 기술로 돈을 벌지 못했다.[4]

일반적으로 '변화Change'란 기존의 어떤 상태에서 새로운 다른 상태로 바뀌는 것이라고 정의할 수 있다.[5] 즉 일하는 방법, 일상적인 사무진행 절차, 개인적인 임무, 일의 제목, 심지어는 책상이나 기계의 위치 등이 바뀌는 것이다.[6] 여기서 기존의 어떤 상태는 현재의 상태로, 새로운 다른 상태는 바라는 상태로 보는 게 좋을 것 같고, 이 기간은 일종의 과도기 상태라고 볼 수 있다. 여기서 말하는 과도기 상태라 함은 새로운 것에 대한 불안, 갈등, 스트레스, 소모적인 에너지 분출, 과거의 행동 패턴 답습 등을 동반하는 것으로, 나를 포함하여 현업에서 일하는 모든 사람들은 한번쯤 경험해 보았을 것이다. 이렇듯 변화란 '새로움을 향한 힘든 여정'인 것이다.

변화는 다윈이 《종의 기원》에서도 언급한 자연을 지배하는 원리이기도 하다. 생명의 종Species에는 강한 종, 똑똑한 종, 변화에 잘 적응한 종이 있는데, 그 중에 가장 오래된 종은 '변화에 잘 적응한 종'이다. 또한 변화는 상대적인 개념으로서 다양한 형태로 나타난다. 외형이나 내용 가운데 하나만 변화할 수 있고, 외형과 내용 모두가 변할 수도 있다. 기존의 상태보다 더 나쁜 상태로 변화할 수도 있고, 더 바람직한 방향으로 변할 수도 있다. 마찬가지로 단순히 다른 것으로 대체되는 변화일 수도 있고, 급진적으로 어떤 특성, 성능, 품질을 변화시키는 것일 수도 있다. 또한 자연적인 변화이거나 계획된 변화일 수도 있는데, 상황에 적응하기 위한 것일 수도 있고, 상황에 영향을 미치거나 통제하기 위한 것일 수도 있다.[7]

세계적으로 유명한 변화심리학의 권위자인 앤서니 라빈스는 저서 《네 안에 잠든 거인을 깨워라》에서 장기적이면서 효과적인 변화를 위해 가져야 할 세 가지 구체적인 믿음을 제시하고 있다. 즉 반드시 바뀌어야만 한다, 반드시 내가 그것을 바꾸겠다, 그리고 내가 변화시킬 수 있다는 믿음이 그것이다.[8] 변화를 두려워하여 낡은 생각과 행동의 틀 안에 갇혀 있는 사람들은 혼자 저만치 뒤에 남겨져 나만의 길을 하염없이 걸어가는 것과 같다. 변화를 기꺼이 받아들이고 세상의 변화에 열심히 적응하려는 자만이 빠른 속도로 변해가는 사회의 흐름에 뒤처지지 않을 것이다. 앞 페이지의 코닥 관련 신문기사에서 보듯이 이 힘든 여정을 잘 견뎌내지 못하게 되면 결국 변화에 뒤처지게 되고, 몰락하게 되는 것이다.

우리가 살고 있는 현재의 지식정보사회는 기존의 산업사회 대비 변화의 속도가 점점 더 빨라지고 있다. 이는 기업들의 경쟁력, 즉 현실에서 얼마나 살아남았느냐를 보면 알 수 있다. 〈포춘〉 지에서 매해 선정하는 그 해의 500대 기업을 1970년부터 2012년까지 살펴보면 고작 5개 기업만이 살아남았다. 엑손모빌, 셰브론, 제너럴모터스, 제너럴 일렉트릭(이하 GE) 그리고 포드 자동차 이렇게 5개 업체만이 40년 이상 장수를 누리고 있는 것이다.

이러한 기업들은 한결같이 끊임없는 변화와 혁신, 미래에 대한 철저한 준비, 강한 혁신조직 및 문화, 그리고 고객 지향적 사고를 특징으로 갖고 있다. 다시 말하자면 지속적으로 성장하는 기업들은 조직 내에서 유연한 변화관리가 가능하며, 이를 통해 변화하는 환경에 적응하는 능력이 매우 뛰어남을 알 수 있다. 또한 학습과 지식의 진화를 꾸준히 탐구하는 특징이 있다. 학습조직 및 지식경영의 선두에는 항상 이러한 변화적응력이 뛰어난 선진기업이 위치해 있는 것이다. 우리에게는 잭 웰치라는 탁월한 경영자와 식스 시그마 활동을 통해 널리 알려진 GE의 성장 사례에서 볼 수 있듯이 지속적인 변화와 혁신은 이제 필수불가결한 요소임에 틀림없다. GE의 경영혁신 역사는 바로 전세계 변화와 혁신의 역사에 다름 아닌 것이다.[9]

반면에, 많은 우량기업들이 도중에 쇠퇴하게 되는 원인은 여러 가지가 있겠지만, 변화를 인지하지 못하고 현재에 안주하거나 무조건적으로 전진함으로써 기업의 위기상황에서 더욱 위기에 몰리는 경우가 대부분이다. 또한 외부환경의 변화에 무관심하고, 조직이 경직되어 있으며, 인적자원의 가치를 인정하는 조직문화가 없기 때문에 창의성을 발휘할 수 없다는 특징도 아울러 함께 가지고 있다.

필자가 1990년대에 S사에 입사했을 때, 그룹 회장의 변화관리 메시지가 한국 사회에 널리 알려졌었다. "마누라와 자식만 빼고 다 바꿔라"는 말이 그 대표적인 예가 될 터인데, 신입사원인 필자에게는 여기에 더해 끊임없이 변화에 대한 교육이 있었던 기억이 난다. 모든 교육이 그렇듯이 대부분의 교육은 따분하고 재미없었음에도 불구하고, 그 중에서도 유독 아직까지 기억에 남는 그룹 회장의 어록 중 하나는 "우물 안 개구리"가 아니라 "끓는 물속의 개구리" 우화였다.[10] 지금은 누구나 다 아는 이야기지만 그 때 당시 필자에게 이보다 더 변화의 중요성을 표현하는 비유는 없었던 것 같다. 변화에 대응하지 못하면 곧 죽는다는 것 아닌가? 영국에서 유학을 마친 후, 잠시 런던에서 이 그룹 계열사에 매니저로 근무할 때 "달걀로 부화할 것인가? 아니면 프라이가 될 것인가?"를 나타내는 그림을 사내게시판에 붙여 놓은 것을 보면서 "아! 이 회사가 진정으로 끊임없이 변하기 위해 노력하는구나"라고 생각했던 적이 있다.

이러한 변화관리에 대한 우리나라 기업의 노력은 한국에 돌아와 L사에 입사해서도 여전히 느낄 수 있었다. 이 회사는 전통적으로 인화人和를 강조하는 조직문화가 있었다. 그런데 당시 회사 대표가 '강한 실행력'과 함께 '혁신 10계명'[11]을 제창하면서 그 전과는 전혀 다른 조직 분위기를 형성하고 있었다. 경쟁사를 압도하는 분위기와 잘 할 수 있다는 자신감이 넘쳐나고 있었던 것이다.

이처럼 현대의 기업이나 공공조직은 변화하는 환경 속에서 그 목표달성을 위하여 부단히 변화에 적응해 나가지 않으면 안 되는 체제이다.[12] 그런데 이렇게 국내 유수의 대기업에서 경영혁신 활동의 일환으로 지속적으로 변화관리를 강조함에도 불구하고 왜 여전히 변화는 힘들고 어려운 대상일까? 무엇이 미흡한 부분일까? 회사나 개인은 기업의 영속과 개인의 역량 강화 그리고 지속적 발전을 위해 어떻게 해야 할까? 고민하지 않을 수 없는 문제였다.

2. 변화의 어려움

"벽이 있다는 것은 다 이유가 있다. 벽은 우리가 무언가를 얼마나 진정으로 원하는지 가르쳐준다. 무언가를 간절히 바라지 않는 사람은 그 앞에 멈춰 서라는 뜻으로 벽이 있는 것이다." 시한부 삶을 앞두고 '마지막 강의'라는 동영상으로 전 세계인들이 심금을 울린 랜디 포시 교수의 말이다.[13] 미국 속담에 '평소 알고 있던 악마가 낫다'는 말이 있다고 한다. 그만큼 사람들에게 변화를 싫어하는 보수적 본성이 있다는 뜻이다. 설사 지금 처해 있는 상황이 썩 만족스럽지 않더라도 새로운 상황으로 이동하는 것을 더 싫어한다는 뜻이다. 이런 성향이 사람들 그리고 조직이 변화하는 것을 틀어막고 있는 것이다.[14] 이처럼 조직 내에서 조직문화와 변화관리에 대한 본격적인 논의가 거의 이루어지지 않는 이유는 구성원들이 과거 관행의 변화라는 고통스러운 과정에 상당한 거부감을 갖기 때문이다.[15] 자만과 오만으로부터 비롯되는 자기 만족, 두려움과 공포에서 기인한 복지부동 및 현실 회피 행동, 분노에서 비롯된 '나를 움직이지는 못한다'고 버티는 옹고집, 그리고 비관주의적인 태도에서 비롯되는 지속적인 우유부단함이 어우러져 조직의 구성원들이 변화하지 못하게 만들고 있는 것이다.[16]

필자만 해도 그렇다. 요즘에는 중국에서 컨설팅을 할 일이 많아졌다. 당연한 이야기지만 중국에서 컨설팅을 하기 위해서는 중국어를 알아야 한다. 하지만 나는 중국어 공부에 대한 부담감, 컨설팅을 지속할 수 있을지에 대한 걱정 등으로 중국어 공부를 미루고 있었다.

처음 컨설팅을 시작할 때 중국어 공부를 동시에 시작했더라면 지금쯤 훨씬 쉬운 길을 갈 수 있었고, 중국어라는 무기를 하나 더 장착시킬 수 있었을 텐데 변화에 대한 두려움이 미래를 잠식한 결과가 된 것이다. 통렬히 반성하는 바이다. 늦었다고 판단할 때가 가장 빠르다는 생각으로 요즈음은 중국어를 열심히 공부하고 있다.

케이블 TV를 통해 방영되어 많은 인기를 얻었던 『미생』이라는 드라마가 있다. 이 드라마에 나오는 에피소드 중에 사장 이하 전체 중역을 대상으로 주인공 중 한 명인 오차장이 프레젠테이션을 하는 장면이 나온다. 무역업의 특성상 관행으로 여겨지는 활동들을 처음부터 되짚어보고 혁신적인 안을 제시하게 되는 영업3팀. 다른 팀들은 모두 관행을 건드리게 되는 영업3팀을 가소롭다는 듯, 하지만 긴장감을 가지고 쳐다보고만 있다. 어찌어찌하여 신입사원인 주인공 장그래는 문제점을 뒤집어 생각하게 되고, 떨리고 두렵지만 멋지게 프레젠테이션을 끝내고 팀장의 승진까지도 얻게 된다. 기업을 다녀봤던 입장에서 보면 이런 프레젠테이션을 할 기회가 그리 많지 않다는 게 보다 현실적이라고 할 수 있다. '관행에 대한 저항'이 멋지게 승리한 것이지만 현실에서는 참으로 고통스러운 과정일 수 있다.

조직의 변화는 대부분 조직의 내·외적 압력에 의해 이루어진다. 이러한 압력에 따른 조직변화는 조직 내부의 갈등, 소외감 등과 같은 문제를 만들어내고, 이는 또 다시 내부 압력요인으로 작용한다. 한마디로 조직변화는 어려울 수밖에 없는 것이다. 또한 외부적 압력요인으로는 경제적 조건의 변화, 기술의 변화, 법적·정치적 환경 변화, 사회적 여건의 변화, 그리고 국제정세의 변화 등이 있다. 이러한 외부요인에 따른 연쇄적 변화로서의 내부요인으로는 조직규모의 확대, 사업부제로의 직제개편 등의 구조상의 요인, 의사소통의 지연, 리더십의 비효율적 집행 등의 절차상의 요인, 그리고 대량 해고나 높은 이직률 등 행태상의 요인 등에 의해 변화가 이루어진다.[17]

요즘 기업들은 서비스 혁신, 제품 혁신을 외쳐대지만 주기적으로 혁신적인 아이디어를 내놓는다는 것이 말처럼 쉽지는 않다. 기업의 구조 자체가 혁신을 위해 탄생한 것이 아니라, 같은 일을 반복하도록 만들어졌기 때문이다. 따라서 혁신을 가르치는 일은 개에게 두 발로 걸어 다니도록 훈련을 시키는 과정과 비슷하다고 말하고 있다. 조련사가 먹이를 이용해 열심히 개에게 두 발로 서는 법을 가르쳤다 하더라도 조련사가 뒤돌아서는 순간부터 개는 다시 네 발로 서 있게 된다는 것이다. 개는 네 발 동물이지 두 발 동물이 아니기 때문이다.[18] 즉 개에게는 두 발로 서서 걸어야 하는 DNA가 없다. 다시 말하면, 변화와 혁신이라는 것은 조직의 DNA를 바꾸는 것이다. 변화와 혁신이 얼마나 어려운지를 나타내는 가장 정확한 비유라고 생각한다.

인간의 뇌는 무게로 따져봤을 때 몸 전체의 2%에 불과함에도 불구하고 가장 편안한 자세를 취하고 있을 때조차 에너지의 20%를 소모한다고 한다. 인체의 다른 중요한 장기들보다 훨씬 많은 양이다. 더구나 생각에 몰두하게 되면 뇌의 칼로리 소모량은 급속히 증대된다. 그래서 우리의 몸은 두뇌가 에너지를 최소한 사용하도록 진화되어 왔다. 그 장치의 하나가 사람들로 하여금 자연스럽게 고정관념, 즉 기존의 관행에 의존하도록 하는 것이다.[19] 개인이나 조직의 행태에도 관성의 법칙이 적용된다는 것이다. 사람들은 어떤 사물에 대해 한

번 판단하고 나면 그와 유사한 사물에 대해서는 다시 생각하거나 평가하지 않고, 거의 무의식적으로 기존의 관습을 따르려고 한다. 진화심리학자들에 따르면 이러한 무의식적인 관습은 먼 인류의 조상으로부터 생존을 위한 본능으로 이어져 내려온 것이라고 한다.

이는 습관화의 문제이기도 하다. 필자가 최근에 컨설팅하고 있는 업체는 제조의 특성상 항상 먼지가 날리고 있다. 그래서 TPM[20]이라는 혁신방법론을 채택하고 있다. 어느 회사나 마찬가지겠지만, 이 회사도 설립 초기에는 공장 내외부가 굉장히 깨끗했었는데 언제부턴가 사람들이 공장 내외부에 담배꽁초, 비닐봉지, 쓰다버린 용접봉, 장갑 등을 버리게 되었고, 어느새 이게 당연시 되어버린 것이다. 깨끗이 청소하고, 문제가 있으면 누가 먼저랄 것 없이 나서서 개선하려는 'DNA'가 생기기 전에 조직이 모두 예전의 습성으로 돌아가 버린 것이다. 다시 네 발로 걷게 되고 만 것이다.

내가 컨설팅 했던 또 다른 업체의 직원들은 업무를 처리하는 방식이 구체적이지 않고, 정량화되어 있지 않아서 굉장히 애를 먹었던 기억이 있다. 회사가 급성장하다보니 정리, 분석, 관리는 뒷전이었고 이게 관습으로 굳어진 것이다. 그러다보니 이러한 조직에 변화를 불어넣는다는 게 만만치 않았던 것이다. 오죽하면 회장이 새로운 변화관리를 위해 외국인인 한국인 관리자와 한국인 컨설턴트를 채용했을까? 그 깊은 고민이 가슴에 와 닿았다.

3. 변화관리의 필요성

기업은 일종의 사회적 유기체로서 성과 향상 또는 수익성 제고를 위해 끊임없이 변화해 나가야 하는데, 이러한 변화를 거부하거나 제때에 실행하지 못하는 경우에는 최근과 같은 급격한 경영환경의 변화 속에서 도태될 수밖에 없다.[21] 많은 기업들이 ERP나 식스 시그마, BPR^{Business Process Reengineering} 등을 전략적으로 도입함으로써 회사의 수준이나 체질을 변화시키려고 시도하지만, 금방 변화의 효과를 창출하기는 어렵다.[22]

앞에서 언급한 중국 현지 업체에서는 한국인 관리자 및 컨설턴트를 기용한 것 외에도 향후 ERP를 도입하여 일하는 방식을 혁신적으로 바꾸고자 시도하고 있다. 하지만 이러한 업무 시스템의 변화가 반드시 구성원의 변화로 이어진다고 볼 수는 없다. 구성원의 변화를 이끌어내려면 끊임없는 노력이 필요한 것이다. 그래서 ERP 등을 구축할 때에는 반드시 사전작업인 PI^{Process Innovation}와 함께 변화관리 활동을 같이 하고 있는 것이다. 그렇지 않고서는 새로운 업무체계를 제대로 운영하는데 많은 시간과 비용이 추가적으로 소요되고, 경우에 따라서는 막대한 비용을 들여 구축한 시스템이 한순간에 용도 폐기될 위험성도 있기 때문이다.

다시 말하면, 경영혁신을 추진할 때에는 단순히 기능적 측면이 아닌 조직문화 전반의 변화를 통해 효과를 극대화하는 활동이 필요하다. 경영혁신 활동은 단순히 기술적 해법만을 의미하는 것은 아니며 기업의 다양한 전략적, 실천적, 조직적 이슈를 해결하는 것으로 이해해야 한다.[23] 즉 전사적 경영혁신 활동은 다양한 이슈에 대한 기술적인 측면의 해결과 더불어 조직문화 차원의 변화관리가 더불어 수행되었을 때에만 진정한 의미가 있는 것이다. 조직이 환경변화에 대처해나가는 변화관리 방식은 조직의 다양한 변수를 중심으로 '구조', '기술' 그리고 '인간'이라는 차원을 모두 고려해야 하는 것이다.[24] 필자는 식스 시그마나 TPM 또는 TPS 등을 단순한 기술적 문제해결의 절차로 보지 않고 어디까지나 전사적인 변화를 이끌어내는 '이니셔티브'[25]라는 개념으로 받아들이고 싶다. 일종의 커다란 변화관리 프로그램인 것이다. 물론 위에서 제시한 것들이 기술적 해법을 제공하는 기법 측면에서 매우 유효한 게 사실이지만, 단순히 기법 위주로 접근하다보면 전사적인 공감대를 형성하지 못하기 때문에 일정한 시간이 흐르고 난 뒤 분명히 '혁신의 요요현상'이 발생하고 만다. 이렇게 되면 항상 나오는 말이 있다.

"에이! 우리는 항상 처음만 요란했어. 조금 있으면 조용해질 거야."
"저러다 말겠지. 또 혁신이야? 며칠이나 가나 보자."
"영업부서는 안 움직이는데 왜 우리만 자꾸 들볶는 거야!"
"재무팀과 혁신이 어울리기나 해?"
"연말에 성과가 안 좋으면 그만 두겠지."

이런 상황이 되면 방관만 하고 있던 대부분의 조직원들은 결국 '저항의 자기장' 안으로 들어오게 되고, 결국에는 아무 효과 없이 유행을 좇아 혁신을 하는 꼴이 되고 만다. 따라서 지속적으로 변화의 상

[표 1] 변화관리 성숙도 진단 예시

변화의 단계		바람직한 상태	평가 결과					
위기의식	인지	회사가 위기상황임을 인식하고 있다 경영혁신이 위기극복 활동임을 이해한다 변화관리 프로그램의 필요성을 공감한다						
당위성 전파	역량	조직에 경영혁신, 변화관리 계획이 있다 변화에 대해 직원들이 적극 의견 개진한다 변화관리 활동에 자발적 참여 의향이 있다						
공감대 형성 공감대 확산	태도	경영혁신 관련 교육을 이수한다 경영혁신 관련 과제를 수행한다 개인/조직 역량강화를 위해 학습한다						
적극적 행동 몰입	행동	리더가 솔선수범하여 변화를 이끈다 변화관리 계획에 의거 활동을 하고 있다 타인과 성공사례를 공유하고자 노력한다						

황을 관리해주는 체계적인 변화관리가 필요한 것이다. 변화관리 활동은 조직이 변화의 상황을 효과적, 효율적으로 실행해 나갈 수 있도록 지원해주고, 새로운 조건으로의 전환을 체계적으로 관리해주면서 변화와 관련된 단점을 최대한 보완하고, 좋은 점들이 완전히 실현될 수 있도록 하는 것이다. 또한 조직에 제시된 변화를 달성하

기 위하여 정확하게 무엇이 필요한지에 대한 공감대를 형성하고, 변화를 이끌어가는 과정에서의 책임이 명확히 배분되고 수용되도록 하면서, 변화가 시의적절하게 실행될 수 있는 가능성을 높여주는 활동이다. [표 1]은 필자가 국내 유수기업의 변화관리 수준을 존 코터의 변화관리 8단계와 인지, 태도, 행동의 변화라는 관점에서 평가한 결과이다. 이러한 진단을 주기적으로 실시하고, 전사적 공감대를 형성할 수 있다면 변화관리 활동의 적절한 방향을 제시할 수 있다고 생각한다.

제2장

변화관리란 무엇인가?

우리가 동일한 강물에 두 번 들어가는 것은 불가능하다. 또한
동일한 피조물을 두 번 만지고 동일한 상태로 파악하는 것도
불가능하다. 피조물은 융해되었다가 다시 합류하며, 이리로
왔다가는 다시 저리로 떠나간다. 모든 것은 흐른다.[1]

위의 인용 문장은 문학이나 철학뿐만 아니라 현대의 경영사상에
큰 영향을 끼친 헤라클레이토스(BC 540~480)가 남긴 말이다. 마지막
에 있는 "모든 것은 흐른다"는 그리스말로 판타 레이Panta rhei라고 하
는데, 헤라클레이토스의 철학에 대해 플라톤이 한마디로 정의한 것
이다. 세상에 존재하는 모든 생명체와 사물, 조직 그리고 기업들은
시간의 흐름이 가져오는 물리적이고 질적인 변화에서 자유로울 수
없다. '모든 것은 변한다'는 말만 빼고 실질적으로 모든 것은 변한다.
시간의 흐름에 따라 변화는 불가피한 것이다.

배가 항구를 출발해 새로운 신세계에 이르기까지 험한 파도와 폭
풍우를 맞게 되는 것처럼 모든 경영혁신 활동에는 예외 없이 조직의
저항이나 부정적인 반응이 나오게 마련이다. 따라서 너무나 자연스
러운 이러한 어려움을 극복하고 새로운 목적지에 이르는 길을 안내

하는 나침반이 필요하다. '변화'를 '관리'해야 하는 것이다.

변화를 관리한다는 것은 '균형의 예술'이다. 이는 다양한 변화 활동들 간의 균형, 변화와 이를 수용해야 하는 사람들의 감정과의 균형, 그리고 해당 변화 활동이 정착 되도록 하기 위해 조직 내 요소들과의 균형이 이루어져야 한다.[2]

기업들은 다양한 기법이나 시스템을 도입하여 끊임없이 경영혁신 활동을 추구한다. 기업들의 경영혁신 활동은 조직 구성원과 조직에 커다란 변화를 요구한다. 그러나 이러한 변화를 이끌어 내는 것은 정말로 쉽지 않은 일이다.

어찌 보면 경영혁신 활동을 위해 새로운 시스템을 도입하고 구현하는 것은 사실 그렇게 어려운 일이 아닐 수 있다. 정작 어려운 일은 수면 위에 떠 있는 전산 시스템 구축 작업이 아니라 수면 아래 가라앉아 있는 동기부여, 의사소통, 변화 준비 등 변화의 공감대를 만들어 가는 작업일 것이다. 조직이 진정으로 변화하기 위해서는 이러한 부분들이 바뀌어야 하기 때문이다. 이와 더불어 변화에 대한 조직의 저항이나 부정적인 반응들을 사전에 감지하고 이에 대해 적절히 조치를 취하는 것도 매우 중요한 부분이다. 기업이 경영혁신 활동을 진행하게 되면 기업의 성과 그래프는 잠시 동안 하강곡선을 그리다가 일정 시점을 기준으로 다시 상승곡선을 나타내게 된다. 이를 그림으로 나타내면 다음 페이지의 [그림 2]와 같다.

[그림 2] 변화관리 곡선

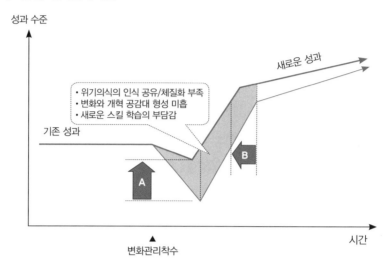

예를 들어 기업 내에서 ERP를 구축한다고 생각해보자. 변화된 프로세스와 IT 환경은 아직 구성원들에게 익숙하지 않기 때문에 일시적으로 생산성이나 성과가 떨어질 수밖에 없다([그림 2]에서 A에 해당한다). 이것이 어느 정도 안정화되면 다시 성과가 올라가고 이전의 성과보다 높은 그래프를 그리는 것이다([그림 2]에서 B 이후가 여기에 해당한다). 이러한 그래프를 머릿속에 두고 보면 변화관리의 목표는 아주 명확해진다. 이전보다 성과가 낮아지는 골의 깊이를 최소화하고(A), 이전의 성과보다 높은 성과를 나타내는 목표달성까지의 기간을 최대한 줄이며(B), 경영혁신 이후에도 지속적으로 성과 그래프가 상승곡선을 그리도록 지원하는 것이다.

1. 변화관리는 체계적으로 진행해야 한다

변화관리를 위해 먼저 알아야 하는 것은 '우리 회사는 얼마나 변화에 대한 준비가 되어 있는가' 하는 점이다. 변화에 어느 정도 준비되어 있는 기업도 있고, 그렇지 못한 기업도 있으며, 중간쯤에 위치하고 있는 기업도 있다. '변화의 준비도' 등에 대한 진단이 이 단계에서 필요한 작업이다.[3]

이렇게 변화의 기반이 되는 요소에 대한 확인 작업이 끝나면 경쟁사와 시장은 어떻게 움직이는지 그리고 우리는 현재 어떤 상황인지를 정확히 분석해야 한다. 이러한 자료는 경영기획부서나 경영관리부서로부터 받을 수 있다. 아니면 외부에서 이러한 자료를 전문적으로 다루는 사이트에 접속해서 파악할 수도 있다. 그런 다음 이 기초자료를 분석하게 된다.

다음으로는 변화관리의 추진 모델을 설정해야 한다. 즉 조직 전체의 변화 모델을 만들어야 한다는 것이다. 프로세스를 얼마나 강하게 만들 것인지, 기업 문화와 행동을 어떻게 합리적으로 변화시킬 것인가를 고민해야 한다. 필자가 컨설팅을 했던 국내 한 기업의 경우는 다음 페이지의 [그림 3]과 같은 변화관리 추진 모델을 만들었고, 이에 따른 구체적인 활동계획을 수립하여 전사적인 변화관리 활동을 수행했던 적이 있다. 혁신 마인드를 제고하는 차원에서 인지-태도-행동의 변화를 이끌어 낼 수 있는 What to do(무엇을 할 것인가?)와 How to do(어떻게 할 것인가?)에 대한 6개의 방향을 설정하고 변화관리 활동을 진행하였다.

[그림 3] 변화관리 추진 모델 예시

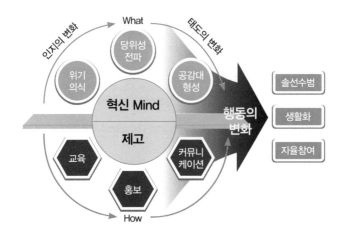

이처럼 변화의 틀이 갖춰지면 구체적인 방법론을 가지고 조직의 변화를 유도해야 한다. 이때부터 조직 차원의 리더십이나 오너십 관리 활동이 필요하게 된다. 이해관계자를 정의하고 리더십을 개발하며, 커뮤니케이션을 실행하고 필요한 경우 위기의식을 조성하기도 해야 한다. 또한 변화의 방향에 일치하도록 직무 및 조직을 설계하고, 교육을 실시해야 한다. 이러한 활동에 대한 전반적인 검토 및 모니터링이 지속적으로 이루어지면 변화를 구성원 개인의 업무로 내재화할 수 있도록 촉진할 수 있다. 여기서 중요한 것은 변화관리 자체가 목표가 되어서는 안 된다는 것이다. 변화관리는 기업의 경영혁신 활동을 보다 원활하게 하기 위해 촉진하는 역할을 한다는 점을 반드시 명심할 필요가 있다.

내가 컨설팅을 했던 한 업체에서는 혁신 주도세력의 과욕이 화를 부른 적이 있었다. 변화관리의 중요성을 너무 강조한 나머지 변화관리 활동 자체를 점수화하여 분기별로 평가를 하였다. 당연히 반발이 거셌고, 평가의 타당성에 대한 의문이 꼬리를 물고 나타났었다. 보다 심각한 문제는 본질적인 조직의 변화를 고민하는 게 아니라 '으쌰 으쌰'하는 슬로건이나 구호를 제정하고 이게 마치 변화관리의 전부인양 치부해버리는 일이 빈번히 발생했다는 것이다. 변화의 방향성을 전략적으로 설정하고 전 조직 구성원의 동참을 유도하는 것은 적절하나, 이를 수치화해서 평가를 하는 것은 심각히 고민해봐야 할 접근 방법이다.

2. 변화관리는 균형을 잡는 것이다

참으로 어렵고 힘든 부분이다. 변화관리란 말 그대로 기업에 있어 중대한 변화를 기업 성과의 향상으로 이어주는 것이다. 그러나 균형이라는 관점에서 살펴보면 한 영역의 변화는 다른 영역의 파괴를 동반할 수도 있다. 예를 들어, 내가 재직했던 회사의 경우 ERP를 구축하면서 그동안 각 부서에서 경비처리 업무를 맡아왔던 서무직원들이 일자리를 잃게 되었다. 또한 생산이나 품질부서에 효율적인 시스템이 적용되기 시작하면 그동안 정보나 기술을 이런저런 이유로 독점해오던 사람들이 고립되기도 한다.

따라서 변화관리에서 무엇보다 중요한 것은 균형이다. 이를 위해 경영자는 모든 부분의 변화 노력을 감안하여 변화관리를 균형 있게 수행해야 한다. 변화관리는 기계를 가동하거나 특정 부위가 아픈 환자를 치료하는 것과는 판이하게 다르다. 변화관리는 전사적인 균형을 잡는 것이다. 각 부분을 독립적으로 생각하는 것이 아니라, 모든 부분 간의 균형을 유지하고 상호 연결하는 것이다.

　이러한 변화의 상황 하에서 의사소통을 효과적으로 전개하는 것은 너무나 중요하다. 심지어 수천, 수만 명의 구성원들이 회사의 전략을 충분히 이해하여 적절하게 행동해야 하는 조직이라면 더더욱 경영진을 비롯한 리더들의 솔선수범과 소통 의지가 절대적으로 필요하다. 이처럼 변화관리는 변화에 수반되는 부분 간의 불균형을 어떻게 해소할 것인지, 한 요소가 변할 때 다른 요소들은 어떻게 변하는지, 그리고 변화의 순서와 속도가 전체 조직에 어떤 영향을 미치는지를 이해하는 게 무엇보다 중요하다.[4]

　균형을 잡는다는 것은 조직 구성원과의 대화, 예견되는 변화 상황에 대한 창조적이며 적극적인 대응 그리고 구성원의 감정관리 등을 모두 고려해야 함을 의미한다. 즉, 한 기업에 관련된 최고경영자와 관리자, 구성원들의 과제와 역할, 반응을 함께 고려해야 하는 것이다. 또한 변화관리를 위한 일련의 활동들을 통해 변화에 대한 태도, 변화에 능동적으로 대응하는 능력을 키워 성과향상 및 기업의 수익성 제고를 위해 구성원들이 끊임없이 자발적으로 변화해 나가야 한다.[5] 변화에 대한 적절한 대응은 조직의 성과창출과 직결되고, 대응이 적절하지 못할 경우에는 이에 따른 실패를 감내해야 할 것이다. 또한 우리가 아무리 조직 내에서 변화관리에 충실하더라도 외부적인 변화의 압력에 능동적, 역동적으로 대응하지 못하면 경영상의 큰 타격을 입을 수가 있다. 역동적인 변화의 시대에는 역동적인 변화관리

전략이 필요하다. 실행력을 갖춘 변화관리 프로그램을 만들고, 추진하여 변화에 역동적으로 대응하는 자세가 필요하다.

균형이 깨지면 조직은 저항으로 이를 표현한다. 조직의 변화활동이 원활하게 수행될 수 있도록 조직의 문화를 혁신하고, 조직 구성원의 저항을 최소화시키며, 변화된 환경에서 조직 구성원들이 적응할 수 있는 능력을 향상시키는 제반 활동을 변화관리로 정의한다면 균형을 확보하기 위해서는 변화에 대한 저항을 보다 적극적으로 관리할 필요가 있다. 예를 들면, 기업 활동을 하는 과정에서 전사적인 경영혁신 활동으로 식스 시그마 등을 도입하는 경우가 있을 수 있다. 또한 신사업 런칭에 따른 비즈니스 프로세스의 변화, M&A나 사업계획 조정 등에 의한 조직구조의 변화, 또는 ERP, 신설비, 신규공장 설립 등의 신기술 도입으로 조직 내에 변화가 발생할 경우도 조직에 커다란 변화를 가져올 수 있다. 따라서 이러한 상황을 관리한다는 것은 변화에 대한 책임과 지원을 늘리고 조직의 저항을 줄임으로써,[6] 조기에 원하는 성과에 다다를 수 있게 하는 일련의 체계적인 활동이라 할 수 있다.

3. 변화관리는 보고, 느끼고, 변화하는 일련의 과정이다

변화관리는 복잡다단하며 사람의 마음을 움직이는 과정이기 때문에 딱딱한 경영혁신 활동(특히 과제해결을 위한 경영혁신 활동)과 더불어 반드시 수행되어야 한다. 즉, 변화와 혁신을 성공적으로 이끌어

내는데 필요한 활동, 일정 및 자원을 명시한 세부적인 계획을 제대로 수립하고 반드시 지키는 과정이 포함되어야 한다. 경영혁신팀에서는 활동 전반을 통해 다양한 주제, 미팅, 교육과 훈련의 방법으로 이해관계자들을 참여시켜 혁신의 한 방향으로 전 조직원을 유도해야 한다.[7]

남가주대학교 사회심리학 교수이며, 미국 인적자원관리협회의 비즈니스 아카데미 소장으로 있는 제럴드 제리슨은 그의 책《유쾌한 변화경영》을 통하여 'J 곡선'으로 변화관리를 설명하고 있다.[8] 그는 이 책을 통하여 구성원들이 무슨 생각을 하고, 느끼고 있는지 아는 것을 팀을 효율적으로 이끄는 가장 핵심적인 요소로 정의하면서, 이를 변화에 속도를 붙이고 저항을 최소화하는 좋은 방법으로 강조하고 있다. 이러한 생각은 존 코터의《기업이 원하는 변화의 기술》에서도 발견할 수 있다. 코터는 변화관리란 '보고, 느끼고, 변화하는 과정'임을 수많은 인터뷰와 사례연구를 통해 보여준다. 변화를 위한 8단계를 제대로 수행하려면 직접 보고, 느끼는 과정이 반드시 있어야 한다는 것이다.

먼저, '보는' 단계에서는 문제를 확인하거나 문제에 대한 해결책을 밝혀 낸 다음 사람들이 이러한 변화를 일으키는 방향으로 행동하도록 돕게 해준다. 가능하면 구체적으로 변화의 방향을 보여주면 좋다. 즉, 만질 수 있거나, 느낄 수 있거나, 볼 수 있는 방식으로 변화의 방향을 보여주는 것이 바람직하다. 다음으로, '느끼는' 단계에 진입하게 되면 극적이고 생생한 시각화를 통해서 사람들의 주의를 끌고 변화를 방해하는 부정적인 감정들을 희석시킬 수 있다. 또한 시각적으로 인지함으로써 변화를 촉진하는 감정들이 생겨난다. 마지막으로, '변화'하는 과정을 통해서 아이디어와 에너지가 행동을 바꾸게 된다. 새로운 실천을 통해 조직은 변화를 슬기롭게 헤쳐 나갈 수 있는 것이다.[9]

이제 조직이 변화할 준비가 되었다면, 즉 조직의 구조와 구성원들이 변화를 각오하고 있고 변할 수 있는 능력을 가지고 있다면 다음 세 가지 조건이 필요하다.[10] 우선 조직의 리더가 존경받고 유능해야 한다. 조직 내 리더 위치에 C급이 있으면 모든 구성원들의 성과 수준을 떨어뜨리게 된다는 것은 자명한 사실이다. 성과를 중시하는 조직 문화에는 치명적인 요소이다. C급은 또 다른 C급을 양산한다. 악화는 양화를 구축하게 되고, 그들이 계속 조직 내에 남아 있게 되면 주변 사람들의 사기가 저하되는 것이다. 결국 유능한 조직원에게 조직은 매력적으로 느껴지지 않게 되고, 경영진의 상황 판단 능력에 의문을 제기하는 지경에까지 이르게 되는 것이다. 수도 없이 많은 경영혁신 실패 사례는 바로 여기에서 찾을 수 있다.

두 번째로는 구성원 각자가 변화를 시도하도록 동기를 부여받고 있다고 느껴야 한다는 것이다. 일종의 긍정적 갈등 상황이 있어야 한다는 것인데, 이는 변화를 준비하기 위해 꼭 필요한 조건이다. 일반적으로 동기 부여의 시작은 현상에 대한 불만족 상태와 더 나은 목표에 대한 열망의 차이를 인지하는 바로 그 순간이다. 실제적인 변화는 어느 정도의 불안감과 두려움, 불쾌감 등이 조직 내에 퍼져 있어야 비로소 촉발이 되고, 조직 구성원들이 변화의 시급성을 인식하게 되는 것이다. 마지막 조건은 바로 조직 그 자체에 대한 것이다. 조직은 비계층적이어야 하며, 구성원들이 협력적인 업무 수행에 익숙하면 변화를 위한 충분한 조건이 되는 것이다. 변화의 준비단계에서는 반드시 조직 내 계층 구조를 완화시키는 게 필요하다. 계층적인 지휘 통제식, 하향식 조직 구조에서 변화를 시도하는 것은 물의 흐름을 거슬러 수영하는 것만큼이나 어려울 수 있다. 어떤 회사에서는 선대 회장의 어록에서 이를 반드시 극복해야 한다고 말하고 있지만, 그러다 보면 당신은 지치게 되고, 그만큼 성공 가능성도 낮아질 수밖에 없다는 점 또한 사실이다.[11]

4. 변화관리의 역할

이처럼 변화관리 활동을 통하여 현재의 조직상황을 명확히 하고, 전사적인 경영혁신 목표달성을 위한 분위기를 조성할 수 있다. 아울러 변화에 수반되는 저항과 갈등을 극복할 수 있는 대책 수립과 활동 결과를 평가할 수 있다.[12]

이러한 변화관리의 역할을 보다 자세히 살펴보도록 하자. 먼저, 현재의 조직상황을 정확하게 파악할 수 있다. 혁신 성숙도 진단 등을 수행함으로써 경영혁신 활동과 관련된 조직과 이해관계자 및 그들의 업무적 기능과 업무수행 과정에서 나타나는 조직 문화적 행태를 파악할 수 있는 것이다. 이때 설문조사를 많이 사용하게 되는데, 설문조사는 중요한 커뮤니케이션 기회이자 수단이다. 따라서 설문조사를 실시하고자 하는 사람들은 설문조사에 대하여 자세히 알고 있어야 한다. 즉, 왜 내가 설문조사를 하려고 하는지, 조사 결과 수집된 정보는 어떤 용도로 쓸 것인지, 설문에 응한 사람들에 대한 비밀이나 익명성을 보장해줄 수 있는지, 그리고 이들에 대해 결과물을 피드백해주는 프로세스를 갖추었는지 등을 면밀히 검토해야 한다. 설문조사는 단순한 사실 조사를 위한 과정이 아닌 변화관리 프로세스의 출발점이다.

둘째, 경영혁신의 목표를 달성하기 위한 분위기를 조성할 수 있다. 즉, 혁신을 통해 달성하고자 하는 조직의 구조, 기능과 문화적 형태의 변화와 관련된 내용을 이해관계자들에게 전파하고 홍보하며, 이를 지원할 수 있는 분위기를 조성할 수 있다. 혁신 분위기를 조성하여 효과적인 방법으로 이해관계자에게 전달할 수 있다. 이때 필요한 것이 바로 변화관리 계획을 수립하는 것이다. 보통 변화관리 추진계획은 조직문화의 평가결과에 의해 수립된다. 변화관리 추진계획 내에는 전사적, 부문별로 해야 할 일이 명확히 정해져야 함은 물론이다. 즉, 홍보, 교육, 평가 및 커뮤니케이션 계획 등이 구체적이고 명시적으로 표현되어야 한다. 또한 전사 목표에 부합하는 부문별 목표를 수립하고, 부문에 대한 변화관리 비전을 확정하게 된다. 아울러 주요 이슈에 대한 우선순위를 결정하고 이슈별 실행계획을 수립해야 한다. 주요 이슈에 대한 사례는 다음 페이지의 [표 2]를 참조하기 바란다. 이 실행계획에 의거하여 문제해결팀을 구성하고 활동을 실시해야 한다. 마지막으로, 변화관리 및 성과가 개선된 부분을 어떻게 측정할지 고민하여 기준을 확립해야 한다. 지속적인 변화관리 활동을 하기 위해서는 모니터링 프로세스 수립 및 목표, 실행 계획 및 일

[표 2] 고려 가능한 이슈 예시

고려 가능한 이슈들		일반적 Follow Up

공장 전체	최고 경영진이 조직 전체에 대하여 일관된 입장을 견지하지 않는 것으로 인식됨	● 공장 운영 원칙에 합의함
		  – 단합에 도움이 되는 행동양식
		● 의식을 변화시키기 위한 아이디어 도출
		  – 직장동료 면담, 내부 회의
		● 동료 및 상급자 평가 프로세스의 수립 및 실행

	변화에 대한 조직의 준비 상태 점수 낮음	● 커뮤니케이션 프로그램 개발
		  – 변화의 필요성에 대한 근거
		  – 변화하지 않음으로써 생기는 리스크
		  – 이러한 변화가 구성원들에게 무엇을 의미하는가
		● 일선 관리자들이 커뮤니케이션 워크샵 실시

	조직의 역량에 대한 점수 낮음	● 변화관리에 성공한 기업에 대한 비디오 시청
		  – 자신감 형성
		  – 미래의 상황에 대한 긍정적인 기대감 형성
		● 교육에 대한 니즈 분석
		● 교육 프로그램 대상 설정
		● 리더십 개발

부문 관련	조직 구성원 참여 저조 업무에 대한 책임 리더십 항목의 점수 낮음	● 감독자 교육: 지시자 〉 코치 ● 필요한 경우 팀원 교육: 역량/자신감 배양 ● 주요 측정기준에 대한 책임을 팀에 부여 ● 감독자가 코치의 역할을 담당
	팀워크가 좋지 않은 것으로 나타남	● 저조한 점수에 대한 동인 진단 ● 팀 분석 ● 취약영역 문제해결을 위해 적절한 조치를 취함 ● 방향설정 미비 → 목표/책임을 명확히 함 ● 역동성 부족 → 팀 구성을 재검토, 팀 빌딩

정을 개별성과 관리계획에 통합하는 방안도 염두에 두어야 한다.

셋째, 변화에 대한 저항 및 갈등을 극복할 수 있는 대책을 수립할 수 있다. 이는 워낙 중요한 주제이다. 따라서 이 부분은 「제3장. 변화관리의 장애요소 및 해결방안」에서 보다 자세히 다루도록 하겠다.

　마지막으로, 경영혁신 및 변화관리 활동의 결과를 평가에 반영할 수 있다. 특히 경영혁신 결과를 업적평가에 반영하는 것은 조직 구성원을 움직이는 가장 큰 동인動因이기 때문에 신중하고 공평하게 설정하여 전달해야 한다.[13] 필자가 경험한 바에 의하면 혁신활동 결과를 고과에 반영하는 것만큼 경영혁신에 동참을 유도하는 효과가 컸던 방법은 없었던 것 같다. 물론 그에 따른 부작용도 없지 않지만 이에 대한 적절한 선제적 대응을 할 수만 있다면 가장 적절한 방법이라고 생각한다.[14]

제3장

변화관리의 장애요소 및 해결방안

변화에서 가장 힘든 것은 새로운 것을 생각해내는 것이 아니라, 이전에 갖고 있던 틀에서 벗어나는 것이다.

— 존 메이너드 케인스

"일하는 방식이 바뀌고, 그것이 기업 내에 체질화되었을 때 변화가 정착되기 때문에 새로운 행동이 사회규범과 공유가치로 뿌리내리지 못하면 변화의 구동력이 제거되자마자 곧 퇴화해 버리게 된다." 변화관리의 세계적인 구루 존 코터 교수의 경고이다.[1] 이는 앞서 지적한 '혁신의 요요현상'이나 중국 내 한국법인의 습관화 문제와 직결된다고 볼 수 있다.

기업 활동에 있어 '변화와 혁신'은 이제 매우 친숙한 용어로 자리매김하고 있다. 21세기를 살아가는 데 있어서 필수요건이 된 것이다. 이에 발맞춰 다양한 변화관리과 혁신의 방법들이 소개되고 있고 기업들은 너나 할 것 없이 이러한 변화의 물결에 동참하고 있지만, 안타깝게도 변화에 성공하는 기업들을 찾기는 힘들어 보인다. 변화에 성공하는 기업은 30%에도 미치지 못한다는 보고도 있다.[2]

1. 학습된 무력감

자주 가는 편은 아니지만 집 주변에 어린이대공원이 있어서 가끔 애를 데리고 가는데, 거기 있는 코끼리를 보면 왠지 짠한 생각이 들기도 한다. 이 코끼리는 그렇지 않았겠지만, 어린 시절 당시의 힘으로는 벗어날 수 없는 작은 사슬에 묶여 지내던 코끼리는 평균 몸무게 5~7톤이 넘는 성인 코끼리가 되어서도 그 약한 사슬을 벗어날 생각조차 하지 못하고, 그렇게 평생을 묶여 지낸다. 심지어 화재사고 속에서도 사슬을 끊고 도망칠 엄두를 내지 못하고 그 자리에서 죽어버린다고 한다.

우리에게 '긍정심리학'으로 널리 알려진 마틴 셀리그만 교수는 '학습된 무력감Learned Helplessness'이라는 개념을 제시하였다.[3] 그는 동물들의 '숙달된 무기력'을 실험하던 도중 이 원리가 인간의 무기력증이나 우울증에도 적용된다는 사실을 발견하게 되었다. 즉 무기력감에 빠진 구성원들이 늘어날수록 그 조직은 변화의 동력을 상실하게 된다는 것이다.

변화에 대한 소극적인 사고는 조직의 고질적인 병폐를 경험하면서 싹트게 된다. 즉 '변화를 위해 내가 노력해봐야 조직의 생리상 어쩔 수 없지 않은가'라는 생각이 지속적으로 누적되면 결국 무기력감으로 발전된다. '해봐야 안 된다'는 식의 사고가 조직 전반에 팽배하게 된 순간 변화와 혁신은 한순간에 물거품이 되고 만다.[4] 과거의 경험, 관행에 얽매여 새로운 시도를 하지 않는 사람이나 조직은 바로 앞에 놓인 성공을 향해 한 발조차 내딛지 못한다.

이와 유사하게 하버드대 교수로 기업경영학을 가르치고 있는 도널드 설은 활동적 타성Active Inertia이라는 개념을 말하고 있다. 그에 의하면 경영자들은 역설적이게도 기업이 한창 잘 나갈 때에 실패의 씨앗을 뿌린다는 것이다. 그 기업의 성공을 가능하게 만들었던 성공공식 안에 이 실패의 씨앗은 내재되어 있으며, 경영자의 경영방침이나 경영행위에 이미 잉태되어 있다고 말하고 있다. 따라서 기업의 경쟁 환경이 변하는 상황에서도 자신을 성공으로 이끈 '공식'에 더욱 집착하게 되고, 그 공식을 더욱 열심히 실천하는 것으로 변화에 대응한다는 것이다.[5] 이처럼 시장 상황이 극적으로 변함에도 불구하고 오히려 과거에 했던 활동들을 더 가속화하려는 기업의 일반적 성향을 활동적 타성으로 정의하고 있다. 이와 같은 활동적 타성에 빠지면 현재의 상황에 안주하고 시장의 흐름에 맞게 능동적으로 대처하지 못할 뿐 아니라 시장 상황이 변하였는데도 오히려 과거 잘 나가던 시절의 활동을 더욱 열심히 하여 부진에 허덕이다가 결국 몰락하고 만다는 게 그의 주장이다.

그러면서 그는 활동적 타성의 경고신호로서 맨 먼저 '커버스토리의 저주'를 말한다. 즉 최고경영자가 비즈니스 잡지의 표지 인물로 등장해서 과거 자신이 했던 방식대로 하라고 모든 직원들에게 강요하는 게 되면 그만큼 변화의 가능성은 멀어진다는 것이다. 둘째로는 경영학의 구루들이 그 최고경영자에 대해 책을 쓸 때이다. '이 기업이 최고의 기업이니 다들 똑같이 해야 한다'고 이야기하는 식이 되기 때문에 이 또한 변화의 가장 큰 적이 된다. 마지막으로 거론하는 것은 아예 최고경영자가 직접 책을 쓰는 경우가 있다. '우리 회사는 최고의 회사이고, 최적의 프로세스와 문화가 있으니 모두가 똑같이 해야 한다'고 강조하는 순간, 그 기업의 변화와 혁신은 매우 힘들게 된다는 것이다.

2. 저항의 개념[6]

변화관리는 변화에 대한 저항을 극복하려는 일련의 계획된 노력이다. 여기서 경영자는 기업이 처한 내·외부 환경에서 오는 압력에 대해 조직이 적절히 대응할 수 있게 변화를 예상하고 또 주도하는 것이 필요하고, 조직 구성원들은 조직이 목표를 향해 한 방향으로 나아갈 수 있도록 노력해야 한다. 또한 경영자는 내부 고객들의 요구사항을 정확히 파악하여 현재의 조직이 처한 상황을 구체적으로 알아야 한다. 이를 통해 새로운 조직문화를 창출하고 변화로 이끌 수 있는 동력을 확보할 수 있는 것이다.

최근의 조사에 따르면 조직변화와 관련된 논문은 거의 백만 편에 이른다고 한다. 조직변화에 관한 이러한 다양한 논문들을 통해 성공적인 조직변화를 위해서는 다음과 같은 8가지가 필요하다고 정리할 수 있다. ① 내·외부 환경의 요구를 확실하게 인지할 것, ② 조직변화를 위한 계획을 제공할 것, ③ 조직변화에 대한 내부지지를 얻어 저항을 극복할 것, ④ 조직변화에 대한 최고관리자의 지원과 위임을 확보할 것, ⑤ 조직변화에 대한 외부지원을 형성할 것, ⑥ 조직변화를 위한 자원을 제공할 것, ⑦ 조직변화를 제도화하고, ⑧ 종합적인 조직변화를 추구해야 한다는 것이다.[7] 여기서 주목해야 할 것은 조직 구성원의 지지와 저항의 극복을 조직변화를 위한 중요한 성공요소로 봐야 한다는 점이다.

저항이란 변화에 대한 심리적 반응이다. 변화를 회피, 거부, 무시하는 모든 심리적 상태와 행동으로서[8] 변화에 대한 저항은 자연스러운 것이며, 필연적으로 나타날 수밖에 없는 것이다. 비즈니스 측면에서 보자면, 기업이 더 나은 성과를 내기 위해 변화와 혁신을 도모하는 과정에서 여러 가지 예기치 못한 상황이 발생할 수 있고, 이 때 나타나는 현상이 바로 저항이다. 좋은 변화를 창조하겠다는 것에 대한 인식이 부족하기 때문이다.

기업의 구성원들이 지금까지 익숙하던 방식을 그만두거나, 잘 모르는 일을 해야 하고, 새로운 방법과 기술을 익혀야 하기 때문에 이러한 불편한 경험들이 바로 저항으로 이어지게 되는 것이다. 기업을 합병하여 사업의 조직을 재편성하는 변화를 꾀할 때에도 기존의 구성원들은 미래의 불확실성에 대해 두려움을 느낀다. 변화과정에서 저항이 발견되지 않는다면 이는 진정한 변화가 아니라 변화의 허상일 뿐이다. 변화의 상황에서 저항이 없는 경우는 일단 변화의 내용이 새로운 것이 없는지를 의심해봐야 한다. 그리고 구성원 모두가 이미 죽은 것과 다름없는 상태일 수도 있다. 마음이 이미 조직을 떠나 있는 것이다. 또한 모든 구성원들이 집단사고를 하거나, 저항은 존재하지만 누구도 큰 소리로 얘기하지 않는다. 제럴드 제리슨이 지적했듯이 '관망 세력화'되어 있는 것이다.

변화에 대한 저항의 선구적인 연구는 코흐와 프렌치 Coch and French

에 의해 이루어진 것으로 알려져 있다. 이들이 연구, 관찰의 대상으로 삼은 한 파자마 공장의 경우, 성과급제 및 단순한 기능을 통해 작업이 이루어지게끔 되어 있었다. 하지만 경쟁력 확보를 위해서는 생산방식이나 기술적인 측면에 있어 상당한 변화를 하지 않으면 안 되는 상황에 직면하게 되었다. 이러한 변화의 과정에서 생산방법, 직무변화의 필요성에 대한 구성원의 저항이 생기게 되었다. 새로운 성과급에 대한 불만, 높은 이직, 낮은 효율성, 산출(생산)에 대한 제한, 관리에 대한 저항 등 다양한 행위로 저항이 나타나게 된 것이다. 이들의 연구 결과를 보면 집단규범이나 역학은 개인의 태도변화에 장애요인으로 작용하며, 변화에 대한 설명과 변화과정에 작업자가 참여하는 것은 저항을 감소시키는 요인으로 나타났다.[9]

관리자들은 흔히 어떤 거부할 일이 생겨나면 그것을 극복하려고 하는 게 아니라, 무언가 일이 잘못되어 가고 있다고 생각하는 경향이 있다. 이러한 거부는 신체의 통증을 처방하는 것과 마찬가지로 먼저 진단이 선행되어야 하며, 진단 시에 요구되는 것은 장황한 충고가 아니라 신중하게 그 난관을 조사하는 것이다.[10]

비근한 예로 우리가 거의 매일 사용하는 MS 오피스를 생각해보자. 오피스 2007이 처음 출시되었을 때 사용자들의 저항은 대단했던 것으로 기억된다. 그 전까지 익숙했던 방식(메뉴 바를 누르면 하위 구성요소가 세로로 나티니는 방식)이 아닌, 가로로 배치된 아이콘들은 어떻게 해야 할지 모르게끔 만들었던 것이다. 아이콘도 익숙하지 않고 사용법도 약간 달라서 난처했었지만 점점 익숙해지면서 그 이전 버전보다 훨씬 더 유용함을 알 수 있었던 것이다. [표 3]은 행동형태에 따른 저항의 유형과 그에 대한 지원방안을 도표화한 것이다. 여기서 행동형태의 한 축은 '명백한' 행동과 '명백하지 않은' 행동으로 구분하였고, 다른 축은 '능동적' 행동과 '수동적' 행동으로 구분하여 분석하고 있다. 각 행동의 특징에 따라 나타나는 저항의 형태는 다를 수 있으며, 따라서 이러한 저항의 유형에 적합한 대책이 있어야 할 것이다.

[표 3] 행동의도 측정 프레임워크(Bovey & Hede, 2001)

	명백한 (개방적으로 표현하는 행동)	명백하지 않은 (숨기는 행동)
능동적 (활동을 일으키는)	● 저항의 유형 – 반대한다 – 논쟁한다 – 방해한다 ● 지원방식 – 가르친다 – 받아들인다	● 저항의 유형 – 오도가도못한다 – 제거한다 – 훼손한다 ● 지원방식 – 지원한다 – 협력한다
수동적 (활발하지 못한)	● 저항의 유형 – 관망한다 – 자제한다 – 기다린다 ● 지원방식 – 동의한다 – 수용한다	● 저항의 유형 – 무시한다 – 움츠린다 – 피한다 ● 지원방식 – 동의한다 – 받아들인다

3. 왜 변화에 저항하는가?

변화에 저항하는 이유를 사안의 복잡성과 경영상의 영향도를 고려했을 때 다음과 같이 3단계로 구분하여 파악할 수 있을 것이다. 먼저 1단계는 아무래도 정보의 부족에서 기인한다고 볼 수 있다. 즉, 의사전달의 부족, 변화 내용에 대한 의견 불일치, 변화에의 노출 부족, 변화방향에 대한 혼란 등이 그것이다. 즉, 조직 구성원들과 경영자 또는 변화주도세력들은 서로 상황에 대한 평가를 달리함으로써 그들 자신과 회사의 이익을 위해 최선을 다하려는 마음에서 저항을 한다. 예를 들어, 조직 구성원 개개인은 새로운 직무를 배우는 것과 업무량이 늘어나는 것에 대한 부담감을 극복하지 못하면 '경제적'인 이유에서 변화에 대한 저항을 할 수 있다. 개인의 이익에 반하지 않을까 하는 우려 때문이다

2단계로서는 심리적, 감정적 원인을 들 수 있다. 통제권이나 존경 또는 지위의 상실, 변화에 대한 대응능력 부족, 고립에 대한 공포 그리고 많은 변화 때문에 피로도가 증가했을 경우가 대부분의 원인이 될 수 있다. 즉, 사람들은 조직의 변화가 그로 인해 그들이 얻을 수 있는 것보다 더욱 큰 손실을 초래할 것으로 느끼게 되거나, 암시됨으로 인해서 오해를 하게 되고 이때 변화에 대해 저항을 하는 것이다. 따라서 조직 구성원들에게 변화의 배경에 대해 설명하는 기회를 반복적, 지속적으로 가져야 하고, 변화가 조직 구성원 개개인에게 어떤 영향을 미칠 것인가에 대한 의문을 걷어낼 수 있도록 경영진이 좀 더 노력하는 자세가 필요한 것이다.

다음은 상호 간의 신뢰의 문제이다. 저항에 직면하는 상황들은 변화에 참여해야 하는 조직 구성원들과 변화주도세력 간에 신뢰성이 부족할 경우 더 자주 발생한다. 조직 구성원과 경영진 간의 신뢰가 없다면 저항은 불을 보듯 뻔한 일이 된다.

'두려움'이라는 감정적, 정서적 상황도 무시할 수 없다. 변화에 수반되는 불확실한 미래, 새로운 환경, 새로운 기술에 노출되었을 때 '나는 잘 적응할 수 있을까?' 하는 두려움이 생기는 것이다. 이는 현재상태를 유지하려는 심리로 곧잘 나타나곤 한다. 기존의 조직문화 및 인간관계가 파괴되는 것에 대한 두려움이 '저항'의 형태로 표현되는 것이다. 변화를 정말 바람직한 것으로 인식할 때조차도 변화에 대해 저항할 수 있다.

마지막으로 3단계는 가장 심각한 경우라 볼 수 있는데 조직의 정치적, 문화적 원인이 바로 그것이다. 낡은 습관에 대한 집착과 개인적인 과거 경험, 불신 그리고 문화적, 윤리적, 성적으로 차이가 있을 때에도 이러한 갈등이 발현될 수 있고, 가치관에 따른 차이는 가장 중요한 문제가 될 것이다. 사람들은 그들의 관심대상이 전체조직에 관한 것이 아닌, 그들 자신의 이익 극대화에 있기 때문에, 가끔 정치적 또는 정치적 행동들로부터 기인되는 저항을 하게 된다. 즉, 저항의 원인은 기술적인 문제라기보다는 사회적, 정서적인 문제로 보는 게 타당하다. 이는 앞서 예로 든 모든 기업에서 공통적으로 관찰되는 안타까운 모습들이다.[11]

4. 저항관리의 필요성

조직 활동을 하는데 있어서 변화와 혁신에 따른 저항은 자연스러운 현상이고, 거부할 수 없는 필연적인 현상이다. 저항이란 변화의 역사를 만들어온 조력자이기도 하지만 변화에 대한 저항은 변화에 실패한 자들의 변명으로 사용되는 경우도 종종 있다.[12] 이렇듯 저항은 양면성을 가지고 있다. 따라서 저항은 실패의 핑계로서가 아니라 적극적인 관리의 대상으로 봐야 한다. 대부분의 경우 경영혁신의 실패 원인은 경영혁신 추진계획이 잘못되었다고 보기 어렵다. 혁신을 조직 내에 내재화하는 과정에서 조직 구성원이 변화의 속도를 따라잡지 못하거나 저항의 파고를 넘지 못한 데 그 원인이 있다고 보는게 더 타당하다.

한편, 조직 구성원의 저항은 변화가 진행되는 기간에 반비례하여 나타난다. 즉, 변화가 단기간에 급속히 진행되면 조직 구성원의 저항은 크게 나타나는 반면, 변화가 장기간에 걸쳐 완만하게 진행되면 저항은 상대적으로 적게 되는 것이다. 따라서 변화를 주도하는 세력은 이러한 부분을 면밀히 검토하여 저항을 관리하는 전략을 수립해야 한다. 단순히 저항의 크기를 두려워할 것이 아니라 경영의 상태와 최고 경영층의 의지 등을 고려하여 저항관리 방안을 선택해야 한다.[13]

이처럼 혁신에 있어서 조직 구성원은 실패의 가장 큰 원인을 제공한다고 할 수 있다. 성공적인 변화와 혁신은 사람에게 일어나는 것이 아니라, 사람을 '통해서' 일어난다. 나의 경험에 비추어 봤을 때 경영혁신 실패의 50% 이상은 그 원인이 사람, 즉 조직 구성원에게 있다고 해도 과언이 아니다. 변화와 혁신의 설계가 올바르게 되지 않아서 기술적으로 실패하는 경우는 가끔 있지만 더 많은 실패는 사람 때문에 일어난다.

그만큼 구성원에 대한 관리, 특히 '마음 관리'가 중요한 것이다. 경영혁신 추진계획이 아무리 훌륭하게 마련되었다고 하여도 이를 실행으로 옮기지 못한다면 의미가 없지 않겠는가? 경영혁신을 성공시키기 위해서는 임직원의 마음을 관리하지 않으면 안 되는 것이다. 나는 이를 소프트웨어도 하드웨어도 아닌 '휴먼웨어Humanware에 대한 접근'이라고 명명하고 싶다. 기술적 측면의 접근이 하드웨어적이라고 한다면 일하는 방식을 바꾸는 것은 소프트웨어적이라고 할 수 있다. 그러나 이제는 조직 구성원의 정서적인 측면, 조직문화를 어떻게 재구성할 것인지를 면밀히 고려해야만 하는 것이다.

5. 저항관리 모델

한편, [그림 4]와 같이 기업이 처한 경영상태와 리더십에 따라 저항관리 모델을 '강제형'과 '적응형'으로 유형화하고, 이 모델의 적용을 통해 올바른 기업문화를 재구축하는 것을 최종목표로 삼을 것을 주장하는 학자도 있다.[14]

[그림 4] 저항관리 유형

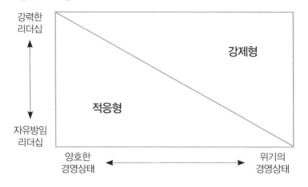

1) 강제형

먼저, '강제형'은 조직 내 저항을 무마하고 단시간 내에 급격한 기업의 변화를 추진할 때 유용하다. 즉 경영위기가 심각하여 시급한 기업 변화가 요구되면서 적극적인 리더십이 있을 때 활용하는 측면이 있다.

이는 필자가 맨 처음 컨설팅을 시작했을 때 고객과 함께 추진했던 변화관리 활동의 형태이기도 하다. 즉 당시 최고경영자의 강력한 영향력 아래에서 취했던 형태인 것이다. 이러한 형태는 기업의 변화관리가 체질화, 내재화될 때까지 최고경영자의 강력한 리더십이 확보되어야만 한다. 이 형태의 저항관리는 기업 변화가 신속하게 진행될 수 있으면 저항에 대한 극복이 비교적 쉽다는 장점이 있는 반면, 저항을 일시적으로 무마시킬 수 있지만 근본적으로 조직 내에 기업변화가 체화되기까지는 많은 어려움이 따른다는 사실을 간과해서는 안된다.

앞에서 언급한 회사의 경우 전사적 경영혁신 활동 2년차에 급격한 저항과 '혁신 피로도'에 대한 호소로 많은 어려움을 겪었던 기억이 있다. 명시적 또는 묵시적 방법으로 사람들을 강압적으로 다루거나 혹은 교체하거나 해고하는 등의 방법으로 사람들이 변화를 수용하도록 강제할 수는 있다. 하지만 이는 매우 위험한 방법이 될 수 있으므로 상황이 매우 급박하거나 변화가 '인기가 없을 경우'에 하는 최후의 선택이어야 한다.

필립스가 파산 직전까지 갔던 1990년의 상황은 적절한 사례일 수 있겠다. 필립스에서는 조직 구성원들에게 회사의 회생을 위해 헌신할 것을 요구하였고, 이를 받아들이지 않는 경우에는 퇴사조치를 하였다. 그 결과 전체 조직 구성원의 22%를 감원하였으나 약 3년이 지난 후 변화와 새로운 조직 분위기를 받아들인 사례가 있다.[15]

그렇다면 세계적인 경영혁신 선도기업인 GE에서는 어떤 일이 벌어졌을까? 다음 사례를 통하여 급격한 변화관리, 저항에 대한 잭 웰치 회장의 강력한 대응을 엿볼 수 있다. 그의 말을 들어보자. "1981년부터 1995년까지 GE는 참여하는 모든 사업의 해당 시장에서 1등 아니면 2등을 차지하는, 세계에서 가장 경쟁력 있는 기업이 되겠다는 목표를 정했다. 그리고 그 목표에 이르지 못하는 사업부문은 고치거나 매각 혹은 폐쇄하기로 했다. GE는 어떤 부문이 구조조정을 당하거나 퇴출될지를 공개적으로 이야기했다. 그런 정직함에 조직은 충격을 받았으나 이는 직원들에게 현실적으로 인식되는 놀라운 일도 생겨났다. 직원들은 기분이 좋지 않았겠지만 매각될 수밖에 없는 이유만큼은 명확히 알 수 있었다. GE의 모든 회의에서 의사결정과 새로운 제안은 사명과 연관되었으며 사명을 추구하는 사람에게는 공개적으로 보상이 주어졌다. 하지만 사명에 부합하지 못하고 과거에서 헤어 나오지 못하는 사람은 과감하게 해고했다." 잭 웰치는 또한 변화에 동조하는 사람이 일부라도 있다면 충분히 변화를 이끌어낼 수 있다고 자신하면서, 변화에 대한 명확한 목적과 목표를 가지고 변화를 진정으로 신봉하는 사람들을 기용하고 승진시켜야 한다고 강력히 주문한다. 아울러 변화에 저항하는 사람들은 실적이 만족스럽더라도 '제거'해야 한다고 말하고 있다.[16]

잭 웰치 회장과는 친분이 두텁고 기업개혁이라는 공통의 관심사를 실천하여 성공을 이루어 냈다는 데에서 삼성의 이건희 회장을 빼놓을 수 없다. 다음의 자료를 보면 이건희 회장의 변화와 혁신에 대한 과감한 돌파 전략을 읽을 수 있을 것이다.

경영혁신의 대명사로 불리는 잭 웰치 전 회장은 구조혁신 → 프로세스 혁신 → 문화혁신의 단계를 거쳐 GE를 변모시켰던 반면 이 회장은 문화혁신 → 프로세스 혁신 → 구조혁신이라는 역순逆順으로 삼성을 탈바꿈시켰다. … (중략) … 이 회장의 기업개혁은 '마누라 빼고 다 바꾸자', '나부터 변하자'라는 다분히 정신적, 문화적인 색채의 구호로부터 시작됐다. … (중략) … "프랑크푸르트 선언 이후 회장이 가장 우선으로 뒀던 게 삼성헌법, 도덕 등 문화혁신이었다"며 … (중략) … "IMF를 겪으며 이를 극복하고 오히려 기회로 만든 것은 철학, 공통의 가치관 등 문화적인 바탕을 임직원들이 공유했기 때문"이라고 설명했다. 결과론적으로 삼성의 개혁작업은 정신적 바탕을 중요시하는 동양적 사고의 틀을 따른 셈이다.[17]

삼성의 변화관리 접근방식을 딱히 '강제형'이라고 볼 수는 없겠지만, 당시 현업에 있었던 필자에게는 굉장한 압박이었던 것으로 기억된다. 이처럼 삼성의 이건희 회장이 "마누라와 자식만 빼고 모두 바꿔라"라고 외쳤던 1990년대 중반의 상황도 이와 비슷한 위기의식에서 변화를 외쳤었고, 이에는 꽤 많은 저항이 있었던 것으로 기억된다. 아마도 한국적 상황에서는 1998년 IMF 외환위기 이래의 기업운영 형태는 모두 이 범주에서 벗어나지 못한다고 볼 수 있겠다.

2) 적응형

다음으로, '적응형'은 경영상태가 양호한 상황에서 자유방임적 리더십이 있을 때 활용되는 변화관리 조직 내 저항관리 유형으로 볼 수 있다. 조직 하부에서 변화를 수용하는 학습조직이 갖추어진 상태에서 가동이 될 수 있으며, 조직 내 변화가 필요한 상황에 대한 정보를 제공하고 조직 구성원과 경영진과의 의사소통이 원활히 이루어질 수 있어야 한다. 이러한 접근방식은 구성원의 참여의식을 제고하여 조직 내 저항을 최소화할 수 있으며, 기업문화 재구축을 통한 조직 변화를 내재화할 수 있다는 장점이 있다. 반면, 변화에 소요되는 시간이 '강제형'보다 상대적으로 많이 들어가게 되며, 추진기간 중에 변화에 대한 목표나 방법의 일관성을 담보할 수 없게 된다.[18]

SBS에서는 2013년 'SBS 스페셜'이라는 프로그램을 통해 〈연중 캠페인, 착한 성장 대한민국-리더의 조건〉을 방영한 적이 있다. 여기에 소개되었던 우루과이 대통령, 핀란드 대통령, 그리고 우리에게는 통계 패키지로 유명한 SAS, 마지막으로 우리나라의 중소 소프트웨어

회사인 제니스의 사례는 전형적인 '적응형' 변화관리 사례라 할 수 있다. 사실 저항관리라고 할 필요도 없을 정도로 굉장히 순조롭게 진행하고 있는 변화관리의 우수사례이다.[19]

한편 자동차 회사인 포드의 임파워먼트Empowerment 프로그램으로 우리에게는 널리 알려진 『LEADLeadership Education and Development』는 또 하나의 적절한 사례라 할 수 있다.[20] 전체 중간관리자를 대상으로 한 이 프로그램은 일주일 간의 집중 훈련과 6개월 후 시행되는 2.5일 간의 보완 교육으로 구성되어 있다.[21]

일주일 간의 집중 훈련 과정에서는 현재 회사에서 일어나고 있는 전략적, 문화적, 조직적 변화에 대한 심도 있는 교육을 실시한다. 프로그램 참가자들에게는 최고경영자에게만 제공되던 회사의 전략 방향 등과 같은 매우 중요한 정보가 제공된다. 이러한 정보를 토대로 참석자들은 각 사안에 대해 스스로 고민을 하고, 다시 부서의 사람들과 심도 있는 토론을 행한다. 또한 참석자들은 스스로 자신들의 리더십에 대해 평가를 해보고 상사나 동료로부터 피드백을 제공받는다. 포드의 교육 프로그램 담당자들은 교육 참가자들이 하나의 사이클을 통해 권한 위임에 대한 마인드가 강화된다는 것을 발견하였다. 새로운 관점과 사고를 통해 조직에서 자신의 역할에 대하여 재조명하는 동시에 자신을 회사의 동반자로 생각하는 계기가 되었고, 기존의 관습과 전통에 얽매이지 않는 새로운 사고와 행동양식을 보이게 되었다는 것이다.

어떤 연구결과에 의하면 강력히 권한 위임된 팀은 그렇지 않은 팀에 비해 생산성이 높고 고객 서비스, 직무만족, 그리고 조직 몰입이 강하다고 한다. 권한 위임은 개인의 직무에 대한 가치성, 직무 수행상의 자율성과 혁신성을 증대시키므로 직무만족, 조직 몰입 같은 행동들에 긍정적인 영향을 미치는 요인인 것이다.[22]

이와 유사한 예로는, GE의 저항 극복사례를 들 수 있다. 이는 기본적으로 당시 CEO였던 잭 웰치나 현재의 제프리 이멜트 회장의 지속적인 리더십 발휘가 가장 큰 몫을 담당하였다고 본다. 이러한 리더십 우산 아래에서 전 임직원이 경영혁신 활동에 동참할 수 있었다고 본다. 또한 경영전략과 연계한 혁신활동의 추진 및 엄정하고 객관적인 평가체계를 확립하였으며, 변화에 대한 수용도 평가를 인사고과에 반영하였다.

또한 6시그마 등의 혁신방법론과 CAP^Change Acceleration Process, 워크아웃 등의 변화관리 방법론을 개발하고 지금까지 지속적으로 추진하고 있다는 사실이 지금의 GE를 있게 한 핵심적인 동력이다. 즉 적합한 경영혁신 추진 방법론을 끊임없이 개발, 계승하였고 이를 전 임직원에게 지속적으로 교육함으로써 성과를 극대화했음은 물론이고 변화에 대한 저항을 최소화 할 수 있었다고 생각한다.

한편, L사에서는 2000년대 당시 대표이사의 솔선수범, 현장중심의 리더십 발휘가 주효했고, 선도적인 노경협력문화를 구축함으로써 변화와 혁신을 성공으로 이끌었다. 또한 지위고하를 막론하고 수평, 수직적인 대화 창구를 항상 열어 놓았으며, '변화관리자^Change Agent' 제도를 두고, 본부별로 조직문화그룹을 상설조직으로 운영하였다. S그룹의 한 계열사에서는 회장의 일관된 경영혁신 추진의지와 적절한 위기의식을 '도시락 간담회' 및 월간 경영 설명회 등을 통하여 전 사원과 공유하였다. 지금은 국내 유수의 기업에서 널리 활용되는 '한사랑 메아리 운동', '칭찬 릴레이', 'Best Practician 선발' 등을 통하여 회사의 비전, 목표, 역할 등을 제대로 인식하고 공감대를 형성하였다.[23]

6. 저항에 대한 효과적 가이드라인

조직이 처한 상황과 조직 구성원의 개인 차는 존재하지만 일단 변화가 주어지면 조직의 상층부일수록 변화에 대한 저항의 크기가 작다. 즉, 하나의 변화 이슈에 의해 개인들이 얼마나 영향을 받는가 하는 관점에서 보면, 경영층의 경우 '조직의 구조 조정'이란 새로운 이슈가 있다고 하더라도 경영층이 사용하는 시간의 비율을 보면 아마 몇 퍼센트만이 해당 이슈에 할애하게 될 것이다. 왜냐하면 그 외에 다루어야 할 다양한 이슈가 산적해 있기 때문이다. 그러나 조직 하부로 내려 갈수록 해당 이슈에 의해 받는 영향은 엄청나게 커진다.

이를 《운영편》에서는 톱니바퀴로 표현한 적이 있다. 예를 들어 사업부장은 며칠을 고민하게 될 것이고, 팀장은 누구를 대상으로 잡아야 하는지 기준을 만들어야 할 것이고, 결국 그 결과로 인해 조정의 대상은 현재의 직무를 바꾸거나 새로운 일을 찾아야 하는 결과를 초래하여 개인의 생활 전체가 변화로 인해 영향을 받게 된다. 따라서 변화에 대해 조직 구성원들은 경영층의 변화 움직임이 있으면 아래로 갈수록 정신없이 움직여야 전체 바퀴의 흐름에 맞출 수 있게 되므로 현재의 모습을 가급적 유지하려는 강한 경향을 가지게 되고, 이것이 변화에 대한 저항의 형태로 비춰지기도 한다. 조직에 새로운 리더가 등장하여 변화를 시도할 때도 이러한 모습은 흔히 나타난다. 새로운 리더는 구성원들에게 변화의 중요성을 강조하지만 내면적으로 구성원들이 변화를 가능한 한 회피하려는 기대를 가지고 행동하므로 결국 변화는 실패하는 모습을 빚게 되고, 새로운 리더는 성과를 거두지 못하여 다시 조직을 떠나는 악순환이 반복된다. 따라서 변화를 자신의 일로 수용하고 업무 수행 시 행동으로 나타날 수 있도록 변화에 대한 전체적인 계획에 따라 체계적으로 접근하는 것이 무엇보다 중요한 변화관리 성공의 요소이다. [표 4]에 제시된 '저항극복의 12단계'는 변화에 대한 저항을 '권력, 불안, 통제'의 문제로 보고 이에 대한 적절한 대응방안을 제시하고 있다.[24]

[표 4] 저항극복의 12단계

구분	필요성	저항극복의 12단계
권력	변화의 정치적인 움직임을 형성할 필요성	1. 성공 열쇠를 쥔 권력집단의 지지를 구축한다. 2. 리더의 행동을 지원 확대에 활용한다. 3. 상징 요소와 언어를 의도적으로 활용한다. 4. 변화에서 제외되는 안정적인 부분을 명확히 구분한다.
불안	변화에 대한 의욕을 불러일으킬 필요성	5. 현상에 대한 불만을 표면화한다. 6. 변화 계획수립과 실행을 위한 참가체계를 구축한다. 7. 변화를 지지하는 행동에 보상한다. 8. 구성원들에게 과거와 이별할 시간과 기회를 준다.
통제	변화기 관리 필요성	9. 명확한 미래상을 제시하고 조직 내에 전달한다. 10. 다양한 영향 요소를 이용한다. 11. 변화관리 시스템을 마련한다. 12. 피드백을 수집하여 분석한다.

그럼 여기서부터는 위에서 논의된 다양한 사례를 토대로 변화에 대한 저항을 효과적으로 관리하기 위한 가이드라인을 제안한다.

첫째, 혁신의 필요성을 공감하라.
둘째, 저항세력에게 혁신에 참여할 수 있는 기회를 제공하라.
셋째, 일관성을 통하여 신뢰를 확보하라.
넷째, 가시적인 혁신 성과를 단시간에 확보하라.
다섯째, 경영혁신의 전 과정을 통해 지겨울 정도로 소통하라.
여섯째, 경영진은 지속적으로 변화에 대한 의지를 전달하라.

다시 한 번 강조하자면 변화에 대한 저항은 변화를 추구하는 과정에서 나타나는 지극히 자연스러운 현상이고, 거부할 수 없는 필연적인 현상이다. 따라서 저항은 실패의 핑계거리가 아니라 적극적인 관리의 대상으로 봐야 한다. 이러한 인식의 전환이 저항을 관리하는 출발점인 것이다. 만약 독자 여러분이 근무하는 곳에서 변화가 생기고 있는데, 아무런 저항도 발견되지 않는다면 어떨 것 같은가? 이는 진정한 변화가 아니다.

저항이 없는 경우는 변화의 내용에 새로운 것이 없거나, 조직 구성원 모두가 이미 죽은 것과 다름없는 상태이거나, 모든 사람들이 집단적이고 획일적인 사고를 하고 있거나, 저항은 존재하지만 누구도 큰 소리로 이야기하지 않는 상황 중의 하나일 것이다. 조직 구성원들이 조직 차원에서 추진하는 변화에 대해 저항하는 것은 조직 속의 의견 불일치에 따라 불신과 반목이 발생하는 것이라고 할 수 있지만,

이러한 혼란이 꼭 조직에 나쁜 영향만을 미치는 것이 아니라 순기능으로서의 작용도 한다는 점이 중요하다. 이를 극복하기 위해서는 변화하지 않는 것보다는 변화하는 것이 낫다고 하는 변화에 대한 긍정적 사고와 변화에 대한 저항은 필연적이라는 생각을 바탕으로 변화의 저항요소를 체계적으로 분석하고 대응책을 마련하는 것이다.[25]

가지 많은 나무에 바람 잘 날 없다는 속담이 있지 않은가? 이는 역설적으로 가지가 많고, 활동적이며, 지속적으로 성장해나가는 나무가 고요하다면 이는 정체와 죽음, 그리고 생목이 아닌 고목을 의미한다고 볼 수 있다. 변화에 대한 저항은 살아있는 역동적인 조직에서는 아주 자연스러운 현상이라는 말이다. 이처럼 조직의 변화 과정에서 필연적으로 나타나는 저항을 효과적으로 관리하는 전략은 아래와 같이 정리할 수 있을 것이다.

첫째, 혁신의 필요성을 공감하라

달리 말하면, 저항의 진정한 본질을 이해해야 하고, 조직 구성원들에게 이해시켜야 한다는 것이다. 일반적으로 저항은 기술적인 변화자체에 대항 저항이라기보다는 사회적인 변화에 따른 인간관계의 변화에 대한 저항인 것이다.

폴 로렌스는 다음과 같은 사례연구를 통하여 변화에 대한 저항 또는 저항관리는 기술적 요소보다는 사회적, 인지적 요소가 중요함을 강력히 보여주고 있다.[26]

먼저 동일한 개선 사항에 대하여 〈1 그룹〉에게는 일부 작업자에게 공정의 변화 내용 및 그 이유를 설명해주고, 새로운 방법에 따라 일하라고 지시한 후 작업을 실시하였다. 그 결과는 놀랍게도 1개월 동안 생산량이 30%나 감소하고 40일 안에 17%의 작업자가 퇴직하는 결과를 갖게 되었다. 반면에 동일한 조건에서 〈2 그룹〉은 모든 작업자에게 공정변화의 필요성을 설명하고 전체적인 동의하에 합의점을 찾은 후 작업을 실시하게 되었다. 그 결과 초기에는 약간의 생산량 감소가 있었지만 곧 매우 빠른 회복세를 보이고 생산량 증대를 가져왔다. 다른 한편으로는 매일같이 접촉하는 일상적인 만남이 잦은 관계에서 관리자가 작업방법의 개선을 작업자에게 요청하는 경우는 문제를 해결하는 비율이 높았다. 반대로, 평소 접촉이 거의 없는 관리자가 작업자에게 작업방법의 개선을 요청할 경우는 대부분 문제해결에 실패하는 결과를 낳았다. [표 5]를 참조하기 바란다.

[표 5] 조직행동의 상반된 패턴

구분	변화		결과
	기술적 측면	사회적 측면	
에피소드 1	조립 전에 깨끗한 부품을 사용	작업자와 통상적인 업무관계를 유지	● 저항 없음 ● 유용한 기술적 결과 ● 추가 변화를 준비
에피소드 2	조립 전에 새로운 부품을 사용	작업자와의 통상적 업무관계를 위협	● 저항의 신호들 ● 유용한 기술적 결과 없음 ● 추가 변화 준비 부족

이처럼 저항이 인지적, 정서적 차원에서 발생할 때에는 워크숍 등 각종 공적, 사적 모임을 통하여 혁신의 필요성과 혁신안의 구체적 내용에 대한 정보를 제공하고 실행을 위한 아이디어를 적극적으로 요

청하는 자세가 필요하다. 또한 혁신의 필요성과 혁신 계획에 대해서는 가능한 한 전체 구성원들이 이해할 수 있도록 배려하는 것이 필요하다. 전체 구성원들을 대상으로 솔직하고 현실적인 관점에서 질문을 던지고 경영혁신의 방향성을 설명하는 자리를 만드는 것이 중요하다. 가능하다면 소규모 단위의 워크숍을 통하여 혁신의 필요성과 실제 혁신안에 대해 깊은 이해를 할 수 있는 자리를 만드는 것이 중요하다.

이때 워크숍은 계층별로 진행하는 것이 좋다. 즉 임원 워크숍, 팀장 워크숍을 별도로 진행하고 혁신 주도세력, 변화관리 담당자들도 별도로 워크숍을 진행하게 되면 보다 풍성한 이슈 및 개선 방향성을 발견하게 될 것이다. 그렇지 않게 되면 직급의 무게에 짓눌려 허울만 좋은 워크숍으로 전락할 수가 있으니 경계해야 한다. 이 때 혁신안 실행을 위한 구성원들의 아이디어를 청취하는 것도 좋은 방법이다. 이러한 방식은 구성원들의 인지적 그리고 정서적 저항을 낮추는 좋은 방법이 될 수 있는 것이다.[27] 대표적으로 안 좋았던 사례가 필자가 얼마 전까지 컨설팅을 했었던 회사의 중역, 임원진 워크숍이지 않았을까 생각한다. 사장님 눈치 보기에 급급해서 장황한 구호에 그친 개선안을 내놓고[28], "모두 잘해봅시다!"라는 사장님의 말씀을 끝으로 더 이상 진척이 없는 워크숍이었던 것으로 기억된다. 이 때, 촉진과 지원은 변화에 대해 반발심과 두려움을 갖고 있을 때 대단히 유용한데, 이러한 접근은 신기술 습득의 기회를 제공하거나, 기술 습득에 필요한 기간에 휴식을 할 수 있도록 배려하는 것, 그렇지 않으면 단순히 그들의 의견을 듣거나 기분을 이해해주는 것 등 다양한 형태로 나타난다. [표 6]을 참조하기 바란다.

[표 6] 저항의 인지적, 정서적 원인과 대책

저항의 원인		워크숍의 목적
인지적 차원	미지의 상태에 대한 불안 변화성과에 대한 이견 부정적인 고정관념 정보 부족	● 정확한 정보공유 ● 변화목표를 사실대로 공표 ● 혁신에 대한 정확하고 충분한 정보제공 ● 변화에 대한 마음의 준비기간 제공
정서적 차원	터부 전통과 타성 반대를 위한 반대	● 조직의 궁극적인 생존모습의 이해 ● 구성원들이 가지게 될 불편해소를 위한 아이디어 수렴

둘째, 저항세력에게 혁신에 참여할 수 있는 기회를 제공하라

즉, 이해관계자들을 변화에 참여시켜 변화를 만들어 내게 하는 것이다. 필자가 경험한 여러 가지 변화관리 방법 중에서 가장 유효했던 방법 중의 하나이다.

실제로 변화와 혁신을 추진하다보면 소수의 '빅마우스'에 의해 전체적인 조직의 분위기가 좌지우지되는 것을 종종 목격하게 된다. 이럴 경우에 그들을 과제의 리더로 삼는다든지, 경영혁신 활동의 평가자로 참여시킨다든지 하게 되면 처음에는 반발이 있지만 의외로 좋은 성과를 얻을 수가 있다. 왜냐하면 소위 '빅마우스'로 불리는 사람들이 지금까지 경영혁신의 문제점을 조목조목 따져왔기 때문에 그것을 개선하고 좀 더 발전적인 모습으로 펼쳐나가는 데 주도적으로 참여시킨다는 데 대해서는 논리적인 반박의 근거가 없기 때문이다.[29]

이제는 변화에 대한 저항관리 분야에서 고전이 되어버린 폴 로렌스의 논문 〈How to Deal with Resistance to Change〉에서 로렌스는 '변화가 필요한 장소에서 관리자들과 작업자들이 만나서 변화와 관련된 문제들을 토의하게 하라'고 조언하고 있다. 이를 적절히 활용할 수 있다면 그들을 적극적인 가담세력으로는 할 수 없을지라도 적어도 강한 저항세력으로부터는 벗어나게 할 수 있다.

[표 7]은 공공기관에서 대규모 혁신을 추진하였던 사례로서 노동조합, 관리자급, 그리고 냉담 그룹의 저항과 이에 대한 대처방안을 보여주고 있다. 여기서 핵심은 저항세력들을 일시적으로라도 변화에 집중시킬 수 있다면, 그때에 변화주도세력이 진정으로 전심전력하는 솔선수범을 보임으로써 사람들을 변화에 참여시키게 할 수 있다는 것이다.[30]

[표 7] 공공기간 저항관리 사례

구분	저항요인	대처방안	효과
노동조합	보상확대 없는 업무 강도 강화에 강력히 반발	"혁신성공 = 보상확대"에 대한 진솔한 대화와 설득 지속	노조가 혁신 주체가 되어 전직원 연봉제 97% 찬성 도출
관리자급	본사 보직 축소 무보직 고참직원의 조직적 반발	보직 공모제 실시 및 발탁 인사 강화 자기개발 및 재충전 기회 확대 부여	"고참 = 주요보직"의 등식 타파 보직획득을 위한 개인 역량 및 자기관리 강화
냉담 그룹	혁신에 냉담('나'와는 무관)	시스템으로 들어오지 않으면 불이익 강조	혁신에 대한 자발적 참여 동기 부여

셋째, 일관성을 통하여 신뢰를 확보하라

여기서 말하는 일관성이란 구성원들에게 경영혁신에 대해 일관되게 메시지를 전달하는 것을 의미한다. 만일 일관성이 깨지면 혁신에 대한 신뢰도는 바닥에 떨어지고 실행의 엔진은 꺼지게 된다. 특히 최고 경영진의 지속적이고 일관된 메시지와 솔선수범하는 자세는 저항을 관리하고 나아가서 경영혁신을 성공으로 이끄는 매우 중요한 요소이다.

경영자들은 중간관리자들 역시 사회적 변화에 따른 저항을 갖고 있다는 것을 깨달아야 한다. 또한 바쁜 경영자들 입장에서는 관리자들이 경영자 자신의 문제를 서로 공감할 수 있도록 알려주고 이해시켜야만 대화를 적게 하면서도 더욱 많은 이해를 할 수 있고, 일에 적게 매달리면서도 많은 성취를 얻을 수 있을 것이다.

일관성은 크게 '메시지'의 일관성, '행동'의 일관성, '보상 및 평가'의 일관성으로 구분될 수 있다. 이 세 가지 측면에서 일관성이 부족하게 되면 경영혁신의 동력을 잃게 된다. 직원들에게는 혁신적인 원가절감, 원가경쟁력 확보를 통한 비전 달성을 이야기하면서, 고객접대비는 얼마든지 써도 좋다는 등 혁신 메시지가 일관적이지 못하다면 혁신을 절대 성공으로 이끌 수 없다. 또한 최고경영자가 서류 없는 전자결재를 통한 사무 효율화를 강조하면서 본인은 정작 서면결재를 고집한다든지, 또는 보고는 간단하게 내용중심으로 하라고 하면서 내심 파워포인트로 멋있게 작성하는 것을 기대한다면 구성원의 신뢰를 잃는 것은 시간문제일 것이다.

지금은 이런 경우가 대부분 사라졌다고 믿고 싶지만 필자가 회사에 다닐 때만 해도 고객 만족을 강조하면서 승진은 고객을 위해 가치를 창조하는 직원보다, 시험 성적이 좋거나 연령이 높은 사람, 학벌

이 좋은 사람을 승진시키는 경우가 종종 있었다. 보상 및 평가의 일관성이 없는 경우일 수 있다.[31]

TV 드라마 『미생』 16회째에 이런 내용이 나온다. 주요 등장인물 중 한 명이 한석률이 속한 섬유영업팀에서 공장에 주문을 냈는데 너무 촉박한 일정에 많은 양을 소화할 수 없어서 공장에서 일하는 노동자들이 본사에 몰려와서 논쟁을 하는 장면이 있다. 한석률의 팀 선배인 성대리는 공장장이 합의를 했다는 이유로 "문제가 생기면 정식으로 책임을 묻겠다"면서 고함을 친다. 여기서 한석률은 고민하게 된다. 자신은 블루컬러에 대한 자부심이 대단하다고 생각하는데, 정작 블루컬러인 노동자들은 그를 "사무실에 편안하게 앉아서 일하는 것들"로 치부하기 때문이다. 나중에는 협력업체를 잘 선정하여 무리 없이 마무리되지만 이 드라마에서 보여주는 성대리의 고압적인 태도는 메시지 전달의 일관성을 잃어버린 전형적인 경우라 할 수 있다. 결과적으로 본사와 공장 간의 신뢰가 극도로 무너지는 원인을 제공하고 있기 때문이다.

여기서 보이는 참여, 교섭, 합의 등을 자기가 원하는 방향으로 유인하기 위해서 다른 사람들을 일시적으로 움직이는 수단으로 사용하게 되면 변화가 일시적일 수밖에 없을 것이다. 진실된 참여는 상호신뢰와 존경에 기초를 두고 있는 것이며, 존경은 일상적인 노력만으로 얻어지는 것이 아니다. 조직 구성원들 스스로가 지금이 협력을 필요로 하는 시기임을 직시할 때 얻어진다.[32]

넷째, 가시적인 혁신 성과를 단시간에 확보하라

경영혁신을 성공적으로 정착시키기 위해서는 일정한 성과를 가시적으로 보여주는 것이 매우 중요한 데 구성원들이 인정할 수 있는 가시적 성과를 정하고 이를 성취할 수 있도록 노력하는 것이 필수적이다. 단기성과가 한 번도 없는 경우보다 두 번 있었던 사례가 혁신의 성과가 크다는 것을 알 수 있다.

이는 필자가 현업에서 경영혁신 담당부서에 근무할 때나 컨설턴트가 되어 경영혁신을 지도하는 입장이 되어서도 항상 강조하였던 부분이기도 하다. 일단 빠른 시일 내에 고객인 경영진이 원하는 단기적 성과, 즉 현장의 변화된 모습이나 과제의 개선성과 또는 조직 구성원의 변화 등을 보여주게 되면 경영진의 전폭적인 지원과 격려를 항상 이끌어 낼 수 있었다.

여기서 말하는 단기적 성과는 다음의 세 가지 특성을 가져야 한다. 즉 가시적인 성과여야 한다는 것이다. 많은 조직 구성원들이 결과를 보고 이게 진짜인지 가짜인지를 직접 판단할 수 있어야 한다. 또한 결과에 대해 가타부타 논쟁할 여지를 줘서는 안 된다. 애매모호해서는 안 되는 것이다. 마지막으로 당연한 이야기이겠지만 이러한 단기적 성과는 조직 내에서 이루어지고 있는 경영혁신 활동과 반드시 연계되어 있어야 한다. 그렇지 않고서는 경영진의 지원이나 조직 구성원의 관심을 받기가 매우 힘든 게 현실이다.

단기적 성과를 얻게 되면 경영혁신의 추진력을 증가시키게 된다. 존 코터는 단기적 성과 창출이 경영혁신에 미치는 영향을 다음과 같이 강조하고 있다. 먼저, 단기성과는 그 동안 들어간 비용이 결코 헛

되지 않았음을 보여줌으로써 희생한 보람이 있음을 증명해준다. 또한 경영혁신 주도자들을 심리적으로 격려해주는 효과가 있다. 경영혁신 활동을 추진하면서 힘든 일들을 수없이 많이 한 사람에게 긍정적인 반응을 보여주는 것은 사기를 북돋워주고 동기를 유발하는 효과가 있는 것이다. 세 번째로는 비전과 전략을 미세하게 수정하는 데 도움이 된다는 것이다. 즉 단기적 성과는 경영혁신 담당자나 담당부서에 그들의 생각이 옳다 또는 그르다는 구체적인 자료를 제공해준다. 네 번째로는 경영혁신이나 변화관리 활동을 통해서 업무를 개선하는 효과가 분명하게 되면 냉소주의자나 반대세력을 무력화시킬 수 있게 된다. 더 나아가서는 이들을 혁신에 동참시킬 수도 있을 것이다. 또한 경영진 등 조직의 상위 그룹 사람들에게 경영혁신이 제대로 진행되고 있다는 살아있는 증거가 됨으로써 방관자를 지지자로, 수동적인 지지자를 경영혁신 주도자로 만들어줄 수 있다.[33]

이처럼 단기간의 성공을 통해 변화의 추진력을 확보하기 위해서는 먼저 되도록 많은 사람이 볼 수 있는 성공을 거두는 게 중요하다. 또한 명확한 성공을 통해 조직 구성원들의 감정적인 방어를 무너뜨려야 한다. 이러한 단기적 성공은 사내에서 영향력을 발휘할 수 있는 사람들에게 도움이 되는 성공이어야 파급효과가 있다. 또한 진실은 있는 그대로 보여줘야지 이러한 성과에 자꾸 덧칠을 하거나 과장을 해서는 안 된다.[34]

다섯째, 경영혁신의 전 과정을 통해 지겨울 정도로 소통하라

여기서 중요한 단어는 '소통'이다. 하지만 그보다 더 중요한 단어를 꼽으라면 나는 '지겨울 정도'라는 단어를 선택하고 싶다. '귀에 못이 박힐 정도로' 경영혁신의 전 과정을 공유하라는 것이다. 변화에 대한 저항을 극복하기 위한 가장 일반적인 방법은 저항이 나타나기 전에 변화에 대해 사람들을 교육하는 것이다. 의사전달은 사람들로 하여금 변화의 논리와 그 필요성에 대해 깨우칠 수 있도록 도와준다. 교육과 의사소통은 저항의 원인이 부정확하고 부적당한 정보에 기초하고 있을 때 보다 효과적이다.[35]

소통을 위해서는 효과적인 커뮤니케이션 기술도 필요하다. '개구리 올챙이 적 생각 못한다'는 속담이 있다. 《스틱》의 저자 칩 히스 스탠퍼드대 교수는 〈위클리비즈〉와의 인터뷰에서 커뮤니케이션의 가장 큰 장애 요소 중 하나로 '지식의 저주'를 꼽았다.[36] 교수나 최고 경영자처럼 많이 아는 사람의 말일수록 알아듣기 힘든 현상을 말한다. 히스 교수는 말한다. "전문가라면 일반사람들보다 세 걸음쯤 앞서서 얘기하는 경우가 많다. 그럼 상대방은 전혀 못 알아듣게 되죠. 이미 알고 있는 상태에서 다른 사람들이 '모르는 상태'를 상상하기가 어려운 거죠." 지식의 저주를 피하기 위해서는 무엇보다 듣는 사람의 입장에서 생각해보는 의도적 노력이 있어야 한다. 경청이 필요한 것이다.[37]

필자도 지식의 저주에 빠져 허우적거리기는 매 한가지였던 아픈 기억이 있다. 앞서 말한 것처럼 요즘은 중국에서 컨설팅을 하고 있는데, 조선족이 통번역을 맡아서 하고 있다. 나는 이 직원이 충분히 내가 강의하는 내용을 이해해서 전달했다고 생각하고 멘토링을 끝냈다. 2주가 지나서 그동안 진행된 내용을 점검할 시간이 되었는데 과제 리더가 가져온 것을 보니 내가 원하는 것과 전혀 맞지 않는 엉뚱한 것을 가지고 와서 자랑을 하고 있는 게 아닌가? 너무 당황스럽고 황당해서 자초지종을 물었더니, 아예 내 의도와는 전혀 반대로 의사전달이 된 것이었다. 충분히 통역하는 직원을 이해시켰다고 단정지어버린 나의 불찰이 컸다. 지식의 저주인 셈이었다. 그 이후로는 일단 중국어를 공부해야겠다는 생각을 굳혔고, 그 통역 직원이 들어오게 되면 재차 확인하는 과정을 꼭 갖고 있다.

또 하나의 에피소드. 처음 노래방이라는 것이 생길 때였던 나의 20대 때의 이야기이다. 학교 친구들과 노래방에 가서 오직 리듬에 맞추어 책상을 두드리고 이게 무슨 노래인지 맞추기 놀이를 한 기억이 있다. 그와 유사한 에피소드로 예전에 한창 인기가 있었던 TV 프로그램 중에 허참이라는 전설적인 명MC가 진행하던 『가족오락관』이라는 예능 프로그램이 있었다. 지금은 이러한 형태의 프로그램이 많이 없어졌지만, 사회자가 주제를 주고 이를 판토마임으로 자기 팀 마지막 사람에게까지 전달해주는 게임이었던 것으로 기억된다. 두 개의 에피소드에서 결과는?

여러분이 예상하는 것처럼 거의 '빵점'에 가까운 수준이었다. 내가 안다고 모두가 아는 게 아니라는 것이다. 사자성어로 동상이몽同床異夢이 딱 맞는 경우이다. 지식의 저주는 스탠포드대의 심리학자 엘리자베스 뉴턴Elizabeth Newton의 1990년 실험을 통해 더욱 유명해졌다. 이 실험에서 엘리자베스 뉴턴은 실험에 참가한 사람들을 두 그룹으로 나누었다. A그룹은 노래의 리듬을 탁자에 두드리고, B그룹은 그 리듬만을 듣고 노래 제목을 맞추게끔 하였다. 그녀는 노래의 리듬을 두드리는 A그룹에게 미국인이라면 누구나 알 만한 120곡의 노래목록을 주고 그 중에 한 곡을 골라 노래에 맞추어 책상을 두드리라고 했다. 그러면 B그룹은 오직 그 리듬만을 듣고 노래제목을 맞추는 것이다. 그런데 B그룹은 노래제목을 몇 개나 맞추었을까? 결과는 120곡 중 겨우 3곡에 불과했다. 거의 모든 사람이 못 맞춘 것이다. 위에서 내가 했던 경험과 비슷하다.

그런데 이 실험에서 흥미로운 사실은 사람들이 리듬을 듣고 노래제목을 잘 맞추지 못한 것이 아니다. 엘리자베스 뉴턴은 A그룹에게 당신이 두드린 리듬을 듣고 B그룹이 노래 제목을 맞출 확률을 짐작해 보라고 했다. 실험자들은 맞출 확률이 무려 50%라고 대답했다. 실제로는 120곡 중 겨우 3곡, 즉 2.5%밖에 맞추지 못했는데 말이다. 왜 이런 현상이 벌어지는 것일까? 바로 지식의 저주에 걸린 것이다. 회사 관리자나 임원들은 부하 직원들이 회사 방침을 도통 이해하지 못한다고 한탄하고 있고, 국내 최고의 가전업체는 50가지가 넘는 버튼이 달린 리모컨을 만들고 있다. 이미 무언가를 알고 있는 사람은 그것을 모르는 사람을 이해하기가 쉽지 않다. 특히 내가 알고 있는 것이 상식적인 것이라고 생각하면 더욱 그렇다.

한번은 아내와 함께 TV로 월드컵 축구 본선경기를 관람하고 있었다. 우리 국가대표팀이 열심히 하는 모습에 웃고, 공을 빼앗기면 같이 울분을 토해내면서 90분을 모두 보냈던 기억이 있다. 한참을 둘이서 같이 떠들고, 울고, 웃으면서 갑자기 아내가 불쑥 물었다.

"근데 오프사이드가 뭐야?"

나는 순간 멍해졌다.

"아니, 진짜 몰라서 묻는 거야?"

"응, 정말 몰라서 묻는 거야."

"아무리 그래도 그렇지, 그럼 아까 박지성이 오프사이드 걸렸을 때 아무것도 모르고 그냥 안타까워했단 말이야?"

참고로 나의 아내는 '가방끈이 길다.' 축구와 같은 운동 분야에 해박하지는 않지만 그렇다고 전혀 모르는 것도 아니다. 또한 상당히 여러 분야에서 박식하다는 소리를 듣는다. 그런데 내가 '지식의 저주'에 빠지고 만 것이다. 결혼해서 20년 동안, 아니 연애할 때까지 따지면 23년 동안 매년 축구하는 것, 축구 보는 것을 옆에서 같이 해왔기 때문에 당연히 알고 있으리라고 생각했던 것이다.

'지식의 저주'에서 벗어나기 위해서는 최대한 듣는 사람의 입장이 되어야 한다. 그래서 지금 내가 보내는 메시지가 때로는 그에게 의미 없는 '메아리'가 될 수도 있다는 것을 알아야 한다. 그리고 듣는 이가 알아들을 수 있게 합당한 멜로디로 불러주어야 한다. 비로소 그때 '지식의 저주'는 사라지고 우리는 서로 소통할 수 있는 것이다.

흔히 말하기를 안다는 것에도 10단계 있다고 한다. ① 들은 적이 있다. ② 여러 번 들었다. ③ 들은 내용을 대충 말할 줄 안다. ④ 핵심내용을 정확하게 전달할 줄 안다. ⑤ 들은 내용을 할 줄 안다. ⑥ 익힌 대로 행동하고 산다. ⑦ 학습한 내용을 시킬 줄 안다. ⑧ 가르칠 줄 안다. ⑨ 체계적으로 가르칠 줄 안다. ⑩ 평가, 분석할 줄 안다.

이렇듯 안다는 것에도 그 깊이와 정도가 다르다. 그렇다면 최고경영진이 안다고 했을 때의 그 '안다'의 단계와 팀장이 안다고 하는 단계 그리고 그 지시를 받아야 하는 부하사원이 아는 단계는 얼마나 차이가 있을까? 중요한 메시지는 반복해서 말하는 것도 중요하다. 오죽하면 잭 웰치 회장이 "기업의 핵심가치는 적어도 700번 이상 반복해서 부하직원들에게 말하라"고 했을까?[38] 또한 어느 인터뷰에서 잭 웰치 회장은 "열 번 이상 이야기한 것이 아니면 한 번도 이야기하지 않은 것과 같다. 따라서 GE의 모든 사원은 내가 어디를 향해 가고 있는지 알고 있다"로 단언을 하고 있다. 마찬가지로, 카를로스 곤 닛산 CEO는 닛산의 재건 계획 50페이지 전문을 일본어와 영어로 인터넷을 통해 전 직원에게 동시에 전달했다. 이는 고객, 주주, 매스컴 등 외부 고객보다 내부 고객이라고 할 수 있는 전 임직원들과 직접 소통하는 것이 중요하다는 점을 일깨워준다.

변화관리는 변화를 추진하는 팀과 변화를 실행해야 하는 현업 간의 대화와 변화에 따르는 갈등과 저항의 감정을 의사소통을 통해 관리하는 활동이라고도 할 수 있다. 결국 변화관리의 시작도 원활한 의사소통이며, 그 마무리도 원활한 의사소통에 의해 이루어진다. 따라서 혁신의 전 과정에서 지겨울 정도로 의사소통을 하는 것은 아무리 강조해도 지나치지 않은 것이다. 의사소통에서 과잉이란 없다. '이 정도만 해도 잘 되겠지'라는 생각은 착각이다. 커뮤니케이션이란 '이해'를 '전달'하는 것이다. 훌륭한 비전을 전파하고 변화와 혁신의 실행계획을 전달하는 데 있어서 단 한 번의 회의나 이메일 공지를 통해 의사소통이 다 되었다고 봐서는 안 된다는 것이다.[39] 동원할 수 있는 모든 매체와 인력을 활용해야 하며, 특히 시각적이고 극적인 매체를 끊임없이 연구해야 한다.

이를 통칭 '시각화 도구Mind Change Visual'라고 할 수 있는 데 변화관리 주제에 적합한 동영상, 카툰 등은 혁신주도자가 하고자 하는 마음만 있다면 유튜브나 인터넷을 통해 얼마든지 구할 수 있다. 아니면 다양한 회사에서 다양한 형태의 경험을 한 외부 컨설턴트의 경험을 이용해도 된다.

그리고 변화와 혁신의 메시지를 전달하는 과정을 줄이고 될 수 있으면 직접 전달하는 방식이 좋다. 앞서 언급한 것처럼 몇몇 예능 프로그램에서 하는 낱말이나 문자를 전달하는 게임을 봐도 알 수 있듯이 정보전달 과정이 많을수록 정보는 왜곡되고 정확도는 현저히 떨어지게 된다. 신뢰에 기반을 둔 정보전달을 실시하고 동일 주제에 대한 일관된 메시지를 전달하는 게 바람직하며 이해 당사자의 관심에 초점을 맞춰야 한다. 그리고 경영진이 적극적으로 솔선하는 모습은 변화관리 활동 전반을 통틀어서 가장 유용한 '방법론'이라 할 수 있다. 주기적으로 현장을 방문한다든지, 챔피언데이나 본부 품질경영회의 등을 직접 주관하거나 경영진이 나서서 과제에 대한 멘토링을 실시한다면 조직원의 혁신에 대한 에너지를 확보하는데 더 없이 좋은 접근법이 될 것이다. 마지막으로, 프로젝트 수행기간 중 병행하는 각종 커뮤니케이션 프로그램에 가능한 한 많은 직원을 참여시킴으로써 참여의식과 주인의식을 고취시켜야 하며, 프로젝트 팀 내부 간 커뮤니케이션을 절대로 간과해선 안 된다.

비록 경영혁신 활동이 점화되었다고 하여도 임직원에 대한 적절한 교육과 이들과의 적극적인 의사소통에 실패하게 되면 혁신은 또 다른 장애를 만나게 되는 것이다. 대체로 혁신은 '총론 찬성 각론 반대'의 양상을 띠게 될 때 실패할 확률이 높아진다. 그만큼 관망 세력을 많이 양산하게 되는 것이다. 또 다른 이유로는 책임회피가 있다. 무슨 말인고 하니 '내가 문제가 아니라 네가 문제'라는 식으로 이슈를 떠넘기는 책임회피도 혁신을 어렵게 만드는 주요 요인인 것이다. 마지막으로, 냉소주의는 혁신을 시도하는 시점에서 가장 쉽게 나타나는 현상이다. 필자의 경험에 의하면 적극적인 저항세력보다 더 경계해야 할 부류가 바로 이 냉소주의자들, 관망 세력이다. 이들은 눈치를 보다가 조금이라도 혁신활동의 불씨가 수그러들 기미가 보이면 금세 저항세력으로 탈바꿈하는 경향을 보이곤 한다.[40] 이외에도 적절한 혁신 네트워크를 구축하지 못하는 경우에도 구성원들의 혁신저항을 이겨내지 못하게 된다. 이러한 문제들을 제거하기 위해서는 회사 경영진의 강력하고도 지속적인 의지 표명과 지속적인 교육 및 커뮤니케이션이 필수적이라는 점을 다시 한 번 강조하고 싶다.[41]

여섯째, 경영진은 지속적으로 변화에 대한 의지를 전달하라

변화와 혁신이 조직에 주어졌을 때 저항이 생기는 요인과 이에 대한 극복방안을 경영혁신의 전 과정을 찬찬히 짚어보면서 살펴보도록 하자. 혁신이 안 되는 가장 큰 이유는 혁신에 불을 붙이지 못하기 때문이다. 혁신을 점화시키는 데 있어서 경영진의 역할은 절대적이다. 그런데 경영진이 혁신의 상황을 인식하지 못하고 '알아서 잘하겠지'라는 안이한 생각을 가지고 있을 때 혁신은 시작도 하기 전에 난관에 부딪치게 되는 것이다. 또 다른 이유로 경영진의 의사를 전달하고 경영진의 혁신의지를 실행시킬 혁신 주체를 선정하지 못할 때도 혁신의 불을 지피지 못하는 되는 경우가 있게 된다. 마지막으로, 혁신의 주체가 혁신방법에 대하여 아무런 지식을 가지고 있지 못할 때도 혁신의 점화는 어려워지게 된다.

이와 같은 장애 요인을 극복하기 위해서는 최고경영진의 강력한 메시지 전달과 지속적인 변화관리가 필요하다. 혁신 참여자에 대해 끊임없는 지원 또한 아끼지 말아야 한다. 혁신 참여자에 대해서는 인사상의 혜택이 있도록 제도적 장치를 만들어 주고 더불어 경영혁신 활동에 대한 사명감을 지속적으로 각인시킬 필요가 있다. 필자가 지도했던 대부분의 회사에서는 최고경영자들이 직접 간담회, 워크숍, 과제 발표회 등을 통해 지속적으로 변화와 혁신을 강조하고 혁신 선도세력을 격려하는 자리를 마련하였다. 이렇듯 경영진들은 솔선수범하여 경영혁신 활동 및 변화관리의 선봉장이 되어야 한다는 점을 강조하고 싶다. 이렇게 솔선수범하는 리더십이야 말로 경영혁신 활동을 하는 데 있어 가장 큰 덕목이자 가장 큰 변화관리 기법이라고 필자는 감히 말하고 싶다.

또한 학습할 수 있는 분위기를 형성하고 경영진이 지속적으로 학습에 대한 관심을 불러일으킨다면 특히 경영혁신 과제를 해결해 나가는 데 금상첨화라고 생각한다. 그리고 도입기에는 혁신기법에 대한 지식이 부족하기 때문에 벤치마킹을 강화하거나 '혁신 스승 모시기' 등의 활동을 펼쳐 선진 기업의 혁신 전문가를 지속적으로 만나서 자문을 구하는 것도 필요하다.

7. 바람개비는 역풍에 돌고, 멈춘 바람개비는 바람개비가 아니다

기업조직에서 변화와 혁신이 실패하는 것은 변화의 전략이나 계획이 잘못되었다기보다는 변화를 조직 내에 정착시키는 과정에서 조직구성원들의 저항이 있었기 때문이라고 말할 수 있다. 변화관리 추진계획이 아무리 훌륭하게 마련되었다고 하여도 이를 실행하지 못하면 아무런 의미가 없는 것이므로 저항을 관리하는 것은 변화와 혁신의 성공을 위한 핵심과제이다.[42]

저항을 제대로 관리하기 위해서는 저항이란 보통 어떤 오해 때문에 발생되며, 관리자들이 새로운 아이디어에 대해 선입견이나 기득권을 가짐으로써 갖게 되는 태도 때문에 발생되는 것임을 먼저 이해해야 한다.[43] 또한 저항은 살아있는 조직에서 나타나는 지극히 자연스런 현상이라는 인식의 전환이 필요하다. 무조건 억누른다고 해결책이 나오는 것이 아니라는 것이다. '인문의 숲에서 경영을 만나다' 시리즈로 유명한 정진홍의 저서 중에 《완벽에의 충동》이라는 책이 있다. 이 책에 보면 이런 구절이 나온다.

"언젠가 산을 오르다가 세찬 바람을 만난 적이 있습니다. 세차게 바람이 불자 나무들이 흔들리기 시작했습니다. 그런데 유독 흔들리지 않는 나무가 있었습니다. 가만히 보니 죽은 나무였습니다. 죽은 나무는 바람에 흔들리지 않습니다. 그저 부러질 뿐입니다. 살아있는 나무만이 바람에 흔들립니다. 역설적으로 들리겠지만 나무가 바람에 흔들리는 것은 결코 바람 앞에 맥없이 무릎 꿇는 것이 아닙니다. 그것은 오히려 더 생존하고 더 오래 존재하기 위한 생명력 넘치는 나무의 고투요 몸부림입니다. 흔들릴지언정 부러지지 않고 살아남는 것, 이것 역시 온전한 생존을 위해 고투하는 본능이며 그 나름대로 '완벽에의 충동'에 충실한 것입니다."[44]

그렇다. 죽어있는 조직은 꺾이고 부러지게 되어 있다. 변화에 대한 저항은 조직이 살아있다는 증거이다. 당연한 것이다. 이를 어떻게 잘 관리하고 효율적으로 이끌어낼 것인가 중요한 이유를 이 글이 제대로 웅변해주는 것 같다.

지식생태학자인 유영만 교수는 자신의 저서 《학습 파워》에서 바람개비 우화를 소개하고 있다. 어느 날 친구로부터 바람개비를 선물 받은 한 소년이 바람개비를 돌리기 위해서 마냥 바람이 불기만을 기다리고 있는데, 바람개비는 바람을 기다려서는 절대 돌릴 수 없는 것이고 바로 '자기 자신'이 돌려야 한다는 사실을 깨달아 간다는 것이다. 그러면서 그는 이 우화의 결론을 이렇게 맺고 있다. "행운의 기회는 가만히 앉아서 기다리는 사람에게는 찾아오지 않는다. … (중략) … 바람개비는 철저히 자신의 의지와 노력에 의해서 돌아가야 한다. … (중략) … 내 손으로 직접 들고 바람이 불어오는 반대 방향에서 달려나갈 때, 바람개비는 진정 그 가치가 빛날 수 있다. 바람개비는 바람을 정면으로 맞으며 날개로 바람을 안아야 비로소 돌아간다. 문학 평론가이자 문화부 장관을 역임한 이어령 교수가 말한 것처럼 '돌지 않는 바람개비는 더 이상 바람개비가 아니다. 정지는 바람개비의 죽음이다."[45]

변화를 즐겨야 한다. 저항은 조직이 살아있다는 증거다. 이를 슬기롭게 헤쳐 나갈 수 있는 지식과 용기가 필요한 것이다. '피할 수 없다면 즐겨라'라는 말이 있지 않은가? 역풍에 움직이는 바람개비처럼, 바람에 흔들리는 나무처럼 저항은 뚫고나가야 하는 조직 구성원을 다시 한 번 성장시키는 원천인 것이다. 여기서 제시된 각종 사례나 대안은 모두 실험실이 아닌 현업에서 직접 겪었던 일들이기 때문에 독자 여러분들께서 실행에 대한 자신감을 가지고 꾸준히 실천해낼 수 있다면 반드시 변화에 수반되는 저항을 극복할 수 있으리라 자신하는 바이다.

다음 장에서는 필자가 20년 가까운 현업 생활, 컨설팅 생활을 하면서 변화관리를 위해 가장 필요한 것이라고 생각하는 것들을 나름 정리하여 변화관리 추진 모델을 제시하도록 하겠다.

제4장
변화관리 추진 모델

이 장에서는 지금까지 학계에 알려져 있거나 기업체에서 이미 적용하여 쓰고 있는 중요한 변화관리 추진 모델을 소개하고, 필자가 생각하는 변화관리 추진 모델을 마지막에 제시하고자 한다. 여기에 소개되는 주요 모델은 다음과 같다. 특히 이 책에서는 기업 현장에서 가장 많이 쓰이는 코터의 8단계 모델과 CAP 프로그램을 집중적으로 소개하고 있다. 마지막에는 지금까지 필자가 경험했던 현장의 사례와 이론을 종합하여 혁신 생태학 관점에서 '통합'적인 변화관리 모델을 제시하고자 한다. 독자 여러분이 처한 환경과 상황에 맞는 적절한 모델을 도입하여 바람직하게 사용할 수 있기를 바라는 바이다.[1]

- 르윈의 3단계 모델
- 터크만의 조직발달 4단계 모델

- 브리지스의 변환관리 모델
- 퀴블러–로스의 슬픔의 5단계 모델
- 허친스의 조직변화 4단계 모델
- 변화관리 4분면 모델
- 하버드 경영대학원의 7단계 변화과정
- 코터의 변화관리 8단계
- GE의 CAP^{Change Acceleration Process} 프로그램
- 혁신의 생태학적 변화관리 추진 모델

1. 르윈의 3단계 모델

아무래도 변화관리 분야의 선구적인 연구는 사회심리학의 창시자이자, 조직개발에 대해 최초로 연구를 하였던 커트 르윈^{Kurt Lewin}의 〈Frontiers in Group Dynamics(1947)〉에서 찾을 수 있을 것이다. 그는 이 논문에서 지금은 우리에게 널리 알려진 '역장분석^{Force field analysis}'과 '변화의 3단계' 이론을 제시하고 있다. 이 논문은 변화관리의 과정을 단순화하여 이해하는 좋은 길잡이로서 지금까지도 지대한 영향을 미치고 있다. 논문의 앞부분에서는 역장분석의 개념과 적용에 대해 많이 힐애하고 있다. 이 세상 모든 것에는 현재 상태를 유지하려는 힘과 현상을 깨트리려고 하는 힘이 공존하고 있는데, 이 2가지의 힘의 균형이 무너지는 것이 바로 '변화'라는 것이다. 사실 이러한 개념은 동양인(특히 극동아시아에 있는 한국, 중국, 일본)에게는 음양

론으로 생활 속에 깊이 들어와 있다.

그에 의하면 변화는 '해빙Unfreezing', '변화Moving', '결빙Freezing'의 3단계를 거치게 된다.[2] '해빙'은 변화의 필요성을 인식하는 단계로 변화를 위한 동기를 부여하고 두 힘의 균형을 깨트리게 되는 계기가 된다. 이 단계에서는 과거의 행동이나 태도를 경영진이 원하는 것으로 교체하도록 한다. 또한 변화를 이끌어 내는데 존재하는 장애물을 제거하는 방법을 고안하는 것도 필요하다. 전반적으로는 힘의 불균형을 초래하는 단계이기 때문에 구성원들에게 심리적으로 안전함을 느끼도록 해야 한다.

'변화'는 변화를 실행하는 단계로 2종류의 힘 중 한 가지를 강화하는 쪽으로 움직이는 단계이다. 새로운 정보, 새로운 행동 모델, 혹은 시각을 제시하는 단계이기도 하다. 이 단계에서는 구성원들로 하여금 새로운 개념과 시각을 배우게 한다. 역할 모델, 멘토링, 전문가, 벤치마킹 그리고 훈련이 변화를 용이하게 하는 유용한 메커니즘이다.

'결빙'은 변화를 내재화하고 시스템화하는 단계로 변화된 상태에서 힘의 균형을 유지하는 것을 의미한다. 이 단계에서는 구성원들로 하여금 변화된 행동, 태도를 일상화할 수 있도록 도와주어야 하며, 긍정적 강화는 바람직한 변화를 강화시키는 데 사용된다. 이 때 변화관리팀이나 변화선도자는 변화의 안정성을 강화하는데 도움이 된다.

이처럼 르윈의 모델에서 행동방식은 3가지 단계를 거친다고 본다. 변화를 일으키고자 하는 욕구를 개발해야 하며, 저항 및 여러 가지 간극을 해소시켜야 하며, 실제로 변화를 실행하는 단계가 실행되면 마지막으로 새로운 행동이나 태도의 결빙이 필요하다. 그러기 위해서는 관리자가 새로운 방식을 받아들이는 사람들에게 적절한 보상이나 칭찬, 또는 격려를 아끼지 말아야 한다. 그럼으로써 궁극적으로 그 조직 구성원은 변화를 자신의 요구와 선택이 반영된 것으로 간주하게 되는 것이다.

[표 8]은 이 3단계 모델을 활용하여 변화관리 실행계획을 수립한 경우이다. 독자 여러분이 현업에서 업무를 수행할 때 도움이 되기 바란다. 이 회사의 경우는 3단계 이론에 대한 철저한 이해를 바탕으로 본부별, 사업부별로 일관된 변화관리 프로그램을 준비하였다.

[표 8] 변화관리 실행계획 사례

구분	Unfreezing (공유/전파)	Moving (실체적 변화 촉진)	Refreezing (시스템 정착)
본부	1등 DNA 컨퍼런스 1등 DNA 협의체 시무식 공표 1등 DNA 세부내용 공유 경영지원팀장 Melt-In 조직책임자 대상 설명회 본부장 직통채널 구축	1등 DNA 전 사원 교육 지속적인 이슈 제기 월별 DNA 지수 피드백 분기별 경영회의 보고 IT 시스템 구축 사업부별 순회 컨설팅 1등 DNA 태스크 포스	임원 업적평가(20%) DNA 진단 지수 개발 정기 진단/피드백 우수 성공사례 발굴/전파 1등 DNA 컨퍼런스 활동 공유 및 방향 정립
사업부	사업부장 직통채널 구축 구성원 합의 미팅 실행 조직 구축 실행계획 수립	개선과제 도출 및 실행 인사팀 컨설팅 역량 확보 1등 DNA 연계 조직활동	1등 DNA 체질화 활동 향후 계획 수립 조직책임자 평가 반영

이를 토대로 전사적인 변화관리 활동이 체계적으로 이루어졌다. 특히 활동의 초기에는 'Melt-in'이라는 프로그램을 반드시 실시하여

참여하는 모든 사람이 경영혁신 활동(또는 과제활동)의 전체적인 방향성을 공감한 상태에서 활동에 임할 수 있도록 하고 있다. 아주 좋은 프로그램이라고 평가하고 싶다. 이러한 과정을 거치게 되면 (특히 여러 부서가 동시에 같은 일을 하게 될 경우) 팀원 간의 의사소통도 원활해지고, 마음의 벽도 서서히 허물어지는 것을 느낄 수 있다.

[표 9]는 구조 조정 후 신규 비전을 수립하면서 3단계 모델을 적용한 사례이다. 사례에서 보듯이 각 단계별로 변화관리 프로그램이 조금씩 다르다는 것을 알 수 있다. 구조 조정 이후라서 그런지 조직 활성화라든지 조직 분위기 확립 등 다소 추상적이고 무거운 주제를 가지고 기업문화를 재구축하는 프로그램을 추진하고 있다.

[표 9] 비전 수립 시 3단계 모델 적용 사례

비전	도입기	확산기	정착기
실현 정도	비전에 대한 이해도 제고 및 확산을 통한 실현의 토대 구축	비전의 지속적 확산 및 공유를 통한 비전의 사내 침투 정도 제고	모든 경영요소들의 유기적 연계를 통해 비전을 보다 구체화
사업	기존 포트폴리오 재평가 유망신규사업 투자 모색	가치상품 위주 재구축 신규사업 매출 본격화	기존-신규 복수사업체제 확립 및 시너지 창출
기업 문화	해빙 단계(Unfreezing) 조직활성화 프로그램 커뮤니케이션 활성화	변화 단계(Moving) 원활한 커뮤니케이션 일체감 조성	재동결단계(Refreezing) 혁신과 변화 지향적인 조직분위기 확립
조직	조직구조 재검토 효율화 방안 수립 합리적 평가 요소 개발	개인/조직 역량강화 지속적 교육, 훈련 평가/보상 전략적 연계	부서책임경영체계 구현 공정한 성과 평가 차별적 보상제도 정착

2. 터크만의 조직발달 4단계 모델

다음으로는 브루스 터크만Bruce Tuckman이 제안한 조직발달 모델로서 지금까지도 여러 기업에서 변화관리 도입 시 자주 사용한다. 4단계는 형성기Forming – 갈등기Storming – 정상기Norming – 성과기 Performing로 구성된다.[3] 여기서 제시되는 모든 단계는 팀이 성장하고 도전에 직면했을 때, 문제를 발견하고 해결책을 찾고자 할 때, 수행의 계획을 세우고 마침내 성과를 창출하는 업무 수행의 전반에 걸쳐서 반드시 필요할 뿐만 아니라 필수불가결한 단계라고 터크만은 강조하고 있다. 그리고 약 12년이 흐른 1977년에는 메리 앤 젠센과 협력하여 5번째 단계를 더 추가하게 된다. 휴회기, 폐회기Adjourning 단계가 바로 그것이다.

터크만의 조직발단 단계는 현업에서 변화관리를 추진할 때, 특히 워크아웃을 실행하거나 과제 수행팀을 만들어 과제를 추진할 때 알아두어야 할 핵심적인 내용이다. 왜냐하면 대부분의 과제들이 최근에는 각 기능부서 간의 합종연횡을 요구하고 있기 때문이다. 서로 일해온 성격이 다른 사람들끼리 만나서 한 방향으로 나아갈 때에는 반드시 겪어야 하는 어쩌면 필연적인 부분일 수도 있다. 각 단계별 할일을 간단히 표로 정리하면 다음 페이지의 [표 10]과 같다.

필자의 경우를 예로 들어보겠다. 처음 경영혁신 컨설턴트가 되면서 (앞에서도 언급했지만) PM 역할을 수행하게 되었는데 고객의 요구사항은 원가경쟁력 확보를 위한 전사적인 경영혁신 활동을 적극적으로 추진해 달라는 것이었다.

[표 10] 조직 개발 단계별 특징 및 리더의 역할

단계	특징	리더의 역할
형성기	방향/목표 등 모든 것이 불분명 근심/불안과 낙관적 견해가 교차	명백한 방향 제시 및 긍정적 분위기 창출(직접적이고 간단한 과제 할당) 멤버간의 팀워크 조성
갈등기	갈등의 표면화, 불일치된 견해 비공식 리더십의 출현 과제 합의에 저항감을 느낌	갈등 공개하고 합의에 의한 활동 유도 멤버가 과제보다 책임을 느끼게 함 규칙에 대한 합의
정상기	과제에 합의하고, 소속감이 고취됨 갈등이 사라지고 생산적인 과제수행	자발적 과제방향설정 및 목표달성유도 성과 달성에 대한 축하식 실시 지원자의 입장
성과기	역할이 명확하고 상호 의존적이 됨 문제해결에 혁신이 일어남 개인적인 성장의 경험	참여, 상담과 동기부여 소통과 정보의 흐름 유지 새로운 비전 제시

　　주지하는 바와 같이 전사적으로 경영혁신 활동을 하게 되면 경영혁신 사무국이 만들어지고, 다수의 컨설턴트들이 경영혁신 사무국 직원들과 같이 일하게 된다. 처음에는 전사 경영혁신 마스터플랜을 수립해야 하기 때문에 사무국 직원과 컨설턴트 그룹이 한 사무실에서 지내는 경우도 있다. 이 때 처음에는 상호 간에 묘한 분위기가 흐른다. 변화와 혁신의 방향이 안 잡힌 상황에서 긍정과 불안이 교차하고 무얼 어떻게 해야 할지 고민하는 와중에 서로 간에 탐색전이 시작되는 것이다. 워크숍이나 회식을 통해 이러한 과정을 지나게 되면 서로 성격이나 상대방을 대하는 태도 등을 차차 알게 되고 주도권 싸움이 벌어지게 된다.

　　사무국 입장에서는 길들이지 않은 야생마 같은 컨설팅 그룹을 자사의 문화에 맞게 움직일 필요가 있고, 컨설턴트들은 "감히 선생을 이래라 저래라 해?"라는 심정으로 약간의 엇박자가 나는 것이다. 전형적인 폭풍의 갈등기인 것이다. 어찌어찌 하여 이 과정을 무사히 정리하고 넘어가면 이제부터는 성과창출을 위해 서로 협력하여 진행하는 과정을 거치면서 업무분장이 명확해지고, 교감도 한층 더 강력해진다.

이 단계로 넘어오지 못하는 경우 변화와 혁신을 추진하는데 상당히 애를 먹게 된다. 마지막 성과기에는 컨설팅 그룹, 고객 그룹이라는 구분이 없어지고 회사의 성과를 위해 한 몸, 한 마음으로 움직이고 이는 성과로서 드러나게 되는 것이다.

필자의 경우 지금도 중국에서 컨설팅을 진행하면서 또 다른 의미의 4단계를 처음부터 다시 거치고 있다. 경험이 쌓였다고 해서 이 단계를 안 거칠 수는 없는 것 같다. 게다가 외국이다 보니 문화에 대한 이해, 언어소통의 미숙으로 인한 각종 오해의 양산 등으로 이중삼중의 폭풍이 쏟아지고 있다. 다만 각 단계별 위험요소를 재빨리 간파하고 최소화할 수 있는 노하우가 생겨서 그 전과는 달리 훨씬 유연하게 진행하고 있는 것은 사실이다.

3. 브리지스의 변환관리 모델

다음으로는 윌리엄 브리지스의 『변환관리』 모델을 소개하고자 한다. 조직변화관리의 최고전문가인 윌리엄 브리지스는 그의 탁월한 저서 《변환관리》를 통해 성공적인 조직변화를 위해서 변화의 목적, 그림, 계획, 구성원들의 역할이 규정되어야 한다고 이야기하고 있다. 다시 말해 성공적인 변화는 구성원 전원의 동참이 있어야 가능하다는 것이다. 그가 소개하는 조직의 목표를 성취하고 변화로 인해 야기되는 피해를 최소화하는 데 적용할 수 있는 단계별 전략은 [그림 5]와 같이 표현할 수 있다.

이 모델의 가장 핵심적인 강점은 '변화'가 아니라 '변환'이다. 이 두 가지 개념의 차이점은 미묘하지만 중요하다. 변화란 사람들이 동의하지 않더라도 어떤 일이 사람들에게 일어나는 것을 의미한다. 반면에 변환이란 내면적인 것으로서 사람들이 변화를 경험하면서 마음속에 일어나는 그 무엇을 말한다. 변화는 빨리 생길 수 있는 반면에 변환은 보통 좀 더 느리게 발생한다. 이 모델은 사람들이 변화를 겪으면서 이행하는 변환의 3단계를 강조한다. 다음과 같이 1단계는 종료, 상실, 풀어줌Ending, Losing, and Letting Go, 2단계는 중립지역The Neutral Zone, 3단계는 새로운 시작The New Beginning이다.

[그림 5] 윌리엄 브리지스의 변환 3단계

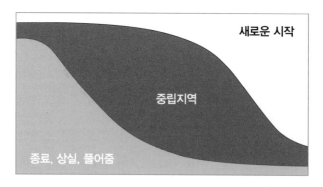

브리지스는 사람들이 자기 자신의 속도에 맞춰 각 단계를 경험한

다고 말하고 있다. 예를 들어, 변화를 고통 없이 받아들이는 사람들은 3단계로 비교적 빨리 진행하는 반면에, 어떤 사람들은 1단계나 2단계에 오래 머무르는 경향이 있는 것이다. 브리지스가 제시하는 핵심 개념은 '변환'으로서, 그는 '변화'와 '변환'의 다른 본질을 강조하고 있다. 간단히 말해서 변화가 '무엇What'에 관한 것이라면 변환은 '어떻게How'에 관한 모든 것이다. 또한 그는 이 두 개념을 명확히 구분하기 위해서 [표 11]과 같은 방정식을 제안하고 있다.

[표 11] 변화와 변환의 차이

변화+인간=변환

구분	변화	변환
본질	상황적	심리적
특징	일련의 사건들	연속적인 프로세스
시간	빠름	주/월
속도	가속가능	유기적 프로세스, 자연적인 리듬
분석	무엇을What	어떻게How
가시성	볼 수 있고 만질 수 있음	구성원에 의해 내면화

4. 퀴블러-로스의 슬픔의 5단계 모델

이 모델은 엘리자베스 퀴블러-로스Elisabeth Kübler-Ross에 의해 최초로 알려진 것으로서 종종 '슬픔의 5단계'로 불리기도 한다. 사람이 죽음에 직면했거나 아니면 다른 극한의 두려움에 처했을 때 이러한 일련의 감정적 변화를 경험하게 된다는 것이다.

즉, 처음에는 부정Denial을 하게 되고, 이후 주어진 현실에 분노
Anger하게 되며, 현실과 타협Bargaining하는 단계를 거치게 된다. 이후
절망Depression과 함께 현실을 수용Acceptance하는 5단계 절차를 거친다
는 것이다. 이 가설은 그녀가 1969년에 쓴《On Death and Dying》
에 처음 소개되었으며, 그녀가 거의 죽음에 이른 환자들과 일하면서
얻은 영감을 토대로 썼다고 한다. 이후 그녀의 모델은 다양한 분야에
서 널리 받아들여지고 있다. 그녀는 이 5단계가 모든 가능한 감정들
에 대해 완전히 적용되는 것은 아닐 뿐만 아니라 다른 순서로 나타날
수도 있다고 말하고 있다.⁴

그녀가 제시한 5단계를 도식화하면 [그림 6]과 같다. 필자는 이 5
단계를 좀 더 세분화하여 「부동－부정－분노－타협－절망－시도－수
용」의 7단계로 파악해보고자 한다. 이 모델을 변화관리의 관점에서
보면 모든 단계에 기본적으로 '의도된' 변화가 지속될 것이라는 점을
분명히 알아야 한다.

[그림 6] 퀴블러-로스 모델

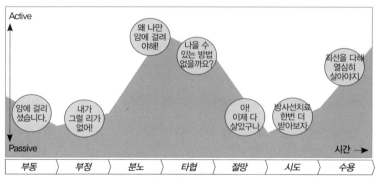

먼저 부동, 부정Immobilization, Denial의 단계에서는 놀라움으로 인해 움직임이 없어지고, 우선 주어진 변화를 강하게 부정하게 된다. 자신이 암에 걸린 경우를 예로 든다면, 의사가 "암에 걸리셨습니다."라고 통보하면 "나는 절대 암에 걸릴 일이 없어!"라고 강하게 부정하게 되는 것이다. 만약에 부모가 이혼하게 된 상황을 접하게 되는 아이들은 "엄마, 아빠가 곧 (이혼하겠다는) 마음을 바꾸실 거예요"라고 현실을 강하게 부정하게 된다. 이처럼 '부정'의 단계에서는 사실, 정보 그리고 상황의 실재성을 받아들이는 것에 대해서 의식적, 무의식으로 거절하게 된다. '부정'은 일종의 방어기제로서 어떤 사람들은 종종 이 단계에서 벗어나지 못할 수가 있다. 따라서 부정적, 비관적인 정보의 제공에 따른 대비가 필요하다.

분노Anger의 단계에 들어서면 분노를 주변 사람에게 표출하게 된다. "왜 나만 암에 걸려야 해!"라든지, "왜 하필 나야? 이건 공정치 못해!", "어떻게 이런 일이 나에게 일어날 수 있지?" 등의 반응을 보이는 것이다. 이혼 가정의 어린이들의 경우 자신들의 슬픔과 상실감에 대한 비난의 대상을 찾고자 한다. "나는 나를 떠난 엄마가 미워." 따라서 이 단계에서는 감정에 대한 이해를 적절히 표현하며, 분노를 억제시킬 방안을 강구해야만 한다. 다시 한 번 개인은 이 단계에서 부정을 계속할 수는 없다는 것을 인식해야 한다. 잘못된 분노와 질투로 인하여 개인은 굉장히 보호하기 어려워진다. 사람들은 자기 자신이나 다른 사람들, 특별히 자기와 가까운 사람들에게 화를 낼 수 있다. 편견을 가지지 않고, 개인적 판단을 피하는 것은 절망으로 기인한 분노를 가진 사람을 다루는 데 있어서 중요하다.

타협Bargaining 단계는 변화의 범위, 기간, 내용을 자기에게 유리한 방향으로 바꾸기 위해 흥정을 하는 심리기제가 작용한다. "이 병을 고칠 수 있는 방법이 없을까요?"라고 물어본다든지, 이혼을 앞둔 가정의 어린이들의 경우 "내가 집안만 어지럽게 하지 않았어도 엄마가 아빠를 떠나지 않았을 거야"라고 자신을 위로한다. 이 단계에서는 아이들로 하여금 상황이 긍정적으로 변할 것이라고 생각하게 만든다. 이 단계에서 중요한 것은 감정은 이해하나 변화가 지속될 것이라는 점을 주지시켜야 한다는 점이다.

다음 단계인 절망Depression의 단계로 접어들면 아무리 노력해도 변화가 지속된다는 것을 알게 되면서 매우 위축되어 활동이 없어지게 된다. 암에 걸린 사람이라면 "아! 이제 나는 다 살았구나. 가망이 없구나"라고 자조를 하게 된다. 이혼 가정의 어린이들일 경우는 다음과 같은 감정의 변화가 일어난다. 즉 아무것도 변하는 것은 없다는 사실을 알게 되고, 그들이 부모의 이혼을 막을 수 없다는 것을 깨닫게 된다. 부모 입장에서는 아이들에게 이 '절망의 프로세스'를 경험하게 할 수밖에 없는 것이다. 그렇지 않게 되면 아이들에게 이 상황을 극복하지 못하는 무능력한 부모로 보일 것이기 때문이다. "미안하다, 애들아. 너희들을 위해서 해줄 수 있는 게 이것밖에 없구나." 이처럼 절망의 단계에서는 지원을 해주고, 의사소통에 참여시키면서 대안을 제시해 주어야 한다.

이 단계를 거치게 되면 시간이 지날수록 시도Testing를 하게 되고, 현실을 받아들이게Acceptance 된다. 새로운 환경에서 무언가를 해나갈 수 있을지 스스로 시험해보게 되고, 마침내 새로운 환경을 받아들이

게 되는 것이다. 암에 걸린 경우라면 "그래! 방사선 치료를 한 번 더 받아 보자.", "최선을 다해 열심히 살아야지"라고 결심을 할 수도 있을 것이다. 하지만 항상 긍정적으로 받아들이지는 않을 수도 있다. 이혼을 앞둔 가정의 어린이들도 마찬가지이다. 수용한다는 것은 단순히 '절망'의 순간을 벗어나서 이혼을 받아들이는 것을 의미한다. 부모가 빨리 조치를 취하면 취할수록 어린이들은 빨리 주어진 현실을 받아들이기 시작할 수 있다. 따라서 이 단계에서는 용기를 북돋워 주는 자세가 필요하게 된다.

이 모델은 연인과 헤어지는 경우, 약물을 남용하는 경우, 알코올 중독자의 행태 등의 부정적인 모든 상황에 적용될 수 있다. 반대로 모든 긍정적인 변화에도 비관적인 관점과 저항이 나타날 수 있다는 점을 명심해야 한다. 이 때에는 「막연한 기대-의구심 증대-절망-희망 및 자신감-만족」의 패턴으로 나타날 수 있을 것이다. 예를 들어, 기업 내에서 ERP 또는 생산 시스템 등 새로운 시스템을 도입하게 되면 아마 아래와 같은 반응이 연쇄적으로 일어날 것이다.

(막연한 기대) "시스템을 적용하면 업무가 대폭 줄어들 거야."
(의구심 증대) "어! Paperwork가 줄어들지 않고 있네."
(절망) "사용도 어렵고 업무량은 오히려 늘었는데 뭐가 좋아진다는 거야."
(희망) "시스템을 통해 결재가 되고, 고객정보도 손쉽게 얻을 수 있네."
(만족) "음, 시스템을 사용하니 과연 업무처리 속도가 빨라지는구나!"

5. 변화관리 4분면 모델Quadrant Model

또 다른 변화관리 모델로서는 [그림 7]과 같은 4분면 모델이 있다.
특히 정보 시스템(예를 들면, ERP나 공급망 관리 시스템 등)을 구축하고
난 후 이를 현업에 조기에 적용하기 위해서 변화관리 활동을 진행할
때 가장 많이 사용하고 있다.

[그림 7] 변화관리 4분면 모델

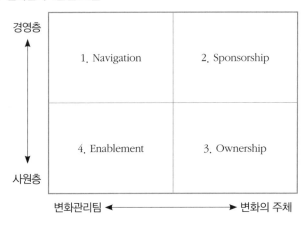

먼저 '네비게이션Navigation' 단계에서는 목표관리를 실시해야 한다.
이 때에는 경영혁신팀 또는 변화관리팀에서 변화 과정을 기획하고
관리하게 된다. 따라서 전체적인 변화관리 마스터플랜을 수립하고,
변화과정에 대한 체계적인 모니터링 및 평가가 이루어질 수 있는 토
대를 마련해야 한다.

2단계에서는 '스폰서십Sponsorship'을 확보하여 변화의 기반을 구축

한다. 이 단계에서는 변화를 주도하고 후원할 수 있는 경영층 및 관리자의 리더십이 필요하며, 조직의 변화에 대한 명확한 방향 및 비전을 제시해야 한다. 아울러 변화에 대한 공감대가 형성될 수 있도록 각종 조치를 취해야 하는 데 이에 대해서는 제5장에서 다루도록 하겠다. 또한 하향식 커미트먼트Top-Down Commitment, 즉 경영층의 적극적인 헌신을 확보할 수 있도록 노력해야 한다. 이를 통해 조직 및 구성원의 변화에 대한 지속적 지원이 이루어질 수 있기 때문이다.

이 단계가 끝나면 현업의 적극적인 참여를 통해 '오너십Ownership'을 가지고 변화관리가 이루어질 수가 있다. 이 세 번째 단계에서는 조직 구성원들의 변화에 대한 적극적 참여를 유도하고 이해를 고취시키고, 현업의 변화에 대한 요구를 적극적으로 수용할 수 있는 창구를 개설해야 한다. 또한 무엇보다 중요한 것은 실질적인 변화과제를 제시하여 전사원의 공감대를 형성할 수 있어야 한다. 따라서 이러한 활동을 잘 해낼 수 있도록 각종 의사소통 프로그램을 기업의 특성에 맞게 개발하고 실행하는 게 절대적으로 필요하다.

3단계까지 제대로 실행이 되면 마지막 단계에서는 교육 및 평가 체계의 구축이라는 측면에서 검토가 이루어진다. 즉 이러한 변화를 가능하게 하는Enablement 조직적, 제도적 측면의 제반 체계가 구축되어야 하는 것이다. 즉, 변화과제(예를 들면 ERP 구축, 생산 시스템 구축 등)에 대한 교육계획 수립이 조속히 이루어져야 하며, 동시에 관련된 구성원들은 교육 자료를 제시하고 준비해서 핵심 사용자 및 최종 사용자에 대한 교육을 실시해야 한다. 아울러 변화의 성과에 대한 측정 지표를 무엇으로 할 것이며, 어떻게, 어떤 주기를 가지고 누가 측정

할 것인지에 대한 명확한 가이드라인이 제시되어야 한다. [표 12]는
공급망 관리체계를 구축하면서 이 모델을 적용한 사례이다.

[표 12] 공급망 관리체계 고도화 변화관리 단계별 접근 사례

고도화	현수준 분석 To-Be 설계		운영원칙 설정 및 개발	시스템 검증 및 안정화
변화 관리	Navigation	Sponsorship	Ownership	Enablement
목적	● 변화 방향, 전략 수립	● 공감대 형성을 통한 가시적 변화 시작 ● 변화 상세 설계	● 구현 완성도 확보 ● 현업 주도의 변 화 활성화	● 조직 역량 증대
주요 업무	● 보고체계 Setup ● 변화의 방향 설정과 공유 ● 변화관리 프 로그램 개발 ● 마스터플랜 수립	● 임원진의 강력 한 후원 확보 ● 명쾌한 비전 제시 ● 강력한 소통에 의한 공감대 형성 ● 현업 변화과제 도출 ● 향후 프로세스 확정	● 현업 변화과제 이양, 실행 ● 개발 완성도 향 상을 위한 현업 참여 확대 ● 테스트, 검증 단계 현업참여 ● 교육대상 및 계 획 수립 ● 교재개발 시작 ● 핵심사용자 교육 ● 변화 모니터링	● 일반 사용자 시스템 교육 ● 안정화 단계 모니터링
	프로젝트 관리			
	커뮤니케이션 활동 실시			

6. 하버드 경영대학원의 7단계 변화과정

다음에 살펴볼 변화관리 모델은 하버드 경영대학원에서 펴낸《변화 경영의 핵심 전략》에서 찾아볼 수 있다. 이 책에서는 마이클 비어 교수 등이 제안한 단계별 접근방법, GE 경영개발센터의 발표자료 그리고 로버트 쉐퍼 등이 제안한 내용을 토대로 '7단계 변화과정'을 아래와 같이 제시하고 있다.

1. 문제점과 해결 방안을 찾는 일에 경영진과 구성원이 공동으로 참여함으로써 전체 조직 구성원의 에너지와 헌신을 동원하라.
2. 회사의 경쟁력을 어떻게 키우고 관리할 것인지 공유 비전을 개발하라.
3. 변화를 주도할 리더를 찾아라.
4. 활동 자체가 아니라 결과에 집중하라.
5. 외곽에서부터 변화를 시작하고, 변화가 위로부터의 강요 없이 조직 전체로 확산되도록 하라.
6. 정책과 시스템, 조직 구조 등을 통해 성공적인 변화를 제도화하라.
7. 변화과정을 모니터링하고, 발생하는 문제점에 따라 전략을 수정하라.

2단계에서 말하고 있는 '공유 비전'의 개발은 조직 구성원 모두가 비전에 대한 공감대를 제대로 형성해야 한다는 말이다. 변화를 반기지 않는 것은 인간의 본성인 것 같다. 불확실한 미래에 대한 불안감 때문에 다소 불편이 있더라도 현상을 유지하고 싶어 하는 경향이 있는 것이다. 이러한 경향을 극복하고 구성원들을 변화와 혁신에 동참시키려면 변화가 모두에게 유용한 것이라는 확신과 공감대를 조성할 수 있어야 한다. 따라서 무엇보다 리더가 구성원들에게 변화의 방향과 비전을 분명하게 보여줘야 한다. 즉 변화를 위한 조직의 목표가 뚜렷해야 하고, 이 목표를 달성했을 때 조직이 어떤 모습이 되는지를 구체적으로 묘사해줄 수 있어야 한다.

예컨대 '글로벌 Top', 'Vision 2020' 등을 목표로 제시한다면, 단순히 '시장 점유율 10%', '2020년까지 글로벌 20위 진입'와 같은 정량적, 재무적 목표에만 치중해서는 곤란하다. '글로벌 Top'이 의미하는 바가 무엇인지 입체적으로 묘사해줄 수 있어야 한다. 예컨대 사업 포트폴리오 구성, 조직 문화, 대내외적 이미지 등 전략적, 문화적 관점에서도 조직의 모습을 구체적으로 보여줘야 한다. 딱딱한 숫자에 기반을 둔 비전에 의존하기보다는, 보다 생생하고 입체적인 비전이 구성원의 이해를 도울 뿐 아니라 감성에 더욱 잘 다가갈 수 있기 때문이다. 세계적인 석유회사인 로열 더치 쉘은 비전을 만들면서 매출액과 순이익, 시장 가치 등 재무적인 부분은 물론 지향하는 문화적인 가치, 리더십 스타일, 조직 구성원들의 회사에 대한 인식 등 전반적인 접근을 시도했다고 알려져 있다. 이를 통해 비전에 대한 구성원들의 관심과 몰입을 보다 효과적으로 이끌어 냈다.[5]

특히 4, 5단계의 내용은 매우 현실적인 내용으로 이루어져 있다. 이는 변화와 혁신을 추진하면서 범할 수 있는 오류를 지적하고 있는 것이다. 사실 컨설팅을 하다보면 처음에는 의식교육에 집중하고, 과제수행팀을 만들면 문제를 해결하는 과정에 집중하게 된다. 하지만 일정한 과정이 끝나고 그 결과가 회사의 성과와 연계가 되지 않으면 절대로 관리자와 경영자를 만족시킬 수가 없는 것이다. 비록 작더라도 성공사례를 만들어야 한다. 작은 성공을 체험하게 되면 이보다 더 좋은 변화관리 프로그램이 없기 때문이다. 또한 단기적인 정량적, 수치적 목표를 세울 수 있도록 노력해야 한다. 정성적, 감각적, 감정적으로 좋아졌다고 하더라도 가시적인 수치의 변화가 보이지 않는다면 향후 경영진을 포함한 전 조직원의 관심을 끌어내기가 매우 힘들기 때문이다.

5단계도 마찬가지 맥락에서 살펴볼 수 있다. 일단은 성공 가능성을 높이는 게 현실적으로 중요하기 때문에 한 번에 조직 전체를 변화시키려 하기보다는 범위를 좁히고 주제와 기대효과 및 성과를 명확히 할 필요가 있다. 일단 작은 범위에서 변화의 성공이 이루어지면, 홍보나 교육 그리고 또 다른 의사소통 수단을 동원하여 주변에 전파시킴으로써 조직 전체에 자연스럽게 변화의 물결이 퍼질 것이다.

6단계의 성공 체험은 어느 모델을 막론하고 강조하는 내용이다. 코터에 의하면 조직 구성원들이 '멍청하거나 과도한 통제를 받고 혹은 무심하기 때문에' 변화와 혁신에 실패했다고 생각하겠지만 반드시 그런 것만은 아니라는 것이다. 본질적인 실패의 이유는 성공을 충분히 경험하지 못했기 때문이다. 성공의 경험이 없으면 너무나도 쉽게 비관주의와 두려움에 빠지며 지속적인 실행의 동기를 잃어버리고, 결국 이는 효과적인 행동이나 시도로 연계되지 않게 되는 것이다.[6]

7. 코터의 변화관리 8단계[7]

어느 누구보다도 변화관리 분야에서 빼놓을 수 없는 사람은 아마도 하버드 경영대학원의 존 코터John Kotter 교수일 것이다. 코터는 우리에게 널리 알려진 그의 저서 《기업이 원하는 변화의 리더》를 통해 변화관리 추진과정을 다음과 같이 8단계로 제시하고 있다.

1. 위기감을 조성하라.
2. 강력한 변화 추진 구심체를 구축하라.
3. 비전을 창출하라.
4. 비전을 공유하라.
5. 임파워먼트하라.
6. 단기성과를 실현하라.
7. 후속 변화를 창출하라.
8. 조직문화에 내재화하라.

단계별 활동에 들어있는 내용은 아마도 한국에 있는 대부분의 기업에서 회의를 통해서 수십 번 들었거나 추진해봤고, 플래카드 형태로 사무실이나 현장의 곳곳에 한 번씩은 걸어봤던 내용일 것이다. 필자도 현업에 근무했을 때 숱하게 인용해본 적이 있고, 실제로 적용했던 것으로 기억된다. 비록 모든 것을 코터가 제시한 대로 실행하지 못한 탓에 시간이 지연되거나 더러는 실패를 맛보기도 했지만, 꽹장히 유용한 지침이었다는 것은 부인할 수 없는 사실이다. 이런 경험을 토대로 처음으로 컨설팅을 하게 된 자동차 부품업체에서는 당시에 이 모델을 응용하여 변화관리 추진계획을 수립하고 추진하였다.

코터는 '경영혁신이 왜 실패하는가?'에 대한 문제의식으로 이 책을 시작한다. 경영혁신이 안 되는 가장 큰 이유는 소통의 부재이다. 신뢰를 바탕으로 한 소통이 부족해 직원들의 마음을 사로잡을 수 없기 때문이다. 결국에는 경영혁신을 한다고 구성원들에게 오히려 불안감만 불러일으킴으로써 이들로 하여금 자기 피난처로 더욱 깊이 숨어들게 하기 때문에 혁신이 성공하지 못한다는 것이다. 구성원들은 현재의 상태에 불만을 잔뜩 갖고 있으면서도 경영혁신이 가져다 줄 결과가 자기에게 이롭지 않으면, 또 혁신이 반드시 성공할 것이라는 확신이 서지 않으면 그들은 어떤 희생도 치르려 하지 않기 때문이다.

따라서 혁신을 성공으로 이끌기 위해서는 고도의 '리더십'이 필요하다고 강조하고 있다. 기업의 규모가 커지고 실물 시장과 핵심 경영진과의 간극이 확대될수록 관리 지향적 성격이 강조된다. 반면, 경영혁신을 주도할 리더십의 중요성이 간과되면서 경영혁신의 성공 가능성은 더욱 희박해진다는 것이다. 이제는 효과적인 관리만 가지고는 기업을 개혁시킬 수 없는 시대가 되었다고 명확히 지적하고 있다. 코터의 지적이 아니더라도 관리적 역량과 리더십의 균형적 발전은 경영혁신을 통한 지속적 성과창출의 가장 중요한 토대임을 잊지 말아야 한다. 다음 페이지의 [표 13]은 존 코터가 제시하는 관리와 리더십의 차이점을 표로 정리한 것이다.

[표 13] 관리와 리더십의 비교(코터, 2002에서 응용)

관리Management	리더십Leadership
● 기획 및 예산 기능: 목표 달성을 위한 세부 단계 및 일정, 계획 작성, 이에 따른 예산 배정 ● 조직 및 충원 기능: 계획 집행을 위해 조직의 얼개를 짜고 사람을 배치 ● 규정과 절차, 평가 도구 개발 ● 통제 및 문제 해결 기능 ● 얻어진 결과와 처음 계획과의 차이 검토	● 방향 설정: 비전을 개발하고 이를 성취 할 수 있는 전략 개발 ● 인적 자원의 집중화: 조직원들에게 말이나 행동으로 조직이 나아갈 방향을 제시하며, 비전과 전략을 이해하고 실행 하는 혁신 지도부나 팀을 구성 ● 동기 부여 및 사기 진작: 조직원의 욕구를 만족시켜 줌으로써 정치적이거나 관료주의적 저해요인, 자원의 한계를 극복하도록 독려함
● 어느 정도 예측 가능하고 원인과 결과를 설명할 수 있는 법칙이 있음 ● 이해관계자들이 기대하는 단기적 성과를 이루어내는 능력을 가짐 (예: 고객에게는 항상 제품인도 시간을 지켜주고, 주주에게는 엄격한 예산범위 내에서 조직을 운영하는 것을 보여 줌)	● 극적인 혁신을 이루어 냄. ● 극히 바람직한 혁신을 선도할 수 있는 능력을 갖고 있음 (예: 고객이 원하는 신제품을 생산하거나 노조와 새로운 협력 체제를 구축함으로써 기업을 더 경쟁력 있게 만듦)

경영혁신의 필요성과 인적자원의 중요성은 갈수록 커지고 있다. 이에 많은 기업들이 경영혁신을 추진하는 것을 당연한 것으로 받아들이고 있지만 경영혁신에 대한 명확한 개념적 정의와 정확한 목표를 설정하지 못한 채 진행되는 기업 변화의 대부분은 한계를 가지고 있으며 심지어는 투입된 자원만 낭비하는 결과를 가져오기도 한다.[8] 코터는 "경영혁신은 굉장히 어려운 작업"이라고 강조하면서 경영혁신의 '실수'를 극복할 수 있는 성공적인 '변화와 혁신의 8단계'를 제시하고 있다. 이제 8단계 변화관리 모델을 '씹고, 뜯고, 맛보고, 즐겨' 보도록 하자.

[1단계] 위기의식을 조성하라

첫 단계는 긴박감과 위기의식을 조성하는 단계이다. 많은 기업들이 위기 상황이 진전되고 있는 데도 기존에 달성한 성과를 과대평가하고 있거나, 자만심에 빠져 있는 경우가 많다. 따라서 경쟁 상황, 시장 내 위상, 기술 동향, 재무성과 등을 면밀히 분석하여 이를 전 구성원과 함께 공유해야 이들의 건전한 위기의식이 제고되는 것이다.

실제로 부산, 울산, 경남에 소재한 주요 업체들을 대상으로 설문 조사한 어떤 연구에서 보면 경영혁신 영향요인(예를 들면, 조직구조, 조직문화, 위기의식 등)은 경영혁신 필요성 인식에 양(+)의 상관관계를 보였고, 경영혁신 필요성 인식(구조혁신, 인적혁신)은 조직몰입에 약한 음(−)의 관계를 보였다. 다시 말하면, 조직 구성원들의 경영혁신 필요성 인식은 기업 내·외부 변화 요소인 조직구조, 조직문화의 변화와 위기의식을 느꼈을 때 조직 내 구조혁신 및 인적혁신의 필요성을 안다는 것이다. 하지만 조직 구성원들은 경영혁신의 필요성을 인식하였을 경우 개인의 직무, 위치 등의 변화가 있을 것이라는 생각을 하기 때문에 조직 내 안정성이 저하될 것으로 예상하여 업무에 대한 몰입도가 떨어질 수 있다는 것이다.[9]

우리나라의 대부분 기업에서는 경영혁신을 추진할 때 혁신기법에만 치중하는 경향을 가지고 있으며, 경영혁신의 주체라고 할 수 있는 인적자원에 대한 고려는 다소 무시되고 있는 게 사실이다. 하지만 성공적인 경영혁신을 위해서는 조직 구성원의 적극적인 참여가 필요하며 기업에서는 조직 구성원들이 혁신의 방향 및 목적을 쉽게 알 수 있도록 해야 하고, 혁신을 통해 얻을 수 있는 효용에 대해 인지하고 공유하는 심리적 활동, 즉 기업과 구성원 자신을 동일시하는 조직몰입이 되었을 때만이 성공적인 변화를 이끌어 낼 수 있는 것이다.[10]

필자가 지도했던 한 업체에서는 원가경쟁력 확보를 위한 경영혁신 활동을 전사적으로 진행하면서 〈위기극복실천 결의대회〉를 각 지역본부를 순회하면서 진행했던 적이 있다. 그때 사용했던 대회 순서는 [표 14]와 같다.

[표 14] 위기극복실천 결의대회 순서 사례

함께 생각해 봅시다	● 과거부터 미래의 당기순이익 추이를 그래프로
당사의 경영 현안	● 신회사 후경영방침(글로벌 경영, 원가경쟁력 확보) ● 글로벌 경영의 재조명: 왜 글로벌 경영을 추진했는가? [문제점] 환율에 민감한 매출 구조, 낮은 판가 수주 ● 원가경쟁력 확보 추진의 재조명: 왜 추진해야만 하는가? [문제점] 경영환경 변화에 대한 조직적 대응 부족 　　　　　판가 인하 요구에 대한 대응역량 미흡
당사의 향후 경영 전망	● 향후 경영 전망 　– 거시 경제 지표의 변화: 환율 하락 　– 국내외 고객 동향 분석: 구매정책/단가 인하 정책 등 ● 당사 중기계획 재조명(원가경쟁력/중기손익 등)
경영위기 극복 전략	● 타사의 경영위기 대응 현황 　– 주요 기업의 비상경영 선포 배경 및 극복방안 ● 당사의 경영 위기 극복 전략(경영혁신, 변화와 개혁) 　– 원가 경쟁력 강화: 경영혁신 체계 돌입 　– 조직적 대응 능력 강화: 전사적 경영혁신활동 수행 　– 혁신문화 창출: 지속적 변화관리/성과 평가 체계 재정립 ● [경영혁신], [변화와 개혁] 추진 방향

어떤가? 뭔가 해야 한다는 게 느껴지지 않는가? 한편으로는 다소

의 저항이 있었지만 첫 출발치고는 괜찮았던 것으로 기억된다. 최고 경영진의 의지도 있었고, 혁신 추진세력들의 열정도 굉장히 높았던 것이다. 그런데 이러한 비상선포가 너무 잦게 되면 어떻게 될까?[11] 이러한 위기의식 고조 활동[12]이 앞서 논문에서 증명된 것처럼 이해 관계자들(직원 및 협력업체)에게 다분히 기분나쁜 충격과 불안 요소를 갖게 하고 그것이 오히려 회사 성장의 장애 요소가 될 수도 있다는 생각은 들지 않는가?

그렇다. 구성원의 합의가 빠져 있었던 것이다. 그동안 기업들의 비상경영선포는 심심찮게 나오고 있지만 비상경영의 성과에 대해서는 그다지 알려진 바가 없다. 대부분 충격 효과나 단순한 비용 절감을 노리는 게 사실이다. 도요타자동차나 삼성전자에서 시도했었던 것처럼 뚜렷한 목표가 있는 위기의식이 중요하다.[13] 비상이 잦으면 충격 효과도 떨어진다. 이솝 우화처럼 정말로 늑대가 나타났을 때는 아무리 '비상'이라고 소리쳐봐야 아무도 귀 기울이지 않을 것이다. 진정성 있는, 구성원의 합의를 통한 위기의식 전달이 필요하다.

[2단계] 강력한 변화 추진 구심체를 구축하라

두 번째 단계는 강력한 변화 추진 세력을 만드는 단계이다. 즉 혁신에 목숨을 건 전담팀을 만들 수 있어야 한다. 이 조직은 기업 내 영향력이 있는 인사들이 참여해야 하며, 이들에게 막강한 권한을 부여해야 한다. 더 나아가 정상적인 조직 체제를 벗어나 운영되어야 두 번째 단계를 성공적으로 이끌 수 있다. 코터는 경영혁신을 성공시키는 데 결정적인 것은 어떤 한 개인의 뛰어난 역량으로부터 온다는 생

각이 굉장히 위험하다고 경고하고 있다.[14]

전사적 경영혁신을 추동하기 위해서는 혁신을 이끌고 가는 강력한 '혁신지도부'가 필요하다고 역설하고 있는 것이다. 여기서 그가 말하고 있는 '혁신지도부'는 우리가 흔히 접하는 '경영혁신팀'보다 훨씬 강력한 조직이다. 특히 기업 내에서 요직이나 주요 실행부서에 있는 관리자들이 많이 참여해야 한다는 점을 강조하고 있다. 이렇게 구성되면 조직의 구성원들이 혁신 활동을 쉽게 방해하지 못할 것이기 때문이다. 이는 적절한 처방인 것으로 보인다. 그간의 경험으로 미루어 판단하건대 적절한 경영혁신팀의 구성은 전사적인 경영혁신 추진 시 성공여부를 판가름하는 중요한 잣대임은 두말할 나위없는 사실, 아니 '진실'인 것이다.

더불어 현재 추진하고자 하는 기업의 경영혁신 프로그램에 걸맞은 다양한 사람들이 전공분야, 현장경험 등을 토대로 골고루 섞여서 충분한 정보가 오가고, 현명한 결정을 내릴 수 있는 분위기를 만들어야 한다. 필자가 처음으로 재직했던 회사의 경영혁신팀에서는 전체 혁신을 기획하는 파트와 이 기획의 내용을 현장에서 운영하는 파트를 적절히 구성하여 혁신활동의 지속적인 성과를 창출했던 기억이 있다. 아무래도 기획은 대졸사원이 하게 되는데, 이들은 현장 경험이 없어서 쉽게 현장에 기획 내용을 전파하기가 어려운 게 현실이다. 이럴 때 같은 부서 내에 현장 경험이 풍부한 구성원들이 있어서 기획과 운영이 효율적으로 운영되었던 것이다.

다음으로는 어쩌면 당연하지만 굉장히 실패를 많이 하는 경우이다. 즉 경영혁신 지도부가 회사 내에서 평판이 아주 좋은 사람들로 구성되어 있어서 그들이 발표하는 혁신의 방향이나 평가의 결과 등에 대해서 언제나 진지하게 받아들일 수 있느냐는 것이다. 대부분이 맞는 경우였지만 그렇지 않은 경우도 간혹 목격할 수 있다. 위에서 언급한 것처럼 회사 내에서 평판이 아주 좋은 인력으로 구성하는 게 아니라, 윗분들에게 평판이 좋은 인력으로 구성되는 경우가 있다는 것이다. 이럴 경우 백이면 백 경영혁신 활동의 성과를 담보할 수 없을 뿐만 아니라 활동도 그리 오래 가지 못한다. 이런 사람들은 대부분 코터가 지적하는 것처럼 "자아가 매우 강하고 고집이 센 사람들" 이거나, "뱀 같은 사람으로 서로 간의 반목을 부추겨 팀워크를 깨는 사람들", 아니면 "마지못해 움직이는 사람들"이라는 공통점을 가지고 있다. 팀 내에 강력하게 구축된 "신뢰감"과 "공동목표"가 팀워크의 핵심이라는 점을 항상 잊지 말아야 한다. 이 두 가지를 잘 조화시키면 강력한 혁신지도부를 만들 수 있는 것이다. 이렇게 해서 만들어진 혁신지도부는 어떤 타성의 힘에도 굴복하지 않고 사내의 안정추구세력을 이겨내는 능력을 발휘하게 된다.

[3단계] 비전을 창출하라

비전은 사명이다. 기업에서의 비전이란 어디를 향해 가고 있는지, 그곳에 도달하기 위해 어떤 방식으로 행동해야 하는지를 명확히 제시해야 한다. 잭 웰치는 《위대한 승리》에서 "우리는 이 사업에서 어떤 방식으로 성공하고자 하는가?"라는 질문에 대한 답을 비전이자 사명으로 규정하고 있다. 효과적인 비전이라면 가능과 불가능 사이에서 흔들리지 않도록 중심을 잡아줄 수 있어야 한다. 또한 수익을 낼 수 있는 방법을 찾아내는 '감각'을 제공하고 조직 구성원들에게는 소속감을 심어줄 수 있어야만 한다.[15]

코터가 말하는 세 번째 단계는 회사의 미래 비전을 창조하는 것과 관계가 있다. 구성원, 고객, 주주 등 모든 이해 당사자들에게 호소력 있는 미래 비전을 제시해야 한다. 현상과 목표를 결부시킨 미래 지향적인 경영에 대한 구상말이다. 비전은 5개년 계획 등에서 전형적으로 볼 수 있는 수치가 아니라 조직이 변해 나가야 할 방향을 분명히 이해시켜 주는 역할을 해야 한다. 이상적이면서도 현실적인 즉 피부에 와 닿는 비전 수립과 이에 도달하기 위한 전략을 개발해야 한다. 개혁에 실패한 기업들을 보면 계획과 프로그램은 많았지만 명확한 비전이 없었다. 변화를 성공적으로 도입하지 못한 기업들은 경영자가 방향 감각은 가지고 있었지만 비전이 너무 복잡하거나 명확치 않았었다. 만약 5분 이내에 다른 사람에게 비전을 설명할 수 없거나 상대방의 이해와 흥미를 끌어낼 수 없다면 비전 설정은 잘못된 것이다.[16]

코터는 효과적인 비전은 다음의 6가지 특징을 가지고 있다고 말하고 있다. 먼저, 비전은 상상할 수 있어야 하는데, 이는 회사가 향후 어떻게 될 것이라는 '그림'을 조직 구성원에게 보여주어야 한다는 것이다. 두 번째로는 이해관계자 모두의 장기적 이익을 대변하고, 모두가 원하는 것이어야 한다는 것이다. 세 번째로, 비전은 실제로 달성할 수 있는 목표들로 구성되어서 실행할 수 있어야 한다고 역설하고 있다. 또한 비전은 의사결정에 도움을 줄 수 있도록 명료하면서도 구체적이어야 한다. 더불어 환경 변화에 적응할 수 있도록 개인의 독자성을 인정하는 융통성이 있어야 한다고 말하고 있다. 마지막으로,

그가 말하고자 하는 비전의 특징은 쉽게 전달할 수 있어야 한다는 것이다. 5분 이내에 알아듣도록 설명할 수 없으면 비전으로서 실패한 것이라고 보고 있다. 보통 비전은 [그림 8]과 같은 구조 하에서 구축이 이루어진다. 즉 비전은 미션, 핵심가치 등으로 구성되어 있음을 알 수 있다.

[그림 8] 비전의 구조

국내외 유수 선진업체의 비전 체계 구축 사례는 [표 15]와 같다. 간단하고 명료하게 제시되고 있기 때문에 그 회사의 방향성을 파악하는 데 도움이 된다.

[표 15] 비전 구축 사례

선진기업	비전의 내용
GM	보다 많은 사람을 위해서 보다 좋은 물건을 보다 많이 만든다.
디즈니랜드	어린이에서 어른까지 모든 사람을 행복하게 할 수 있는 꿈의 세계

미즈노	보다 즐거운 스포츠 생활과 스포츠 진흥을 통해 사회에 공헌한다.
삼성	미래사회에 대한 영감, 새로운 미래 창조
LG	고객을 위한 가치 창조와 인간존중의 경영
현대자동차	자동차에서 삶의 동반자로
현대모비스	도전적 실행, 인재 존중
만도	최고의 기술로 신뢰받는 기업 Global Leader of Safety & Convenience

또한 코터는 효과적인 비전을 창출하기 위해서 다음과 같이 할 것을 제안하고 있다. 일반적으로 처음에는 한 개인이 비전의 초안을 만들어 내는데, 보통 시장 환경이 필요로 하는 것과 그의 꿈을 반영하게 된다. 이 초안은 항상 혁신지도부나 더 많은 사람들이 오랜 시간에 걸쳐 다듬게 된다. 이때 팀워크가 중요하게 된다. 이러한 비전 창출과정에는 논리적인 사고와 이상에 대한 동경심이 항상 균형 있게 조명되어야 한다. 이 과정에는 또한 혼란이 있을 수 있는 데 이에 대한 이해와 적절한 조치를 항상 염두에 두어야 한다. 단시간 내에 이루어진다는 헛된 믿음을 버리고 지속적으로 "생각하고, 느껴보고, 토론하고, 반추"하라고 주문하고 있다.

마지막으로 "제대로 만들어지지 않은 비전을 따르게 하는 것은 사람들을 벼랑 끝으로 내모는 것과 같다"고 역설하면서 "모두가 희망하고 실행가능하며, 구체적이고 유연한, 그리고 (다시 한 번 강조하지만) 5분 이내에 상대방에게 설명"이 가능한 '회사의 나아갈 방향'을 만들어야 한다고 말하고 있다.

[4단계] 비전을 공유하라

네 번째 단계는 비전을 구성원들에게 속속들이 널리 알리는 단계이다. 많은 기업들이 멋진 비전을 만들고서도 비전 전달에 실패하고 있다. 코터는 먼저 프로세스 상의 문제를 지적하고 있다. 즉 앞 3단계에서 어떤 실수가 있다면 네 번째 단계에서의 '비전의 공유'는 될 수 없다는 것이다. 그의 말을 들어보자.

회사 내에서 위기의식이 충분하게 배어 있지 않다면(1단계의 실수) 사람들은 새 비전에 어떤 내용들이 담겨 있는지 주의 깊게 들으려 하지 않는다. 혁신지도부가 제대로 짜여 있지 않으면(2단계의 실수) 추진하고자 하는 경영혁신에 옳은 의미를 부여하지 못하고 또 이를 전달하는 데도 많은 어려움을 겪을 것이다. 비전 그 자체가 모호하거나 그 속에 담긴 아이디어들이 별로 좋은 생각이 아니면(3단계의 실수), 나쁜 물건을 팔고 다녀야 하는 것처럼 매우 힘이 들게 된다(125p).

또 다른 실패의 이유로 자주 지적되는 것이 "하위직 직원의 낮은 지적 능력"이나 "변화에 저항하는 인간의 본성"을 언급하는데, 이는 잘못되었다는 것이다. 사실은 "의사전달의 실패"라는 게 그의 진단이다. 비전을 전달하기 위해 기존의 모든 의사소통 채널을 활용해야 한다. 사내의 일반적인 교육훈련 프로그램을 새로운 비전에 초점을 맞춘 교육과정으로 대체할 수 있어야 한다. 경영혁신팀에서 구성원들에게 상당한 시간을 들여 설명한다고 하지만, 실제는 경영혁신을 위한 비전은 전체 의사전달 과정에서 단지 0.58%밖에 차지하지 못하고 있다고 사례를 들어 지적하고 있다. 그러면서 비전을 성공적으로 전파하기 위한 7가지 원칙을 [표 16]과 같이 제시하고 있다.[17]

[표 16] 비전을 성공적으로 전파하기 위한 원칙

원칙	주요 추진 내용
쉬운 용어를 사용하라	[잘못된 예] 우리의 목표는 매개변수를 수정하는 데 소요되는 평균시간을 국내외의 모든 중요 경쟁자들보다 현격히 낮게 줄이는 것이다. 같은 맥락으로 신상품 개발주기, 주문서 발급시간, 그리고 다른 고객관련 작업들도 변화시키는 것이다. [잘된 예] 우리의 목표는 어느 경쟁업체보다도 빠르게 고객의 욕구를 만족시키는 것이다.
은유/유추/사례를 이용하라	[잘못된 예] 우리는 매우 경쟁적이고 힘든 기업 환경 속에서 우리 자신을 보호하고 고객을 확보해 나가기 위해 경제규모의 장점을 계속 유지하면서 동시에 관료적이 되어서는 절대 안 되며 의사결정을 지체해서도 안 된다. [잘된 예] 우리는 코끼리가 되기보다는 고객에게 친절한 육식공룡이 되어야 한다.
다양한 기법과 기회를 이용하라	대규모 회의, 도시락 간담회, 포스트잇 제안활동, 사내신문, 포스터, 비공식 일대일 면담, 영보드, 주니어보드 등
반복, 반복, 그리고 또 반복	"25명의 중역이 6개월에 걸쳐서 매일 4차례씩 반복한 결과 총 12000회에 걸쳐 비전을 직원들에게 상기시키는 셈이다" "여기에서 한 문장, 저기에서 한 문단, 회의 도중에 단 2분, 대화 마지막에 5분, 연설 중에 인용되는 서너 가지 사례"는 감정적으로나 이성적인 면에서 사람들을 감동시키기에 충분한 양이다.
솔선수범에 의한 리더십	비전과 일치하지 않는 중요 인사의 언행은 다른 의사전달도 망쳐버린다. 특히 냉소적인 사람들은 말로 하는 것은 믿지 않고 행동으로 보여주어야만 믿는 경향이 있다.
모순처럼 보이는 사실은 분명히 해명할 것	앞뒤가 안 맞는 것처럼 보이는 것을 충분히 해명하지 않으면, 모든 의사 전달에 대한 신뢰성이 떨어진다. 어차피 혼란을 피할 수 없을 때에는 항상 간단하고 솔직하게 설명해야 한다.

서로 주고받기	쌍방향 의사 전달방식이 일방통행식 방법보다 항상 더 유용하다. 양방향 의사전달은 경영혁신 전 과정에서 생길 수 있는 모든 의문점을 해결할 수 있는 필수적인 방법이다.

　필자가 다니던 전 직장에서의 에피소드이다. 언젠가 사장님이 바뀌면서 '비전 선포식'이라는 것을 하게 되었다. 물론 비전 선포 전에 다양한 기법과 기회를 활용하여 전 사원의 공감대 형성을 위해 사무국이 분주히 움직였었다. 또한 외국의 저명한 교수를 불러 사전 설문조사와 개별면담을 하고 회사의 비전 슬로건을 세우고 중장기 전략을 세우는 과정이 있었던 것으로 기억된다. 심지어는 '비전탑'이라는 조형물도 정문을 들어오자마자 볼 수 있게 세웠었다. 여러 다양한 실행의 문제 때문에 공장단위에서 경영혁신을 추진하던 필자로서는 본사 비전추진팀과 많이 부딪혔지만, 위와 같은 각종 활동을 통해 회사의 '비전'이 나의 뇌리 속에 뚜렷이 각인되는 효과가 있었다.[18]

[5단계] 임파워먼트하라

　필자가 처음 다녔던 직장은 TV용 유리를 만드는 공장이었다. 용해로가 있기 때문에 24시간, 365일 가동되는 공장이었다. 낮에는 본부장, 공장장 등 경영진부터 모든 관리자들이 다 있고, 야간시간에는 최소한의 현장 감독자들만이 근무를 한다. 여러분은 주간과 야간 중에 언제가 생산성이 더 높다고 보는가? 모든 관리자들이 다 있는 주간에 생산성이 좋을 것 같지만 실상은 그와 반대다. 필자가 알고 지내던 현장 반장과 저녁에 술 한잔을 하면서 그 내막을 들어보니 이랬다. "야간에 더 일할 맛이 나요. 사사건건 간섭하고 '이것 내놔라 저 것 내놔라' 바빠 죽겠는데 자꾸 서류작업시키고. 비록 물어볼 사람도, 도움 받을 사람도 없어서 책임감은 크지만 의사 결정을 바로바로 하고 조원들과 같이 협력하여 일할 수 있어서 오히려 좋아요."

요즈음에 조직 생활을 해보고, 또 컨설턴트로서 관찰해보면 임파워먼트에 대한 관심이 지속적으로 커지고 있음을 알 수 있다. 조직 구성원에 대한 권한부여는 궁극적으로 고객 만족도를 높이고, 조직의 성과를 극대화 할 수 있다고 경영진들이 판단하고 있기 때문이다.[19] 리더십의 가장 중요한 효과가 임파워먼트라고 정의하는 학자가 있는가 하면, 리더십 중 임파워먼트와 가장 밀접한 관계를 맺고 있고 임파워먼트에 영향을 미치는 것으로서 변혁적 리더십을 주장하는 학자도 있다.[20] 변혁적 리더의 역할들이 조직 구성원에게 권한을 위임할 수 있는 분위기를 만들어 낼 수 있는 것이다.

임파워먼트는 설정된 방향과 일정한 가이드라인 하에서 업무 추진을 부하 직원에게 맡기는 것이다. 여기서 중요한 것은 위임하려는 일의 성격과 위임 받는 사람의 '신뢰성'이다. 일의 성격과 관련해서는 먼저 일의 시급성과 중요성이 고려의 대상이 된다. 위임 받는 사람의 신뢰성과 관련해서는 그 일을 수행할 능력, 경험, 전문지식을 가지고 있는지를 검토하여야 한다. 예를 들어, 열정이 있다는 이유만으로 경험과 전문지식에 있어서 검증되지 않은 사람에게 심장수술을 시키는 일은 있어서는 안 될 것이다. 또 경험과 전문지식은 충분히 있더라도 그 사람이 일에 대해 열정과 애정을 가지고 있지 않다면 이 또한 따져보아야 할 문제이다.[21] 실력이 있다는 것은 알겠는데 매일 술이나 마시고 눈에서 광채를 잃은 사람에게 중요한 일을 줄 수는 없는 노릇이다. 임파워먼트는 일종의 '심리적 에너지'이다. 특정 개인이나 조직에게 능력을 주어 구성원의 능력과 잠재력을 최대한 이끌어내 자신의 업무를 스스로 결정할 수 있게 하는 것이다.[22] 조직에서 개인의 역할이 외부의 도움 없이 개인에 의해 주도되는 '활력 에너지'가 될 수 있는 것이다.

이렇듯 중요한 임파워먼트가 코터의 변화관리 모델의 다섯 번째 단계이다. 변화의 동력을 지속적으로 확보하기 위해서는 부하직원에게 권한을 주어야 한다는 것이다. 일을 함에 있어서 힘을 팍팍 실어주라는 얘기다. 어떤 기업에서 경영혁신을 추진하면서 이미 4단계까지 왔다는 것은 혁신주도세력들에게 폭넓게 힘을 실어주고 있다고 볼 수 있다. 하지만 아직도 다양한 장애물이 경영혁신을 방해하고 있을 수 있다. 따라서 이 단계에서는 되도록 많은 조직 구성원들에게 권한을 주고 행동의 폭을 넓혀 줌으로써 경영혁신이 추구하는 비전 실현의 장애물을 제거해야 한다. 코터는 '조직구조상의 문제', '기술상의 문제', '시스템상의 문제' 그리고 '일선감독자들이 갖고 있는 문제'를 특히 중요한 4가지 장애물로 제시하고 있다.

먼저 조직구조상의 문제에 대한 해법으로는 조직구조를 비전에 맞게 만들 것을 제안한다. 왜냐하면 비전과 일치하지 않는 조직구조는 직원들의 행동변화를 방해하기 때문이다. 생산성을 증가시켜 저원가 전략을 구사한다는 비전을 세워놓고 본사에는 비싼 연봉을 받는 대규모 스태프 조직이 있다면 모순이 생기게 된다. 더군다나 이들이 비용이 많이 드는 업무절차와 프로그램들을 아무 생각 없이 만들어 낸다면 사태는 더욱 심각해질 것이다.

또한 사람들은 올바른 기술과 자세가 갖추어져 있지 않을 때 무력감을 느끼기 때문에 직원들이 필요로 하는 교육 훈련을 지속적으로 제공해야 한다고 주장하고 있다. 많은 경우에 교육 프로그램을 잘 구성하면 구태의연한 교육방식의 절반이나 그 이하의 비용으로 큰 효과를 거둘 수도 있는 것이다.

세 번째로 시스템상의 문제를 해결하기 위해서는 정보 및 인사관리 시스템을 비전과 일치시키는 작업을 하라고 주문하고 있다. 현재의 이해관계나 절차들이 새로운 경영혁신의 비전과 맞지 않을 때는 회피하지 말고 단호하게 해결해 나가야 한다. 문제를 회피하는 것은 오히려 "직원이 스스로 일할 수 있는 권한을 뺏는 결과가 되어 경영혁신을 추진하고자 하는 의욕을 무력화"시킬 위험이 있기 때문이다.

마지막으로 일선감독자가 문제일 경우(훼방꾼일 경우)는 어떻게 해야 할 것인가? 질이 나쁜 상사만큼 사람들의 힘을 빠지게 만드는 경우는 없기 때문에 이들을 조속히 조치해야 하는 것이다. 코터는 "정직하게 서로 대화를 나누는 것"을 가장 좋은 해결책으로 제시하고 있다. 그리고 돌이킬 수 없는 상황이라면 다른 사람들이 일할 용기를 잃어버리기 전에 '제거'하라고 제안하고 있다. 그렇지 않게 되면 '단기성과' 창출이나 경영혁신이 '기업문화'에 뿌리내리지 못한다는 것이다. 직장 생활을 하다보면 우스갯소리로 '똑게', '똑부', '멍게', '멍부'라는 이야기를 자주하곤 한다. '똑똑하고 게으른 사람', '똑똑하고 부지런한 사람', '멍청하고 게으른 사람', '멍청하고 부지런한 사람'을 일컫는 일종의 은어이다. 이 중에서 직장상사로 '멍부'와 같이 일하게 되면 하는 일 없이 하루하루가 매우 바쁘게 되고, '멍게'를 만나게 되면 조직을 떠나는 게 상책일 것이다. '똑부'라고 예외는 아니다. 일에 파묻혀 살 수밖에 없을 것이다. 가장 좋은 경우는 '똑게'형 상사를 만나는 것이다. 이러한 종류의 상사는 대부분 권한위임에 관대한 특징을 가지고 있다.

[6단계] 단기성과 Short-Term Wins 를 실현하라

이 부분은 앞서 제3장의 '저항에 대한 효과적 가이드라인'에서 네 번째 가이드라인으로 논의한 바 있다. 혁신의 결과를 빠른 시간 내에 보여줄 수 없으면 경영혁신이 추진력을 잃게 된다. 대부분의 사람들은 1~2년 내에(경우에 따라서는 6개월~1년 이내에 성과를 내야 하는 프로젝트 활동도 있을 수 있다) 변화의 노력이 기대했던 결과에 도달하지 못하면 변화와 혁신의 품에서 멀어져 간다. '혁신의 이정표'가 필요한 셈이다. 혁신 추진 후 단기간 내 지표상의 품질이 향상되거나, 신제품 개발 속도가 배가되거나, 생산성이 올라가거나, 고객 만족 지수가 높아지는 등 가시적인 결과를 보여줄 수 있어야 한다. 개혁의 성과를 얻기에는 오랜 시간이 필요하다는 사실만을 사람들에게 주입시키면 긴장감이 쉽게 풀어진다. 단기적인 성과를 보여줌으로써 이들의 긴장감을 높여줄 수 있다.

단기적 성과는 눈에 보여야 한다. 관련자 모두에게 결과를 보여줄 수 있어야 한다는 것이다. 또한 단기적인 성과 자체에 대하여 논쟁이 없이 명확해야 하고, 지금 추진하고 있는 경영혁신 활동과 분명히 연계되어야 한다.

단기적 성과는 변화와 혁신을 펼쳐나가는 데 많은 도움이 된다. 먼저 그동안 들어간 비용이나 희생이 결코 헛되지 않고 가치가 있었다는 것을 증명하는 것이 된다. 두 번째로는 경영혁신을 주도하는 사람들을 격려해주고 잠시 쉴 수 있도록 해줌으로써 사기를 북돋워주고 동기를 유발하는 효과가 있다. 국내 대부분의 기업에서 연말에 시행하는 경영혁신 관련 행사는 모두 이에 해당한다 할 수 있다. 세 번째로는 단기적 성과가 혁신지도부에 그들의 생각이 옳다는 구체적인 자료를 제공하기 때문에 비전과 전략을 미세하게 수정하는 데 도움을 줄 수 있다. 네 번째로는 이처럼 단기적 성과를 분명히 제시하면 냉소주의자와 경영혁신 반대론자들을 무력화시킬 수 있다. 다섯 번째로는 임원진들에게 경영혁신이 제대로 가고 있다는 명백한 증거를 보여주는 셈이기 때문에 그들을 지속적으로 변화와 혁신에 동참시키는 역할을 할 수 있다. 마지막으로, 방관자를 지지자로, 수동적인 지지자를 적극적인 주도자로 바꿈으로써 변화와 혁신의 추진력을 증가시킬 수 있는 것이다.

필자가 컨설팅하고 있는 기업에서는 5년 이상 지속적으로 생산 시스템을 구축하고 있다. 최고경영자의 강한 의지와 사무국의 든든한 뒷받침, 그리고 각 공장의 풀뿌리 조직이 잘 엮여서 탄탄하게 회사 고유의 생산 시스템을 구축해나가고 있는 것이다. 그렇지만 언뜻 보면 이 '대장정'은 끝이 없는 여정처럼 보일 수도 있는 것이다. 재무적인 성과는 차치하고라도 현장의 변화된 모습이 좀처럼 안 보이고 문서 작업은 많아지고, 교육이나 훈련의 양도 엄청나게 늘어나면서 서서히 불만의 목소리가 나오기 시작하는 것이다. 아무래도 이처럼 장기적인 변화와 혁신이 조직에서 이루어질 때 변화의 '방관자'이면서 '빅마우스'인 조직 구성원들에게 이런 상황은 좋은 먹잇감이 아닐 수 없다. 이 경우 특효약이 바로 '단기 성과'를 보여주는 것이다. 부서별 핵심 이슈를 '과제화'하거나, 원가절감 이슈를 총체적으로 발굴하여 성과와 연계된 지속적 개선활동을 시스템 구축 활동과 연계하여 추진한다면 이러한 의구심을 상쇄할 수 있다.

[7단계] 후속 변화를 창출하라

일곱 번째는 단기적 성과에 만족하지 않고 본격적인 혁신 프로그램을 추진하는 단계이다. 몇 년 동안 열심히 노력한 후 최고경영자는 초기의 성과로 혁신이 성공했음을 선언하려고 한다. 샴페인을 너무 일찍 터뜨리는 셈인 것이다. 저항세력은 항상 변화와 혁신의 추동력을 와해시키기 위해 틈을 노리고 있다는 점을 간과하고 있는 것이다. 많은 기업들이 중도에 혁신 추진력을 잃게 되는 것은 개혁성과에 대해서 너무 빨리 만족하기 때문이다. "어떤 일을 확실히 마무리짓기 전에 긴장을 풀면 경영혁신은 결국 추락한다." 존 코터의 경고이다.

경영혁신의 속도가 줄어드는 이유는 '상호관련성' 때문이다. 점점 더 많은 일들이 상호관련성을 갖고 이루어지는 데 부서 간의 비효율적인 연계성이 부각되면 경영혁신의 속도는 저하될 수밖에 없다는 게 그의 설명이다. 즉 내부가 대단히 복잡하게 얽혀 있는 조직을 변화시키기 위해서는 결국 모든 것들을 바꿔야 하기 때문에 변화와 혁신이 매우 힘들다는 것이다.

따라서 이 단계에서 해야 할 일은 승리를 선포하는 대신에 단기적인 성과로 형성된 신뢰를 활용해서 보다 큰 과제, 더 많은 혁신 프로젝트를 해야 한다. 또한 더 많은 사람들을 참여시키고 승진시키며, 모든 혁신 프로젝트들을 지원하도록 만들어야 한다. 또한 고위 경영자들은 변화와 혁신 전체를 위해서 항상 공통된 목표를 갖고 위기의식을 견지해야 한다. 반면에 하위 관리자들은 자신들이 맡고 있는 구체적인 프로젝트를 관리하고 리더십을 발휘해야 한다. 마지막으로, 단기적이든 장기적이든 경영혁신을 효율적으로 추진하기 위해서는 불필요한 상호관련성을 과감히 제거해야 한다.

앞서 사례로 든 기업에서는 후속적인 변화를 창출하기 위해 생산 시스템을 해외 법인에 확산하고, 심지어 협력업체에까지 확산하려는 시도를 하고 있다. 또한 이미 어느 정도 궤도에 오른 공장에서는 '사내 컨설턴트'를 양성하여 이들로 하여금 현장의 진단, 지도, 교육을 할 수 있도록 하고 있다. 필자가 보기에 아주 바람직한 변화의 방향이라고 할 수 있다.

[8단계] 조직문화에 내재화하라

독자 여러분께서는 혹시 '밈meme'이라는 단어를 들어본 적이 있는가? 우리나라 말로 '몸' 같기도 하고 '마음' 같기도 한 이 단어는 무엇을 말하는 것일까? 세계적인 생물학자이자 과학저술가인 리처드 도킨스Richard Dawkins가 《이기적인 유전자The Selfish Gene》에서 처음 제시한 용어로, '모방'을 통해서 전해지는 것으로 여겨지는 '문화'의 요소를 말한다. 밈은 복제된 것이라는 그리스 단어 'mimema'에서 나온 'mimeme'을 유전자gene와 유사한 한 음절 단어로 만들어냈다. 영어

사전에서 meme은 '유전적 방법이 아닌, 특히 모방을 통해서 전해지는 것으로 여겨지는 문화의 요소'라고 정의하고 있다. 도킨스는 문화의 전달도 유전자의 전달과 마찬가지로 복제기능을 가진 것이 있을 것이라 여겼고, 이 새로운 복제자에게는 문화의 전달 단위 또는 모방단위라는 개념을 함축하고 있는 이름이 필요했던 것이다. 밈의 사례로는 노래, 사상 선전문구, 옷의 패션, 도자기를 굽는 방식, 건물을 짓는 양식, 광고 등이 있다. 밈에 기초해 파생되는 것이 '마인드 바이러스'로 인간의 마음속에 침투해 사고방식과 의지를 조종하거나 심지어 삶 자체를 파괴하는 요소로 작용한다. 여성들이 유행에 따라 미니스커트를 입고 싶어 하거나 광고를 보고 특정 상품을 구입하며, 정치집단의 선동에 현혹되는 것도 마인드 바이러스의 영향이다.

그렇다면 기업의 존속을 가능하게 하는 '기업문화'는 어떤가? 기업문화 역시 밈의 전파로 해석할 수 있지 않을까 생각해본다. 기업문화가 조직 구성원들의 태도와 행위를 해석하고 유도할 수 있도록 폭넓게 공유되어 있는 규범, 믿음, 의미의 체계로서 기업이 존재하는한 영속하는 그 기업만이 가지고 있는 특성이라고 한다면, 기업문화도 일종의 밈으로 간주하고 해석하고 방향을 설정한다면 보다 깊이있고, 좀 더 색다른 기업문화 구축의 토대가 될 수 있을 것이다. 코터에 의하면 "문화란 수많은 사람들의 행동을 통해서 스스로 표출되는" 것이며 "무의식적으로 진행되는" 그 무엇인 것이다. 예를 들어보자. GE의 워크아웃이나 CAP, 도요타의 TPS 등은 이제 더 이상 GE나 도요타의 혁신 방법론이 아니다. 모방(성공했건, 실패했건 간에)과 학습을 통해 일종의 밈이 되어 유사한 업종을 넘어서, 국경을 초월하여 일종의 문화현상으로 자리 잡고 있는 것이다.

그럼 논의를 좀 더 좁혀보도록 하자. 최근 국내 제조업을 중심으로 각광받고 있는 TPS(도요타 생산방식)의 실행요인과 기업문화 및 생산관리 목표와의 관계에 대한 연구가 국내 완성차 업체, 삼성전자, LG전자 등을 비롯한 대표적인 대기업과 중소기업의 임직원들을 대상으로 설문조사 방식으로 진행되었다. 이 연구 결과에 따르면, TPS 실행요인(이 논문에서는 5S 활동, 제안활동, 눈으로 보는 관리, TPM, 간판방식, 다능공화, 평준화 생산 등을 예로 들고 있다)과 기업문화 간에는 양(+)의 상관관계가 있는 것으로 밝혀졌다. 기업들이 TPS의 실행요인을 도입 적용하였으나 실패한 원인 중에서 가장 큰 것은 외면적인 기법만 적용하려고 하고, 내면적인 TPS의 기업문화에 대한 이해가 부족하였다는 지적은 그런 의미에서 타당하다.[23]

또한 기업문화(이 논문에서는 학습 리더십, 부서단위 학습, 지속적인 학습, 자율적 역량증대, 조직문화, 지식공유 및 활동 시스템 등을 예로 들고 있다)가 생산관리 목표(이 논문에서는 품질, 원가, 납기, 유연성을 예로 들고 있다)에 양(+)의 영향을 미치는 것으로 나타났다. 제프리 라이커는 그의 저서 《도요타 방식》에서 TPS란 결코 실행요인(시스템, 일하는 방식) 그 자체만으로는 이해하기가 어렵다고 하였다. 지금까지 우리는 TPS를 간판방식이나 JIT 등의 도구로 단순화시켜서 생각함으로써 TPS를 이해하는데 오류를 범하고 있었던 것이다. 시스템을 이해하기 위해서는 정신과 철학 즉 기업문화에 대한 관심과 분석이 필요하다. 그러나 현재의 시스템은 언제나 완벽하지 않다. 이를 지속적으로 고치고 개선하여 미래에 보다 경쟁력이 있는 시스템을 만들어내

는 것은 그 기업의 정신과 철학, 즉 기업문화인 것이다.[24]

코터가 제시하는 변화와 혁신의 마지막 단계는 변화에 도전하는 기업문화를 정착하는 단계이다. 코터에 의하면 기업문화 혁신은 맨 처음이 아니고 맨 마지막에 하는 것이다. 한 집단을 혁신하고자 할 때 가장 큰 장애가 되는 것은 그 집단이 갖고 있는 문화다. 그렇기 때문에 많은 사람들이 혁신 초기단계에서 기업문화를 바꾸는 작업을 하는데 이것은 잘못된 것이다.

구성원의 행동규범과 공유 가치관은 쉽사리 바뀌는 것이 아니기 때문에 혁신의 마지막 단계에 해야 한다. 코터는 많은 기업들이 성급한 나머지 여러 단계를 뛰어 넘거나, 순서를 자기 마음대로 바꾸거나, 중간에 그만두거나 하다가 혁신에 실패하고 있다고 강조하고 있다. 혁신의 단계를 한 단계 한 단계 밟아 나가서 8단계까지 성공적으로 끝내야 기업을 변화시킬 수 있는 것이다. 즉 8단계까지 걸리는 3~5년 간의 인내와 열정이 있어야 기업을 혁신시킬 수 있다고 역설하고 있다. 특히 새로운 제도나 체계가 효과가 있고, 옛것보다 낫다는 것이 분명히 검증된 뒤에야 비로소 기업문화 속에 뿌리를 내리게 되는 것이다. 또한 설명이나 지지 발언을 많이 하지 않으면 조직 구성원들은 새로운 제도나 일하는 방식이 타당하다는 것을 인정하려 들지 않을 것이다.

필자가 예전에 근무했던 회사에서는 TPM을 경영혁신의 주축으로 삼고 활동을 한 적이 있었다. 위에서 언급한 것처럼 새로운 제도가 들어오게 되면 현장의 반발이 이만저만이 아니었다. 하지만 경영진의 의지, 혁신 조직의 발 빠른 대응 그리고 현장의 꾸준한 참여 등이 어우러져서 약 5년이 흐른 뒤에는 '이 회사는 한국을 대표하는 TPM 잘하는 회사'라고 알려지게 되었다. 나중에는 근무하던 직원들도 대화나 업무 속에서 자연스레 TPM을 토론하고, 적용하고, 개선하려 노력했었던 것이다.

필자가 지금 컨설팅을 하고 있는 업체에서도 비슷한 경험을 하고 있다. 약 5년 전부터 도요타 생산방식을 벤치마킹하여 생산방식을 체계적으로 정립하기 위하여 전사적으로 혁신활동을 시작하게 되었다. 처음부터 제대로 만들겠다는 최고경영진의 의지를 반영하였지만 노조를 비롯한 현장에서는 업무가 늘어나는 것에 반발하여 처음에는 'No'를 외쳐댔었다. 하지만 경영진의 진정성이 느껴지고, 현장에서도 (비록 도입 초기에는 일이 많이 늘었지만) 추진할수록 편해진다는 것을 몸으로 느끼기 시작했다. 그래서 약 5년이 흐른 지금은 최고경영진에서부터 현장의 작업자에 이르기까지 용어나 행동이 모두 통일이 되고 있다. 기업의 DNA, '밈'의 전파가 성공적으로 이루어진 것이다.[25]

이렇듯 기업문화는 자연스럽게 조직원들에게 스며들도록 해야지, 처음부터 '우리는 이런 기업문화가 있다. 이런 기업문화를 지향한다'고 설정하고 변화와 혁신을 추진하게 되면 삐걱거릴 수밖에 없는 것이다. 저항을 견딜 수 없을 것이다.

8. GE의 CAP^{Change Acceleration Process} 프로그램

기업체에서 자체적으로 개발하여 운영하는 변화관리 모델로는 GE 의 CAP 모델이 가장 앞서나간다고 볼 수 있다. [표 17]에서는 변화 의 요소와 범위라는 측면에서 GE의 혁신활동을 구분하여 설명하고 있다. 이 중 CAP 프로그램은 변화의 범위가 클수록 적용할 수 있는 문화적 요소라 할 수 있다.

[표 17] GE 혁신활동에서의 CAP의 위치

<table>
<tr><th colspan="2"></th><th colspan="2">변화의 범위</th></tr>
<tr><th colspan="2"></th><th>소</th><th>대</th></tr>
<tr><td rowspan="2">변화의
요소</td><td>Q
(기술)</td><td>워크아웃
(Expert-driven)</td><td>식스 시그마
(Data-driven)</td></tr>
<tr><td>A
(문화)</td><td>리더십 개발
GE가치 및 360도 평가</td><td>CAP</td></tr>
</table>

조지 에케스^{George Eckes}는 그의 책 《6시그마 리더십》을 통해 E=Q× A라는 GE 고유의 평가방식을 소개하고 있다. 이 개념은 조직의 성 과^{Effectiveness}는 6시그마 활동을 전개하는 초기 단계의 전략, 전술적 요소^{Quality}와 조직의 문화가 이러한 전략과 전술을 얼마나 수용하는 가^{Acceptance}라는 두 가지 요소의 곱으로 이루어진다. 변화관리 측면 에서 조직 구성원의 변화와 혁신에 대한 수용도는 굉장히 중요하다. 이러한 수용도를 높이기 위해서 GE에서 사용하는 변화관리 추진 모

델이 바로 CAP이라고 할 수 있는 것이다. 이처럼 CAP은 지금과 같은 '변화의 속도' 경쟁에서 앞서나가기 위해 수행하고 있는 모든 경영혁신 활동을 추진하는데 사용하는 종합적 변화관리 프로그램이다. 이를 통해 지속적인 기업문화의 혁신을 도모하고, 가장 신속하고 경쟁력 있는 경영조직을 구축할 수 있는 핵심적인 방법론인 것이다.[26] CAP에서는 다른 변화관리 프로그램과는 다르게 치밀하고 분석적인 측면보다는 전사적인 참여, 빠른 의사결정, 그리고 구체적인 행동에 중점을 둔다는 특징이 있다. CAP의 실행원칙은 다음과 같다.

- 반드시 실행에 중점을 두어야 한다.
- 교육용이 절대 아니며 '실행' 프로그램이다.
- 선정된 주제는 '그 조직에 필요하고 중요한 것'이어야 한다.
- 조직 최고책임자는 반드시 CAP 팀에게 많은 권한을 위임한다.
- CAP은 변화를 가속화시키는 것이어야 한다. (90일 단위)
- CAP의 주제는 팀이 토론을 통해 세부적으로 수정 보완한다.

일반적으로 조직의 최고책임자(또는 스폰서)의 전폭적인 지원 아래 팀을 구성하고, 주어진 과제에 대한 해결책을 단기간에(주로 90일 단위 목표로 추진한다) 해결하는 것을 원칙으로 한다. 또한 반드시 여러 부문의 사람들이 과제수행팀에 속하도록 하여 장벽이 없는 Boundaryless 팀워크가 발현되도록 하고 있다. CAP의 7단계 접근방법을 표로 정리하면 [표 18]과 같다.[27]

[표 18] CAP 실행단계별 주요 할일

단계	프로세스	주요 할일
1	변화 주도 Leading Change	● 경영진 및 CAP 후원자 결정 ● 경영층의 강력한 의지와 지지 표명
2	필요성 공유 Creating a shared need	● 변화에 대한 필요성 공감대 형성 ● 변화의 필요성 〉변화에 대한 저항
3	비전의 구체화 Shaping a vision	● 변화의 목표와 효과를 명확히 설정 ● 분명하고 합리적 목표설정 및 공유
4	참여의 행동화 Mobilizing commitment	● 변화를 지지하는 여세를 모아주는 단계 ● 저항 세력을 파악하는 것이 중요
5	변화의 지속 Making change last	● 변화를 행동양식으로 나타나게 유도 ● CAP은 지속적 개혁운동임을 주지시킴
6	모니터링Monitoring progress	● 변화 진행 및 정체를 주기적으로 점검
7	시스템 및 조직의 변화 Changing systems/structures	● 반드시 기존의 System과 조직이 변함

[1단계] 변화 주도 Leading Change

1단계는 변화를 후원하는 스폰서를 선정하는 단계이다. 즉 누가 변화를 추구하는데 앞장설 것이며, 누가 CAP 추진팀의 후원자가 될 것인가를 결정하는 것이다. CAP 팀의 후원자는 주로 고위 경영층에서 선택하고 경영층은 반드시 혁신에 대한 강력한 의지와 전폭적인 지지를 공개적으로 표명해야 한다. 이는 코터의 8단계 모델의 1~2단계를 합쳐놓은 것과 유사하다고 할 수 있다.

필자의 경험으로 봤을 때에도 강력히 지원해줄 수 있는 경영층의 존재 여부는 변화와 혁신의 성공에 절대적인 영향을 미친다고 말하고 싶다. 내가 다녔던 두 곳의 직장은 이런 관점에서 극명한 대비를 보여주고 있다.

먼저 다녔던 곳에서는 공장 단위로 TPM 활동을 할 때나, 전사적인 6시그마 활동을 할 때에도 가장 열정적인 경영층의 지원에 힘입어 강력한 변화와 혁신을 이끌어낼 수 있었던 것으로 기억된다. 그러나 이 회사에 최고경영자로 오신 분의 '혁신 동력'이 현저히 떨어지는 시기에는 그 전에는 상상도 할 수 없었던 경쟁사(사실 그 전까지는 시장 점유율이 8:2, 7:3 정도를 유지했기 때문에 경쟁사라고 부르지도 않았다)에 시장 점유율이 역전되는 상황을 맞이하고 말았다. 그것도 단 2년 사이에 말이다.

반면에 유학 후 다니게 된 회사에서는 그 회사 창립 이래 유래를 찾기 힘들 정도로 최고경영자의 강력한 혁신의지가 발현되고 있었다. 결과는 당연히 성과로 이어지게 되었고, 그 전까지는 상상도 할 수 없었던 경쟁사와의 국내외 시장 점유율 1, 2위를 다투는 상황까지 치고 올라갔던 것이다. 하지만 내가 속했던 본부의 사정은 사뭇 달랐다. 본부장의 혁신에 대한 진정성, 지속성이 부족했던 것이다. 그만큼 혁신에 대한 지지는 미흡했고, '페이퍼에 의한 혁신'만 했던 아픈 기억이 있다.

1단계인 변화 주도가 제대로 일어나게 되면 다음과 같은 결과가 나올 수 있다. 먼저 변화와 혁신이 일어나도록 하기 위해 경영층의 의지를 조직 구성원들에게 보여준다. 그리고 변화와 혁신을 가속화하기 위해 가시적이고 활동적이며 공개적인 지원을 한다. 또한 현재의 상황을 변화시키고 혁신해 나가는 데 있어서 조직 구성원 개개인이 주도권을 스스로 가지면서 다른 구성원들의 주도권도 지원하고자 하는 의지가 드러나게 된다.

조직 내 각 계층의 구성원들은 위험을 감수하고 자신감을 가지며 충분한 권한을 위임받고 자율적으로 즐겁게 일하는 행동을 보여준다. 마지막으로 변화와 혁신을 추구하다 보면 나타날 수 있는 갈등 요소들을 확인하여 해결하게 된다. 변화 주도가 잘 되려면 '주의 관리', '혁신역할의 수용', '개인 역량의 제시'라는 세 가지 요소가 최적으로 융합되어야 한다. ([그림 9] 참조)

[그림 9] 변화 주도 모델

먼저 주의 관리Manage Attention에 대해서 알아보자. 경영층이 효과적으로 주의 관리를 하기 위해서는 핵심 의제에 시간과 열정을 집중해야 한다. 주의는 '시간'과 '열정', '의제Agenda'를 곱한 것이다. 이 중 하나라도 부족하다면 주의 관리를 할 수 없다. 우리의 삶은 우리가 시간을 어디에, 얼마만큼 투자하느냐에 따라 달라진다고 할 수 있는 것이다. 리더라면 진정으로 가치 있는 일에 시간을 집중하는 모습을 보여주어야 한다. 또한 변화와 혁신을 향해 모든 열정을 쏟고, 일하는 데 있어서 새로운 방식들을 끊임없이 찾고 지원해야 한다. 힘차게 열심히 일하면서, 새로운 아이디어를 계속 찾는 노력의 끈을 놓아서는 안 된다. 변화와 혁신에 대한 변명보다는 그 기회를 찾는데 열정을 쏟아 부어야 하는 것이다. 의제에 집중한다는 것은 어떤 의미일까? 변화와 혁신의 과제를 구체적이고 올바로 알고 있어야 한다는 것이다. 특히 우선순위가 높은 핵심 이슈에 집중해야 한다. 개념적 혼란을 피하고 일시적인 프로그램을 양산하는 우를 범해서는 안 된다. 이렇듯 집중된 의제를 통해 지속적으로 혁신을 강화하는 대안을 만들어내야 한다. 변화 주도 모델의 두 번째 구성요소인 혁신 역할의 수용이란 무엇을 말하는 것일까? 이는 CAP을 추구하는 각 단계별로 계층별 역할을 충실히 수행하는 것을 의미한다 하겠다. [표 19]를 참조하기 바란다.[28]

[표 19] 계층별, 단계별 혁신 역할의 수용

CAP 추진단계	혁신 후원 Change Sponsor	혁신 촉진 Change Agent	혁신 대상 Change Target
변화 주도	혁신을 지원한다. 혁신을 정당화한다.	혁신을 선도한다. 혁신을 수행한다.	혁신을 완수한다. 혁신을 받아들인다.
필요성 공유	현상에 의문을 던진다 위험을 감수하도록 고무시킨다.	현상을 혁신하기 위한 사례를 만든다. 위험을 무릅쓴다.	현상에 도전한다. 위험을 받아들인다.
비전의 구체화	혁신을 전략과 통합한다.	혁신을 전략과 일치하도록 바꾼다.	전략에 맞게 혁신을 실행한다.

참여의 행동화	Ownership을 공유한다. 다른사람을 끌어들인다. 상층부와의 갈등을 완충시킨다.	Ownership을 가진다. 다른사람과 네트워크를 한다. 갈등을 해결한다.	혁신을 스스로 실행한다. 다른사람에게 알린다. 일상적인 갈등을 처리한다.
변화의 지속	혁신을 위한 자원을 제공한다. 혁신 Initiative를 통합한다.	자원을 배분한다. 지속적으로 혁신 Initiative를 선도한다.	자원을 사용한다. 혁신 Initiative로부터 결과를 얻는다.
모니터링	결과를 모니터한다.	결과를 측정한다.	결과를 이루어낸다.
시스템/ 조직변화	시스템과 구조를 설계하고 조정한다.	시스템과 구조를 실용적, 현실적으로 만든다.	새로운 시스템과 구조를 실행한다.

마지막으로 '개인 역량의 제시'는 아래에 있는 GE 리더들의 '자기 선언문'을 눈여겨볼 필요가 있다.

- 분명하고, 단순하고, 현실에 기초한, 고객중심의 비전을 만들고, 모든 구성원들에게 그 비전을 그대로 전달할 수 있다.
- 도전적인 목표를 설정하고, 책임과 참여를 이해하면서, 진행과정을 제대로 파악하고 보상한다.
- 최고에 대한 열정을 갖고, 관료주의와 그에 따르는 모든 비상식을 배격한다.
- 다른 사람들에게 권한을 위임해줄 수 있는 자신감을 갖고, 한계를 짓지 말고 행동하며, 권한위임의 수단으로 Work-Out을 실시하고, 어떠한 아이디어라도 개방적으로 수용한다.
- 세계적 관점, 감수성을 개발할 수 있는 능력을 가지고, 다양한

글로벌 팀을 만드는데 익숙하다.

- 넘쳐나는 에너지와 타인에게 활력을 불어넣어 주고 격려하는 능력을 가지고, 혁신에 대해 두려워하거나 무력해지기보다는 혁신을 자극하고 즐거워하는 능력을 갖고 있다. 혁신을 위협이 아닌 기회로 여긴다.
- 경쟁우위를 확보하기 위한 품질, 비용, 스피드를 추구하는 의식을 갖고 있다.

한편 변화 주도의 단계에서 흔히 저지르기 쉬운 오류는 다음 몇 가지가 있다. 먼저, 리더들은 변화와 혁신에 필요한 행동을 취하지 않는다. 또 리더들은 혁신이 일어나기 전에 너무 빨리 자리를 옮기기도 한다. 어떤 리더들은 다른 사람들을 참여시키지 않고 혼자 모든 일을 처리하려고 한다. 마지막으로, 간혹 하나의 혁신을 완수하기 전에 또 다른 혁신으로 넘어가려고 애쓰기도 하는데 경계해야 할 일들이다. 전체 변화와 혁신의 과정에서 보여주는 '참여적 리더십'은 변화와 혁신을 성공으로 이끄는 데 있어서 매우 중요하다. 변화 주도의 단계를 제대로 이행하기 위해서는 아래의 체크 포인트를 염두에 두어야 한다.

- 생산성 향상을 위해 프로세스 개혁을 추구하고 지원하는가?
- 혁신을 이루기 위한 역할과 책임을 명확히 제시하는가?
- 현상을 타파하는 데 열성을 가지고 도전하고 있는가?
- 솔선수범하고 있는가?

- 변화와 혁신에 관심을 갖고 있는가?
- CAP 추진 전 과정에 대하여 개인 역량을 발휘하고 있는가?

[2단계] 필요성 공유 Creating a shared need

2단계에서는 변화에 대한 필요성을 조직 전체에 퍼뜨리고 변화에 대한 공감대를 형성하는 게 중요하다. 변화와 혁신의 이유가 조직 스스로의 판단에 의한 기회이거나 외부로부터의 위협에 의한 것이거나, 조직 내에 전파되어 토의 등을 통해 공감대가 광범위하게 형성되어야 하는 단계이다.

변화에 대한 요구는 그 저항보다 커야 한다. 이를 입증함으로써 변화와 혁신을 위한 해빙 unfreezing 을 할 수가 있는 것이다. 그렇지 않으면 변화의 동력을 확보하기가 매우 힘들게 된다. 결과적으로 스폰서와 CAP 추진팀원들이 무엇을 혁신해야 하고 왜 혁신하지 않으면 안 되는지를 서로 명확히 인식하는 계기를 마련할 수 있게 된다. 또한 변화와 혁신에 대한 요구를 공유하는 과정을 통해 현재 상황에 대한 불만족을 인식하게 되고 이를 통해 혁신에 대한 의지를 높일 수 있다.

이 단계에서 체계적인 분석과정을 거치게 되면, 당면한 근본적인 문제와 겉으로 드러난 증상을 구별하게 되어 초점을 두어야 할 핵심에 접근할 수 있게 된다. 하지만 이 단계에서 범하기 쉬운 몇 가지 오류가 있다. 먼저, 변화와 혁신에 대한 요구는 모두가 이미 인식하고 있을 뿐 아니라 너무도 분명하다고 가정하는 것이다. 자기인식의 오류이자 일반화의 오류인 것이다. 내가 안다고 모두가 아는 것은 아

니다. '지식의 저주'에서 빠져나와야 한다.[29]

　두 번째로는 근본원인과 증상을 구별하지 못하는 오류를 범할 수 있다. 혁신을 추진할 때에는 일종의 '성숙도 진단'을 하게 되는데, 이 것을 어설프게 진행하거나 방향성을 제대로 못 짚게 되면 대중요법 對症療法만 난무하게 되는 것이다. 이렇게 되면 논의해야 하는 변화와 혁신에 대한 요구가 과연 어떤 의미를 갖고 있는지를 제대로 파악하 지 못하고 무의미한 처방전만 계속 발행하게 되는 것이다. 결국에는 혁신에 대한 저항요소를 과소평가하는 안 좋은 결과를 낳을 수도 있 다. 저항요소는 결코 겉으로 잘 드러나지 않는다. '별다른 문제없이 잘 되고 있으므로 우리가 굳이 그것을 개선할 필요는 없겠지'라고 추 진팀에서 생각하는 순간 이미 저항은 변화와 혁신의 성공을 잠식하 게 되는 것이다.

　다음으로 생각해봐야 할 것은 '늑대와 양치기' 우화이다. 누구나 다 아는 이 우화에서 양치기 소년은 계속 거짓말을 해서 동네 사람들 이 결국 실제로 늑대가 침입했을 때 아무도 믿지 않아서 도움을 못 받았다는 사실을 명심해야 한다. 변화와 혁신을 하지 않으면 안 되 도록 만드는 위협요인들이 과거부터 오랫동안 거론되어 왔기 때문에 그 문제의 심각성을 그렇게 크게 느끼지 못하고 당연하게 느끼는 상 황을 경계해야 한다. 앞서 언급한 필자의 첫 직장은 그 분야에서 최 고의 시장 점유율과 영업이익률을 자랑하는 회사였다. 하지만 내가 입사할 때부터 LCD나 PDP 등의 대체재代替財가 곧 출현하니 미래의 먹거리를 준비해야 한다는 경고의 메시지가 지속적으로 나왔었다. 그럼에도 불구하고 '활동적 타성'에 젖어서 이러한 메시지는 전략보고서에서만 잠깐 나타났다 사라지는 양치기 소년의 외침에 그치고 말았다. 당장의 성과배분에 안주하게 되고, 변화와 혁신의 대상이 없게 되는 결과를 낳고 말았던 것이다.

마지막으로는, 첫 번째 오류와 상반되는 것으로서 '저 사람들은 그 것을 알리가 없겠지'라는 식으로 무시하는 태도를 들 수 있다. 이러한 태도는 결국 소통의 단절로 이어지고, 변화와 혁신에 대한 일관된 방향성을 상실하게 되는 것이다. 독자 여러분이 무엇을 어떻게 소통하느냐에 따라 변화와 혁신에 대한 준비 정도가 달라진다는 점을 명심해야 한다. 이 단계에서는 주로 위협-기회 매트릭스를 사용하여 변화와 혁신의 근거와 필요성을 파악하게 된다. 조직이 직면하고 있는 위협(우리가 변화하지 않는다면 어떻게 될 것인가?)과 기회(우리가 변화한다면 어떻게 될 것인가?)를 단기적, 장기적 관점에서 모두 파악하고 이 가운데 어떤 조합이 가장 최적의 선택인지를 알 수 있는 것이다. 다음 페이지의 [표 20] 사례를 참조하기 바란다. 또한 이 단계를 제대로 이행하기 위해서는 다음의 질문을 항상 염두에 두어야 한다.

- CAP 추진팀은 혁신 요구사항을 충족시키기 위해 최적으로 구성되었는가?
- 변화와 혁신의 요구에 고객과 협력업체 등의 관심사를 반영하였는가?
- 다른 사람들로부터 변화와 혁신의 요구를 설명해 달라는 요청을 받았을 때 팀원들은 똑같은 목소리를 낼 수 있는가?
- 이 프로젝트로 인해 가장 영향을 크게 받을 사람은 누구이며, 영

향을 받을 각각의 사람은 이 일에 얼마나 중요한 사람들인가?

● 다른 조직 구성원들에게 혁신의 필요성을 고취시키기 위해 무엇을, 어떻게 할 수 있는가?

[표 20] 기회-위협 분석 사례

	기 회 (비전 2020을 성공하면)	위 협 (비전 2020에 실패하면)
단기	● 사업전략-제품전략간의 확고한 연계 ● 팔리는 제품의 지속적 출시 ● 선택과 집중을 위한 필요 자원 확보 ● 승부사업을 지원할 기술적 진보/축적 ● 기술예측의 정확도 및 시장 요구사항 반영 제고 ● 경영진과 연구개발그룹 간 파트너십	● 돈벌이 중심의 단기 프로젝트 성행 ● 우수인재부터 이탈의 가속화 ● 조직전반의 인원삭감, 리스트럭처링 ● 기술 아웃소싱 증가 및 외부의존 ● 필요 자원의 분산으로 대다수의 사업, 제품의 시장지위가 저하됨 ● 계층 간 갈등의 미봉책 다발
장기	● 가치중심 경영지속 ● 글로벌 기술 리더십 확보 ● 자사 주식의 핵심 블루칩화로 자본조달 용이, 신용도 제고 ● 기술 로열티에 의한 부가 수익 창출 ● 최고의 대우, 최고의 인재 집단	● 저수익, 역성장에 의한 정체 및 자산의 잠식 ● 저가 이미지 브랜드 포지셔닝 ● 그룹 내 주력업종이 아니며 덩치만 큰 공룡으로 자리매김 ● 승부사업에서 철저히 소외, 배제
	▶ 경쟁력 강화를 통한 생존확보	▶ 점진적 열세로 인한 소멸

[3단계] 비전의 구체화 Shaping a vision

다음으로는 비전의 구체화에 대해서 알아보자. 이 단계에서는 변화와 혁신의 산출물 이미지를 조직 구성원 누구나가 느낄 수 있는 시각적, 수치적, 행동적인 표현으로 명확하게 기술함으로써 변화의 동기를 제공해야 한다. 비전에는 다음의 요소들을 포함시켜 변화와 혁신의 성공 모습을 구체적으로 보여주는 게 좋다.

- 고객에 초점을 맞추어야 한다.
- 도전적인 내용이어야 한다.
- 이해하기 쉬워야 한다.
- 팀의 참여의식을 보여줘야 한다.
- 계속 발전해 나가는 모습을 담아야 한다.
- 실행 가능해야 한다.

이 중 마지막에 있는 비전을 '실행 가능하게' 하기 위해서는 변화와 혁신의 실행과정에서, 또는 변화와 혁신을 성공하였을 때 나타나게 될 행동을 파악해야 한다. 이 때는 「More of, Less of」라는 기법을 활용하여 다양한 내용을 뽑아내게 된다. 여기서 'More of'에는 혁신의 실행과정에서와 혁신을 성공하였을 때 더 많이 나타나게 될 활동이나 행동을 나열하고, 'Less of'에는 혁신의 실행과정에서와 혁신을 성공하였을 때 더 적게 나타나게 될 활동이나 행동을 나열하면 된다.

가능하면 상기 활동이나 행동으로부터 핵심어를 추출, 통합하고, 배열, 정리하면 된다. 다음 페이지의 [표 21]은 이 기법을 활용한 실제 사례이다. 이 사례에서는 (가칭) Vision 2020 성공 시점에서 더욱 많이 나타나게 될 행동과 적게 나타나게 될 행동을 매킨지 7S 모델을 활용하여 More of, Less of를 전개하고 있다. 독자 여러분에게 많은 참고가 되었으면 한다.

[표 21] More of, Less of 적용사례

구분	More of	Less of
Strategy	● 사업과 기술의 융합에 의한 계획이 장/중/단기로 구분되어 추진된다. ● 집중과 선택에 의한 자원투입계획이 최소 분기단위로 추진된다. ● 사업과 기술의 이해관계자 합의를 통해 추진계획이 가시화되고 구체화 된다.	● 몇몇 부서장 또는 소수 브레인에 의해 프로젝트가 변경되거나 없어진다. ● 사업과 기술의 추진계획이 불분명하다. ● 열심히 하라고만 하지 무엇을 언제까지 어떻게 해야 한다는 방향이 없어 하지 말아야 할 업무까지도 하게 된다.
System	● 과제 선정에서 사업화 단계까지 동시 공학적 접근이 된다. ● 부서간, 업무간, 구성원간 책임과 역할이 명확해져 접점에서의 프로세스가 관리된다. ● 과제의 성격에 따라 초기에 구체적인 측정지표에 의한 평가기준을 합의한다.	● 개발 이후에 사업단위에 이관하려고 해도 이관을 받을 수 있는 사람/조직이 없고 한번 잘 해보라는 식으로 응대한다. 연구원이 양산까지 투입된다. ● 단기적인 R&D가 강조되고 있으므로 팀리더는 단기과제에 집착하게 되고 성과에 대한 보상도 단기과제 중심이다.
Structure	● 연구소간은 물론 연구소와 기술 Staff 및 사업단위의 설계 등 상호간의 역할과 기능이 명확하다.	● 연구소장이나 부서장이 바뀌면 중장기 과제의 방향과 업무가 변경되거나 없어진다. ● 팀장이나 부서장이 되는 것이 연구원이 가야 하는 길로 인식한다.
Style	● 새로운 것을 창출하기 위한 아이디어와 콘셉트의 개발과 구현의 재량권이 주어져 있다. ● 사업주체로부터 R&D에 대한 관심, 도전, 모니터링이 활발하게 이뤄진다. ● R&D 과제의 중간, 최종결과를 보고할 때 심문이나 질책받기 위한 것이 아니라 그동안 연구 결과를 자랑하러 간다.	● 연구원간의 기술 공유가 어렵다. 오히려 일본이나 미국회사 연구소가 옆 부서보다 가깝게 느껴지고 소통이 쉽다. ● 타사가 하지 않으면 왜 그것을 하느냐고 힐난하다가 타사가 상품화하면 지금까지 뭐 했느냐고 야단친다. ● 남들이 하지 않은 분야에 도전하려다 의사결정자를 설득하기 어려워 미리 포기한다.

Staff	● 기술에 미친 사람이 자꾸만 늘어가고 이들에 의해 기술이 선도된다. ● 필요 Spec과 활용계획이 명확히 규정된 이후 이에 최적의 인재가 선발되어 활용된다.	● 필요 Spec과 채용인력과의 부조화가 자주 발생한다. ● 표준품은 양산되나 사고/행동방식이 독특한 천재는 규정에 의해 도태되거나 퇴사한다.
Skill	● 연구원이 목표로 삼을 수 있는 개인 비전의 성공사례가 많이 나타난다.	● 베끼기에 급급하여 기술의 심도보다는 광범위하고 얕은 지식만이 축적된다. ● 실무 연구원과 대화하다보면 타사 연구원 같은 느낌이 든다.

이 단계에서 흔히 발생하는 오류로는 다음과 같이 것이 있다. 먼저 비전에 대한 명확한 진술이나 정의가 없다는 점을 들 수 있다. 따라서 관련된 모든 사람들이 자기 나름대로 해석하는 우를 범하게 되는 것이다. 또한 이 비전이 우리가 가고자 하는 방향이라는 인식이 내재화되어 있지 않게 될 수도 있다. 이렇게 되면 모든 사람들은 사적인 대화에서는 비전을 지지하지 않게 된다. 비전이 너무 자주 바뀌는 것도 문제가 된다. 필자가 컨설팅 하는 어떤 기업은 비전을 수립한지 2년도 채 안된 상황에서 비전을 다시 바꾸고 있어서 조직 구성원들에게 물어보면 "이것 같기도 하고, 저것 같기도 하고, 잘 모르겠네요"라고 솔직히 말하는 것을 들은 적이 있다. 비전에 포함되어 있는 재무목표를 달성했다 하더라도 문화적 요소나 방향성에 큰 변화가 없다면 연속성을 확보한다는 차원에서라도 비전을 유지하는 게 낫지 않았을까 생각해본다. 또한 비전이 고객과 연계되어 있지 않다면 큰 문제가 아닐 수 없다. 단지 비전이 우리가 원하는 것에 너

무 많이 치중되어 있고, 고객이나 시장이 원하는 것과는 단절되어 있다면 비전으로서의 가치가 크게 훼손될 것이다. 마지막으로, 비전이 너무 복잡해서 이해하기 어렵고 실행하기 곤란하다면 조직 구성원을 비전의 이름 아래 결집시키기 매우 어렵게 될 것이다. 이 단계에서는 무엇보다 비전을 명확하게 만드는 것이 중요하다. 이를 위해서는 아래의 체크포인트를 항상 염두에 두고 단계를 진행해야 할 것이다.

● 프로젝트를 수행하기 위한 비전은 명확하게 기술되었는가?
● 비전이 단순하고 솔직하게 표현되었는가?
● 비전이 동기를 유발하고 활력을 불어 넣도록 표현되었는가?
● 비전이 조직 내에 공유되고, 알려져 있는가?
● 비전이 실행 가능한가?
● 팀이 얼마나 비전 지향적인가?

[4단계] 참여의 행동화 Mobilizing commitment

네 번째 단계에서는 변화와 혁신에 관여하고 있고, 혁신활동을 가시적으로 지원하고 있는 모든 사람들을 끌어들여 하나의 집단으로 형성하고 네트워크 체계를 구축하여야 한다. 즉 혁신의 저항, 장애 요소들을 극복하여 혁신에 관련된 모든 이해관계자들의 참여수준을 기대수준까지 변화시켜야 한다. 여기서는 주로 이해관계자 분석을 사용하는데 [표 22]와 같은 양식을 주로 사용한다. 이해관계자 분석 절차는 다음과 같다.

1. 혁신과 관련된 주요 이해관계자를 모두 열거한다.

2. 각각의 이해관계자가 이루고자 하는 혁신 활동에 대하여 어느 정도 지지 혹은 지원하고 있는지를 표시한다. (× = 현재 수준)

3. 이루고자 하는 혁신을 성공적으로 완수하기 위해서는 각각의 이해관계자들이 앞으로 어느 위치에 있어야 하는지를 표시한다.(○ = 기대 수준)

4. 현재 수준과 기대 수준 간의 차이를 확인한다.

5. 이해관계자들이 서로 어떻게 영향을 주고받는지를 파악하고, 화살표(→)를 활용하여 누가 누구에게 영향을 미치는지를 표시한다(영향관계 표시)

6. 현재 수준과 기대 수준 간의 차이를 메우기 위한 실행계획을 수립한다.

[표 22] 이해관계자 분석 양식

성명	매우 반대 (−2)	반대 (−1)	중립 (0)	약간 지지 (+1)	매우 지지 (+2)
오태경					
유영경					
송인식					
박지홍					

다음 페이지의 [표 23]에 나온 사례는 이를 좀 더 응용하여 현업에 적용한 것이니 참조하기 바란다. 이 표에서는 '저항'이라는 단어를 눈여겨볼 필요가 있다. 제3장에서도 논의되었듯이 변화와 혁신에는

[표 23] 이해관계자 분석 사례

명단 (소속)	직책 (직위)	주요 반응	주요 저항	지지 수준					극복 전략
				인식	이해	평가	수용	시도	
오태경	파트장	TFT는 그동안 뭐했어 알았어 열심히 할께 어떻게 해달라는 건데 사전에 뭘 준비하면.	관계적 & 기술적	×			○		실행의 한계 및 도움 요청 개별 자료 송부 기여할 수 있는 부분 지정 역할 제공
안수정	대리	워크숍에서 열심히… 글쎄 알았다니까… 내가 뭐 아는 게 있나	관계적 & 기술적			×	○		
유영경	팀장	또 현금유동성 테마야? 이번에는 몇 달 가나 보자	문화적 & 기술적	×				○	기회/위협요인 분석 시 참여 Output Image 설정 시 참여 부서장을 통한 공식 지원요청 심의위원으로 위촉
송인식	차장	적극적으로 호응하며 자신의 활동 시 실행의 난관까지 얘기하며 "도울 게 뭐냐?"	—				○	×	Innovator이므로 워크숍 및 변화관리 과정의 소그룹 리더로 활용

반드시 저항이 뒤따르게 마련이다. 따라서 이 단계를 통하여 저항을 관리하고 극복하는 대책을 수립해야 한다. 저항은 여러 가지 형태로 표현되는데, 다음은 그 대표적인 사례이다.[30]

● 나에게 보다 상세한 정보를 달라고 요청한다.

- 당신에게 너무 지나치게 열거하여 설명한다.
- 너무 바빠서 시간이 없다고 한다.
- 우리의 의견이 비현실적이라 실용성이 없다고 한다.
- 아주 심각한 내용의 메시지를 전달받았음에도 불구하고, 전혀 놀라거나 당황하지 않은 척 한다.
- 상대의 언행이 거칠거나 우리 의견에 대해 강력히 반대한다.
- 어떤 내용에 대해 계속해서 잘 이해가 되지 않는다고 말한다.
- 상대의 언행에 대해 아무런 반응을 보이지 않고 침묵한다.
- 추진방법의 결정을 늦추고 현상의 배경이론에 집착한다.
- 도덕성을 강조하면서 이견이나 갈등을 의도적으로 회피한다.
- 어렵고 비생산적 결과를 초래하기 때문에 무조건 동의한다.
- 정보수집, 피드백 등 방법론적 측면에 대한 회의를 갖는다.
- 상황이 점점 나아지고 있으며 앞으로도 아무런 문제가 없을 것이라고 낙관적으로 생각한다.

사람들은 여러 가지 이유로 변화에 저항한다. 사람들은 익숙하지 못하고 알지 못하는 것에 견디기 어려워하며, 변화가 그들에게 이득이 된다는 보장이 없는 경우에는 더욱 그러하다. 따라서 이러한 저항에 부딪쳤을 때 고려해야 할 사항들을 체크포인트 형식으로 정리하면 다음과 같다.

1. 동기부여시킬 명확한 비전이나 목표를 가지고 있는가?
2. 사람들에게 혁신을 이해시킬 수 있을 만큼 혁신을 해야 할 근거

와 데이터를 충분히 설명했는가?

3. 사람들에게 그들의 시각에서 본 혁신의 부정적 영향을 설명했는가? 또한 그들의 우려를 처리할 방안을 강구했는가?

4. 사람들에게 무엇을 해야 할 필요가 있는지를 정확히 알리기 위해 교육이나 지도를 하였는가?

5. 사람들에게 혁신에 대한 그들의 느낌을 토론하고 대응하도록 여지를 마련해 주었는가?

6. 사람들을 혁신하도록 격려할 방안을 가지고 있는가? 특히 변화에 저항하는 집단(개인)에 대하여 혁신하도록 명령할 방안을 가지고 있는가?

7. 혁신으로 얻어지는 이익에 대한 명확한 청사진을 만들었으며, 손실을 입게 될 것에 대한 현실적 평가를 실시할 준비가 되었는가? 또한 이것들을 사람들에게 전달하였는가?

8. 사람들에게 혁신할 것에 관해 알리는 한편, 안정성을 어느 정도 유지하기 위해 어떤 것들은 변경하지 않을 것임을 그들에게 알려 주었는가?

9. 성공적인 혁신 사례로 삼을 만한 회사를 알고 있는가?

10. 혁신을 지지할 Opinion Leader를 끌어들일 수 있는가 ?

11. 혁신을 위한 계획입안과 실행에 가능한 한 많은 사람을 참여시킬 수 있는가?

12. 저항을 관리해야 할 필요가 있는 부분에 대해서 정상적이고 적절하게 대응하고 있는가?

이처럼 변화와 혁신에 수반되는 저항을 극복하기 위해서는 다양한 관점에서 고려사항을 점검해보아야 한다. 아울러 저항을 극복하기 위한 대책을 마련하고자 할 때에는 다음 사항에 유의하여야 한다. 독자 여러분이 만약에 CAP 추진팀 또는 경영혁신팀에 소속되어 있다면 새로운 시스템, 새로운 일하는 방식에 모든 조직 구성원이 투입되지 않았을 경우에도 계속 업무를 진행시키기 위해 임시적인 구조와 시스템을 우선적으로 만들어줘야 한다. 시간은 당신의 편이다. 결국 사람들은 새로운 것을 시작하게 마련이다. 하지만 구성원들에게는 옛 것을 청산할 시간이 필요하다. 이러한 전체적인 과정을 통해 조직 구성원들을 절대로 몰아세워서는 안 된다. 그들은 새로운 것을 수용하기 전에 일단 옛 것을 손에서 놔야 하는 것이다. 어느 정도의 시간이 필요한 것이다.

한편 조직 구성원들이 걱정하고, 위협받고, 화나고, 감정적이 되어 있다고 보면 틀림없다. 그들의 감정은 과도기에 처한 사람들의 전형적인 모습인 것이다. 따라서 낡은 것과 새로운 것 간에 연속성을 만들어 주고 강조할 필요도 있다. 왜냐하면 모든 것이 변화하는 것으로 보일 때, 어떤 것들은 그대로 남는다는 것을 알게 되면 마음의 안정에 도움을 줄 수 있기 때문이다.

마지막으로, 변화와 혁신에 관련된 사람들에게 이익이 올 수 있고 더 나은 미래가 있을 수 있음을 깊이 생각할 수 있도록 적극적으로 도와주어야 한다. 반면 대부분의 사람들에게 새로운 상황이 새로운 태도, 인간관계, 기술을 요구하게 되리라는 것을 받아들이게 해야 한다. 변화를 요청받고 있는 조직 구성원들에게 변화는 '한 생명의 종말'로 보이기 십상이다. 따라서 당신은 사람들이 변화에 대하여 편안함을 느끼기 전에 이와 같은 사실을 인정할 수 있도록 도와주어야 한다. 이 단계를 효율적으로 진행하기 위해서는 혁신옹호자, 후원자, 촉진자들이 될 핵심 인물들의 협조체제를 형성하는 게 최우선 수행해야 할 일다. 또한 지원 네트워크를 형성하도록 후원자를 설득해야 한다. 저항을 극복할 수 있도록 하기 위하여 누가 저항할 것이고, 저항의 원인이 무엇인지를 결정해야 한다. 이를 토대로 참여수준을 확보하기 위해 갈등을 해결하는 방법을 강구하고 적절한 문제해결 활동을 즉시 실행에 옮겨야 한다.

이 단계에서도 물론 범하기 쉬운 오류가 있다. 저항의 원천 중에서 조직 내의 '정치적' 상황에 대한 이해도가 떨어지고 민감하지 못할 경우는 낭패를 보게 된다. 또한 변화와 혁신의 성공사례나 영광을 공유하지 않을 때, 기술적 해결방안 만으로 충분하다고 가정할 때도 마찬가지 오류를 범하게 되는 것이다. 예를 들면 이런 것이다. "나는 올바른 해답을 갖고 있는데, 왜 다른 모든 사람들은 그 해답을 알 만큼 똑똑하지 못할까?"라고 생각하는 순간이 변화와 혁신의 동력을 잃게 되는 바로 그 순간이 된다. 전 조직 구성원의 참여가 충분하지 못하고 책임을 공유하지 않는다든가, 항상 똑같은 갈등해결 방식에 의존하는 경우에도 좋지 않을 결과를 초래할 수 있다. 효과적인 변화와 혁신에의 유도는 철저한 자기 각성 후 이루어진다. 이 단계를 성공적으로 마무리하기 위해서는 주요 이해관계자는 제대로 파악했는지, 저항의 유형과 정도가 확인되었으며, 이를 해결하기 위한 방법을 모색하고 강화하려는 노력을 하였는지, 조직 구성원들을 변화와 혁신의 지지자로 전환하기 위한 구체적인 실행 프로그램을 개발했는지 등을 꼼꼼히 점검해야 한다.

[표 24] 저항의 수용단계별 전략 사례

단계	전략	전술

1. 인식
– 혁신에 대해 수동적
– 혁신 의견 및 정보
  부족
	1. 홍보
	– 주의 획득
	– 반복하고 긍정적 측
	  면 부각
	– 개인의 필요에 호소
		포스터 부착
		현관 게시
		신문기사 소개
		이메일
		혁신프로그램 공모
		스티커 부착

2. 호기심
– 자기 관점 관심사/
  호기심
– 자신에 대한 궁금증
	2. 구체적으로 알림
	– 상대방에게 질문/
	  답변
	– 적절한 정보제공
		20가지 예상질문 답변서 작성
		혁신활동결과에 대한 팸플릿 제작
		저명인사 강연
		혁신대상자 중 존경도가 높은 사람
		들과 비공식 회의
		변화의 주요 특징을 시리즈화
		부서미팅 시 혁신 Q&A 추가

3. 가시성
– 혁신과 직무와의 적
  합성
– 직무관점에서의 관
  심사
– 과제/직무 영향도
  궁금증
	3. 보기
	– 행동으로 형식을 보
	  여줌
	– 성공사례 제시
	– 성공 수행대상/네트
	  워크
		성공사례를 만든 곳 방문
		영상물로 증거 제시
		성공사례, 인쇄/배포
		상대나 전문가에 의한 공식 설명
		대상간의 화상회의

4. 시도
– 혁신의 용도에 대한
  의견
– 사용 방법에 대한
  관심
– 부서/조직 영향도
  궁금증
	4. 활용
	– 필요 정보제공
	– 지식 습득 기회 제
	  공
	– 바람직한 결과 산출
		신기술에 대한 교육
		적절한 기사의 배포

5. 활용	5. 지원	현장 전문가 할당
− 직무에 대해 혁신을 활용	− 상대와 접점 유지 (소통채널로 활용)	E-mail에 전문가 활용
− 구체적인 전문가의 도움	− 기술적 도움 제공	Hot Line에 의한 컨설팅 써비스
− 혁신에 대한 제안	− 보상/강화	혁신 대상간 네트워크
		Trouble Shooting식 가이드 제공
		성공사례 사보 게재
		부서미팅 시 상사의 공개적 인정

[5단계] 변화의 지속Making Change Last

CAP 추진을 통해 활동이 가시화되고 있다면 이러한 변화와 혁신의 동력을 장기적, 가시적, 통합적으로 지속시키려는 노력이 필요하다. 즉 지속성을 담보하기 위해서는 변화와 혁신에 대한 공개적 참여를 보여주는 방식으로 행동이 이루어져야 한다. 또한 조직 간의 학습을 전이해야 하고, 작은 실험들을 많이 경험할 수 있도록 지원해주어야 한다. 그리고 변화와 혁신을 지원하는 상징, 언어, 문화를 구축함과 동시에, 조직 전체에 걸쳐 적극적인 참여가 권장되고 권한이 위양된 리더십을 확보할 수 있도록 장려해야 한다. 만약에 어떤 하나의 변화라도 발생하면 전 사업 운영과정에 통합할 수 있도록 해야 한다.

CAP을 통한 변화와 혁신을 지속시키기 위해서는 다음의 여섯 가지가 필요하다. 초기 성공, 참여의식, 열정, 지원, 통합, 경험을 통한 학습이 바로 그것이다. 이렇듯 중요한 요소들의 지속성을 확보하기 위해서 점검해야 할 사항은 [표 25]에 나와 있다.

이 단계를 진행하는데 있어서 가장 많이 범하는 오류는 변화와 혁신의 노력을 단지 과제로만 여긴다는 것이다. 결과를 프로세스로 제도화하지 않는다면 사상누각^{砂上樓閣}에 불과할 것이다. 또한 자주 목격되는 것 중의 하나가 변화와 혁신의 노력과 에너지가 이런 저런 이유로 다른 프로젝트로 이관되면 바로 냉담해지는 것이다. 이관이 제대로 안 되었거나 조직의 업무로 내재화가 안 되었기 때문이다. "우리도 이미 다 해본 것들이야", "우리는 독특하기 때문에 그것은 우리에게 맞지 않아"라는 식의 반응도 종종 볼 수 있는 안 좋은 징후 중의 하나이다.

단번에 모든 것을 다 하려고 하다보니 어느 하나도 제대로 진행되지 않는다거나 어디서부터 시작해야 할지 잘 모르는 경우도 종종 목격된다. 어떤 경우에는 행동으로 들어가기 전에 '완벽한' 해결방안을 찾고자 기다리는 어처구니없는 경우도 있다. 활동에 필요한 자원을 얻을 수 없거나 결과가 아닌 활동 그 자체에 초점을 맞추는 경우, 지속성을 담보하기 어렵게 되기는 마찬가지이다.

[표 25] 변화와 혁신을 지속시키기 위한 체크리스트

요소	주요 점검 포인트
초기 성공	● 타부서, 타지역에 초기 성공체험이 전파되고 있는가? ● 프로젝트의 실행계획에 초기 성공을 위한 조건을 반영하였는가? ● 초기 성공 또는 성과가 보다 크고 장기적인 성과와 연결되었는가?
참여의식	● 가시적이고 영향력 있는 스폰서의 지원이 지속되고 있는가? ● 실행조직은 계속적인 열정을 지니고 있는가? (모든 사람들이 프로젝트가 중요하다고 하는 인식을 갖고 있는가?) ● 충분한 자원이 계속 지원되고 있는가? ● 납기가 준수되고 있는가?(프로젝트 완료 시점이 임의로 지연되거나 구성원들이 다른 작업에 노력을 빼앗기고 있지 않은가?)

열정	● 프로젝트팀이 프로젝트에 대한 열정을 가시적으로 나타내는가?
	● 후원자는 높은 수준의 개인적인 열정을 유지하고 있는가?
	● 열정은 말과 행동을 통하여 널리 전달되고 있는가?
지원	● 프로젝트 전 과정을 통해 적절히 이용할 수 있는 자원이 있는가?
	● 새로운 자원에 대한 요구가 시기적절하게 정의되고 있는가?
	● 자원할당에 관한 의사결정이 프로젝트 전 과정을 효과적으로 지원하고 있는가?
통합	● 프로젝트의 노력이 다른 조직과제와 잘 통합되었는가?
	● 다른 조직과제와의 관련성을 알리려는 노력이 있는가?
	● 혁신활동의 결과가 조직구조나 시스템에 주는 영향에 대해 프로젝트팀원들은 충분히 관심을 갖고 있는가?
경험을 통한 학습	● 일신 우일신(日新 又日新) 인가?
	● 혁신활동으로 얻은 경험과 우수사례는 타부분에 전파되었는가?
	● 혁신활동에 참여함으로써 능력이 신장되고 혁신의 리더가 되기에 충분한가?

[6단계] 모니터링 Monitoring Progress

변화와 혁신의 실행단계별 노력의 결과가 지속적으로 확인되고 공유됨으로써 변화에 대한 책임을 견지하도록 하기 위해서는 모니터링이 필수적이다. 모니터링을 효과적으로 수행하기 위한 기초 작업은 프로젝트의 초기 단계에서부터 이루어져야 한다. 효과적인 모니터링을 위해서는 다음 사항을 미리 점검해봐야 한다. [표 26]과 같은 양식을 활용하면 더욱 효과적이다.

● 목표는 구체적이고 측정 가능한 용어로 기술되었는가?

● 목표는 관찰 가능한가?

● 이정표 Milestone 는 이해하기 쉽고 동의할 수 있는 것인가?

[표 26] 모니터링 양식 사례

모니터링 대상		모니터링 방법			담당자	긴급상황 계획		피드백 채널
대항목	소항목	지표	주기	방법		예방	발생시	

- 기대성과는 조직 및 혁신의 목적과 연계되어 있는가?
- 이해관계자 모두가 성과를 볼 수 있는가?
- 개인과 팀 모두가 결과에 책임을 지고 있는가?
- 진척상황을 보여줄 데이터는 파악할 수 있는가?
- 데이터 수집을 위한 새로운 방법이 있는가?
- 정확한 최신 데이터를 현장으로부터 얻을 수 있는가?
- 만약 CAP 프로젝트가 성공한다면, 우리는 어떠한 변화를 보고 싶어 하는가? 그리고 기존의 어떤 자료들을 통해서 이러한 변화를 파악할 것인가?
- 진척상황을 모니터링 하기 위해 우리가 추가적으로 어떤 자료들을 확보할 수 있는기?
- 프로젝트의 진척상황을 비교할 수 있는 '통제집단'이 있는가? 즉, 우리 프로젝트의 경우 혁신활동에 영향을 받는 조직집단과 아직 영향을 받지 않은 조직집단을 비교함으로써 진척상황을

모니터링 하는 방식으로 진행될 수 있는가?

- 진척상황을 어떻게 모니터링 할 것인가?
- 구체적으로 누구에게 물어보아야 하고, 누구에게 들어야 하며, 누가 무엇을 해야만 할까?

이 과정에서 흔히 발생하는 오류 중의 하나는 성공여부를 측정할 도구나 방법이 없기 때문에 진척상황을 모니터링 할 지표가 없을 수도 있다는 것이다. 혁신을 사업성과와 연결시키지 않기 때문에 발생하는 오류일 수 있다.

또한 경영층에서는 사업성과가 빨리 나오기를 원할 뿐 아니라 변화와 혁신 활동에 투입될 필요가 있는 노력의 양을 너무 조급하게 판단하고 결정하는 우를 범할 수도 있다. 이렇게 되면 모니터링 자체가 의미 없게 된다.

어떠한 변화와 혁신을 위한 활동을 한다고 치자. 간혹 어떤 추진자들은 이 혁신 활동이 목표로 하고 있는 일에만 영향을 미친다고 생각하는데 큰 오산이다. 우리는 혁신활동으로 인해 예상하지 않은 결과가 나올 수 있음을 항상 유념해야 한다. 좌우상하를 면밀히 살펴보는 지혜가 필요하다.

[7단계] 시스템 및 조직의 변화 Changing systems/structures

CAP의 마지막은 시스템 및 조직을 변화시키는 단계이다. 이 단계를 제대로 운영하기 위해서는 새로운 변화와 혁신의 결과물을 가능한 한 신속히 '정상적인 업무'로 만들기 위해 먼저 조직의 어느 국면까지 혁신할 필요가 있는지 살펴볼 필요가 있다. 조직 구성원들에게 변화와 혁신에 대한 계속적인 지원을 끌어내려면 책임과 권한을 명확히 해야 한다.

누가 개별적 혁신과 전반적 혁신을 추진할 책임을 지는지, 일정계획은 수립했는지, 설정된 변화와 혁신의 목표를 달성하기 위해 사용되는 주요 행동, 활동, 개입 등은 어떤 것들이 있는지 등을 구체화시켜야 한다. 이렇게 일정계획과 목표가 수립되면 진척도 파악의 수단과 보고체계에 대해 고민해야 한다. 아울러 조직 구성원들에게 지속적으로 알려줄 수 있는 방법은 어떤 것이 있을 수 있는지를 미리 설정하고 있어야 한다.

성과에 대한 평가 및 보상방안도 사전에 검토하는 게 좋다. 변화와 혁신의 지속성을 담보하기 위해서는 아무래도 보상 및 유인책이 필요하다. 표준화 관점에서는 어떤 새로운 장비, 절차, 지침서, 교육훈련, 작업방법 등이 변화와 혁신을 지원하기 위해서 필요한지 검토되어야 한다. 그리고 시스템과 업무구조의 개정이나 수정의 방법을 표준 문서화하여 지속적인 유지관리가 될 수 있도록 해야 한다.

마지막으로 살펴볼 항목은 '커뮤니케이션'이다. 이 부분은 매우 중요하기 때문에 별도의 장에서 다루기로 한다. 여기에서는 CAP 추진과 관련하여 커뮤니케이션 목적과 채널을 어떻게 조합하면 업무를 추진하는데 효율적인지 고민하는 차원에서 양식을 제공하고자 한다. 이 표에서 목적을 CAP 추진단계로 설정해도 좋을 것이다.

[표 27] 커뮤니케이션 목적과 채널의 조합

목적 채널		정보 제공 불확실 감소	혁신 설득 여론 변화	대안 평가 및 결정	권한 위양
문서	회람				
	게시판				
	메모				
	기타				
구두	전체 미팅				
	스태프 미팅				
	운영자 미팅				
	1:1 미팅				
	기타				
사외	사외 회합				
	기자 회견				
	기타				

9. 혁신의 생태학적 변화관리 추진 모델

이 외에도 다양한 변화관리 모델이 있겠지만 이러한 모델이 추구하는 핵심 메시지는 '실천'하는 변화와 혁신이 아닐까 싶다. 아무리 좋은 모델일지라도 그 회사의 혁신 수단으로 공감대가 형성되지 않고 임직원이 이러한 활동의 존재조차 모르고 있다면 하나마나한 활동이 되고 마는 것이다. 어떤 모델이 각 회사에 가장 적합하든 하지 않든 일단 하자고 선언을 했다면 바로 실행계획을 설정하고 하나하나 챙겨나가는 게 바람직하다.

GE, 얼라이드시그널 그리고 하니웰 등 경영혁신을 논할 때 반드시 언급되는 기업들에서 CEO를 역임한 래리 보시디는 하버드 경영대학원 교수인 램 차란과 같이 쓴 《실행에 집중하라》를 통해 '실행'의 중요성을 강조하면서 아무리 좋은 경영혁신 아이디어라도 구체적인 실행으로 연계되어야 창조적인 아이디어가 그 빛을 발한다고 강조하고 있다. 변화관리의 최종 결과는 '행동의 변화'로 이어져야 한다는 필자의 생각과 일치하는 견해이다.

또한 국내 대기업에서는 회의/보고/지시 문화의 중요성을 지속적으로 강조하고 있다. 필자가 다녔던 곳은 물론이거니와, 최근에 컨설팅을 하고 있는 업체에서도 스마트워크의 일환으로 이 세 가지를 핵심적으로 강조하고 있다. 조직 생활을 하는 데 있어서 가장 기본적이면서 또한 가장 빈번히 접하게 되는 이 세 가지 '행위'와 관련된 실제적인 변화 없이 진정한 변화란 요원할 수밖에 없다는 의미일 것이다.

학계에서는 주로 기업에서의 변화관리 사례를 소개하는 정도의 수준에 그치거나 설문조사 등을 통하여 몇몇 변수들이 변화관리 활동에 미치는 영향도를 측정하는 논문들이 주를 이루고 있다.[31] 또한 기업 사례는 기업 내의 은밀한 부분을 다루는 일이기도 하거니와 밖으로 잘 드러내지 않으려는 성향이 있기 때문에 변화관리와 관련하여 많은 부분을 포착할 수는 없는 실정이다.

이에 필자는 국내 대기업에서의 실무 경험과 위에서 제시한 변화관리 분야의 다양한 이론을 검토하고, 다음 페이지의 [그림 10]과 같이 변화관리 추진 모델을 제시하고자 한다. 이 모델은 앞서 제시한 변화관리의 대가들이 제시한 단계적 접근보다는 변화관리를 추진하는 전반적인 단계를 통해서 반드시 갖추어야 할 사항들을 통합적, 포괄적으로 정리한 것이다.

여러 가지 맥락에서 해석이 가능하지만 '왜' 해야만 하는지, '무엇'을 대상으로 할 것인지, 그리고 '어떻게' 추진하는 게 가장 효율적인지를 담고자 하였다. 예를 들면 앞서 예로 든 다양한 모델들의 각 단계에서 필요한 리더십, 홍보방안, 소통방식, 회의/보고/지시의 방식 등의 전개가 필자가 주장하고자 하는 실질적인 변화관리의 추진 모델이다. 향후 현업에서 실제로 변화관리를 실행하는 데 많은 쓸모가 있기를 바라는 바이다.

여기서 '왜 변화관리를 추진하는가?Why to do'는 '인지'의 변화, '태도'의 변화, 그리고 그 결과로서 나타나는 개인 및 조직의 '행동'의 변화를 의미한다. 변화관리가 실패하는 이유는 조직 구성원의 업무하는 방식, 행동하는 양식, 그들의 태도나 마음의 자세가 바뀌지 않았기 때문이다.[32] 따라서 이에 대한 구체적인 논의가 필요한 것이다.

여기서 제시하는 인지-태도-행동의 변화는 일반적으로 조직행동론에서 여러분이 볼 수 있는 내용을 보다 단순화한 체계라고 할 수 있다. 또한 필자의 다양한 현장경험과 최근의 심리학적 사례를 적극적으로 흡수하여 독자 여러분이 보다 쉽게 이해를 할 수 있도록 구성하였다.

다년 간의 경영혁신 활동 결과를 종합, 정리해보면 위의 3단계 변화 패턴은 왜 우리가 변화를 관리해야 하는지를 정확히 표현한 것이라고 생각하는 바이다. 왜 우리가 변화관리를 해야 하는지에 대한 답변으로서 개인 또는 조직이 역량을 강화하고 이를 토대로 경영혁신

[그림 10] 혁신의 생태학적 변화관리 추진 모델

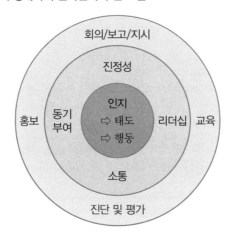

의 성과를 확보하기 위해서는 인지-태도-행동의 변화를 꾀하는 게 타당하다고 말하고 싶고, 이를 변화관리 추진 모델의 핵심으로 삼고자 한다. 이에 대한 명확한 정의가 되어야 무엇을, 어떻게 할 것인가에 대한 답변을 할 수가 있는 것이다.

한편, '무엇을 할 것인가?What to do'에 대해서는 그 대상이 되는 개념에 대해서 여러 가지 고려해야 할 것들이 있지만 대표적으로 '진정성', '동기부여', '소통', 그리고 '리더십'이라는 네 가지 항목이 집중적으로 탐구되어야 할 가장 핵심적인 변화관리의 중심 테마라고 생각한다. 각각의 의미와 상호관계 그리고 실제 현장에서 어떻게 작용하는지 등의 자세한 논의는 하나하나 풀어나가기로 하자. 이 중 '리더십'은 내용이 워낙 방대하고 또한 좀 더 깊이 있게 다룰 필요가 있는 주제이다. 따라서 '혁신의 생태학 시리즈' 중 혁신전략의 수립이나 문제해결과 관련된 주제에서 집중적으로 다룰 예정이다. 다만 요즘 많이 회자되고 있는 '진정성 리더십'은 진정성을 다루는 제6장에서 여러분과 함께 의미를 공유하는 시간을 갖도록 하겠다.

마지막으로 '어떻게 할 것인가?How to do'는 주로 실천적인 측면에서 많이 언급되는 홍보, 교육, 회의/보고/지시, 그리고 성과의 평가 등에 대해서 다루고자 한다. 현업에서는 활용도, 즉 '어떻게 자사에 맞게 적용할 것인가', '어떻게 하면 이를 업무에 자연스럽게 흡수할 것인가'가 관심의 대상이 된다. 이러한 의문에 대한 개별적인 해결책이나 정답이 될 수는 없겠지만, 큰 틀에서 본다면 아마도 이 책에서 제시하는 것들이 적절한 해법이 아닐까 한다.

특히 회의/보고/지시와 관련된 조직문화나 변화관리의 성과를 평가한다는 것은 그동안의 변화관리 관련 책이나 논문에서는 다루지 않았던 영역이지만 기업 활동에 있어서 핵심 동력원으로 작용하기 때문에 반드시 다루어져야 하는 항목이라고 생각한다. 따라서 관련된 내용을 기업에서 바로 적용할 수 있도록 다양한 사례를 이론과 곁들여 소개하고자 한다. 또한 갈등, 몰입, 보상, 포상 등의 주제는 별도로 다루지 않고 여기서 언급되고 있는 'Why to do', 'What to do', 그리고 'How to do' 등 세 가지 부문의 하부 단위에서 필요 시 추진 사례와 이론적 배경을 제시하도록 하겠다.

아쉽지만 '진단 및 평가'에 대한 논의도 혁신의 생태학을 준비하면서 따로 다루는 게 타당하다는 판단이 들어서 별도의 책으로 독자 여러분과 만나도록 하겠다.

제5장

인지, 태도, 행동의 변화

'남의 집 잔치 구경하듯' 방관하고 있는 구성원들로 가득찬 조직에 '연말 보너스 잔치'는 결코 있을 수 없다. 기업들이 성공적인 변화를 열망하지만, 잘 안 되는 이유는 무엇보다 조직 구성원들을 변화에 참여시키지 못하는 데 있다. 구성원들이 '한번 해보자'는 정신 자세로 적극적으로 변화에 참여하도록 유도해야 하는데 이에 실패한 것이다.[1] 조직을 변화시킨다는 것은 드라마에서 보이는 것처럼 최고경영진의 의지만으로 이루어질 수 없다. 현장에서 실제 업무를 수행하고 있는 구성원 개개인의 업무 스타일과 행동양식, 그리고 태도와 자세가 바뀔 때 비로소 조직이 서서히 변하는 것이다.

1. 인지Cognition, Perception의 변화

해마다 새해가 되면 기업들은 신년사를 발표하고 그 해의 사업 목표를 밝히게 된다. 2012년 1월에 발간된 〈동아 비즈니스 리뷰〉 97호에서는 2012년 재계 신년사를 심층적으로 분석하고 있다.[2] 기업 총수나 최고경영자들은 신년사를 통해 저마다의 경영 철학과 비전을 읽고 각 기업이 나아가야 할 방향을 제시하고 있는 것이다. 찬찬히 살펴보면 변화와 혁신을 내세우지 않는 기업을 찾아볼 수 없다. 특히 조직 구성원들에 대한 관심은 남다르게 다가온다. 물론 외부 고객이 중요하지만 내부 고객인 조직 구성원의 행복과 실력 향상이 곧 변화와 혁신의 성장 동력이라는 시대정신을 읽고 있는 기업이 다수 있음을 알 수 있다. 내부 직원의 만족과 행복을 높이는 것이 일의 몰입을 낳고 이는 연쇄적으로 창의적 아이디어 기반의 신제품, 신기술의 탄생의 초석이 될 것이다.

또한 인터넷 신문인 〈뉴스핌〉에서는 원고지 230매 분량, 약 4만 6000자에 해당하는 대기업 총수 또는 최고경영자들의 2015년 신년사를 분석하였다.[3] 여기에서도 '변화(41회)'와 '혁신(51회)'은 40회 이상 언급된 주요 키워드로 자리매김하고 있다. 이 인터넷 신문은 이와 더불어 주요 최고경영자들의 의지와 각오를 다음과 같이 전하고 있다.

권오현 삼성전자 부회장은 신년사에서 "올 한 해 새롭게 도전하고 변화해야 한다"며 "새로운 수요를 적극 창출하자"고 말했다. 스마트폰의 부진으로 인한 지난 해 어닝쇼크를 극복하기 위해 새로운 경영 전략을 구상하고 있음을 시사한 것이다.

정지선 현대백화점 그룹 회장은 "100년 이상 장수한 글로벌 기업의 생존 비결은 끊임없이 사업 포트폴리오의 변신을 시도한 것"이라며 "과감한 변화와 혁신으로 새로운 성장동력을 확보해나가자"고 말했다.

'위기'도 핵심 키워드인데 최고경영자들은 하나같이 이러한 위기를 '변화'의 기회로 삼자고 강조하고 있다. 권오갑 현대중공업 사장은 "이럴 때일수록 변화하는 현실을 제대로 인식하여야 한다"며 "위기극복의 의지 없이는 생존이 보장되지 않는다는 결연한 각오를 다져야 한다"고 말했다." 또한 김준기 동부그룹 회장은 "위기에 침착하게 대응해야 한다"며 "경영핵심 문제들을 신속히 해결하며 사업구조조정을 차질 없이 추진하고 현금유동성 창출에 최선을 다해야 한다"고 밝혔다." 이는 위기를 위험으로만 받아들이지 말고 절호의 기회로 삼자는 굳은 의지의 표현인 것이다.

이처럼 주요 기업들의 신년사에 나타난 경영 키워드를 보면 예년과 마찬가지로 변화와 혁신이 지속적으로 강조되고 있고, 경영자 입장에서는 지겨울 정도로 반복해서 변화와 혁신을 이야기하지만 구성원들은 좀처럼 잘 따라오지 않는 경향이 있다.[4] 인식의 문제인 것이다. 인지를 못하는 것이다. 구성원들은 경영자들이 느끼는 만큼 위기의식을 느끼지 못하는 것이다. 이를 정치적 관점 또는 노동자의 관점에서 보자면 다양한 해석이 가능하겠지만, 현재의 경영상태를 거시적으로 바라보는 경영자와 사원 간의 견해 차이는 작지 않다고 볼수 있다.

그렇지만 꼭 이렇게 인식의 차이가 크다고 볼 수도 없다. 내가 만나본 다양한 업종의 사람들은 변화와 혁신의 필요성에 대해서는 대부분 공감하고 있다. 하지만 '변화를 위해 노력해봐야 별반 달라지지 않을 것이다'라든지, '굳이 노력해봐야 나에게 돌아오는 것은 없다'는 식의 마음이 저변에 깔려 있기 때문에 쉽사리 마음의 문을 안 열려고 하는 것이고, 이는 변화와 혁신의 주요한 걸림돌로 작용하는 경우가 많다.

여기 또 다른 길이 있다. 페이스북 창업자 마크 주커버그는 2015년 새해 계획으로 '독서'를 꼽아 화제가 되고 있다. 그러면서 모이세스 나임의 《권력의 종말》, 우리에게는 《빈 서판》으로 유명한 하버드대학교 심리학 교수인 스티븐 핑커의 《우리 본성의 선한 천사》 등을 제시하고, 페이스북에 페이지를 개설해 친구들과 지속적으로 토론하겠다고 선언을 하였다. 우리나라 최고경영자 중에서도 독서 경영을 말하는 분들은 있지만 이렇게 새해 경영의 화두로 독서를 내놓기는 쉽지 않을 듯하다.

최근 한국의 경영계에는 인문학 열풍이 수그러들지 않고 있다. 고전 다시보기, 심리학이나 뇌과학의 접목 등과 같이 인간을 중심으로 하는 분야의 관심이 높아지면서 그에 많은 영향을 미치는 인지심리, 혹은 인지과학의 중요성이 부각되고 있는 것이 사실이다. 산업현장이나 공공기관에서 다루어지는 경영혁신과 변화관리 역시 복합적이고도 고도의 두뇌활동을 필요로 하는 전문영역으로서 상당히 종합적인 인지활동을 하는 분야라고 말할 수 있다. 인간의 행동 안에서 인지의 역할은 적응행동의 한 단계이다. 즉 직접적인 행동은 하지 않지만 행동을 이끌어내는 준비과정이자 유발과정이라고 할 수 있으며, 경영혁신의 측면에서 봤을 때에는 변화를 하게끔 충동을 일으키는 심리적 단계라고 할 수 있을 것이다.

국어사전에서는 '인지'를 다음과 같이 정의하고 있다.

① 어떤 사실을 인정해서 앎. ② (법률) 혼인 외의 출생자를 친아버지나 친어머니가 자기의 자녀임을 확인하는 일. ③ (심리) 자극을 받아들이고, 저장하고, 인출하는 일련의 정신 과정. 인식認識.

즉 인지한다는 것은 무엇을 아는 것, 알아가는 과정을 말하는 것이다. 인지심리에서는 이를 지식의 습득이라고 간단히 정의하기도 한다. 이 책에서는 특히 심리학적 기제인 자극을 받아들이고, 저장하고, 인출하는 조직 구성원의 '정신적 과정'에 초점을 맞추고 논의를 진행해 나가고자 한다. 왜냐하면 지식의 습득과 사용에는 많은 정신적 기능들이 포함되기 때문이다. 인지심리학자들에 의하면 주의, 기억, 시각적 심상, 언어, 문제해결 그리고 결정짓기 등이 이러한 정신적 기능에 포함된다고 할 수 있다.[5]

이러한 심리학적 요소들은 고스란히 조직 활동에 반영된다. 특히 이 책의 주제인 변화관리라는 관점에서 보자면 코터의 8단계 모델에서 첫 번째 단계인 '위기감을 조성'하는 단계가 곧 변화를 인지하는 단계이다. 아니면 바로 그 전 단계에 해당하는 조직 구성원의 인식 과정이 곧 '인지'의 단계라 할 수도 있다. 변화의 필요성을 '인식'하는 단계인 것이다.

1) 인지에 대한 분석 및 연구의 역사

인지에 대한 분석 및 연구는 심리학의 출현 훨씬 이전에 철학자들로부터 시작되었다. 우리가 익히 알고 있는 그리스의 아리스토텔레스와 플라톤 그리고 16세기 이후의 유명한 서양 철학자들인 데카르트, 로크, 그리고 칸트는 '인식'을 그들의 철학적 주제로 삼아왔다.[6] 아리스토텔레스는 타당한 지식이 '감각'을 통해 얻어지는 것으로 믿었다. 고대의 철학자들은 인간의 감각을 '영혼의 창'이라고 했고, 아리스토텔레스는 적어도 다섯 가지 감각인 시각, 청각, 후각, 미각,

촉각을 열거했다. 오늘날에는 이에 더하여 운동감각과 균형감각 그리고 평형감각도 감각의 목록에 포함하고 있다.

대개 인간의 적응은 환경에 효율적으로 대처하기 위해 스스로를 변화시키는 것이지만, 환경을 변화시키거나 새로운 환경을 찾는 것을 의미할 수도 있다. 효과적인 적응은 지각, 학습, 기억, 추론, 문제 해결 등의 여러 인지 과정에 의존한다. 따라서 지능의 정의에서 주로 강조되는 부분들은 그것이 인지 즉 정신 과정 자체가 아니라 효과적인 적응을 위해 이 과정들을 선택적으로 조합한 것이라는 점이다. 지능은 하나의 능력이 아니라 많은 능력을 효과적으로 모으는 것이다.[7] 아리스토텔레스에 의해 제창된 연합주의Associationism라는 서양의 지적 전통은 이렇게 시작되고 있다.

한편 플라톤을 위시한 많은 철학자들은 시각이나 촉각 등에 의해 얻어지는 지식은 왜곡되거나 환상의 결과일 수 있기 때문에 이러한 지식을 배격의 대상으로 삼기도 했다. 지식이 감각을 통해서 획득된다는 그들의 사상은 이후 경험론Empiricism이라는 철학적 사조의 핵심 배경이 되었으며, 현대에 와서는 일부 심리학적 입장을 지배해왔다. 아리스토텔레스의 연합주의는 이후 인지심리학에 크게 영향을 미치고 있다. 오늘날 컴퓨터 인지모형으로 꽃을 피우고 있는 기계론적 사고는 프랑스의 철학자이자 수학자, 물리학자, 생리학자인 르네 데카르트로부터 시작된다. 그는 신체적 기능(예컨대 소화와 혈액순환 등)뿐만 아니라 인지적 활동(예컨대 감각과 기억 등)을 기계적으로 분석한 최초의 인물이다. 이렇게 함으로써 데카르트는 인지과정을 과학의 영역으로 끌어들였다.

이와는 달리 영국에서 태어난 존 로크는 마음이란 태어날 때는 빈 서판Tabula Rasa과 같으며, 그 위에 경험이 기록된다고 믿었다. 지식은 본유관념이 아니라 경험으로부터 도출된다는 것이다. 단순관념은 기본적이고 분석이 불가능하며, 둥글거나, 붉거나, 달콤함 같은 관념이다. 단순관념들이 결합 또는 연합되어 복합관념을 이룬다. 예컨대 우리가 '사과'라고 하는 복합관념은 특히 둥글다, 붉다, 달다는 단순관념으로 구성된다는 것이다. 지식은 경험에 기초하고, 복합관념은 연합된 단순관념들의 복합체라는 그의 주장은 영국 연합주의의 기원이 된다.[8]

인간이 어떤 사물의 본질을 파악하거나 사실의 개념을 받아들이려면 인간의 감각을 통해서 우선 인식되어야 한다. 또한 인간의 측정작용이 시각적이기 때문에 우리들 사상의 전달과 우리가 듣는 것을 이해하는 것은 대부분 시각화로 이루어진다. 이를 뒷받침하는 통계자료가 있다. 어떤 통계에 의하면 미각으로는 1%, 촉각으로는 2%를 후각으로는 4%를, 청각으로는 10%를, 그리고 시각을 통해서는 83%를 감지할 수가 있다는 것이다.[9] 코터가 강조하다시피 심리학적인 관점에서 봤을 때, 변화와 혁신을 위해서는 일단 '보고', '느끼고', 그 다음에 '변화'를 추구한다는 것은 어찌 보면 당연한 여정인 것이다.

2) 경영혁신이 묻고 심리학이 답하다

모든 선택 뒤에는 결정의 틀을 만드는데 도움이 되는 무의식적인 방법이 있는데 이는 흔히 '발견법Heuristics 또는 어림짐작법'이라고 부른다. 사람의 정신 속에는 '만일 ~라면, 그때는 ~한다'라는 경험에 바탕을 둔 어림짐작이 저장되어 있다가 특정한 맥락 속에서 활성화된다. 이것은 적절한 환경에서 불쑥 튀어나와 문제를 해결한다.[10]

이와 관련하여 이 책에서는 인지심리학, 행동경제학 등에서 자주 접할 수 있는 주요 개념을 몇 가지 소개하고자 한다. 서울대 최인철 교수의《프레임》이나, 노벨 경제학상을 수상한 심리학자인 대니얼 카너먼의《생각에 관한 생각》등의 책을 통해 소개되고, 로버트 치알디니의《설득의 심리학》, 댄 애리얼리의《상식 밖의 경제학》등을 통해 현실에서 적용되었던 다수의 사례가 알려지면서 우리에게도 이제는 낯익은 개념이 되었다.

조직에서 일어나는 경영혁신 활동도 예외가 아니다. 기업 경영을 하는 데 있어서, 특히 변화와 혁신을 추구하는 데 있어서 반드시 짚고 넘어가야 할 필요성이 있다. 이제는 경영혁신 활동에서 근원적인 질문이 있다면 그에 대한 대답을 여기에서 찾아야 한다. 그것도 변화의 본질(왜 해야 하는가?)에 해당하는 인지-태도-행동의 변화를 이해하기 위해서는 꼭 필요한 과정이라고 생각한다.

3) 프레이밍 효과 Framing Effect

심리학자이자 행동경제학자 아모스 트버스키와 대니얼 카너먼의 연구는 의사결정에 있어 전통적인 이성적 선택이 설명하지 못하던 것을 설명하는 새로운 이론이 필요함을 보여주었고, 그들의 생각은 이성적 선택 이론의 대안으로서 전망이론 Prospect Theory으로 발전하였다. 그들은 1981년 연구에서 같은 문제를 다른 방식으로 제시했을 때 다르게 해석되는 점을 극명하게 보여줌으로써 심리학뿐만 아니라 경제학의 사고에 커다란 전환점을 제공하였다. 프레이밍 효과란 모든 의사 결정은 특정한 언어적 맥락 안에 갇힌 상태에서 이루어진다는 의미를 담고 있다. 프레이밍은 어떤 사건을 이해하거나 반응하기 위하여 전형적 기억 등을 바탕으로 그 사건을 해석하기 위한 뜻을 형성하는 행동을 뜻한다. 즉 '의사결정자의 어떤 특정한 선택에 따른 행동, 결과 그리고 만일의 경우까지 고려하는 이해'라고 정의할 수 있는 것이다.[11] 심리학이나 행동경제학에서는 일반적으로 위험이 있는 인지된 이득과 손해를 다르게 생각하는 일반적인 경향이라고 보고 있다. 이렇듯 문제의 표현 방식에 따라 동일한 사건이나 상황임에도 불구하고 개인의 의사결정은 달라질 수가 있는 것이다.

이때 제공되는 인식의 틀을 '프레임'이라고 하고, 이 틀은 정보를 제공받은 자의 의사결정에 영향을 미치게 된다. 인간은 일생에 걸쳐 정신적, 감정적 이해를 위한 틀이 형성되는데 이러한 틀은 세상을 이해하는데 사용되고 사람이 어떤 결정을 하는데 영향을 주게 된다. 이 효과는 정치, 경제, 사회 전 분야에 접목되어 널리 사용될 수 있다. 우리나라에서는 〈나는 꼼수다〉라는 팟캐스트를 통해 '프레임'이라는 용어가 정치적, 사회적 문제를 해석하는데 본격적으로 사용된 것으로 보인다.

예를 들어보자. 의사가 환자들에게 수술 실패율이 15퍼센트라고 이야기하면 환자들은 수술을 기피하지만 성공률이 85퍼센트라고 이야기하면 수술을 받아들이는 경향이 있다면 이것이 바로 프레이밍 효과인 것이다. 또 하나 예를 들어보자. 대형 마트 같은 곳에서 고객은 자기가 좋아하는 과자가 진열대에 놓여 있으면 한두 개를 집어서

카트에 넣는다. 그런데 만일 '고객 1인당 10개 한정'이라고 써놓으면 너댓 개를 카트에 쓸어 담게 될 수도 있다는 것이다.[12]

듀크대학교의 심리학자인 댄 애리얼리 교수는 학생들에게 사회보장번호의 마지막 두 자릿수를 적으라고 한 뒤에 여러 제품의 입찰 가격을 적어보라고 했다 번호가 80에서 99로 높은 학생들은 평균 57달러를 적었고, 번호가 1에서 20으로 낮은 학생들은 평균 16달러를 적었다. 전자가 후자보다 216~346퍼센트 높은 가격으로 입찰했는데, 이것은 각자의 사회보장번호를 하나의 기준 틀(프레임)로 사용했기 때문이다.[13] 다음 예를 곰곰이 생각해보자. 물이 절반가량 들어 있는 컵을 보고 갑이라는 사람은 '절반밖에 안 남았다'고 하고, 을이라는 사람은 '절반씩이나 남았다'고 하는 것이다. 갑과 을이 동일한 상황을 보고 다른 판단을 하는 이유는 두 사람이 갖고 있는 '생각의 틀'이 다르기 때문이다. 변화와 혁신을 조직에 심어나가는 데 있어서도 마찬가지이다. 현상의 부정적인 측면을 보는 사람이 50% 이상일 경우 변화에 대한 저항은 커지고 오래 가게 되는 것은 어쩌면 자명한 일인지 모르겠다. 따라서 변화와 혁신의 초기에 지속적으로 위기감을 조성하고 혁신의 중요성을 강조할 필요가 있는 것이다.

다음 신문기사는 어떤가?[14] 기사 내용을 한 번 보도록 하자.

조선일보가 여론조사기관 미디어리서치에 의뢰한 세월호 관련 여론조사 문항이 편향적이고 불공정한 내용으로 채워졌다는 비판이 나오고 있다. (중략) 결국 세월호 유족들의 요구가 부적절하고 야당 역시 무리한 방식으로 세월호 정국을 이끌고 있다는 결론이 나온다. 하지만 조선일보의 여론조사 문항 전체를 살펴보면 야권에 비판적인 답변을 유도하도록 효과를 줄 수 있는 내용과 질문 순서를 배치했다는 지적이 나오고 있다. (중략) 전문가들은 조선일보 여론조사가 "객관성을 이미 상실한 질문으로 시작해 정치 편향적인 질문으로 끝을 맺었다"고 지적하고 있다. (중략) 질문 순서 배치를 조정하고 문항 표현을 바꿀 경우 다른 데이터 결과가 나올 것이라는 반론이 나오는 이유다.

조선일보의 기사를 비판하면서 〈미디어 오늘〉이라는 인터넷 매체에서는 조선일보에서 프레이밍 효과를 설문조사하는 데 악용했다고 보도하고 있다. 요즈음 우리나라의 정치적, 사회적 문제를 볼 때 항상 그 이면을 염두에 두어야 하는 이유가 바로 여기에 있다. 그렇지 않고 기사를 곧이곧대로 믿게 되면 왜곡된 진실과 접하는 경우가 종종 있게 된다. 다음의 경우를 생각해보자. 그룹을 두 개로 나누고 다음과 같은 질문을 하는 실험을 하였다.

"미국에서 흔하지 않은 아프리카의 질병이 발병된다면 600명이 죽게 될 것으로 예상된다. 이에 대처하기 위한 방법으로 다음의 두 가지가 제안되었다. 이 방법이 가져다줄 결과에 대해 과학적으로 정확한 것이 어떤 것인지 예상해 보시오."

첫 번째 그룹의 응답자에게 다음 두 가지 중 하나를 선택하게 하였다.

프로그램 A: 200명을 구할 수 있다.

프로그램 B: 600명 중 3분의 1의 확률로 모두를 구할 수 있다. 그리고 3분의 2의 확률로 아무도 구할 수 없을 것이다.

여러분이 생각하기에 답이 어떻게 나왔을 것 같은가? 결과는 72퍼센트의 응답자가 A를 선호하였고, 28퍼센트는 B를 선호하였다. 그럼, 두 번째 그룹으로 건너가 보자. 이들에게는 다음 두 가지 중 하나를 선택하게 하였다.

프로그램 C: 400명이 죽을 것이다.

프로그램 D: 3분의 1의 확률로 아무도 죽지 않을 것이고, 3분의 2의 확률로 모두 죽을 것이다.

앞선 첫 번째 그룹과 굉장히 유사한 답이 나왔다. 78퍼센트의 응답자가 D를 선호하였고, 22퍼센트는 C를 선호하였다. 독자 여러분도 눈치를 챘겠지만, 사실 프로그램 A와 C는 같으며 B와 D 또한 동일하다. 이 두 그룹의 응답자 사이의 '의사결정 틀'에 약간의 변화를 줌으로써 선호하는 것이 전혀 다른 양상으로 나타나게 된 것이다. 그 결과 첫 번째 그룹은 A와 C를 선호하고, 두 번째 그룹은 B와 D를 선호하는 현상이 발생하게 된 것이다. 사람들은 일반적으로 절대적으로 확실한 것을 선호하는 경향이 있다. 그래서 무언가를 선택할 때 이득이 주어지는 것이 확실할 때 '긍정적 프레이밍 효과'를 보이게 된다. 그러나 아마도 이득이 주어진다는 결정 조건에서 사람들은 대부분 위험을 줄이는 선택을 하게 된다. 위험을 선호하는 행동으로의 전환은 부정적인 면에서 결정자가 결정을 프레이밍할 때 '부정적 프레이밍 효과'를 받아들이게 된다.

4) 닻 내리기 효과 Anchoring Effect

방송 뉴스 진행자를 가리켜 앵커anchor라고 부르기도 한다. 가령 손석희 아나운서라고도 하고, 손석희 앵커라고도 하는 식이다. 역사적으로는 1952년 미국 CBS-TV가 민주당, 공화당 전당대회 보도 진행을 맡은 월터 크롱카이트Walter Cronkite에게 최초로 '앵커'라는 말을 사용했다고 알려져 있다. 앵커는 원래 배가 항구에 정박할 때 특정한 장소에 붙들어 매기 위해서 내리는 '닻'을 의미하는데, 은유적으로 안정을 가져다주는 중심적인 역할을 하는 것을 뜻한다. 이런 의미에서 뉴스 프로그램을 진행하는 앵커의 역할은 기자들의 뉴스 보도를 총괄해 그 어떤 질서와 조화를 부여하는 지주와 같은 역할을 한다고 볼 수 있다.

하지만 심리학적으로는 조금 다른 의미가 부여된다. 정박효과라고도 불리는 이 효과는 닻을 내린 배가 크게 움직이지 않듯 처음 접한 정보가 기준이 되어 의사결정에 영향을 미치는 일종의 '편향'된 현상이라 할 수 있다. 예를 들어 사람들이 먼저 들은 특정 숫자를 마음의 닻으로 삼아, 즉 그 숫자를 기준으로 삼아 합리적 판단을 내리지 못하는 현상을 말한다. 이 또한 카너먼과 트버스키의 실험을 통해 세상에 드러나게 되었다. 인간의 사고가 처음에 제시된 하나의 이미지나 기억에 박혀 버려 어떤 판단도 그 영향을 받아 새로운 정보를 수용하지 않거나 이를 부분적으로만 수정하는 행동 특성을 나타내게 된다는 것이다.[15] 그래서 닻 내리기 효과를 '기준점과 조정Anchoring and Adjustment 휴리스틱'이라고 부르기도 한다. 대부분의 사람들은 제시된 기준을 그대로 받아들이지 않고, 기준점을 토대로 약간의 조정과정을 거치기는 하나, 그런 조정과정이 불완전하므로 최초에 설정되거나 제시된 기준점에 영향을 받는 경우가 많게 된다.

어떤 정보도 단일하게 처리되지 않는다. 예를 들어, 우리에게 널리 알려진 홍삼 드링크의 표시 가격이 8,000원이라고 한다면 대다수 소비자는 다른 음료에 비해 비싸다고 생각할 것이다. 하지만 희망 소비자 가격이 1만원인데 8,000원에 판매된다는 사실을 알면 이 음료수가 싸다고 여길 것이다. 기준점을 어떻게 설정하느냐에 따라 소비자의 선택이 달라진다는 것이다.[16]

이 효과에 관한 사례는 이 외에도 다양한 형태로 제시되고 있다. 예를 들어, 여러분이 대형 마트에 가서 화장품을 사려 한다고 가정해 보자. 만원짜리 화장품은 천원짜리 화장품과 섞여 있을 때 비싸 보이지만 오만원짜리 화장품 속에 섞여 있을 때는 싸 보인다. 이런 실험 결과도 보고되고 있다. 한 당구대 가게 주인이 실험을 했다. 일주일 간 고객들에게 가장 싼 329달러짜리 당구대를 먼저 보여준 다음 차례로 비싼 당구대를 보여주었다. 이 주에 집계한 결과 고객 1인당 평균매출액은 550달러였다. 다음 주에는 고객들에게 제일 비싼 3,000달러짜리 당구대를 먼저 보여준 다음 차례로 덜 비싼 당구대를 보여주었더니 고객 1인당 평균매출액은 1,000달러였다는 것이다.[17] 명품업체가 매장에 최고가의 물품을 가격표가 보이게 진열하는 것은 반드시 판다는 목적이 아니다. 천만원짜리 가방도 그다지 비싸지 않다고 착각하게 만들기 위한 효과를 염두에 둔 것이다. 여기에 더하여 최고 명품이 진열된 가게에는 반드시 점원이 '장갑'을 끼고 있고, 반드시 정해진 인원의 고객만 입장하게 한다. 정박효과를 배가하는 셈이다. 면세점을 운영하는 업체가 경쟁적으로 세계 최고 명품 브랜드를 유치하려는 절박한 이유이기도 하다.

질문을 던질 때에도 어떻게 묻느냐에 따라 큰 차이가 날 수 있다. 예컨대, "간디가 세상을 떠났을 때 나이가 114세 이상이었는가?"라는 질문을 받으면 "간디가 세상을 떠났을 때 나이가 35세였는가?"라는 질문을 받았을 때보다 간디의 사망 나이를 더 높게 추정할 가능성이 높다. 114라는 숫자가 기준점으로 작용하여 닻의 역할을 한 것이다.[18] 질문을 하는 것에 따라 답의 격차가 매우 커진다는 사실은 다음에서도 찾아볼 수 있다. 미국 학생들에게 "미시시피강의 길이는 8,000킬로미터보다 짧을까, 길까?"라는 질문을 던진 후에 "미시시피강은 얼마나 길까?"라는 질문을 던졌을 때, 대다수의 학생들은 미시시피강이 8,000킬로미터보다 짧으며 길이는 약 5,500킬로미터일 거라고 대답했다. 반면 "미시시피강의 길이는 800킬로미터보다 짧을까, 길까?"라는 질문을 던진 후에 "미시시피강은 얼마나 길까?"라는 질문을 던졌을 때, 대다수의 학생들은 미시시피강이 800킬로미터보다 길며 길이는 약 2,000킬로미터일 거라고 대답했다. 처음의 8,000과 800이라는 숫자가 닻을 내리는 역할을 함으로써 5,500과 2,000이라는 커다란 답의 격차가 나타난 것이다.[19]

한편 대학교에서 학생들의 성적을 평가할 때에는 공정하고 객관적으로 평가가 이루어질 것 같은데 결코 그렇지 않다. 예컨대, 대학에서 교수가 알고 있는 학생의 과거 성적은 그 학생이 제출한 새로운 리포트를 평가할 때에 적잖은 영향을 끼친다. 즉, 과거의 성적증명서가 새로운 평가를 내리는 데에도 닻의 역할을 하는 것이다.[20] 대학교 교수인 친구와 이 책을 준비하면서 이와 관련된 대화를 나눈 적이 있다. 처음부터 예뻐 보이고, 열심히 참여하는 학생은 기말고사를 채점할 때 아무래도 좋은 쪽으로 평가가 된다는 것이다. 필자의 경우도 예외는 아닌 것 같다. 프로젝트를 수행하는 과제 리더가 매우 열심히 했고, 성과도 뛰어났었다. 진행과정도 매끄러웠고, 어디 하나 손색이 없었던 것이다. 나의 기준점은 여기였다. 그런데 주변에서 자꾸 이 친구에 대한 부정적 평가가 들어오는 게 아닌가? 일을 대충대충 한다, 옆 부서와 불화가 심하다 등등. 나로서는 받아들일 수 없는 상황이었지만 애석하게도 결국은 사실로 밝혀졌다. 기준점을 바꾸는 것은 참으로 힘든 일이다.

이 효과는 법정에서도 찾아볼 수 있다. 한 연구결과에 의하면 판사들이 양형을 결정하는 데에도 닻 내리기 효과가 있음을 알 수 있다. 실험은 다음과 같이 실시하였다. 우선 판사들을 세 그룹으로 나눠 법정형이 5년 이상인 형법상 강간치상 사건을 동일하게 제시했다. 첫째 그룹에는 검사 구형을 2년으로, 두 번째 그룹에는 검사 구형을 10년으로 하고, 세 번째 그룹에는 검사 구형에 관한 언급을 하지 않았다. 연구결과, 검사가 10년을 구형하거나 구형하지 않은 경우에는 양형 평균이 57.2개월과 57.5개월로 비슷했다. 하지만 검사 구형 2년 그룹의 평균은 42.5개월로 큰 차이를 보였다. 검사의 2년

구형은 법적으로 불가능할 정도로 낮은 데도 판사의 양형 판단에 영향을 끼친 것이다.[21]

부동산으로 눈을 돌리면 닻 내리기 효과를 이용하는 치열함과 '치사함의 끝판왕'을 볼 수 있다. 유명한 미국의 부동산 재벌 도널드 트럼프는 고객이 7,500만 달러 정도의 비용이면 될 것 같다고 말한다면, 1억 2,500만 달러 정도 들 것이라고 하고는 실은 1억 달러에 집을 짓는다고 한다. 치사한 짓이지만 돈도 벌고 사람들로부터 대단한 일을 하고 있다는 말도 듣는다고 한다.[22] 미국에 도널드 트럼프가 있다면 한국에는 '아파트 부녀회' 회원들이 있다. 거짓으로 집을 팔 것처럼 광고를 내면서 집값을 거의 2배로 올려놓는 묘기를 발휘하는 것이다.[23].

사실 정박 효과는 물건을 파는 상인이라면 누구나 다 알고 있을 뿐만 아니라 오랫동안 실천해온 것이다. 정찰가격제가 아닌 상품의 가격은 일단 세게 부르고 본다. 아무리 값을 잘 깎는 소비자라도 세게 부른 가격을 기준점으로 해서 가격 흥정을 하게 마련이다. 필자의 지인이 얼마 전에 아파트를 구입하게 되었다. 시세가 5억4천만원이었는데, 5억원부터 흥정을 시작해서 결국은 5억1천만원에 집을 사게 되는 '쾌거'를 이루었다. 듣기로는 여러 가지 요인이 있었지만 본질적으로는 실생활에서 움직이는 정박효과의 한 단면이 아닐까 싶다.

기업 내에서 프로젝트를 추진할 때에는 현재 수준과 목표를 설정해야 한다. 이 때 닻 내리기 효과가 적용되는 것이다. 과제추진자는 현재의 수준을 낮춰 설정함으로써 목표와의 차이를 크게 보이게 하려고 무진 애를 쓴다. 이렇게 되면 마치 굉장히 힘들고 어려운 과제를 추진하는 것처럼 여겨지게 된다. 이와 반대의 경우를 생각해보자. 회사의 경영자들의 과제추진자에게 목표를 보다 높게 설정하도록 지속적으로 요구한다. 이렇게 되면 과제를 추진하는 사람들은 초기에 힘들다고 여기고, 또 사실 과제추진이 매우 힘들지만 결국에는 이 목표를 달성하게 되는 것이다. 애초에는 힘들다고 여겼던 목표를 도전적으로 설정하도록 유도함으로써 (초인적인 능력을 발휘하는 게 아님에도 불구하고) 목표를 달성하게 되는 것이다. 앞서 제시한 L사의 혁신 10계명에는 이런 노림수가 다분히 녹아들어가 있다.

이와 관련하여 구체적인 사례로 들어가 보자. L사가 한창 경영혁신을 부르짖던 2000년대 초중반에는 혁신 10계명 중에 "5%는 불가능해도 30%는 가능하다"는 게 있었다. 이에 따라 각 사업본부에서 수행하는 모든 혁신 프로젝트는 현재보다 30% 이상 향상시킨다는 목표를 설정하게 되었다. 이러한 도전적 목표는 기존의 방법이나 사고를 통해 달성되는 것이 거의 불가능하다. 따라서 조직 구성원들은 언제나 혁신적이고 창의적인 문제 해결 방식을 모색하여 실행하게 되었고, 이는 L사의 성과를 향상시키는 커다란 원동력이 되었던 것이다. 이렇듯 혁신적인 목표를 성공적으로 달성함으로써 사업을 총괄하였던 본부는 5% 미만의 전형적인 성숙산업 성장률을 해마다 두 자리 수 이상의 고도성장으로 탈바꿈할 수 있었다.[24]

5) 점화효과 Priming Effect

만일 사람들에게 옛날과 연관이 있는 단어('궁궐', '호롱불', '고대')를 읽게 하면, 사람들은 들어올 때보다 느린 걸음으로 방에서 나갈 것이다. 반면 이 사람들에게 공격성과 연관이 있는 단어('무례하다', '짜증스럽다', '간섭하다')을 읽게 한 뒤에 실험이 끝났다고 말하면, 다른 사람의 말을 도중에 끊는 등 더 공격적이고 급하게 바뀐다고 한다.[25] 일종의 '생각의 점화'가 일어나서 하나의 지각에서 일련의 생각이 줄줄이 꿰어져 나오고, 이 생각이 뒤에 이어질 행동에까지 영향을 미치는 것이다.

만일 누군가에게 시험 전에 높은 성적을 받는 것에 대해 이야기를 하면, 이 사람은 이야기를 듣기 전보다 더 집중한다. 단순히 '성공'이니 '통달'이니 '성취'라는 단어를 듣는 것만으로도 더 나은 성과를 낸다. 대학교 교수로 살아가는 것이 어떤 것인지 묘사하는 말만 들어도 더 많은 지식을 얻으려 한다. 한편 부정적인 말을 들은 사람은 그렇지 않은 경우보다 결과가 더 나쁘게 나타난다. 예를 들어 시험을 치기 전에 흑인 학생에게 본인이 흑인 학생임을 상기시키면 그 말을 듣지 않을 때보다 훨씬 낮은 점수를 받는다. 아시아 출신 미국인들에게 인종과 관련된 얘기를 들려준 다음 수학 시험을 치르게 하자 그렇지 않은 경우보다 더 나은 점수를 받았다. 이번에는 여자임을 상기시키고 시험을 치르게 하자 점수가 그렇지 않은 경우보다 더 나쁘게 나왔다. 이런 실험도 있었다. 한 집단에 속한 일부 학생에게 자기 전화번호의 앞 세 자리 숫자를 종이에 적게 한 다음, 전체 학생에게 칭기즈칸이 사망한 해가 언제인지 물었다. 그러자 숫자를 먼저 적어본 집단이 그렇지 않은 집단보다 칭기즈칸이 사망한 세 자릿수의 연대를 더 잘 맞혔다.[26]

점화효과는 모든 방식으로 작동할 수 있다. 기업 내에서 여러 가지 활동을 할 때에도 이 효과는 어김없이 작동한다. 점화효과는 변화와 혁신을 주도하는 데 있어서 굉장히 중요한 '조연'이 될 수 있다. 비전을 설정한다든지 기업 이미지를 제고하기 위해 지속적으로 노력하는 것도 이러한 효과를 노리는 것이다. 연초에 사업계획 발표회를 가진다든지 '경영혁신 킥오프' 등을 통해 새로운 다짐을 하고 혁신활동을 추진하는 것도 점화효과와 맥락이 닿아 있다. '이왕이면 다홍치마'라는 우리나라 속담이 있지 않은가. 점화효과를 효율적으로 경영혁신에 적용하려면 사업계획을 발표하거나 경영전략 회의를 할 때에는 부정적인 말보다는 긍정적인 말로 참여하는 임직원들을 격려하는 게 향후 성과창출에 보다 더 도움이 될 수 있다. 또한 변화와 혁신 활동 전반을 통해 지속적으로 성공체험을 할 수 있도록 장치를 마련하고, 칭찬과 격려가 야유와 벌을 주는 것보다 우선해야 할 것이다.

컨설턴트로서 고객사의 경영혁신 추진을 도와주거나 과제 추진을 도와줄 때에도 이런 효과는 분명히 나타난다. 어떤 과제 추진 리더는 애초부터 과제를 할 생각이 없는데 위에서 시키니까 어쩔 수 없이 한다고 한탄하는 사람이 많이 있다. 이들 중 대부분은, 사실은 과제를 추진해보면서 새로운 경험을 하고 싶은데 어떻게 해야 할지 몰라서 앞서와 같이 핑계를 대는 것이다. 이럴 경우 컨설턴트로서 또한 멘토로서 나는 지속적으로 할 수 있다는 가능성을 각인시키고, 유사한 성공사례를 보여주고 개선의 방향성을 제시해준다. 그렇게 되면 이러한 연쇄작용이 성공적인 마무리로 이어지게 되는 경우를 많이 보게 된다.

6) 기대효과 Expectation Effect

칭찬은 고래도 춤추게 한다고 했던가? 하버드대 심리학과 교수였던 로버트 로젠탈은 한 도시의 초등학교에서 20%의 학생들을 무작위로 뽑아 교사에게 명단을 주면서 이 학생들은 지능지수가 높은 학생들이라고 말했다. 얼마 후 시험을 쳤는데, 명단에 오른 학생들이 다른 학생들보다 평균 점수가 높았다는 것이다. 물론 교사의 격려가 큰 힘이 되었기 때문이다.[27]

한국교육심리학회에서는 기대효과를 다음과 같이 정의하고 있다. "타인이나 자신의 성취에 대해 갖는 기대가 성취에 미치는 효과를 말하는 것으로 주로 긍정적인 효과를 의미한다. 자신은 능력이 좋기 때문에 좋은 성취를 할 수 있다는 믿음을 지니면 좋은 성취를 이루고, 영진이라는 학생은 지능이 높기 때문에 좋은 성취를 할 것이라고 교사가 믿으면 그 학생은 지능이 좋지 않더라도 좋은 성취를 하는 현상을 보이는데, 이와 같이 기대 때문에 나타나는 효과를 기대효과라고 한다. '자기충족 예언효과', '피그말리온 효과'[28] 등은 기대효과를 설명하는 것들이다."[29]

사람의 정신은 장차 어떤 일이 일어날 것인지 미리 모델을 만들어 둔다. 한 알에 2.5달러라고 말하면서 진통제를 환자에게 줄 경우, 똑같은 약을 0.1달러라고 하면서 주는 경우보다 환자가 느끼는 진통 효과는 훨씬 강력하다. 위약효과로 알려진 플라시보 효과는 기대효과의 전형이다. 만약에 어떤 사람에게 크림 형태의 보습제를 주면서 통증이 멈출 것이라고 말하면, 그 사람은 기대를 갖게 된다. 그 보습제가 통증 완화와 아무런 관련이 없음에도 불구하고 보습제를 바르

고는 통증이 가라앉는다고 생각하게 된다는 것이다.[30]

스스로 위기를 극복하고, 나아가 사람들에게 도전을 헤쳐 나갈 수 있는 능력을 갖게 해주는 것이 리더가 해야 할 의무다. 어린 아이를 대상으로 한 실험에 의하면, 부모와 원만한 상호작용을 함으로써 안정적인 애착을 형성한 아이들이 또래들 중에서 대표로 선발되는 비율이 압도적으로 높다는 결과가 있다. 불안한 상황에서도 잘 견디는 스트레스 내성을 보여주며, 어려운 문제에 부딪히는 경우에도 헤쳐 나갈 수 있다는 자신감을 가지고 또래들에게 문제 해결에의 확신을 전파하는 역할을 하기 때문이다.

고금의 성공 리더들이 보여주는 궤적도 그러한 안정감과 희망을 주변에 제공해주는 공통점을 나타내고 있다. 이제는 전설적인 이야기가 돼 버렸지만 히딩크는 언론에서 '오대영'이라고 힐난을 받을 때조차도 묵묵히 자신의 계획을 실천에 옮김으로써 의연한 대응을 한 바 있다. 그리고 월드컵 본선에서 폴란드와의 결전을 앞두고 선수 개개인을 하나씩 불러 최선을 다해 훈련에 임해준 것에 감사를 표하며, 선수들이 스스로의 능력에 대해 자신감을 가져도 될 것이라는 격려의 말을 해주었다고 한다.

리더가 되고자 하는 사람은 우선 자신 스스로부터 '안 될 거야', '그건 안 되더라', '어려워' 등의 표현보다는 '한 번 해보자'는 말에 익숙해질 필요가 있다. 만약 자신이 훌라후프를 돌리지 못하는 사람이라면 30분만 훌라후프 돌리기에 최선을 다해 도전해 보라. '학습된 무력감'을 벗어 던지면 훌륭하게 훌라후프를 돌리고 있는 자신의 모습을 보게 될 것이다.

상사의 기대하는 방식이 조직 구성원의 생산성에 상당한 영향을 미친다는 것은 이미 알려진 사실이다. 자신의 부하사원이 변화와 혁신을, 경영혁신 과제를 제대로 수행하기를 원한다면 잘못된 행동이나 모자라는 약점을 지적하기 전에 잘하는 것과 좋은 점을 찾아내어 칭찬을 아끼지 말아야 하는 게 올바른 방법일 것이다. 안타깝게도 필자가 알고 있는 일부 경영진이나 부서장들은 이와는 대조적이다. 항상 그러지는 않지만, 앞서 소개한 법인장이나 중국 현지기업 회장은 이런 생각을 가지고 있다. "칭찬하면 애들이 버릇 없어져.", "자꾸 그러면 기어올라.", "전체 조직을 이끌고 가지 못해." 이런 인식이 저변에 깔려있기 때문에 칭찬에 굉장히 인색한 것이다. 다행스럽게도 필자와의 대화를 통해서 지금은 약간씩 좋아지고 있지만, 조직 구성원의 '춤과 미소'를 한번이라도 더 보게 된다면 이게 바로 성과와 직결되는 것임을 알아야 할 것이다.

이 효과가 실현이 되려면 관리자의 기대가 확고한 긍정적 사고력과 일반적 믿음에 기초해야 하는 것이다. 불가능한 목표를 달성하도록 기대하면 포기하거나 적은 성과에 만족할 수밖에 없을 것이다. 성과가 좋은 직원과 그렇지 않은 직원의 차이점은 그들이 어떻게 보상받는가에 있지 않고 어떻게 대우 받는가에 있다. 당신이 존중해준만큼 존중 받게 된다. 직원들이 조직에 진정으로 헌신하기를 원한다면 당신도 그들에게 그렇게 해주어야 한다. 잘했다는 말을 듣지 못하면 조직 구성원들은 '딴 마음'을 갖게 된다. 비현실적으로 높은 관리자의 기대치를 부하 직원이 충족시키지 못하게 되면 자발적이든 비자발적이든 이직할 수도 있는 것이다.

7) 관성효과 Inertia Effect

사람의 뇌는 무게로 따지면 우리 몸 전체 중의 겨우 2%에 불과하지만, 소비하는 에너지는 전체의 20% 이상을 뇌가 사용한다고 한다. 에너지 효율 측면에서 보자면 굉장히 비효율적인 것이다. 이러한 비효율을 만회하기 위해 뇌(정신)는 될 수 있으면 에너지를 낭비하지 않으려고 진화해왔다. 지독한 구두쇠가 된 것이다. 이러한 진화의 산물이 바로 기존의 관념을 고집하려는 일종의 '편견'이다. 미국 교직원연금보험은 대학교수들에게 퇴직금 적립에 관해 다양한 자산배분 전략을 제공하는데, 한 연구에 따르면 대부분의 교수들은 퇴직한 뒤에도 재직 당시의 전략을 그대로 고수했다. 맨 처음 연금보험에 가입하면서 선택한 옵션을 (무엇이든 간에) 그대로 유지한 것이다.[31]

'100퍼센트 환불 보장' 마케팅을 구사하는 기업이 많다. 이런 저런 조건을 붙여 '100퍼센트 환불 보장'을 외치는 게 아니라 소비자가 구입을 한 후에 마음에 안 들면 아무 조건 없이 환불해주겠다는 '무조건' 100퍼센트 환불 보장이다. 물론 무료 사용 기간에 제한을 두긴 하지만, 3개월까지 허용하는 제품들도 있는 바, 이 정도면 '무조건'이라고 보아야 하지 않겠는가. 기업들은 도대체 무얼 믿고 그러는 걸까? 상품을 구입한 후 좀 사용하다가 되돌려 보내는 소위 '블랙 컨슈머'가 있을 텐데 말이다. 맞다. 반품률 1~2퍼센트를 반드시 책임지는 그런 소비자들이 있다. 하지만 대다수 소비자는 일단 자기 것이 된 물건을 다시 내놓으려 하지 않는다.[32]

소비자들의 이러한 성향을 가리켜 미국의 행동경제학자 리처드 탈러 Richard H. Thaler[33]는 '소유 효과 endowment effect'라는 이름을 붙였다. 우리말로 '보유 효과', '부존 효과', '초기 부존 효과'로 번역해 쓰기도 하며, '박탈 회피divestiture aversion'라고도 한다. 탈러는 1병에 5달러에 구매한 와인을 50달러가 넘는 데도 팔려고 하지 않는 심리를 통해 보유 효과를 설명했는데, 이는 자신과 관련이 있는 것에 가치를 더 부여하는 자기중심성 때문에 발생하는 것이다.[34]

'머그컵 실험'이 있다. 한 그룹의 학생들에게는 학교 로고가 새겨진 머그컵을 주고 그들에게 얼마에 팔겠느냐고 물었다. 다른 그룹의 학생들에게는 그 머그컵을 사려면 얼마를 낼 생각이냐고 물었다. 머그컵을 가진 학생들은 단지 몇 분간 머그컵을 만졌을 뿐인 데도 약 1.7배에서 많게는 16.5배 정도 더 높게 가치를 책정했다. 여기에 더해서 이런 종류의 실험에서 참가자들에게 그들의 생각이 비합리적이라고 설명을 하면 이에 동의하지 않고 집요하게 반박하는 흥미로운 점을 발견하게 된다. 즉, 자신의 소유물에 더 높은 가치를 부여하는 걸 적극 변호하는 것이다. 자기애自己愛 때문일 게다. 자신의 손때에 의미를 부여하는 것도 자기애요, 자신이 어리석게 보이는 걸 원치 않는 것도 자기애가 아니겠는가.

여러분은 혹시 '과잠'이라는 말을 들어본 적이 있으신가? 일종의 단체복으로 대학교 '학과 점퍼'의 줄임말인데 학과 구성원 간의 동일성과 소속감을 높이기 위해 입는다고 한다. 필자가 학교에 다닐 때에는 '과 티' 정도가 있었던 기억이 있는데, 약 10여 년 전부터 이러한 '과잠'이 유행이라고 한다. 타 대학, 타 학과와 차별화하기 위해 등판 상단에 학교 이름, 하단엔 학과 이름을 달고 왼쪽 앞가슴엔 학교 영문 이니셜, 소매엔 휘장이나 학번, 본인 이름 등을 새겨 넣는 등 아주 구체적인 모양새다. 하지만 '서열 패션'이라는 말처럼 점점 학벌을 과시하는 수단으로 변질되어 서로 우월감이나 열등감을 주고받고 있고, 심지어는 학교나 학과 이름을 지운 초라한 과잠까지 등장한다고 한다. 안타까운 현상이 아닐 수 없다. 관성효과로 설명할 수 있는 '웃픈' 이야기이다.[35]

체험 마케팅이라는 게 있다. 김치냉장고로 유명한 딤채의 사례는 이러한 효과를 활용한 대표적인 마케팅 전략이라 할 수 있다. 딤채는 제품 출시 초기인 1996년 약 200명의 품질평가단을 모집하고 이들에게 3개월간 무료로 김치냉장고 제품을 사용해본 후 구매 여부를 결정하게 했는데, 결과는 놀랍게도 100퍼센트 구매로 이어졌다. 이는 딤채의 좋은 품질만으로는 설명이 불가능하다. 소비자들의 심리를 적극적으로 파고든 것이다. 일단 체험하게 되면 소비자 자신도 모르게 발생하는 소유 효과가 이들의 의사결정에 커다란 영향을 끼쳤다고 보는 게 타당하다.[36]

최근 '하우스푸어'라는 말이 유행하고 있다. 이것도 어느 정도는 소유 효과로 설명이 가능하다. 어느 부부가 피땀 흘려 번 돈으로 자신들의 집을 마련하면, 설령 3억원을 주고 샀더라도 이들은 내심 자기 집의 가치를 6억원이라고 생각하기 마련이다. 이런 소유 효과 때문에 '심리적 손실감'을 피하기 위해 낮은 가격에 집을 파는 걸 싫어한다. 반면 집을 새로 구입하려는 사람에겐 이런 소유 효과가 없기 때문에 가격 형성이 어려워져 거래가 이루어지지 않는 현상이 발생한다.[37]

주어진 업무에 대한 소유 효과도 다양하게 관찰된다. 상품을 개발하는 기획부 또는 연구·개발 부서 직원들이 자신이 기획·개발한 상품에 대해 강한 집착을 보여 냉정한 판단을 그르치는 것이나 벤처 기업의 창업주들이 창업에 대한 애착 때문에 인수·합병 시 자사의 가치를 과대평가하는 것도 소유 효과 때문이다. 한편 증권회사에서 주식 판매를 담당하는 직원들은 같은 회사의 주식을 몇 년간 취급하다 보면 자기도 모르게 소유 효과가 생겨 주가가 떨어지는 데도 미련을 버리지 못하고 제때에 판매하지 못하는 경우가 생긴다. 그래서 증권회사들은 일정 기간이 지나면 직원들이 담당하는 주식을 순환하도록 하는 규정을 실시한다고 한다.[38]

한국의 '완장 문화'는 소유 효과의 극단적 형태로 볼 수 있다. 소설가 윤흥길이 쓴 《완장》이라는 소설이 있다. 나중에 탤런트 조형기를 주인공으로 드라마로 만들어져 매우 인상 깊게 봤던 기억이 있다. 요즘은 '갑질'이 완장의 다른 이름으로 한국 사회에 널리 회자되고 있다. '땅콩회항'을 하는 재벌가, 대리기사를 폭행하는 국회의원, 골프장 여직원을 성추행하는 전직 검찰총장 등의 사례는 소유 효과의 왜곡된 모습을 보여주고 있다. 소설가 이외수는 이러한 현상에 대해 이렇게 말하고 있다. "자신의 임무를 타인들에게 식별시키기 위해 팔에 착용하는 표장에 지나지 않는다. 그러나 소인배들은 완장을 착용하게 되면 갑자기 자신을 영웅시하여 권력을 남용하고 타인을 멸시하려는 습성을 가지게 된다. 서민층일수록 완장에 약하고 특권층일수록 완장에 강하다."[39]

'남 주기 아깝다'는 심리는 최근 뇌과학의 발달로 객관적으로 증명이 되는 추세이다. 2008년 스탠퍼드대에서 남녀 24명의 뇌를 관찰하는 실험을 한 적이 있다. 전두엽에 자리 잡은 측좌핵 등을 기능성 자기공명 영상장치로 들여다보는 이 실험을 통해 손실에 대한 두려움이 소유 효과의 핵심 요인임을 밝혀냈다. 다시 말하면 소유 효과는 아끼는 물건에 대한 애착이라기보다는 자신의 소유물을 남에게 넘기는 것을 손실로 여기는 심리라는 것이다.[40]

경영혁신 활동을 할 때에도 마찬가지 효과를 볼 수 있다. 혁신 과제의 규모를 적절히 줄여서 수행하게 되면 대부분의 추진자들이 소기의 목적을 거두고 과제를 완료하게 된다. 여기에 회사에서 인정하는 인증서 같은 것을 더불어 주게 되면 이러한 리더들은 혁신활동에 대한 '긍정적 관성'이 생겨서 향후 변화와 혁신의 불씨가 되기도 한다.

이러한 심리를 잘 활용하면 변화관리에 도움이 될 수 있다. 그 핵심은 바로 '권한위임'이다. 활동의 결과나 성공사례를 본래 실시했던 사람에게 이양하거나 권한위임을 통해 부하사원들이 책임감을 가지고 일을 할 수 있도록 독려한다면 '남 주기 아깝다'는 심리는 '내 것을 잘해내야겠다'는 심리로 전환할 수 있을 것이다. 권한위임은 업무에 대한 집중력과 탄력성, 업무처리의 주도성을 증가시켜 업무에 대한 자신의 의미를 높이고, 기꺼이 조직에 헌신하며 자신을 조직과 동일시하여 조직몰입을 증가시킨다는 연구결과도 있다. 이 연구에 의하면 조직 구성원 개인이 책임과 권한을 부여받았다고 인식할수록 조직을 위해 중요한 일을 할 수 있는 힘과 능력을 가지고 있다는 확신을 가지며, 그 결과 높은 성과를 낸다고 한다. 즉 권한이 위임된 구성원은 자신의 영향력이 있다고 지각하게 되므로 규정에 얽매이기보

다는 자율적이고 혁신적인 행동을 하게 된다는 것이다.[41]

부하직원들에게 권한을 위임한다고 하면 왠지 리더들이 뭔가 잃는다, 손해 본다는 생각을 할 수도 있을 것이다.『미생』에 나왔던 섬유팀의 성대리처럼 '후배는 내 봉이자 막 써먹기 위한 존재'라고 생각하는 리더라면 더더욱 그럴 것이다. 그러나 이는 틀린 생각이다. 주면 받는다. 그것도 '되로 주고 말로 받는' 것이다. 아랫사람에게도 기꺼이 배울 수 있는 용기를 가진다면 조직 구성원으로부터 긍정적인 행동의 변화를 이끌어 낼 수 있을 것이다.

권한위임을 '역주행'하는 이야기를 해볼까 한다. 회사마다 박대리, 김대리가 한두 명씩은 있다. 진짜 대리급 직원을 말하는 게 아니라 임원진 중에서 이렇게 불리는 분들이 있다는 말이다. 필자가 예전에 다니던 회사에 본부장으로 박전무라는 분이 부임해 오셨다. 매우 깐깐하기로 소문난 분이어서 오기 전부터 조직원들을 '얼음'으로 만들어버렸다. 일단 그의 눈에 들면 아무 문제가 없지만(우리 혁신팀은 이 경우에 속했다) 그렇지 못하면 두고두고 애를 먹는다(경영지원팀이 이 경우에 속했다. 그 후 얼마 지나지 않아 팀장이 그만뒀다). 그의 눈에 든 사람들은 그의 논리성과 꼼꼼함을 꼽으며 그를 칭찬하지만 그에게 '찍혀' 고생하던 사람들은 그 사람 얘기만 꺼내면 진저리를 친다. 그가 다른 계열사 사장으로 영전해 갔을 때 내심으로 크게 기뻐하며 회식자리의 '안주거리'로 한동안 그와의 무용담을 신나게 얘기했던 기억이 새롭다. 나는 사원시절이라 회의에 참석해서도 회의록을 작성하거나 회의를 운영하는 일만 했었는데, 회의에 참석한 부장님들은 좌불안석이었던 기억이 있다. 어떤 분들은 열심히 공부를 해서 들어

오지만 막상 질문을 받게 되면 '머릿속이 하얘지는' 신기한 경험을 한다고 했다. 하여튼 사람들 기를 꺾는데 타고난 재주를 지녔던 분이었던 것 같다.

다음은 꼼꼼하고 그만큼 결재가 느리기로 유명했던 경영지원실장 박상무 이야기이다. 실무과장, 팀장 사인과 관련부서 합의를 거친 결재서류도 꼼꼼히 점검하여 조사가 틀렸거나, 아니면 수치가 조금이라도 틀리면 그것을 '발견'하는 기쁨으로 사는 것처럼 보일 때도 있었다. 그래서 간혹 결재를 올리는 사람들은 본말이 전도되는 경험을 하곤 하는 것이다. 본래 취지, 목적, 추진 내용 등에 신경을 써야 하는데 "왜 꼭 하필 그 장소에 가야 되는가?", "두 사람만 가면 되는 것 아닌가?", "꼭 조대리가 따라가야 되는 것인가?", "왜 이리 경비가 많은 건가?" 등등 진짜 박대리, 박과장이 챙겨야 할 일을 일일이 따지는 것이다. 본질은 저 멀리 사라져버리고 출장, 업무 등의 합리적인 변명만 준비하는 것이다. 낭비 중에 이런 낭비도 없는 것이다.

극단적으로 방치하는 것도 문제겠지만 이처럼 철저히 통제하는 것은 결코 바람직하지 않다. 시간 낭비, 종이 낭비, 그리고 무엇보다도 업무에 쏟아야 할 에너지 낭비인 것이다. 이럴 때 이러한 조직에 활력을 불어 넣을 수 있는 것이 바로 임파워먼트, 권한위임인 것이다. 박전무처럼 사람을 '얼음'으로 만드는 재주가 있는 분 앞이라면 그 누구도 그 앞에서 창의적인 생각을 할 수 없을 것이다. 내심 박전무는 그런 사람을 기대할지 모르겠지만 어지간한 강심장이 아니고서는 그 앞에서 모두 '로봇 같은 인간'이 될 수밖에 없을 것이다. 창의적인 아이디어나 생산성 증대는 기대하기 어려울 것이다. 권한위임이야말

로 개인과 조직에 신선한 에너지를 불어넣어 줄 수 있다는 사실을 항상 염두에 둬야 할 것이다.[42]

8) 손실회피 효과 Loss Aversion Effect

동전을 던져서 앞면이 나오면 100만원을 벌고, 뒷면이 나오면 50만원을 잃는 게임이 있다고 가정해보자. 대부분의 사람은 이런 게임을 하지 않으려고 한다. 100만원의 이익보다 50만원의 손실이 더 크게 느껴지기 때문이다. 전통 경제학자들은 기대이익이 더 크다는 이유로 이 게임을 해야 한다고 주장하지만, 사람들은 손실회피 심리 때문에 다른 선택을 한다.[43] 손실회피 효과는 얻은 것의 가치보다 잃어버린 것의 가치를 크게 평가하는 것을 말한다. 돈이 나갈 때의 고통은 돈이 들어올 때의 기쁨보다 더 크다는 것이다.

비슷한 실험에서 사람들에게 특정한 내기를 받아들일 수 있는지 물어보았다. 그 결과, 40만원을 버는 내기에 응하는 데는 20만원 이하를 잃는 위험만 무릅쓴다는 사실을 확인했다. 이런 속성 때문에 투자자들은 주가가 떨어지고 있는 주식을 파는 것보다는 주가가 올라간 주식을 더 빨리 판다.[44] 이처럼 투자자가 손실을 받아들이지 않으려고 하기 때문에 결과적으로 '자기 파괴적'인 결정을 하게 된다. 1만원을 잃어버렸을 때 느끼는 상실감은 1만원을 얻었을 때 느끼는 행복감보다 크다는 것이다. 정서적으로 2배의 차이가 난다는 실험 결과도 나와 있다.[45] 요즘 행동경제학이라는 분야가 전통 경제학을 대체하면서 부상하는 이유를 여기서 찾아볼 수 있다. 이제는 경제를 운영하는 데 있어서 심리학적 의미를 고려하지 않고서는 적절한 의사

결정을 할 수 없는 시대인 것이다.

손실회피 효과는 "가만 있으면 중간은 간다"는 속담과 맥락이 닿아 있다. 가만 있으면 무사했을 텐데 괜히 잘해보려다가 오히려 일을 그르치는 경우를 경계하는 의미이다.[46] 좀 더 잘해보겠다는 욕심으로 '알을 까는' 야구에서의 수비수라든가, 무언가를 만들어내기 위해서 자꾸 공격수에게 공을 주지 않고 우리 팀 골키퍼에게 '전진'했던 전 국가대표 축구 수비수는 '가만히 있지 않고' '중간을 못간' 경우에 해당할 것이다.

이러한 편향을 자주 발견할 수 있는 곳은 아마 주식시장이 아닐까 생각한다. 손실회피에 대한 강력한 편향 때문에 일반인들은 손절매損切賣를 감히 못하는 것이다. 예컨대, 5,000만원을 주고 사들인 주식이 계속 하락세일 때 휴지 조각이 될 위험을 피하려면 당연히 주식 가치가 반 토막이 난 시점에서도 과감히 손절매를 해야 하지만 투자자는 주식을 구매할 당시의 가격 5,000만원과 현재 가격 2,500만원의 차이에 따른 손실(2,500만원)을 좀처럼 인정하지 않다가 더 큰 손해를 입는 것이다.[47]

이런 손실회피 경향을 역으로 이용하여 요즘에는 현금을 사용하자는 캠페인이 벌어지고 있고, 실제로 필자 주변에는 카드보다 현금을 사용하는 사람들이 점점 늘어나고 있다. 무슨 말인고 하니 제품 구입 후 결제를 할 때 아무 생각 없이 신용카드로 결제를 하게 된다는 것이다. 그것도 일시불보다는 할부로 하여 결제 기간이 더 길수록 쉽게 신용카드를 뽑게 되는 것도 손실회피 편향 때문이다. 지금 내 수중에 있는 현금을 지불한다면 바로 손실감으로 이어지겠지만, 신용카드는 지금 당장이 아닌 몇 개월 후 거래명세서가 날아온 시점에서야 손실 감으로 느끼기 때문이다. 따라서 당장의 심리적 손실회피를 위해 신용카드를 사용하는 것이다.[48]

어느 대형 마트에서 비교적 가격이 낮은 상품 한두 가지를 원가 이하로 판매한다. 2,200원에 들여와 3,000원을 받아야 할 것을 대형 마트가 200원을 손해 보면서 2,000원에 파는 것이다. 대형 마트는 이걸 광고해 손님을 끈다. 그 상품을 사러간 손님이 그거 하나만 달랑 사들고 가지는 않을 것이다. 시간 손실을 의식해 온 김에 마트 구경이나 하자고 하다가 몇 만원어치 쇼핑을 할 가능성이 매우 높다. 대형 마트는 바로 이걸 노리는 것이다. 이런 '미끼 상품' 마케팅도 소비자들의 손실회피 편향을 이용한 것이라 볼 수 있다.

손실회피 편향은 기업 경영을 하는 데 있어서도 의미가 있다. 특히 조직 관리에서 그 쓰임새를 찾아볼 수 있다. 우리는 공무원이나 회사원에 대해 너무도 쉽게 '복지부동'이라거나 '무사안일'이라는 비판을 하게 된다. 어쩌면 당연한 일일지도 모른다는 생각은 해본 적이 없는가? 혼자서 의사 결정을 내리고 책임을 지는 구조를 가진 조직에선 직원들이 위험을 기피하는 경향을 보이는 건 당연한 일일 수 있다. 위험을 감수해 잘해내면 보너스를 조금 더 받겠지만, 그렇지 못하면 일자리를 빼앗길 정도라면 무엇 때문에 그런 일을 하려고 들겠는가? 《스마트한 생각들》의 저자 롤프 도벨리는 이와 관련하여 다음과 같이 말하고 있다.

어느 회사에서든 거의 모든 경우에 출세를 위협하는 요소가 성공 가능성을 능가한다. 그러므로 이제 회사의 상관으로서 직원들에게 위험을 감수하려는 자세가 부족하다고 하소연해온 사람이 있다면, 마침내 그 이유를 알았을 것이다. 바로 손실회피 편향 때문이다. 우리는 그것을 바꿀 수 없다. 나쁜 것이 좋은 것보다 더 강하다. 우리는 긍정적인 일보다 부정적인 일들에 더 민감하게 반응한다. 거리를 가다 보면 친절한 얼굴들보다 불친절한 얼굴들이 눈에 더 빨리 띈다. 나쁜 태도는 좋은 태도보다 더 오래 기억에 남는다. 물론 예외는 있는데, 우리 자신에 관한 일일 때가 그렇다.[49]

2. 태도Attitude의 변화

태도란 어떤 일이나 상황 따위를 대하는 마음가짐. 또는 그 마음가짐이 드러난 자세를 말한다. 또는 어떤 일이나 상황 따위에 대해 취하는 입장을 의미하기도 한다. 다시 말해 어떤 대상이나 상황에 대해서 '좋다', '나쁘다' 하는 평가를 하는 개인의 일관적인 경향이나 태도라 정의할 수 있다. 즉, 인지(인식)의 상태를 거치면서 조직 구성원들은 적절한 본인들의 입장을 취하게 되는 것이다.

전통적으로 태도의 구성요소로는 감정적 요소, 인지적 요소, 그리고 행동적 요소가 있다고 본다. 여기서 말하는 감정적 요소는 특정한 대상이나 사건에 대해 느끼는 감정, 즉 좋고 싫음의 다양한 수준을 일컫는다. 인지적 요소는 특정한 대상에 대한 신념 또는 사고를 의미한다. "차별은 나쁜 것이다"와 같이 어떤 대상에 대한 일종의 믿음이나 신념으로 이 대상에 대한 객관적인 사실 여부와는 관계없이 개인적 믿음에 의해 형성된다. 마지막으로, 행동적 요소는 특정한 대상에 대해 어떤 방식으로 행동하려는 경향을 나타낸다 할 수 있다. 이는 달리보면 기업체에서 흔히 사용되는 I^{Input}(입력물) – $P^{Process}$(과정) – O^{Output}(산출물) 개념과 유사하다고 볼 수 있다. 모든 산출물에는 입력물과 입력물에 행위를 더하는 과정, 즉 프로세스가 필요한 것이다. 즉 태도가 형성되기 위해서는 인지하고 지각하는 단계가 필요하며, 태도의 최종 산출물은 행동, 의지로 구현된다는 것이다.

상담원의 태도와 관련된 한 연구논문에 의하면 혁신적인 조직문화가 상담원들의 태도에 긍정적인 영향을 미치는 것으로 나타났다. 좀 더 구체적으로 들여다보면 조직문화가 혁신적일수록 소속상담원의 제도 내재화[50]가 높고, 자신의 소속 회사에 대해 갖는 정서적 애착과 자긍심이 높으며, 찾아오는 고객에게 더욱 질 높은 서비스를 제공하여 고객 만족도가 높아지는 결과를 보였다.[51]

기업들이 성공적인 변화와 혁신을 추구하지만 뜻대로 잘 되지는 않는다. 다양한 해석이 가능하겠지만, 조직 구성원들을 변화에 참여시키지 못하는 데 주요한 이유가 있을 수 있다. 즉, 구성원들이 '한번 해보자'는 마인드를 갖고, 적극적으로 변화에 참여하도록 유도하지 못하기 때문이다. 조직이 수수방관하는 구성원들로 가득하다면 변화는 결코 성공할 수 없다. 조직을 변화시킨다는 것은 경영진의 의지와 함께 현장에서 실제 업무를 수행하고 있는 구성원 개개인의 업무 스타일이나 태도, 자세 그리고 이러한 정신적 변환 과정이 행동으로 나

타날 때 이루어지기 때문이다.[52]

태도의 변화는 참으로 중요하다. 필자가 지도했던 중국의 한 업체에는 경영혁신팀이 있었다. 팀장과 팀원 이렇게 단출하게 구성되어 있는데, 팀장은 다년 간의 경험과 열정으로 현장 직원들 사이에서의 신임이 두터운 편이었다. 그런데 경영진은 여전히 이 팀장의 능력에 대해서 고개를 갸우뚱하는 것이었다. 왜 그럴까 곰곰이 생각해보았다. 왜냐하면 1년 내내 경영혁신팀장과는 머리를 맞대고 전사적인 성과달성과 추진 방향성을 같이 고민해야 하는데, 경영진이 팀장의 관리 능력에 대해서 반신반의한다는 것은 컨설턴트인 필자에게도 큰 걱정거리가 아닐 수 없었기 때문이다.

곰곰이 관찰해보니, 이 경영혁신팀장의 '태도'에 문제가 있는 것이었다. 팀장은 경영혁신을 마치 기술적인 적용만 하면 모든 게 되는 것인 양 착각하고 있는 것이 아닌가? 통역, 번역을 담당하면서 본인이 글로벌 회사의 관리자라는 인식, 이러한 인식을 바탕으로 무작정 기법 중심으로 현업에 적용하려 보니 전체적인 방향성, 회사 경영진이 원하는 업무의 우선순위가 자꾸 뒤로 밀리게 되고, 당연하게도 전체적인 업무추진에 무리가 따르게 되었던 것이다.

또한 경영진과 현장 감독자들 사이의 문제나 이슈를 중재해서 잘 풀어줘야 하는 역할을 해야 함에도 불구하고, 이러한 중요한 역할에 대해서는 전혀 인지를 못하고 있었다. 이런 상황이다 보니 경영혁신팀장으로서의 자세, 관리자로서의 태도가 올바로 갖춰질 수가 없는 것이었다.

게다가 '에티켓이 곧 태도'라는 이야기를 수도 없이 했지만 소용이 없었다. 예를 들면, 회의 중에 큰소리로 전화를 받는다든가, 컨설팅 중에 딴 짓을 한다든가, 중국 직원들끼리 자국어로 외국인인 내 앞에서 낄낄거리면서 떠드는 등 도저히 용납할 수 없는 '태도'를 견지하고 있었다. 지속적인, 어떻게 보면 지겨울 정도로 글로벌 에티켓과 타인을 대하는 태도에 대해서 소통을 한 결과 지금은 이러한 태도가 많이 개선이 되었고, 더더욱 경영진의 신임을 얻게 되었다. 무엇이 문제인지 '인지'하였으면 본인이 '태도'의 변화를 이끌어내야 한다는 중요한 가르침을 이 혁신팀장은 배웠을 것이다.

이는 앞서 상담원에 대한 연구논문에서도 확인되는 바이다. 혁신적인 조직문화가 상담원의 태도에 긍정적인 영향을 미치는 것은 사실이다. 하지만 이게 고객에 대한 고객지향성(예를 들면 친절성, 개방성과 같은 사항)으로 나타나지는 않는다는 게 연구의 결론이다. 이 조직의 상담원의 경우, 조직에 대한 정서적 애착과 자긍심이 적극적인 구직 정보의 제공과 취업 상담 전문성의 효과는 높이고 있지만, 고객을 친절히 대한다고는 볼 수 없다는 것이다.[53] 결국 위에서 사례로 든 경영혁신팀장도 태도의 변화를 진정성 있게 전환해야 하는 것이다. 조직 및 경영혁신에 대한 애착, 자긍심은 대단하지만 그것을 발현하는 '태도'에는 개선의 여지가 넘친다는 것이다.

사소한 변화에 주목하면 위대한 발견을 낳을 수 있는 것처럼, 조금만 '태도'를 바꾸면 지긋지긋하고 넌더리나던 일이 빨리하고 싶어서 안달이 날 정도로 기다려지는 환상적 활동으로 변할 수 있다. 그 비결은 무엇일까? '몰입'이라는 개념을 심리학의 새로운 용어로 정립시킨 심리학의 대가 미하일 칙센트미하이는 그의 저서 《몰입의 즐거움》에서 이렇게 해답을 제시하고 있다.

첫째, 무슨 일이 일어나고 있고 그 원인이 무엇인지를 명확히 이해하는 데 관심을 기울여야 한다. 둘째, 지금의 방식이 업무에 임하는 유일한 방법이라는 생각에서 벗어나야 한다. 수동적 자세에서 탈피해야 한다는 말이다. 셋째, 대안을 모색하면서 더 좋은 방법이 나타날 때까지 실험을 게을리하지 말아야 한다. 직장인들이 더 힘든 자리로 승진하는 것은 그들이 이전의 직책에서 이런 단계를 충실히 밟았기 때문이었다고 볼 수 있다. 설령 아무도 알아주는 사람이 없다 하더라도 자신의 정력을 이런 식으로 활용하는 사람은 직장 일에서 더욱 만족을 느낄 것이다.[54] 아무리 단순한 일을 하더라도 창조적, 긍정적으로 업무에 임하는 사람들을 본받아 작업에 임하는 '태도'를 바꾸면 엄청난 결실을 얻을 수 있다는 게 그의 주장이다.

다시 중국이다. 우리에게는 《디테일의 힘》으로 알려진 왕중추가 국내 어느 한 신문과 가진 인터뷰에서 이런 이야기를 한 적이 있다.

중국 사람들은 일을 대충대충 하는 경우가 많아요. 예전에 데리고 있던 비서는 제가 가져오라는 서류를 한 번도 제대로 가져온 적이 없었습니다. 부하 직원이 적당히 한 일이 잘못되어 제가 다시 고치느라 시간을 허비한 적도 한두 번이 아닙니다. 어떤 회사에서는 중요한 협상 내용이 담긴 팩스를 보내야 하는데, 실수로 단축번호를 잘못 눌러 경쟁업체에 정보를 고스란히 갖다 바친 적도 있었어요. 그로 인한 손실은 그 직원의 몇 년 치 연봉보다 더 컸죠. 이래서는 도저히 안 되겠다는 생각에 디테일에 관한 책을 여러 권 쓰고 강연도 하게 됐습니다. 유능한 사원과 무능한 사원, 초일류기업과 아닌 기업, 선진국과 후진국의 차이는 모두 디테일에서 비롯됩니다. '대충대충 적당히'는 절대 안 됩니다.[55]

원대한 전략과 방향 설정도 결국 디테일에서 시작된다는 그의 설명이 추가로 이어진다. 여기 또 하나의 중국 이야기가 있다. 지금은 세계 최대의 가전회사가 된 하이얼Haier의 장루이민 회장도 역시 같은 신문과의 인터뷰에서 태도와 정신을 강조하고 있다. 그의 말을 들어보자. "혁신은 기업의 모든 디테일한 부분에서 나옵니다. 사람들의 태도와 정신을 바꾸는 것이 중요합니다. 처음에는 불편해도 스스로에게 강제하고 단계적으로 반복 훈련을 하면 습관이 됩니다. 습관을 들이기는 어렵지만 나중에는 자연스럽고 편안해지죠. 개인뿐 아니라 조직이나 기관도 이런 식으로 변해야 합니다. 작고 사소한 부분까지 모두 완벽한 사람은 이 세상에 없습니다. 모든 고객을 만족시키기도 불가능하죠. 하지만 '디테일은 태도에 관련된 문제'입니다. 일을 잘 해내고 싶은 욕구, 완벽함을 추구하는 마음이 있어야 합니다. 작고 사소한 걸 무시하면 만회할 수 없는 심각한 타격을 입을 수 있습니다. 천 리 둑도 작은 개미구멍 때문에 무너집니다."

큰 성공을 거둔 사람과 작은 성공을 거둔 사람의 차이는 바로 종이 한 장 차이, 즉 디테일에 있다. 기업도 마찬가지다. 기업이 제품의 어떤 한 곳에서 디테일을 개선할 경우 소비자에게는 1%의 편리함을 증대시켜줄 뿐이더라도, 시장 점유율에서는 그 1%의 편리가 몇

배의 차이를 가져올 수 있다. 이유는 간단하다. 비슷비슷한 상품과 성능이 넘쳐나는 세상에서 모든 것이 상쇄되고 나면 마지막 남은 1% 의 디테일이 기업의 운명을 결정하기 때문이다.[56] 이는 왕중추의 견해처럼 비단 기업의 제품에만 국한되는 것은 아니라고 본다. 디테일은 바로 변화와 혁신에 임하는 태도와 직결된다.

《마음의 시계》의 저자인 앨런 랭어는 삶을 대하는 태도와 자세가 노화에 미치는 영향을 파헤쳐 센세이션을 일으킨 적이 있다. 그녀는 이 책 전반을 통해 노화는 인간 발달상의 한 단계일 뿐 쇠퇴나 상실을 의미하지 않으며, 그 과정이나 결과 또한 대부분의 사람들이 생각하듯 미리 결정되어 있는 것이 아니라고 주장한다. 문제는 나이가 들어간다는 생물학적 사실이 아니라 그것을 대하는 우리의 사고, 노화에 대처하는 우리의 태도라는 것이 랭어 박사가 주장하는 핵심 요지이다.

80세 남자는 더는 50세 때만큼 테니스를 칠 수 없다는 데 좌절하지만 어쩌면 문제는 그가 더는 똑같은 방식으로 경기를 할 수 없다는 사실이 아니라, 여전히 똑같은 방식으로 테니스를 치려고 애쓴다는 데 있는지도 모른다. 생각과 태도가 문제인 것이다. 마음의 시계를 거꾸로 돌린다면, 육체의 시간도 되돌릴 수 있다는 뜻에서 '시계 거꾸로 돌리기 연구Counterclockwise study'라 이름 붙여진 유명한 실험이 있다. 랭어 박사에 의해 행해진 노화와 육체의 한계에 도전하는 단순하고도 혁신적인 심리 실험을 통하여 우리는 다시금 삶을 대하는 태도의 중요성을 일깨울 수 있다. 실험을 요약하면 다음과 같다.

1979년 9월, 인기척이라고는 느껴지지 않는 한적한 시골 마을에 8명의 노인이 당도했다. 1959년의 풍경으로 가득 꾸며진 집에서 노인들은 미국 최초의 인공위성이 발사되는 장면을 흑백 텔레비전으로 지켜보고, 당시의 라디오에서 흘러나오는 노래를 듣고 옛날 영화를 보았다. 무엇을 먹을 것인지를 스스로 결정하는 데서부터 그간 하지 못했던 육체적 활동을 하며 일상생활을 지낸 노인들.

단 일주일, 1959년의 세상에서 스스로의 힘으로 일상을 영위한 지 단 일주일 만에 놀랍게도 노인들은 신체 나이를 20세 거슬러 올라가 실제로 "젊어졌다!" 한 노인은 지팡이를 집어던지고 꼿꼿한 자세로 걷기 시작했으며, 또 다른 노인은 연구원들의 미식축구 경기에 동참하기도 했다. 스스로 선택하고 책임졌던 과거의 젊은 시절로 돌아가 불과 일주일을 보낸 결과였다.[57]

우리를 틀에 가두는 것은 신체가 아니라 신체가 한계를 지닌다고 믿는 스스로의 태도와 사고방식인 것이다.

3. 행동Action의 변화 – 실행

최근 혁신과 재발견, 창조적 사고, 도전적 목표, 학습조직 등을 설파하는 업종까지 생겨날 정도이니 변화와 혁신이 최근의 화두인 것만은 틀림없는 것 같다. 물론 이러한 개념을 이해할 필요는 있지만, 아무리 창조적인 아이디어라도 구체적인 행동이 뒷받침되지 않는다면 허상에 지나지 않는다. 변화된 행동은 실행으로 옮겨져야 한다. 《실행에 집중하라》의 저자인 래리 보시디는 실행을 다음과 같이 정의하고 있다. 즉 "실행이란 목적과 방법을 검토하고 의문을 제기하며 끈기 있게 추진하고 책임관계를 명확히 하는, 체계적이고 엄격한 프로세스"라는 것이다. 실행은 단순한 전술이 아니다. 조직의 문화이자 일하는 방식, 즉 시스템을 의미한다. 따라서 조직의 전략과 목표, 그리고 기업문화 속에 반드시 스며들어야 하는 핵심요소이자 목표를 달성하고자 하는 열망과 결과 사이의 연결고리이다. 조직의 리더는 행동하는 리더, 실행하는 리더, 적극적으로 참여하는 리더로 거듭나야 한다.[58]

1) 경로 요인Channel Factor

여러분이 자동차회사 마케팅 부서에 근무한다고 가정해보자. 특정 제품의 구매율을 높이기 위해서 전국 각지에서 4만 명 이상의 사람들을 표본으로 선정하여 조사를 실시한 결과, "향후 6개월 안에 새 차를 구매할 의사가 있습니까?"라는 간단한 질문만으로도 구매율을 35%나 높일 수 있다면 믿을 수 있겠는가. 다른 예를 살펴보자. 공공기관에서 국민들의 건강을 개선하기 위한 조치들을 취하도록 독려하는데 건강 관련 행동의 경우, 역시 의향을 측정하는 것만으로도 현저한 변화를 이끌어 냈다는 것이다. 사람들은 다음 주에 몇 번이나 치실을 사용하여 양치질을 하겠느냐는 질문을 받으면 치실을 보다 자주 사용하게 되고, 다음 주에 기름진 음식을 섭취할 의향이 있느냐는 질문을 받으면 기름진 음식의 소비를 줄이게 된다는 것이다. 사람들에게 의향을 물어보는 것만으로도 행동의 변화를 유도할 수 있다는 것이다. 여기에 언제 그리고 어떻게 할 계획인지 등의 구체적인 질문을 추가하게 되면 그 영향력은 강화될 수 있는 것이다. 대단한 심리학적 통찰이 아닐 수 없다. 이는 앞서 변화관리 3단계 모델에서 언급한 사회심리학자 커트 레빈이 경로 요인Channel Factor이라고 명명한 것으로서, 《넛지》라는 책을 통해 널리 알려진 '타인의 선택을 유도하는 부드러운 개입' 또는 특정한 행동들을 촉진하거나 방해하는 작은 영향력을 의미한다. 여기서 '경로'는 얼었던 강이 봄에 녹으면서 생겨나는 통로와 흡사하다. 이 경우, 통로는 주변 환경의 아주 사소한 변화로 보이는 것들에 의해 결정될 수도 있다. 사람들의 경우에는 이처럼 작은 요인들이 사람들이 '취하고자 하는' 행동에 대해서 놀랍도록 강력한 억제제가 될 수 있다고 보는 것이다. 우리는 종종 조직 구성원들을 특정한 방향으로 밀어붙임으로써 강력한 저항에 부딪히곤 한다. 이럴 경우 작은 장애물을 제거함으로써 보다 수월하게 바람직한 행동을 이끌어 낼 수 있는 것이다.[59] 조직의 변화와 혁신에 있어서는 실행과 리더의 솔선수범이 바로 '넛지'라고 감히 말할 수 있을 것이다. 리더가 매일 아침 출근하자마자 현장으로 가서 주변을 정리한다거나, 휴지나 담배꽁초를 휴지통에 버리고, 환경이나 안전에 이상이 없는지를 몸소 점검하는 것을 지속적으로, 행동으로 보여준다면 이처럼 강력한 메시지, 명확한 넛지는 없을 것이다.

2) 8단계 행동 모델

변화관리의 대가인 존 코터는 《기업이 원하는 변화의 기술》에서

'보고, 느끼는' 것이 '분석하고 사고하는' 것보다 중요함을 강조하고 있다. 변화의 모든 단계에서 성공하는 조직은 문제가 무엇인지 그리고 문제를 어떻게 해결해야 하는지를 사람들에게 보여주는 것에 중점을 둔다. 결코 데이터의 수집, 분석[60] 그리고 보고서의 작성 및 프레젠테이션에 매달리지 않는다는 것이다. "극적이고 가시적이며 불가피한 상황을 만들어서 사람들이 문제나 혹은 문제에 대한 해결방안을 눈으로 볼 수 있도록" 만들어야 한다는 것이다. 이렇게 함으로써 변화를 방해하거나 억제하는 부정적인 감정들을 감소시키고, 변화를 지지하고 유용한 행동을 유도하는 감정들을 증대시키게 된다. 이러한 감정적 반응들은 아무리 큰 어려움이 닥치더라도 조직 구성원들이 변화의 단계를 따라 움직이게 만드는 동력원이 된다는 게 그의 주장이다.

이처럼 감정에 호소하는 무엇인가를 직접 보게 하는 것이 변화와 혁신의 핵심요소이며, 조직 구성원의 '행동'의 변화는 사고에 영향을 주는 분석 자료만으로는 충분하지 않다는 것이다. 그가 제시하는 8단계 변화관리 모델은 모든 단계에서 가장 핵심적인 것은 조직 구성원의 '행동'을 변화시키는 것임을 강조하고 있다. "행동을 대폭적으로 바꾸겠다는 변화에 대한 요구가 중요하다"는 것이다. [표 28]은 이처럼 변화를 성공으로 이끄는 8단계 행동 모델을 보여주고 있다.

[표 28] 변화를 성공의 이끄는 8단계 행동 모델

단계	행동	핵심 이슈	새로운 행동
1	위기감을 고조시킨다.	세상이 어떻게 변하고 있는 지를 무시하려는 조직 구성원들의 행동. 문제에 직면해도 두려워하거나 아무것도 하지 않으면서 불평만 함.	사람들이 다음과 같이 말하기 시작한다. "자, 가자. 변화해야 한다." 이제 행동해야 한다고 느끼도록 해주는 강한 이미지가 필요하게 된다.
2	변화 선도팀을 구성한다.	변화의 과정에서도 특히 다른 구성원의 신뢰와 몰입을 이끌어내야 하는 위치에 있는 리더의 행동.	변화를 지도하기에 충분한 힘을 가진 사람들로 팀을 구성하여 함께 작업을 시작하도록 한다.
3	비전을 새로이 정립한다.	사람들이 바람직한 비전과 전략을 창출하는 방식으로 행동하기 시작.	변화 선도팀은 변화 노력에 필요한 올바른 비전과 전략을 개발한다.
4	의소소통을 실시한다.	의사소통을 통해 사람들을 비전에 동참하도록 유도.	사람들이 변화에 동참하기 시작하면, 이는 그들의 행동으로 나타난다.
5	행동을 위한 권한을 부여한다.	변화를 거부하거나 변화에 필요한 권한부여를 거부하게 됨. 강등이나 해고를 고려하게 됨.	많은 사람들이 비전을 달성하기 위해 행동할 수 있다고 느끼며, 실제로 행동한다.
6	단기간에 성공을 이끌어낸다.	–	사람들이 비전을 달성하기 위해 노력하고 변화에 저항하는 사람들이 점차 줄어듦에 따라 추진력이 형성된다.
7	속도를 늦추지 않는다.	회사 중역들의 행동이 변화 프로세스에 요구하는 수준에 못미침.	비전이 충족될 때까지 지속적인 변화의 물결을 만든다.
8	조직에 변화를 정착시킨다.	–	전통의 방해나 변화 관리 리더의 교체와 같은 사안이 발생하더라도 새로이 형성된 행동이 지속된다.

3) 행동은 변화의 바이러스

《괴짜 심리학》을 쓴 영국의 심리학자 리차드 와이즈먼은 《립잇업》이라는 책을 통해 행동의 중요성을 집중적으로 탐구하고 있다.[61] 우리는 어떤 생각이나 감정을 품으면 그에 따른 행동이 나타난다고 생각한다. 그러나 사실은 그와 반대다. 그는 "지금까지 하지 않았던 아주 작은 행동을 하는 것이 '변화 바이러스'라고 할 수 있다"며 "일단 행동하면 뇌가 알아서 한다"고 주장한다.

그에 의하면 간식을 손으로 살짝 밀쳐봄으로써 살을 뺄 수 있고, 주먹을 꽉 쥐어보는 것이 마음의 흔들림을 막아내는 의외로 멋진 결과를 만들어낼 수 있다. 갑자기 긍정적인 '생각'을 떠올리며 웃으라는 게 아니라, 이런 저런 생각 없이 그냥 입술 양 끝을 올리는 '행동'부터 하라는 것이다. 마음과 관계없이 일단 행동부터 한다는 것은 사실 그렇지 않지만 그런 '척'하는 것이라고도 할 수 있다. 2000년대 초중반 L사의 모토였던 '빠른 실행력'은 행동의 중요성을 결정적으로 담아놓은 실행 엔진이었다. 나는 경력사원으로 입사했는데, 전체 경력사원 워크숍에 참여한 적이 있었다. 여기에서도 일단 행동을 먼저하고, 생각을 그 다음에 하라는 메시지를 지속적으로 전달하였다. 그때는 '무슨 되지도 않는 소리인가?' 했는데, 이게 실제 업무를 추진하는 데 가장 적절한 해법이었다는 것을 나중에야 깨달았다. 생각만 하고 있으면 도저히 파워포인트로 기안문이나 표준문서 한 장을 만들 수가 없는데, 일단 되든 안 되든 빈 양식을 가져다 놓고 초안을 작성한다는 심정으로 임하다 보면 어느새 완성이 되어 있었던 것이다.

현업과의 미팅에서도 안 된다는 '생각'으로 미팅만 하게 되면 진짜로 아무 결과 없이 그냥 워크숍만 하고 마는 결과를 낳게 되었는데, 뭔가를 만들어내겠다는 목표를 세우고 실행 중심으로 진행하다보면 큰 성과는 아니더라도 일정 정도 일을 진행할 수 있었던 것이다.

와이즈먼은 현대 심리학의 두 거장인 지그문트 프로이트와 윌리엄 제임스 중에서 윌리엄 제임스가 현대의 삶을 살아가는 데 있어서 보다 가치 있는 메시지를 전달한다고 생각한다. 독자 여러분들은 심리학 하면 단연 프로이트를 떠올리게 될 것이다. 우리에게는 《꿈의 해석》으로 널리 알려진 정신분석의 시조 격인 프로이트는 심리 문제를 해결하려면 사람의 무의식 깊은 곳을 파고들어야 한다고 보았다. 반면, 윌리엄 제임스는 프로이트의 심리 분석을 '위험한 접근 방식'이라고 지적하며, 그가 망상에 빠져 있고 고정관념에서 벗어나지 못하고 있다고 말했다. 보통 화가 나면 적극적이고 공격적인 행동으로 감정을 분출해야 정신 건강에 이롭다는 것이 프로이트의 처방이다. 그러나 제임스는 화가 났을 때 더 차분하게 행동할 것을 처방한다. 화를 내는 행동 때문에 더 화가 나기 때문이다.

둘 중 어느 쪽이 더 효과가 있는지 검증한 실험이 있다. 회사의 해고 통보를 받은 사원들을 두 집단으로 나누어, 지금 얼마나 화가 나는지 이야기하도록 했을 때와 그와 상관없이 업무에 대한 중립적인 이야기를 하도록 한 후 감정 상태를 조사했다. 프로이트의 처방이 효과 있다면 실컷 화를 내며 회사를 비난한 사원들은 감정을 표출한 만큼 차분해져야 할 것이다. 그러나 결과는 제임스의 승리였다. 중립적인 이야기를 한 사원들이 더 빨리 분노를 조절했던 것이다. 제임스의 가정 원칙 효과가 검증되자, 행동을 정신을 이끄는 도구로 활용할 수 있게 되었다. 같은 방식으로, 우울할 때도 우울하게 행동하며 기분이 바닥을 치기를 기다릴 것이 아니라, 연필을 입에 물어 인위적으로 웃는 표정을 지어보거나 즐거운 척 막춤을 추는 것이 훨씬 도움이 된다.

하버드 대학교의 철학자이자 심리학자였던 윌리엄 제임스는 현대 심리학의 아버지로 통한다. 그는 사람이 왜 기쁠 때 웃고, 많은 사람 앞에 서면 긴장되는지 등 현실적이지만 당연하게 여겨지는 심리적 현상들을 탐구한 끝에, 감정이 행동을 만드는 것이 아니라 '행동이 감정을 만들어 낸다'는 사실을 발견했다. 이것을 윌리엄 제임스의 '가정 원칙'이라 하는데, 와이즈먼은 제임스가 100년 전에 제시한 이 원칙을 자신이 소개하는 최신 행동 처방의 핵심 이론으로 끌어온다.

이 가정 원칙에 의하면 외향적 성격 때문에 적극적 행동을 하는 게 아니라 적극적 행동을 하다보면 외향적인 성격이 생긴다는 것이다. 또한 상식적인 인과관계로 보자면 '나는 영화를 좋아하기' 때문에 '영화를 보러가는' 것이지만, 가정 원칙에 의하면 '영화를 보러가는' 행동을 하기 때문에 내가 '분명 영화를 좋아하게' 된다는 것이다. 이러한 예는 얼마든지 있을 수 있다. 간단히 말해서 행복하기 때문에 웃는 것이 아니고 웃기 때문에 행복할 수 있고, 무섭기 때문에 도망치는 게 아니고 도망치는 것 때문에 무서움이 생긴다는 것이다. 100년 전의 보수적인 심리학계에서는 '수박 겉핥기 식의 심리학적 설명'이라는 맹비난을 받았지만, 현대에 와서는 인간의 심리를 가장 적절히 설명할 수 있는 이론으로 자리매김하고 있다. 와이즈먼은 성격이 뇌 속에 결정되어 있는 것이 아니라 환경에 따라 다르게 행동하면 종종 바뀌기도 한다는 사실을 통찰하고 있다. 즉 소극적인 행동을 할수록 내향적인 사람이 되고, 적극적인 행동을 할수록 외향적인 사람이 된다는 것이다.

남들을 설득하고 싶다면 일단 작동 행동부터 실천해보자. 큰 힘을 발휘하게 될 것이다. 한국전쟁 휴전 협정 이후, 북한은 미군 포로들을 모두 석방했다. 그런데 21명의 미군이 북한에 남기를 원했고, 송환된 미군들 중 상당수도 공산주의를 열광적으로 찬양하는 일이 일어났다. 북한에서 고문이나 세뇌라도 당한 것일까? 그렇지 않다. "그들은 공산주의에 대한 미군 포로들의 태도를 완전히 바꾸어 놓았고, 급기야 일부 포로들은 본국으로의 송환을 거부하도록 만들었다. 공산 진영은 굳이 고문이나 세뇌에 의존할 필요가 없었다. 다만 포로들 스스로가 공산주의를 지지하는 연설을 반복적으로 하도록 하고, 그러한 연설을 수행하는 자신의 모습을 관찰하도록 만들어 놓았다. 그리고 그들의 믿음이 이러한 경험과 조화를 이루기까지 기다렸다." 와이즈먼의 분석이다. 행동이 믿음을 만들어낸다는 사실을 응용한 설득법의 힘이었다는 것이다. 그는 또한 상대방이 여러분의 의견을 받아들이도록 만들고 싶다면 대화를 나누는 도중에 미묘하게 자신의 고개를 끄덕여 보라고 권한다. 그러면 상대방은 여러분의 행동을 자기도 모르는 사이에 따라 하게 되고, 여러분이 주장하는 바에 이상하게 끌리게 된다는 것이다.

이렇듯 사람들은 어떤 행동을 시작하면 자기 행동을 해석해서 신념을 갖는 경향이 있다. '거울 보며 연설하기' 실험이 이것을 증명해 주는데, 사람들에게 자신이 반대하는 정당을 도리어 옹호하는 내용으로 짧게 연설을 시키고, 연설을 하는 동안 거울로 자신의 모습을 바라보도록 했다. 이 실험 후 그들의 정치 견해를 조사하자 자신이 반대했던 정당에 대한 반감이 훨씬 누그러져 있었다. 미군 포로들이 겪은 과정이 바로 이러한 '거울 보며 연설하기' 실험과 동일한 맥락에서 해석할 수 있는 것이다.

행동은 마음가짐보다 훨씬 빠르게 변화를 불러온다. 행복을 더 크게 느끼고, 걱정과 불안을 떨치고, 즐거운 연애를 지속하고, 몸매를 멋지게 가꾸고, 자신감을 회복하고, 창의력을 키우고, 노화를 방지하는 비법은 거창한 프로젝트 속에 있는 것이 아니다. 밀치고, 당기고, 주먹을 쥐고, 고개를 끄덕거리는 조그만 행동 속에 있는 것이다.

와이즈먼의 통찰에서 우리가 배울 수 있는 것은 '일단 해보자'. 그리고 '작은 것부터, 쉬운 것부터' 해보자는 것이다. 조직 내에서 변화와 혁신을 추진하려면 '일단 조금 쉬운 행동을 해보자'는 자세가 필요할 것이다. 탄산음료를 아예 안 먹는 것은 큰 자제력이 필요하지만, 대신 작은 컵으로 먹는 것은 좀 쉽다. 집에서 직장까지 걸어가는 것은 힘들어도, 한 정거장 먼저 내려 걸어가는 것은 해볼 만한 일이다. 뭔가를 본격적으로 하는 것보다 일단 가장 쉬운 단계를 시작하도록 만든 것이다. 본인이 생각하기에 너무 별 볼일 없어 보일지라도 일단 개선제안을 매월 한 건씩 제출하는 것에서부터 출발하자. 자신감 있는 행동도 변화와 혁신을 추구하는 데 중요한 요소이다. 행동의 중요성을 보여주는 실험이 있다.

우선 첫 번째 그룹에는 자신감을 나타내는 두 가지 자세를 보여주었다. 여기서 일부에게는 책상 앞에 다리를 걸치고 시선을 위로 향하면서 두 손을 머리 뒤로 깍지 끼도록 했다. 다른 일부에게는 책상 뒤에서 앞으로 몸을 숙인 채 손바닥으로 책상을 짚도록 했다. (중략) 그리고 실험관에 타액을 받아 그 성분을 분석해보았다. 그 결과, 자신감 자세 그룹이 그렇지 않은 그룹에 비해 테스토스테론 수치는 더 높고, 코르티솔 수치는 더 낮은 것으로 드러났다. 결론적으로 말해서, 잠깐 동안의 지배적인 자세가 몸속 화학적 구성까지 바꾸었던 것이다.

너무 버릇없이 행동하라는 말이 아니다. 하나하나의 행동에 자신감이라는 옷을 입히면 나도 모르게 긍정적인 마인드로 바뀔 개연성이 커지는 것이다. 이러한 사례는 조직 내에서 얼마든지 찾을 수 있다.

내가 알고 있는 대기업의 과장은 얼마 전에 그 회사의 주재원으로 외국에서 근무하게 되었다. 항상 업무에 대한 자신감에 넘쳐 있던 사람이었지만, 웬일인지 그곳에서는 주눅이 들어있는 것 같았다. 왜 그러냐고 물어봤더니 법인장과의 관계, 주재원들과의 관계 그리고 현지인들과의 관계 등이 모두 좋지 않게 되어서 자세가 오그라들고, 행동이 굼뜨게 되고, 그 결과 전반적인 상황이 더더욱 안 좋아지는 악순환의 굴레를 벗어나지 못하고 있다는 것이다. 참으로 안타까웠다. 반면, 중국 현지 업체의 경영혁신팀장은 항상 사신감 있는 목소리와 행동을 통해 분위기를 주도하게 되고, 워크숍을 하게 될 때나 지도를 하게 되더라도 항상 직원들의 호응을 이끌어 냈었다. 정반대의 양상인 것이다. 행복하기 때문에 웃는 게 아니라 웃기 때문에 행복하다는 말이 있다. 갈수록 이 말의 진가를 느끼게 된다. 한 번도 해본 적이 없는 새로운 일에 과감하게 도전해본다면 정체되어 있고, 자신감 없는 자신을 극복할 수 있는 현실적인 방법이 될 것이다. 사소한 행동의 변화가 큰 차이를 만들어낼 수 있다. 일상에서 소소한 선택의 기회를 주고, 물리적인 환경을 약간만 변화시켜도 우리의 건강과 행복은 향상될 수 있다. 계단 옆에 손잡이를 달고, 현관 앞에 선반 하나를 두는 등 각각에 맞는 조그만 변화로도 큰 차이를 만들어 낼 수 있다.[62]

조직 구성원들의 인지, 태도, 행동의 변화는 공식적인 교육 과정 뿐만 아니라 조직 내의 여러 가지 상황, 환경 등에 의하여 일어날 수 있다. 이 책을 읽는 여러분들도 학교를 나와서 맨 처음 접하는 사회 집단은 (우리나라의 경우는 군대도 있겠지만) 아마 대부분 회사일 것이다. 조직 구성원은 팀 내에서 리더와 동료의 사랑을 받으며 팀의 한 구성원으로서 역할을 수행하게 된다. 이러한 과정을 거치면서 여러분은 앞으로 접하게 될 회사생활에 필요한 기초적인 부분들을 배워나간다. 가정과 같은 혈연 중심의 운명 공동체이자 최초의 교육 환경이 될 수는 없겠지만, 인생의 절반 이상을 같이 하게 되는, 어찌 보면 가족보다 더 많은 시간을 같이 하게 되는 공동체가 되는 셈이다.

회사에 다니다 보면 다양한 교육을 받을 기회가 생긴다. 기술적인 교육뿐만 아니라 조직 구성원으로서의 태도, 가치관, 자세, 에티켓 등을 포함한 아주 기초적인 교육을 접하게 되는 것이다. 그러나 이러한 교육이 매우 중요함에도 불구하고 기술교육, 직능교육과 비교해봤을 때 상대적으로 매우 미미하게 배정되는 게 현실이다. 당장 구성원으로서 '밥값'을 해야 하기 때문이다. 당연히 리더나 조직 구성원들도 기술, 직능교육에 매달리게 되고 본질적인 교육은 신입사원 교육, 과장진급 교육 시에만 하는 일시적인 처방에 불과하게 되는 것이다.

물론 리더가 조직 구성원의 지식, 기술에 대해 기대를 하는 것은 당연한 결과이다. 하지만 직원의 발전해가는 모습이나 마음은 고려하지 않은 채 더 많은 것을 요구하고 이에 따라 주기를 바라는 게 현실이다. 조직 구성원의 능력을 가장 잘 알고 있는 사람은 리더이며, 그 능력을 발휘할 수 있도록 도와주는 역할을 해야 하는 사람 또한 리더이다. 직원들의 모델 또한 리더이다. 리더를 통해 배우고, 리더의 언어, 품성 등을 많이 모방하게 되는 것이다.

그렇게 때문에 리더가 먼저 올바른 행동을 해야 하며, 또한 조직 구성원 못지않게 배우는 자세로 임해야 하는 것이다. 직원에게 요구만 하기 전에 리더가 먼저 그 행동을 모범으로 보여줘야 한다는 것은 귀가 닳도록 들어온 얘기이다. 리더가 항상 뒤에서 격려하고 있음을 잊지 않고, 스스로 무언가를 해낼 수 있는 자신감을 가지며 회사에 보탬이 되도록 성장하는 직원, 자신이 충분히 인정을 받고 있다는 것을 느낄 수 있도록 하고, 무작정 업무를 추진하는 것이 아니라 학습하는 자세로 주어진 환경과 방법을 익히고 이 모든 것을 실천하는 직원이야말로 말 그대로 '변화의 씨앗'이라고 말할 수 있지 않을까? 물론 쉽지는 않겠지만 말이다.

결국 리더나 조직 구성원의 태도와 행동의 변화는 리더와 조직 구성원 모두의 꾸준한 실천과 노력, 눈에 보이지 않는 긍정적인 분위기, 이러한 분위기를 방해하는 것들을 하나하나 슬기롭게 헤쳐 나가는 팀워크 등이 한데 모여서 이루어지는 것이라고 볼 수 있다. 또한 우리는 조직의 변화와 혁신이 하향식으로 전개될 때에만 이루어진다고 종종 믿고 싶어한다. 흔히 "내 상사(또는 최고경영자)만 변화된다면 모든 것이 잘 될 거야"라고 말하고 싶은 유혹이 간절하다. 그러나 우리는 안다. 변화와 혁신은 사람들이 각자 맡은 자리에서 무언가를 실천으로, 행동으로 옮길 때에만 일어날 수 있다는 것을.[63]

필자가 자주 예로 드는 한국 기업의 중국법인 법인장은 부임한 지 3년이 돼가는데, 지금도 아침 7시에 출근해서 현장을 점검하고 스스로 쓰레기를 줍는 행동을 계속하고 있다. 처음에는 "저거 쇼에 불과할 거야. 얼마 안 가서 그만 두겠지"라고 생각했던 현지인들도 이제는 변하고 있다. 이제는 스스로 자기 업무가 이루어지는 곳 주변을 깨끗이 하려는 행동의 변화가 일어나고 있는 것이다. 비록 사소하지만 지속적으로 실천하는 행동이 현지인들을 자각하게 하고, 태도에 변화를 일으키게 되고, 이는 그들 스스로의 행동의 변화로 이어지게 되었던 것이다. 리더는 어디 하늘에서 뚝 떨어지는 게 아니다. 실천하는 현장에서, 바로 당신의 옆에서 세세한 것을 바꾸어 나가는 사람이 있다면 그가 바로 리더인 것이다.

제6장

진정성

진정성이란 자신의 깨달음과 감동에서 받은 감정이 담긴 무
언가를 말하는 것이다.[1]

1. 한국사회에서의 진정성이란?

진정성이라는 단어는 정치, 경제, 문화 등 다양한 방면에서 다양
한 관점으로 쓰이고 있다. 요즘 진정성이라는 단어를 가장 많이 쓰는
집단을 꼽으라면 단연 여의도에 있는 '정치인' 집단이 아닐까 싶다.
또한 사회지도층이 가장 애호하는 단어도 바로 이 '진정성'이 아닌가
싶다. 가장 진정성이 없다고 여겨지는 곳에서 말끝마다 진정성을 운
운하는 것을 보면 헛웃음이 나올 때가 한두 번이 아니다. 그들의 말
을 한 번 들어보도록 하자.

이명박 대통령은 4월 1일 청와대 춘추관에서 특별기자회견을 갖고
신공항 사업이 백지화가 된 것에 대해 "결과적으로 공약을 지킬 수 없

게 된 것에 대해 매우 안타깝고 송구스럽게 생각한다"며 고개를 숙였다. 이에 한나라당은 "진정성 담긴 기자회견"이라고 평가했다. (뉴스엔, 2011. 4. 1)

동반성장과 대기업의 진정성 – 대기업들이 진정성을 가지고 협력 중소기업들과 상생할 길을 적극적으로 모색하여야 한다. 대기업들의 모임인 전경련도 재계의 이익을 대변하는 차원을 넘어서 국민경제의 관점에서 대기업의 역할을 모색하는 방안을 진지하게 고민하여야 한다. (국민일보, 2011. 3. 20)

조현아, 사과쪽지 속 '미안함'은 진심일까?…박창진 사무장 "진정성 없어" (중략) 박창진 사무장은 "(쪽지를 보고) 더 참담했다"며 "진정성을 가지고 사과할 것이라 생각했으나 전혀 준비된 사과가 아니었고, 한 줄 한 줄에 저를 배려하는 진정성은 없었다"고 말했다. 그러면서 "그 사람(조 전 부사장)은 변하지 않았다"고 덧붙였다. (스포츠조선, 2014. 12. 19)

이상돈 중앙대 명예교수는 3일 새누리당이 보수혁신특별위원회를 구성하는 등 혁신 움직임을 보이는 것과 관련해 "새누리당의 혁신 움직임은 진정성이 없다"고 비판했다. "새로운 쇄신과제를 다루기보다 국민과의 약속으로 내놓았던 약속을 지켜야 되는 것이 아닌가"라며 이같이 밝혔다. 이 교수는 "그런데 문제는 새누리당이 이런 공약을 거의 지키지 않은 것이다. 거의 파기하다시피 했다"고 지적했다. (민중의 소

리, 2014. 10. 3)

도대체 진정성과는 전혀 관계가 없어 보이는 개인이나 집단이 진정성이라는 말을 입에 달고 산다. 이처럼 TV 등 각종 매체에서 제발 자신의 진정성을 알아 달라고 간절하게 외치는 정치인을 보았을 때, 진정성과 수억 킬로미터도 더 떨어져 있을 것 같은 사람의 입에서 '진정성'이라는 말이 튀어나오는 순간 사람과 사람 사이의 진정성과 참다운 만남의 의미에 대해 의심하게 된다. 한편 다음과 같이 누구나 동의하는 진정함, 진실함이 드러나는 일들도 이에 못지않게 우리사회에서 간혹 볼 수 있다.

'나가수' 음악 진정성에 시청자 돌아왔다 – 진정성 있는 음악의 힘은 컸다. 논란 속에 27일 2시간 45분 동안 방송된 MBC 예능프로그램 '나는 가수다'가 음악의 힘 속에 봇물같은 응원을 얻고 있다. (OSEN 연예, 2011. 3. 28)

'워낭소리', 다큐의 고정관념 깬 진정성의 힘 – 설 연휴에 개봉해 기대 이상의 화제와 입소문을 불러 일으킨 '워낭소리'의 흥행 요인은 다큐멘터리가 지니는 진정성과 깊은 울림에 있다. (조이뉴스 24 연예, 2009. 2. 5)

"당장 손해 보더라도 끝까지 진심으로 손님을 대하는 것 말고는 특별한 비결이 없는 것 같습니다." 인터뷰 내내 "진정성밖에 없다"는 말을 반복했다. "제가 모임을 만들면 다들 차 팔려고 한다고 생각하죠. 하지만 차를 사 달라고 하는 순간 모임은 깨지기 마련입니다. 모임에서 꾸준히 제가 누군가를 속일 사람이 아니라는 걸 보여주죠. 저는 후배들에게 '나는 그냥 놀기만 한다'고 해요. 사람들하고 잘 노는 게 비결이라면 비결입니다. 화를 내는 건 3초지만 사과하는 데는 3일이 걸립니다. 지금 당장 손해 보더라도 끝까지 성의 있게 손님을 대하면 다른 손님까지 소개해줘 결국은 플러스가 됩니다. 손해 본다고 감정을 드러내면 그 손님은 영원히 손해로 끝나고 말죠." (한국경제, 2015. 2. 27)

이처럼 『워낭소리』나 『나는 가수다』와 같은 경우는 그야말로 진정성이라는 말이 딱 어울린다 하겠다. 마찬가지로 영국의 『브리튼즈 갓 탤런트』에 나왔던 폴 포츠와 수잔 보일이 세계적인 인기를 얻고, 미국의 『언더커버 보스』에서 최고경영자들의 현장 체험이 누구에게나 감동을 주며, 국내에서는 『슈퍼스타 K』를 통해 여러 명의 스타가 나올 수 있었던 것은 그들에게 진실함, 바로 진정성이 있었기 때문이다. 마지막에 나와 있는 내용은 12년 연속 '기아차 판매왕'에 빛나는 박광주 부장이 한국경제신문과 인터뷰한 내용이다. 뒤에 곧 나오겠지만 이제는 진정성이 곧 마케팅과 세일즈의 핵심요소가 되고 있는 것이다.

이건 어떤가? 얼마 전에 시사주간지 〈시사인〉에서 『1박 2일』, 『꽃보다 할배』, 『꽃보다 누나』, 『삼시세끼』 등을 연출하면서 탤런트나 배우보다 더 유명한 프로듀서가 된 나영석 PD를 인터뷰한 기사이다.

한번 그의 육성을 들어보도록 하자.[2]

Q: 창의적 아이디어 만들기가 쉽지 않을 텐데, 나름의 노하우가 있다면?
A: 후배들에게 '아이디어를 좀 내봐, 너 좋은 아이디어 없냐?' 하는 회의는 의미 없다. (중략) 내가 중요하게 생각하는 것은 회의에 참석한 캐릭터의 특성을 파악하는 것이다. '저 친구는 어떤 성향인지, 뭘 좋아하고 싫어하는지, 편견이 심한지 그렇지 않은지, 판단은 믿을 만한지' 등등. 스테프들의 캐릭터를 파악하고 있어야 한다.
Q: 그것이 아이디어를 얻는 데 어떤 도움을 주나?
A: (중략) 회의 중에 20대에 관련된 아이디어가 나오면 난 그 작가의 표정을 살핀다. '쟤가 어떤 표정을 짓고 있지? 지루해 하나? 아님 반짝반짝 관심을 나타내나?' 그들의 진짜 속마음을 휙휙 지나가는 반응이나 표정에서 읽어야 한다. 그것을 판단의 근거로 삼는 경우가 많다. 그래서 평소에 스태프들의 캐릭터를 파악해두는 것이 중요하다.
Q: 예능은 집단창작의 성격이 강하다. 함께 일하는 사람과의 관계가 매우 중요할 것 같다.
A: 좋은 관계를 유지하려면 솔직해야 한다. 모든 사람은 자기 권력구조 안에서 대답하지 진심을 잘 말하지 않는다. (중략) 동료라고 하면 그 관계를 떠나서 이야기할 수 있어야 한다. 나도 알몸을 보여주고 상대도 자기 알몸을 보여주는 관계여야 한다. 어느 날 갑자기 옷을 입고 오지 않도록 관계를 맺어가는 게 중요하다고 생각한다.

인터뷰를 진행했던 KBS의 황용호 PD는 또 이런 이야기도 전하고 있다. "나 PD가 이런 이야기를 한 적이 있다. '다른 예능 프로가 웃음 80%, 나머지가 20%라면 우리는 웃음 40%, 나머지 60%다.' 사람들이 진짜로 원하는 것은 TV 속에서 또 다른 자기를 보는 것이다. 그게 공감이고 '진정성'인데 그것이 느껴져야만 시청자들이 몰입한다. 어느 성당에 들어가서 벽화를 봤더니 나도 모르게 갑자기 눈물이 흘렀고, 그냥 걷다 보니 시원한 바람이 불어서 기분이 좋았고…. 이런 소소한 감정이 중요하다. 나머지 60%는 그 사람의 캐릭터와 소소한 일상 그리고 감동 같은 것이다. 이런 것들이 몇 대 몇의 비율로 들어가느냐가 중요하다. 결국 요리할 때의 레시피 같은 것이다. 소금을 반 스푼 더 치느냐 덜 치느냐에 따라 '재미없다'와 '재미있다'가 왔다 갔다 한다. 60% 속에 재료들의 비율을 잘 맞추려고 노력한다."

공감하는 진정성, 이게 바로 이렇게 많은 시청자들이 환호하는 원동력이라는 것이다. 또한 앞에 나와 있는 것처럼 리더가 먼저 진정성을 보여야 스태프들이 마음을 열고 따라온다는 것이다. 요즘 널리 회자되고 있는 진정성 리더십Authentic Leadership의 전형이라 할 수 있다.

2. 진정성의 의미

열심히 살면서도 가끔 '내가 제대로 사는 걸까?'라는 의문이 생길 때가 있다. 별 탈 없이 재미있게 사는 것만으로는 충족되지 않는 무언가가 우리 삶에는 분명히 있다. '진정성'이 그것이다. 참되게 사는 삶이라는 것이다.[3]

진정성의 사전적인 의미는 '사실에 근거한 것', '본질적으로 진실한 것', '원형성', '진품성' 등으로 복제나 유사성에 대응되는 의미로 사용된다. 진정성이 진정한 자아 그 자체를 의미한다면, 비진정성은 타인과의 관계에서 진정한 자아를 숨기고 거짓된 행동을 보여주는 것이다. 심리학 분야에서 진정성은 내면상태와 행동의 일치를 의미하며, 자신에 대한 진실성과 관련된다고 보고 있다. 진정성은 또한 성찰을 통해 진정한 자아를 인식하고 이를 바탕으로 가식 없는 타인과의 관계를 형성해 나가는 것을 중시하는 철학적 사고였다. 궁극적으로는 자기 인식을 통해 내적인 자아와 타인에게 보이는 외적인 자아와의 일치를 강조한다고 할 수 있다.[4]

상담심리학자인 박성희는 자신의 책 《진정성》에서 진정성을 '일치성', '투명성', '순수성', '진솔성', '통합성', '성실성', '신뢰성' 등과 동일한 맥락으로 해석하고 있다. 또한 참되게 사는 삶, 거짓말을 하지 않고 온 정성을 다하는 삶을 진정한 삶으로 정의하면서 진정성을 자신과 다른 사람의 인격을 완성하고 동시에 서로의 잠재성을 창조적으로 실현할 수 있게 돕는 인간관계의 심오한 원리로 승화시키고 있다.

능력과 의욕만으로는 충분하지 않다. 매사에 진실해야 한다. 특히 리더십의 대가인 워렌 베니스가 지적한 것처럼, 진정성을 정의하는 데 있어서 내면과 외면이 일치하는 진실성이 대단히 중요하다. 속으로는 다른 생각을 하면서 밖으로는 상대방이 받아들일 만한, 그럴 듯한 이야기를 하는 것은 잠시 동안은 통할지 모르지만 오래 가지는 못한다.[5] 진정성에는 또한 거짓말을 하지 않는다는 뜻이 포함되어 있고, 아울러 온 정성을 다한다는 뜻도 있다. 또한 자신과 다른 사람의 인격을 완성하고 동시에 서로의 잠재성을 창조적으로 실현할 수 있게 돕는 인간관계의 깊은 원리이기도 하다.[6] 이러한 접근은 비록 추구하는 방향은 약간 다르지만 이 책에서 '진정성'을 변화와 혁신과 관련된 모든 문제해결의 선결조건으로 보는 필자의 견해와 일치한다고 생각한다.

진정성은 형식적 측면보다는 감정의 자연스러운 전달에 의한 교감으로 확인 가능하다. 진정성은 어떤 특정 형식을 갖추어 표현하지 않더라도 자연스럽게 상대방에게 전달되는 느낌이다. 눈물이나 흐느낌 등의 형식적 표현이 없더라도 상호작용 과정에서 상대방의 진정한 슬픔을 느낄 수 있는 것이다. 결국 진정성이란 어떤 행위를 의무감이나 책임감에 의해 수행하는 것이 아니라 상대방을 위해 진심으로 배려하는 마음에서 우러난 행동이라고 인식하고 그러한 믿음을 갖는 것이다.[7]

진정성의 개념은 아주 오랜 역사를 가지고 있다. 고대 그리스 철학에서 유래한 '너 자신을 알라'와 '너 자신에게 진실하라'는 철학적 언명은 진정성을 알리는 시발점이 아닐까 싶다. 진실한 내면과 외면의 차이를 성찰함으로써 참된 자신의 모습을 찾아가는 소크라테스 철학의 핵심이었던 것이다. 동양으로 눈을 돌려보자. 대학大學에 나오는 수신修身은 진정성의 철학적 기반과 맥락이 닿아 있다고 할 수 있다. 즉 진정성은 타인의 의해 개발되는 것이 아니라 끊임없는 자신의 성찰과 자아탐구를 통해 실현될 수 있다.[8]

이러한 진정성에 대한 철학적 개념은 1950년대 인본주의 심리학[9]

에 의해 심리학적인 개념으로 발전하게 된다. 이에 따르면 자신의 본질과 일치하는 삶을 살고 자아를 명확하게 인식하고 있는 사람들은 주위의 기대에 따르지 않고 소신껏 자기 의사를 표현하고 행동하기 때문에 올바른 결정을 할 수 있게 된다는 것이다.[10]

사회학에서 처음 시작된 진정성과 리더십의 결합은 진정성의 결여, 즉 '비진정성'에 대한 정의를 추가하게 된다. 사회학자들은 특정한 역할(예를 들면, "기업의 최고경영자라면")로부터 기대되는 행동(예를 들면, "기업의 수익을 극대화해야 해")에 지나치게 몰입하거나 자신을 과대 포장하려는 행위를 통틀어 '비진정성'이라고 정의한다. 경영학에서는 21세기 초반에 터진 미국 내 유수기업의 스캔들 여파로 본격적으로 진정성 리더십을 이론적으로 개발하기 시작하였다. 그리고 이론의 초점도 진정성의 결여보다는 리더의 진실성에 포커스가 맞춰졌다.[11] 진정성의 개념은 이처럼 철학과 심리학에서 이미 오랫동안 다루어 왔지만 최근 들어서는 기업의 윤리성 문제가 대두되면서 진정성의 개념이 비즈니스 세계, 특히 리더십과 관련하여 활발히 논의되고 있다.[12]

GE의 전 회장이자 위대한 경영사상가라 할 수 있는 잭 웰치는 '정직성은 신속한 사업 활동을 가능하게 해준다'고 말하면서 "아이디어가 공개적으로 논의되면 이는 신속하게 결정되고 실행될 수 있다"는 점을 강조하고 있다. 또한 정직성이 중심이 되는 조직에서는 "의미 없는 회의와 모두가 알고 있는 사실을 재확인하는 어리석은 보고가 사라지기 때문에" 정직성은 비용을 줄이는 효과가 있다고 강조하고 있다. 그의 말을 좀 더 들어보자, "나는 GE에 입사한 날부터 거침없는 정직성 때문에 상사들로부터 끊임없는 주의를 받았다. 남과 마찰을 일으키는 인물로 상징되었고, 그 정직함으로 인해 언젠가는 내 경력이 방해받게 될 것이라는 경고도 수없이 들었다. 하지만 내가 GE에서 성공할 수 있도록 도와준 것은 바로 정직성이었다." 정직성이 이러한 이득을 가져다주는 데도 사람들이 정직하지 못한 까닭은 어릴 때부터 나쁜 소식을 돌려서 말하거나 까다로운 문제는 적당히 넘어가도록 배워 왔기 때문이라고 말한다. 정직하고 솔직하게 평가하는 것은 조직 구성원들을 당황하게 만들 수 있지만, 여러 가지 상황을 명료하게 정리해주기 때문에 반드시 필요하다고 강력히 주장한다.[13]

3. 혼魂 그리고 진정성

앞에서 언급한 나영석 PD가 보여준 진정성의 구현은 기업을 경영하는 데 있어서도 의미가 크다. 다음 이야기를 들어보자. "기업의 성패는 기업이 직원들의 재능과 열의를 얼마나 잘 이끌어내느냐에 달려 있다고 나는 믿는다. 그런데 무엇으로 많은 사람에게서 공감대를 얻어낼 수 있을까? 그리고 오랜 세월에 걸쳐 일어났고, 또 앞으로 일어날 수많은 변화 속으로 이 공감대와 방향감각을 어떻게 지켜나갈 것인가? 그 힘은 이른바 '신념'이라는 것에 있다. 또한 그 신념이 직원들에게 얼마만큼 설득력을 지니고 있느냐가 중요하다. 어떤 조직이라도 살아남고 성공하기 위해서는 그 조직의 정책이나 활동에 항상 어떤 신념이 전제되어야 한다는 확고한 믿음을 나는 가지고 있다. 기업의 성공에 있어서 가장 중요한 것을 들자면 신념에 대한 집착이다. 신념은 방침의 수립이나 시행, 목적보다 앞에 있어야 한다. 방침의 어느 단계에서라도 기본적인 신념을 거스를 가능성이 있다면 반드시 그것을 바꾸어야 한다." 짐 콜린스의《성공하는 기업들의 8가지 습관》에 나오는 IBM의 전 최고경영자 토머스 왓슨 2세의 말이다. 여기서 신념은 바로 진정성의 다른 이름이다.

　기업의 핵심가치는 진정성의 집약체이다. 비전을 가진 기업에서 핵심가치란 합리적일 필요도, 대외적으로 정당화될 필요도 없다. 시류에 따라 흔들리는 유행 같은 것은 더욱 아니다. 변화하는 시장 환경에 따라 변하는 것이어서는 더더욱 안 된다. 그들에겐 핵심가치가 마치 숨 쉬는 것과 같이 자연스러운 것이었을지 모른다. 그들은 진심으로 그것을 믿었고, 회사도 일관성 있게 그 믿음과 함께 살아가고 있다.

　"혼은 '사람을 움직이는 힘'이다. 경영자라면 이해득실을 전부 버려도 포기해서는 안 되는, 죽어도 지키고 싶은 무엇을 최소한 한 가지는 마음속 깊이 갖고 있어야 한다. 그래야 업무와 관련된 모든 구성원의 마음을 움직일 수 있다. 그것이 바로 철학이고 혼일 것이다." 여기서의 혼은 바로 진정성을 의미한다. 이처럼 진정성은 조직 구성원을 움직이는 동력이다. 진정성은 열정을 이끌어내는, 실행을 가능케 하는 동력원인 것이다.

　이 말은 어떤가? "이 시대에 통通을 이루기 위해서는 무엇이 필요

할까? 그 시작은 혼에서부터이다. 통은 단순히 커뮤니케이션을 의미하지 않는다. 통은 조직의 존재 목적, 즉 혼을 소통하는 일이다. 다시 말해 모든 사람이 벽돌을 쌓는 진정한 의미를 함께 나누는 일이다. 혼을 공유하지 않은 조직에서 통을 논하는 것은 아무 의미도 없다. '세상을 보다 좋은 곳으로 바꾸겠다'는 것과 같은 대의와 신념이 일치해 같은 목적지를 향해 나아갈 때 비로소 소통은 시작된다. 아무리 뛰어난 커뮤니케이션 스킬을 지니고 있다 하더라도 메시지 자체에 혼이 없다면 결코 사람의 마음을 움직일 수 없다. 공허한 울림이 될 뿐이다." 진정성이라는 단단한 기반이 없는 커뮤니케이션은 한낱 공허한 메아리일 뿐일 것이다. 이는 조직의 구성원들이 매일, 매시간 느끼는 부분일 것이다.

세계 최대 제약회사인 화이자의 제프 킨들러 회장은 조직 운영에 있어 혼의 중요성에 대해 이렇게 설명한다. "기업은 뭔가 어려울 때일수록 '우리가 왜 존재하는지, 도대체 우리가 세상을 위해 뭘 하고 있는지'를 끊임없이 되새겨야 한다. 존재 이유가 분명해야 조직원들 사이에 위기를 돌파해야겠다는 강한 모멘텀이 생긴다."

위에서 인용한 글들은 조선일보 경제 섹션인 '위클리 비즈'의 편집장이자 경제학 박사인 이지훈 기자가 쓴 《혼·창·통》에 나오는 말이다. 그는 수많은 초일류기업의 최고경영자, 경제·경영 석학들을 심층 취재하면서 그들의 이야기에 일관되는 메시지를 발견하게 된다. 혼魂·창創·통通이 바로 그것이다. 이러한 세계 경제, 경영계의 리더들이 강변하고 있는 혼은 그야말로 진정성을 대변하는 가장 극명한 키워드가 아닐까 생각해본다.

진정성은 한 개인이 자기 스스로를 알고, 자신 내면의 생각과 감정, 가치관 등에 일치되도록 행동하는 것을 의미하는 감정 이상의 개념이며, 타인과의 관계가 아닌 개인의 진실한 자아 그 자체를 의미한다[14]는 측면에서 '혼'은 진정성에 다름 아니다. 진정한 리더는 혼을 가진 리더인 것이다. 앞서 나영석 PD의 사례에서도 알 수 있듯이 진정한 리더는 구성원들로 하여금 '자발적으로' 문제 해결을 할 수 있도록 한다. 이처럼 진정성이 담긴 혼은 개인과 조직의 지속가능성을 담보하는 최고의 수단이기도 하거니와 처음부터 제대로 해야 한다는 신념과도 밀접한 관련이 있다.

4. 진정성, 처음부터 제대로

　매년 12월이 되면 집안마다 김장을 하느라 매우 바쁜 나날을 보내게 된다. 김장은 우리 한국의 문화이자 정서 그 자체라고 할 수 있다. 2012년에는 유네스코 인류무형문화유산으로 등재될 정도로 한국을 대표하는 나눔과 공동체 문화를 상징하고 있다. 사회 구성원들 간의 결속과 연대감 강화를 통해 한국인으로서의 정체성과 소속감을 부여한다는 점이 높이 평가되었다는 것이다.

　김장은 처음부터 제대로 하지 않으면 맛이 제대로 나지 않는다. 요즘에는 절인 배추를 주문해서 김장 속과 같이 버무리기 때문에 김치를 담그는 과정이 다소 축소되었다고는 하지만, 여전히 김치 담그는 일을 도와주는 필자의 입장에서는 고역이 아닐 수 없다. 추석에

송편을 만드는 것도 마찬가지지만, 처음부터 정성을 담아서 진심으로 만들어내지 않으면 송편이 터지는 것처럼 김장 김치의 맛도 제각각이 되고 만다. 이렇게 담근 김치는 결국 그 해 겨울의 식탁을 우울하게 만드는 것이다. 특히나 나처럼 김치를 좋아하는 경우에는 두말할 나위가 없는 노릇이다.

기업 활동으로 눈을 돌려보면 어떨까? 기업에서는 연말이 다가오면 한 해의 살림을 책임지는 사업계획을 세우거나 사업계획을 달성하기 위한 각종 프로젝트를 선정하고 추진계획을 수립하게 된다. 이 과정을 진행할 때에 구성원들의 진정성이 결여되어 있다면 도출된 사업계획이나 과제들은 한낱 사상누각이 되고 만다.

3년 전으로 기억된다. 필자가 컨설팅을 맡게 된 업체에서는 원가 경쟁력을 확보함과 동시에 인재를 육성하고자 하는 욕구가 굉장히 높았다. 그래서 경영혁신을 총괄하는 부장이 회사를 대표할 수 있는 9개 과제를 미리 선정한 후, 과제 리더를 회사의 핵심인재로 배치를 해놓고 나에게 검증을 요청한 적이 있었다. 과제 하나하나가 숨이 턱 막힐 정도로 크고 중차대함을 과제기술서만 보고도 충분히 느낄 수 있었다. 과제를 본격적으로 추진하기 전에 가진 사전 인터뷰에서도 과제 리더들의 진정어린 눈빛과 결의를 읽을 수 있었다. 독자 여러분은 결과가 어떻게 되었을 것으로 생각되는가? 물론 완벽한 과제의 성공은 아니지만 그 해 약속했던 원가절감 약속을 충분히 이루어냈고, 과제 리더 모두 회사로부터 인정을 받는 계기가 되었다.

반면 어떤 회사의 임원은 과제를 선정하는 초기에 나를 보자마자 대뜸 "이거 형식적인 것 아닌가요? 이미 답을 내놓고 회사에서 하라니까 마지못해 하는 것 아닌가요? 1년 동안 과제를 추진해야 하니까 마지못해 과제를 해야 하는 건데 이럴 거면 경영혁신 활동을 왜 합니까?"라고 힐난조로 질문을 했던 기억이 있다. 본인이 주도가 되어 과제를 선정해놓고 이렇게 '유체이탈화법'을 구사할 때면 참으로 막막할 때가 있다. 당연히 경영진의 의지를 위와 같이 확인한 구성원들은 혁신 동력을 상실하고 '보고서'만 만들고 마는 것이다. 그 아까운 시간과 정력을 낭비하면서 말이다.

여기 또 하나의 사례가 있다. 기업에서 컨설팅을 하다보면 가르쳐주는 대로 착착 숙제를 해오는 과제 리더가 있다. 그런데 왠지 과제의 질이 아주 형편이 없는 것이 아닌가? 컨설턴트가 하라고 하니까, 임원이나 팀장이 챙기니까 하는 과제활동은 진도는 나갈지언정 결코 개선 성과와 연계되지 않는다. 진정성 없는 접근이 되면 백이면 백 이렇게 결과가 허무하게 나오기 마련이다. 기법을 아무리 기가 막히게 잘 풀어나가더라도 사람(의 마음)이 안 움직이면 안 된다. 사람을 움직이는 것은 바로 진정성 있는 리더의 행동, 진정성 있는 구성원의 참여이다. 진정성을 '자아인식', '균형 잡힌 프로세싱', '관계의 진정성', 그리고 '진실된 행위'[15]로 정의한 것은 이런 의미에서 매우 적절하다.

5. 진정성 마케팅

필립 코틀러 교수는 마케팅에도 혼이 매우 중요한 시대가 됐다고 강조한다. 이른바 '마케팅 3.0'이다. 진정성 마케팅이라고 볼 수 있는 것이다. 마케팅 1.0은 소비자의 '머리'에 호소하는 방식이었다. 예컨대 세제회사가 있다고 치자. 그 회사는 무엇보다 제품의 품질을 강조하고 싶을 것이다. 그래서 '우리 회사 세제의 세탁력이 가장 뛰어나다'라고 광고했다. 반면 마케팅 2.0은 '감성'을 자극하는 방식이었다. '이 브랜드를 입으면 당신도 배용준, 장동건이 될 수 있다'는 메시지를 던진 것이다. 그러면 마케팅 3.0이란 무엇일까? 코틀러 교수는 "사람들의 '영혼'에 호소하는 것"이라고 설명한다. '환경에 신경 쓰고, 사회에 좋은 일도 하는 회사라면 내게 특별히 무엇을 주지 않더라도 그냥 좋다.' 이렇게 생각하는 것이 요즘의 소비자들이다. 현명한 기업들은 그런 소비자들에게 다가서고 있는데, 이것이 바로 마케팅 3.0이다.[16]

마케팅 3.0은 마케팅 2.0의 연속선상에서 마케팅 개념의 외연을 확장하기 위한 시도라고 할 수 있다. 그러므로 마케팅 3.0에서도 고객 만족이 핵심 개념인 것은 변함이 없지만 한 걸음 더 나아가 세상을 좀 더 살기 좋은 곳으로 만드는 것을 목표로 한다. 따라서 마케팅 2.0이 상품의 기능적 또는 감성적 속성의 차별화를 통해 고객의 마음을 사로잡는 것을 중요시했다면, 마케팅 3.0에서는 소비자의 영혼을 움직이는 것을 통해 기업이 중시하는 가치를 전달하고자 노력한다.[17]

2~3년 전에 국내 대기업의 미국 법인을 컨설팅 할 기회가 있어 애틀랜타 공항으로 가게 되었다. 그런데 마침 주재원이 마중을 나올 수 없게 되어서 할 수 없이 차를 렌트하여 가야 하는 상황이 발생하였다. 미국에는 대표적인 렌트카 업체로 허츠Hertz와 에이비스AVIS가 있

다. 허츠가 점유율 1등이고, 에이비스는 2등이다. 공항 차량 대여하는 곳에서 필자는 특이한 광고 문구를 하나 보았다. "We try harder"라는 에이비스의 선전 문구였다. 이는 자신들이 2등이라는 것을 자인하는 게 아닌가? 하는 의문이 들었다.[18] 하지만 이러한 의구심은 곧 신뢰로 바뀌었다. 2등이기 때문에 더욱 열심히 노력해서 고객에게 좋은 모습을 보여줄 것이라는 일관된 메시지를 50년 이상 지속적으로 보여주고 있었던 것이다.

일반인들에는 생소하지만 Stolichinaya Vodka나 Kook Cigarette의 경우는 아예 진정성을 마케팅 슬로건으로 내세우고 있다. 'Choose Authenticity', 'Be Authentic'이 그 예이다. 우리나라의 경우는 모 기업의 아파트 브랜드인 'e편한 세상'의 슬로건을 '진심이 짓는다'로 하여 성공한 사례가 있다. 이와 같은 진정성 마케팅은 단시간에 매출 증대를 꾀하기보다 장기적인 관점에서 일관된 실천이 뒤따라야 한다. 그렇지 않게 되면 '나이키 타운'처럼 고객으로부터 외면을 받게 되는 것이다. 원래 의도는 도전정신을 강조한 체험공간을 고객에게 제공하는 것이었지만, 결국에는 제품 판매에만 급급하다보니 신뢰성을 잃게 되는 것이다.[19]

하지만 진정성 마케팅은 진심을 강조하는 광고만으로 되는 일이 아니다. 제임스 길모어와 조지프 파인 2세는 《진정성의 힘》에서 진정성을 새로운 비즈니스 규범으로 정의하고, 진정성 마케팅을 위해 무엇을 해야 하는지와 관련하여 다섯 가지 영역을 설정하고 경제적 가치의 진화에 맞춰 연결짓고 있다. 저자들은 세 가지 유형의 경제적 산출물인 '상품', '제품', '서비스'와 더불어 '체험'과 '변용'이라는 두

가지 유형을 추가하여 경제적 가치의 진화를 설명하고 있는 것이다.

이들은 진정성을 '자연성의 진정성'과 '상품', '독창성의 진정성'과 제품', '특별함의 진정성'과 '서비스', '연관성의 진정성'과 '체험', 그리고 '영향력의 진정성'과 '변용'으로 각각 대응시키는 다섯 가지 인지적 진정성을 제시하고 있다. 저자들에 의하면 이렇게 설명될 수 있는 다섯 가지 영역의 의미가 고객에게 제대로 전달됐을 때만이 소비자는 기업에 대해 만족을 느낀다고 강조한다. 다음 페이지의 [표 29]에서는 이 다섯 가지 영역에 대한 키워드와 마케팅 전략의 연계성을 찾아볼 수 있다. 저자들은 우리가 매일 경험하지만 명확히 인지하지 못했던 '진정성'이 비즈니스의 핵심 성공요소라고 선언하면서 그동안 경영 전략의 키워드였던 '유효성', '효율적인 공급망', '비용', '품질'에 뒤이어 '진정성'이 새롭게 추가되어야 한다고 주장하고 있다.

6. 착한 소비자

오늘날 전 세계의 많은 사람들은 스마트 폰이나 컴퓨터를 이용하여 끊임없이 여론을 형성한다. 여기에서 한 발 더 나아가 사회적 이슈에 대해서나 제품의 수준을 평가할 때에도 수많은 사람들에게 조언을 구하거나 제공한다. 페이스북, 트위터, 카카오톡 등의 메신저 서비스를 통해 그들의 지식과 경험을 공유하고, 어떤 상품이나 사회 현상에 대해서 자신이 더욱 잘 알고 있다고 믿는다는 것이다. 그렇기에 현대의 소비 패턴은 품질과 디자인에 의해 결정되었던 과거와는

[표 29] 진정성의 영역과 원칙(진정성의 힘(2010)에서 발췌 정리)

진정성 영역	경제적 가치	키워드	원칙
자연성	상품	자연스러운, 천연재료를 사용한, 소박한, 수수한, 가공되지 않은	– 물질성을 강조하라 – 가공하지 마라 – 투박함을 내세워라 – 그대로 놔둬라 – 자연을 지향하라
독창성	제품	원조, 최초, 복제나 모방이 아닌, 획기적인	– 첫 번째 사항임을 강조하라 – 과거를 부활시켜라 – 오래된 것처럼 보여라 – 융합시켜라 – 역행하라
특별함	서비스	독특한, 비범한, 남들과 다른, 의외의, 직설적인, 진솔한	– 직접적이고 진솔하게 하라 – 고유성에 집중하라 – 속도를 늦춰라 – 일시적으로 취급하라 – 이질성을 가져라
연관성	체험	매혹적인, 경외하는, 진짜같은	– 개인에 대한 경의를 표하라 – 시간을 환기하라 – 장소를 포착하라 – 중요성을 부각하라 – 실제적으로 연출하라
영향력	변용	자아, 사회, 환경, 예술적, 감동적인, 바람직한, 공익	– 개인적 열망에 호소하라 – 집단적 열망에 호소하라 – 예술을 수용하라 – 대의를 홍보하라 – 의미를 부여하라

다르다. '진정성'을 사고 파는 시대가 온 것이다. 바로 이 책에서 말하고자 하는 진정성과 연결되는 지점이다.

리엔지니어링 개념을 창시한 세계적인 경영전문가인 제임스 챔피는 이러한 현상을 '착한 소비자'의 탄생으로 명명하고 있다. 진정성을 가진 기업은 단지 제품이나 서비스의 판매에만 목적을 두는 것이 아니라 스스로 내세운 신념에 오랫동안 충실하며 제품과 서비스, 행동에 이르기까지 자신들의 가치관을 반영하고 있다. 이처럼 진정성을 통해 전혀 새로운 소비자의 탄생에 적극적으로 대응한 기업은 성공을 이뤘다.[20] 오늘날 소비자들은 진짜, 독창적인, 진정한 것을 원하며, 진정성이 결여된 저급한 산출물을 결코 소비하려 들지 않는다. 한마디로 오늘날의 비즈니스는 진정성이 전부라고 해도 과언이 아니다. 소비자들은 기업이 고객에게 판매하는 것을 얼마나 진실하게 인식하는지에 근거해 구매를 결정하기 때문에, 이제 기업들은 진정성을 하나의 새로운 '품질'로 인식하고 진정성을 강화하기 위해 노력해야 한다.[21] 이러한 진정성의 개념은 비단 외부 고객에 대응하는 개념에 머물러서는 안 된다. 이 책에서 지속적으로 강조하듯이 이 개념은 내부 고객에 대해서도 마찬가지로 적용되어야 한다. 경영혁신을 추진하는 조직에서는 '변화'에 대한 요구나 '경영혁신'에의 동참을 요구할 때에 진심을 담아서 거짓됨 없이, 하고자 하는 바나 추진방향성을 전달해야 하는 것이다.

진정성을 위해 기업은 자기 정체성에 솔직해야 한다. 기업의 정체가 진실한지 가식인지는 그 회사의 직원이 먼저 알고, 그리고 결국 고객도 알게 된다. 그래서 정체성에 솔직한 기업과 그렇지 않은 기업은 직원의 정착률과 고객의 재구매율에서 큰 차이가 난다.[22]

진정성을 위해 기업은 소비자에게 말한 대로 산출물을 일치시켜야 한다. 가식이나 가짜로 인식되기 가장 쉬운 방법은 자신의 실체와 다른 모습을 광고하는 것이다. 정직과 신뢰를 기반으로 하는 '진정성'을 구매하는 시대가 탄생한 것이다. 진정성을 가진 기업은 단지 제품이나 서비스의 판매에만 목적을 두는 것이 아니라, 스스로 내세운 신념이나 회사의 이념에 지속적으로 충실하며 제품과 서비스, 행동에 이르기까지 전사적인 비전 및 가치관을 제품에 고스란히 반영하고 있다는 점이다.[23]

7. 한국사회에서의 비진정성 – 갑질

진정성이 새로운 소비자 감각으로 부상하게 된 결정적인 요인은 무엇일까? 한마디로 그동안 기업들이 위선과 기만적이고 파렴치한 행위로 소비자들의 신뢰를 잃었기 때문이다. 미국의 경우, 21세기의 시작과 함께 연쇄적으로 발생한 엔론 사태나 월스트리트 위기 등과 같이 비윤리적 행동까지 서슴지 않을 정도로 수단과 방법을 가리지 않고 높은 수익을 창출했지만 결국 사회에 엄청난 타격을 입힌 기업들에 대한 문제의식에서부터 이러한 진정성의 개념이 부각하는 계기가 되었다.[24] 우리나라에서는 (헤아릴 수 없이 많은 사례가 있지만 최근의 일만 보자면) 포스코에너지 '왕상무', '라면상무' 사건이나, 2013년에 있었던 남양유업의 밀어내기 및 욕설 파문은 진정성에 반하는 아주 대표적인 사례라 할 수 있다.

그리고 2014년 겨울에 벌어진 '땅콩회항' 사건은 진정성을 아주 제대로 '역주행'한 참극이 아닐 수 없다. 한국적인 현실에서는 이처럼 진정성에 반하는 행위(요즘은 '갑질'이라는 용어가 웅변적으로 이 상황을 말해주고 있다)가 아직도 횡행하고 있다. 슬픈 현실이다. 서울대 경영대학 최종학 교수는 〈Fortune Korea〉에 기고한 글에서 '땅콩회항'과 '타이거 우즈'의 불륜 스캔들에 대한 대처를 비교하여 진정성에 대한 명쾌한 통찰을 보여주고 있다. 그의 말을 들어보자.

지난 해 12월 가장 큰 이슈 중 하나는 조현아 전 대한항공 부사장의 기내 난동 사건이었다. 고작 땅콩 한 봉지가 발단이 돼 결국 항공기까지 되돌리게 한 이 희대의 사건은 대한항공 측의 어설픈 대응이 더욱 화를 키웠다. 국민들은 '갑질'로 표현되는 상식을 벗어난 강자의 횡포에, 어영부영 사건을 덮으려 한 대한항공 측의 태도에 분노했다.

(중략) 당시 나이키가 우즈 복귀전에 맞춰 제작한 광고는 충격적이었다. 흑백 화면 속에 등장한 우즈는 카메라 정면을 응시했다. 슬픈 듯 침울해 보이는 표정이었다. 우즈는 아무 말도 하지 않았다. 대신 우즈의 아버지 얼 우즈의 내레이션이 등장했다. 그는 우즈에게 "이번 사건을 통해 교훈을 얻었니?"라고 의미 있는 질문을 던진다.

1) 사소한 갑질 – 일관성의 문제

진정성은 품격의 한 요소이다. 브랜드도 지조가 있어야 한다. 일관성이 있어야 한다. 누구나 한번쯤 겪어봤을 매우 공감이 가는 외국 사례를 하나 소개한다. 인터넷을 해지하는 과정에서 사용하던 셋톱박스를 반납할 때 겪었던 일이다. 해지하려는 고객은 셋톱박스를 수거하는 센터에 가서 직접 반납해야 한다. 반납하지 않으면 30만원

상당의 벌금을 낸다고 한다. 이 사람이 셋톱박스를 들고 반납하러 갔다. 다른 업무를 보는 창구는 3~4개씩 만들어져 있는데 셋톱박스 반납 창구만 1개였다. 길게 줄을 선 사람들 뒤에 서서 몇 시간 기다린 끝에야 겨우 반납할 수 있었다. 이 사람은 엄청 불편하고 화가 났다면서 블로그에 글을 올렸다는 것이다.[25] 우리나라도 예외는 아닌 듯싶다. 물건을 팔 때에는 마치 간, 쓸개 모두 내어줄 것처럼 하다가 계약을 해지라도 할라 치면 어디서 어떻게 해야 할지 막막한 적이 한두 번이 아니다. 전화라도 연결이 되면 퉁명하거나 연결이 돼서 짜증이 하늘을 찌를 데가 한두 번이 아닌 것이다. 굳이 이렇게까지 해야 되나 싶어 안쓰러울 때도 있지만 소비자 입장에서는 최소한의 진정성, 소비자를 '호갱'이 아닌 '고객'으로 대접해줄 날이 어서 오기를 바란다.

8. 진정성의 다섯 가지 영역

진정성의 다섯 가지 인지적 영역에 대한 이해를 높이기 위해 좀 더 설명을 이어나가고자 한다. 더불어 이 책의 취지에 맞게 마케팅의 영역에 머무르지 않고 기업경영, 혁신활동, 나아가 사회적 이슈와 연계하여 설명을 곁들이도록 하겠다.

1) 자연성의 진정성
소비자들은 자연, 천연 재료와 요소에서 제품의 진정성을 느낀다.

반대로, 사람의 손에 의해 여러 번 가공되고 인위적 요소가 추가되면 제품의 진정성은 훼손된다. 유기농 제품이 인기를 얻고, 천연 물질만으로 만들어진 생활용품들이 각광을 받고 있는 이유다.[26] 이제는 제품을 만들기 전부터 던져야 할 가장 중요한 질문이 바로 '상품에 무엇을 더 추가할 것인가'가 아니라 '무엇을 제거하거나 그대로 놔둘 것인가'도 고려의 대상이 되어야 한다.[27]

'연출'이라고 볼 수밖에 없지만 '흠집의 품질'을 강조하는 빈티지 청바지, 고급 레스토랑이나 카페 외벽의 노출 콘크리트나 빈티지 철제 가구 등은 고객들로 하여금 "자연스럽다"는 느낌을 들게 한다. 투박함과 수수함도 진정성을 호소하는 데 효과적이다.[28] 최근 커피숍이나 대형 마트, 심지어 고급 술집의 실내 장식도 배관이 드러나 보이게끔 연출된 곳을 간혹 마주치게 된다. 자연스러움을 마케팅 하고자 하는 것과 무관하지 않다. 나의 아내는 집 바로 옆에 있는 슈퍼마켓을 가지 않고 '한살림'이나 '초록마을'이라는 곳에서 자연친화적인 유기농 식품을 산다. 다소 비싸지만 흙이 묻어 있는 감자나 고구마, 딱딱하고 둔탁해보이지만 왠지 건강에 좋을 것 같은 빵을 일부러 사러 가는 것이다.

2014년 연말, 텔레비전은 그야말로 '1990년대로의 귀환'이었다고 해도 과언이 아니다. 물론 그 전에도 tvN을 통해 『응답하라 1994』, 『응답하라 1997』이 인기를 얻었지만 MBC『무한도전』을 통해 방영된 〈토요일 토요일은 가수다〉의 반향은 대단했다. 1990년대는 대중문화의 르네상스이기도 하였지만, 박명수나 지상렬과 같은 독특한 개그맨들이 거듭날 수 있는 시기이기도 하였다. 이전 같으면 시청자에게 통하지 않았을 개그 코드가 '어! 그거 참 자연스럽네'로 받아들이게 되면서 이들의 엉뚱함, 호통 치는 모습, 약간은 모자라지만 (비록 연출되었다 하더라도) 독특한 설정이 인기를 누리게 된 것이다. 이러한 패턴과 추세는 이제 '리얼 버라이어티'라는 이름으로 21세기를 당당히 맞이하고 있다. 심지어는 '한류' 바람을 타고 중국이나 동남아에 프로그램이 수출되거나 아류가 제작되고 있는 실정이다. 전형적인 자연스러움이 낳은 진정성의 결과라 할 수 있겠다.

조직 활동에 있어서의 자연스러움이란 어떤 것일까? 다른 영역과는 달리 진정성을 자연스럽게 드러내는 것은 기업체의 조직 활동에서는 굉장히 어려운 부분이다. 말은 참신한 아이디어, 격의 없는 의사소통 등을 한다고 하지만 조직은 상명하복上命下服을 먹고사는 살아 있는 유기체인 것이다. 이 책을 읽고 있는 대부분의 독자 여러분께서는 GE의 워크아웃에 대해 들어보았을 것이다. 여기 소개하는 GE의 워크아웃 탄생비화를 보면 '자연스러운 진정성', '격의 없는 의사소통'이 참으로 어렵다는 것을 실감할 것이다.

잭 웰치가 중국에서 강연할 때의 일화이다. 청중석에서 한 젊은 여성이 일어나 직장 상사의 의사표현만 허용되는 중국에서 직원이 자연스러운 진정성과 창조적인 아이디어를 펼칠 수 없다고 강변을 한 것이다. 우리나라의 상황도 별반 나을 것이 없다는 생각이다. 시간을 거슬러 올라가 1980년대 후반 GE의 크로톤빌 연수원에서 마라톤 회의를 벌이던 중에 GE 직원들의 쏟아지는 질문을 통해 워크아웃Work-Out 프로세스를 만들겠다는 생각을 굳혔다고 한다. 수많은 불만을 왜 상사에게 말하지 않느냐는 웰치의 질문에 돌아온 대답은 "그렇게는 못합니다. 그런 항변을 했다가는 조직에 남기 어렵습니다"였다고 한다.[29] 컨설팅하는 업체에 나가보면 최근에는 그나마 분위기가 많이 좋아졌다는 것을 실감한다. 아직도 여전히 어색하지만, 회의가 진행되는 동안 직원들이 자유롭게 문제를 제안하고 토론하는 분위기를 만들기 위해 임원이나 부서장이 많이 '애쓰는' 모습을 간간히 보게 된다. 이런 회의문화가 축적되면 자연스러운 진정성이 구현되지 않을까 생각해본다.

필자가 현재 컨설팅 중인 중국에 있는 한국 업체 법인장을 보면 "참 자연스러운 리더구나!"라는 생각을 하게 된다. 한국에 있을 때 여러 부서를 두루 경험했고, 이 제조업 분야에 있어서만큼은 자의 반 타의반 한국에서 몇 손가락 안에 드는 전문가이기도 하다. 하지만 이게 다가 아니다. 자연스럽게, 그러나 일관성 있게 솔선하는 모습을 보이고, 꾸짖기보다는 같이 모여서 허물없이 (비록 통역을 통해서 전달해야 하지만) '지도'하는 모습을 보여준다. 이러다보니 처음에는 긴가민가 하던 현지인들도 2년이 지난 지금은 법인장의 카리스마에 압도되었다기보다는 믿을 수 있는, 신뢰가 가는 리더라는 생각을 더 많이 하는 것으로 보이고, 자연스레 따르게 되는 것을 관찰할 수 있었다.

반면에, 컨설팅을 하다보면 전혀 다른 양상도 관찰할 수 있다. 그는 겉과 속이 다른 전형적인 대표적인 '비진정성'을 가진, 전혀 자연스럽지도 않고, 신뢰도 안 가는 그런 리더라 볼 수 있다. 윗사람에게 '보여주기식' 업무처리에 너무 치중하다 보니 직원들이 한 시간이면 끝낼 일을 하루를 걸려 해야 되고, 업무를 제대로 파악하지 못하고 일을 추진하다 보니 부서 간의 협조를 구하는 일도 부자연스럽고, 일의 성과도 나지 않는 악순환이 일어나는 것을 바로 옆에서 목격한 적이 있다. 이러다 보니 '자연스럽게' 부하 직원들이 이런 저런 핑계를 대고 부서를 옮기거나 아니면 회사를 떠나고 말았다. 지금 생각해도 참으로 안타까운 일이다.

2) 독창성의 진정성

사람들은 최초의 제품에 진정성이 있다고 생각한다. 애플이 만드는 아이폰 열풍은 세계 소비자들이 독창적인 제품을 얼마나 열망하는지 잘 보여준다.[30] 한 번도 본 적이 없으며, 복제나 모방이 아니어야 한다는 것이다. 이는 '신제품'이라는 개념과는 약간 다르다. 오랜 역사를 가진 코카콜라가 '진짜'라고 사람들이 믿는 이유도 코카콜라가 콜라의 원조이기 때문이다.[31]

결국 제품의 진정성을 인정받으려면 원조가 돼야 한다. 원조가 되려면 시간에서 앞서야 한다. 아이폰 이후 수많은 스마트폰이 나왔지만 이미 '원조'의 자리를 차지할 수 없기 때문에 아무리 좋은 성능과 디자인을 내세워도 원조가 될 수 없었다. 모조품이나 유사품은 결코 진짜가 될 수 없다. 획기적인 기술, 완전히 차별화된 제품의 기능, 혁신적인 디자인, 놀라운 스토리만이 독창적 제품의 원천이다. 과거 방식을 완전히 뒤집어 발상의 전환을 하거나 서로 다른 두 개 이상의 영역을 융합시켜 독창적인 제품을 만들어 내는 일도 좋은 방법이다.

그러나 완전히 새로운 제품을 만들기란 쉽지 않다. 어떻게 하면 좋을까? 바로 과거의 독창성을 부활시키는 작업이다. 오래된 상표나

제품의 재발견, 재활성화, 복고풍의 디자인이 성공하는 사례가 심심
치 않게 등장하고 있다. 최근 영화로도 개봉된 〈쎄시봉〉에 대한 열광
도 통기타 가수들의 음악성과 열정에 대한 공감과 성원이 있었기에
가능했다.[32] 앞에서 언급한 〈토요일 토요일은 가수다〉는 자연스러움
과 함께 이런 원조에 대한 열망이 빚어낸 시대의 작품이다. 과거 고
객들을 감동시켰던 오리지널 제품은 세대를 뛰어넘어 진정성을 호소
할 수 있다. 때로는 구관이 명관이다.

　기업 경영혁신 활동은 유행이라는 말을 종종 듣곤 한다. 맞는 말
이다. 하지만 '독창성의 진정성', '구관이 명관'이라는 관점에서 본다
면 경영혁신은 유행일 수밖에 없다는 생각이 든다. 필자가 입사할 즈
음에는 TPM이 우리나라 공장 전체에 유행처럼 퍼진 적이 있었다.
이보다 약간 앞선 때에는 도요타 생산방식[TPS]이 자동차, 전자업체를
중심으로 들불처럼 번졌었다. 2000년대 들어 6시그마 활동이 전국적
인 인지도를 얻으면서 잠시 주춤하는 듯 했지만 사실은 그게 아니었
다. TPM, TPS 활동은 기업경영을 하는데, 또는 공장에서 혁신활동
을 하는데 있어 뿌리를 깊이 내리고 있었던 것이다. 물론 6시그마 활
동도 품질혁신의 일환으로 그동안 양성된 인력을 중심으로 각 기업
체에서 꾸준히 활동을 펼치고 있는 것이다. 혁신활동은 유행이자 내
재화의 연속인 것이다. 독창성의 진정성이 생활 속에서 구현되고 있
는 것이다.

　조직 구성원을 '내부 고객'으로 보고 이들을 위해 마케팅을 한다면
이 또한 독창적인 진정성을 실현하는 것이라 볼 수 있지 않을까? 기

업과 조직 구성원의 관계가 향상되면 이것은 기업의 자산으로 자리 잡을 수 있기 때문이다. 이른바 관계 자산^{Relationship Equity}이다. 고객이 경험하는 조직 구성원들과의 관계는 관계 자산으로 형성된다. 조직 구성원과의 관계 때문에 그곳에 갔을 때 기분이 좋고, 그 조직 구성원 덕분에 뭔가 하나라도 더 얻은 것 같은 기분이 들어서 매장을 찾는다면 그것은 그 기업이 지닌 관계 자산이 빛을 발하는 것이다. 이는 원래 B2B 시장에서 연구가 많이 되던 분야다. 왜냐하면 소매 시장과 달리 B2B 시장은 관계가 굉장히 중요하기 때문이다. 하지만 지금은 개인 소비자와 기업의 직원 사이의 관계가 이에 못지않게 중요해졌다. 직원과의 관계가 소비자의 구매 욕구를 자극할 뿐 아니라 심지어 프리미엄을 얹어서라도 그 물건을 구입하겠다는 생각을 갖게 할 수 있다.

다시 애플이다. 애플에는 지니어스바^{Genius Bar}가 있다.[33] 이제 전자 제품의 품질이나 기능은 기본 중의 기본이다. 더 빠르다거나 정확하다는 점이 크게 의미가 없는 게 현실이다. 지니어스바의 조직 구성원은 물건을 판다기보다는 소비자와 함께 어울리고 '논다'. 이들은 제품이나 서비스에 대한 지식이 해박한 사람들이다. 가격이나 혜택보다는 애플 제품에 능숙한 사람들이 구경하고 고르는 소비자 옆에서 잡담하듯 대화를 나누면서 그거 써봤는데 어떻더라 하는 자기 경험을 들려준다.[34] 진정어린 경험담이 이제는 독창성으로 이어질 수 있는 비즈니스 환경이 된 것이다. 애플은 변화와 혁신이라는 관점에서 참으로 다양한 이야기 거리를 제공해주는 기업임에 틀림없다.

3) 특별함의 진정성

진정성의 세 번째는 바로 특별함이다. 독특함이나 비범함, 혹은 의외성으로도 말할 수 있는 이 특별함은 "얘네들은 남들과 다르네"라는 소비자의 반응으로 감지되곤 한다. 기억나시는가? 그 회사 사장님이 나와서 "남자한테 참 좋은데… 말할 수도 없고 뭐라 표현할 방법이 없네"라고 했던 한 식품회사 광고 말이다. 사투리를 섞어 쓰면서 소비자 특히 중년남성의 고민이 되는 포인트를 살짝 건드리는 매우 직설적인 문구로 히트를 쳤다. "나도 먹고 우리 회사 직원도 먹고 임신한 내 딸도 먹습니다"라는 진정성 호소가 그대로 먹히는 이유는, 유명 모델을 사용하고 우아한 분위기의 세련된 광고를 표방하는 타 업체와 정반대의 위치를 점했기 때문이다.[35]

'슬로' 정신이 진정성과 결합해 성공한 사례도 있다. 요즘 인기 있는 수제 햄버거 가게에 가면 아예 '시간이 오래 걸린다'라는 사실을 대놓고 이야기한다. 이처럼 속도도 제품의 특별함을 느끼게 해준다. 애매모호한 친절은 과감히 버리고 극단적 방식을 추구해야 한다. 욕쟁이 할머니 식당처럼 차라리 원색적 서비스를 제공하는 편이 오히려 나을 수 있는 것이다.[36] 색다르고 예상하지 못했던 방식의 대응, 깜짝 놀랄 만한 행사, 전통을 벗어난 서비스가 특별함과 비범함을 통해 진정성을 전달해 준다는 사실은 변화와 혁신을 추구하는 데 있어서도 명심해야 할 대목이다.

아내가 좋아하는 화장품 중에 키엘Kiehl's이라는 브랜드가 있다. 키엘 매장 내 제품 라벨에는 해당 제품에 관한 정보가 깨알같이 적혀 있고, 제품 용기도 수제품의 모양을 하고 있어 마치 전통과 외골수

정신을 강조하는 소규모 가족 사업처럼 느껴진다는 말을 자주 한다. '진정으로 관심을 가진 사람이 만드는 순수한 화장품'이라는 인상을 받게 된다. 그래서 어쩌다가 한번 면세점에 가게 되면 얼떨결에 더 구매한 후 매장을 나서게 된다는 것이다. 키엘은 전통적인 매체를 통한 광고를 극도로 자제하고 있고, 이런 외골수 이미지는 충성 고객을 만들어내고, 경험자들이 자신 있게 지인들에게 추천하는 최고 가치의 브랜드로 자리매김하게 되었다.[37]

일본의 스튜디오 지브리에서 탄생한 미야자키 하야오 감독의 걸작 애니메이션『센과 치히로의 행방불명(2001)』은 10여년이 지난 지금 보아도 여전히 최고의 명작 애니메이션이라는 생각이 든다. 독자 여러분께서는 자녀분들과 꼭 한번 보시기를 강력히 추천하는 바이다.

줄거리는 다음과 같다. 주인공인 치히로가 아빠, 엄마와 이사 가던 날, 우연히 수상한 터널을 지나 인간에게는 금지된 신들의 세계로 오게 된 주인공 치히로. 신들의 음식을 먹은 치히로의 부모님은 돼지로 변해 버린다. 어찌어찌하여 신들의 목욕탕에서 유바바라는 마녀와 함께 일하게 된 치히로는 누구도 맞이하기를 꺼리는 '오물신'을 온 정성을 다해 씻겨주고, 몸에 박혀 있던 막대를 빼주게 된다. 갑자기 환희의 순간이 찾아온다. 사실은 이 오물신이 '강의 신'이었던 것이다. 유바바의 목욕탕에서도 매우 귀하게 대접해야 하는 신을 접하게 되고, 주인공 치히로는 유바바와 목욕탕에 있는 모든 이들로부터 신임을 얻게 되고, 또 어찌어찌하여 다시 원래의 세계로 돌아온다.

물론 내가 영화평론가가 아니고 이 책 또한 영화를 소개하는 게 목적이 아니지만, 당시 일본의 사회상과 물질만능주의의 비판, 그리고 감독의 일관된 자연관 등이 녹아있는 걸작 애니메이션임에는 틀림없다. 논의를 좁혀서 본다 하더라도 극 전체를 끝까지 끌어가는 힘으로서 주인공 치히로의 진정성이 돋보이는 영화이다. 굳이 말하자면, 이 영화의 주인공인 치히로는 '자연성의 진정성', '특별함의 진정성'을 대표한다고 볼 수 있다.

일본에 치히로가 있다면, 한국에는 장그래가 있다. 2014년 하반기를 뜨겁게 달구었던 가장 돋보였던 드라마를 꼽으라면 단연 『미생』이다. 우리 사회의 아픈 현실을 있는 그대로 아프게 보여줘서 직장인들의 열광적인 지지를 얻은 바로 그 드라마 말이다.

계약직 사원 장그래의 성장담이기도 한 이 드라마에서 주인공 장그래는 2년 동안의 계약기간 동안 많은 굴곡과 어려움을 경험하게 된다. 같이 들어온 인턴사원들의 집단 따돌림, '아무것도 모르는' 그에 대한 영업3팀 동료들의 따가운 시선(나중에는 뜨거운 시선으로 바뀌지만), 본인의 결정적인 실수로 인한 팀장 오차장의 퇴사. 이렇듯 부서 간, 동료 간의 지속적인 갈등의 한가운데에서 바둑 프로기사 입문생으로 갈고 닦았던 나름의 실력을 회사생활에 접목하면서 능력을 발휘하게 된다.

20회로 드라마가 막을 내릴 때까지 장그래의 진정성은 극 전체를 지배하는 키워드라고 볼 수 있다. 비록 드라마이긴 하지만 그의 진정성은 팀을 위기에서 구하고, 동료 대리에게 힘을 북돋워주며, 결국에는 원 인터내셔널을 벗어나서 또 다른 '영업3팀'을 꾸리게 되는 힘이 되어주는 것이다. 극 중 오차장이 '영향력 있는 진정성'을 대표한

다면, 장그래는 치히로와 마찬가지로 '특별함의 진정성'의 다른 이름
이 아닐까 생각해본다. 조직 전반의 변화와 혁신을 주도하는 '장그
래'를 이 책을 읽는 독자들 중에서 기대한다면 나만의 욕심일까?

4) 연관성의 진정성

연관성의 진정성을 확보한다는 것은 시간, 장소, 인물의 아이콘을
연상하게 만들어 진정성을 '연출'하는 작업이다. 기업 활동에 국한해
서 논의해보자. 기업이 제공하는 모든 것은 인간, 기계 그리고 자본
에 의해 만들어진다는 점에서 본질적으로 인공적이고 허위적일 수밖
에 없다. 하지만 중요한 것은 본질적으로 허위적인 많은 산출물을 소
비자들은 진정한 것으로 인식한다는 것이다.[38] 내가 보기에 진정성
의 본래 의미와 동떨어진 주장이지만, 달리 생각해보면 가장 현실적
이면서도 비즈니스적인 진정성의 정의가 아닌가 싶다.

대단한 장소에 가거나 위대한 인물을 만날 기회가 별로 없는 대중
들에게 그곳에 가거나 그 사람을 만나는 듯한 '체험'을 진정한 방식
으로 재창조하는 일이다. 외국에 나가보면 유명 인물이 음식을 먹었
던 레스토랑의 '바로 그 자리'를 간혹 보게 되는데 이게 바로 연관성
을 보여주는 사례가 아닐까 싶다. 특정 도시나 관광지를 테마로 하
거나 특정 시대를 느끼게 해주는 인테리어나 서비스는 레스토랑이나
쇼핑 공간의 품격을 높이는 데 일조할 수 있다.

과거의 인물을 보여주는 광고도 효과적이다. 고급 의류 브랜드로
유명한 라코스떼는 창업자인 라코스떼가 당대 최고의 테니스 스타였
음을 설명하며 그의 악어와 같은 '승부근성'과 브랜드 아이덴티티를

연결시킨 바 있다. 현대중공업도 창업주인 정주영 선대회장의 모습을 담은 TV 광고를 통해 자사의 도전 정신과 불굴의 의지를 각인시킨 바 있다.[39]

외부 마케팅과 내부 마케팅 사이의 일관성을 지향하는 것도 연관성의 진정성과 무관하지 않다. 외부 고객을 상대로는 간도 쓸개도 다 빼줄 것처럼 상냥한 기업이 내부 직원들에게는 모질고 야박하다면 진정성 있는 브랜드를 추구하는 기업이라고 볼 수 없다. 더구나 지금처럼 내부 직원들에 대한 마케팅과 브랜딩이 중요한 시대에 안팎의 불일치를 그대로 놔둔다면 진정성이라는 이슈에서 자유롭기 어려울 것이다. 기업이 나아가는 방향에 대해서 진심으로 직원들의 동의를 구하기 위하여 설득하고 진정성을 확보하는 일은 기업들이 반드시 거쳐야 하는 과정임에는 틀림없다.[40]

경영자들은 기존의 가격, 품질, 스피드 경쟁에서 한 걸음 더 나아가 소비자가 (또는 내부 고객인 직원들이) 무엇을 진실과 가식으로 인식하는지를 이해하고, 진정성을 연출할 수 있어야 한다. 소비자들이 진실한 것을 원한다면 비즈니스 산출물 또한 진실성을 갖추어야 하는 것이다.

그렇다면 기업은 비즈니스 산출물에서 진정성을 어떻게 만들어 내야 할까? 하나는 자기 자아에 충실하라는 것, 다른 하나는 다른 사람들에게 말한 자신의 정체성을 유지하는 것이다. 비즈니스에서도 진정성을 연출하려면 모든 상품, 제품, 서비스, 체험, 변용에 이 두 가지를 적용해야 한다. '무엇보다 네 자신에게 충실하거라. 그러면 밤이 낮을 따르듯, 너는 다른 사람에게도 충실해질 것이다.' 셰익스피어의 〈햄릿〉에 나오는 말이다.

만약 모방을 통해 연관성을 노린다면 '진짜 같은 가짜'를 만들어 내야 한다. "정품을 생산해 인정받는 기업들은 나태함에 빠져 말이나 행동을 통해 스스로 진정성이 없는 산출물을 만들어 소비자 신뢰를 잃는 것을 경계해야 한다. 짝퉁도 때로 진정성을 획득하는 것을 보면서 자신이 진정하지 않다는 걸 정직하게 인정하면 더 유효하다는 것을 알 수 있다"고 《진정성의 힘》의 저자들은 강조한다.[41] "우리는 위대한 아이디어를 훔치는 것을 부끄러워한 적이 없습니다." 스티브 잡스의 말이다. 사실 표절과 모방, 그리고 창조를 명확히 가르는 것은 매우 힘들다. 더더구나 창의적인 모방을 하는 것은 쉬운 일이 아니다. '개념'을 모방해야 하는 것이다. 아주 대표적인 사례가 있다. 바로 인도의 '아라빈드 안과' 이야기다. 그들은 자동차 조립공정이나 맥도날드 주문 시스템을 적극 모방하여 수술 시스템을 표준화, 전문화한 것이다. 일반적인 수술실과 달리 이 안과에는 여러 대의 침대가 나란히 놓여 있고, 마치 컨베이어 벨트가 돌아가듯 의사들이 연이어 수술을 한다. 간호사가 수술이 계속될 수 있도록 준비하면 의사는 한 명의 수술을 마치는 즉시 곧바로 의자를 돌려서 옆 침대의 환자를 수술하는 식이다. 전형적인 자동차나 전자업체의 조립 라인처럼 표준화, 분업화된 시스템을 갖춰 의사가 낭비 없이 수술을 진행할수 있다. 실제로 보통 병원의 의사보다 5~8배의 환자를 수술하면서도 오히려 의사의 숙련도가 높아지기 때문에 수술의 실패율이 낮다고 한다. 수술비용도 1800달러에서 18달러로 낮출 수 있었다고 하니 '기적'에 가깝다 할 수 있다.[42] '개념'을 모방하고 재창조하면 연관성의 진정성을 획득할 수 있다는 강력한 증거가 아니겠는가.

5) 영향력의 진정성

진정성의 마지막 차원은 삶의 '의미'와 관련이 있다. 경제적 이익의 차원을 넘어서는 높은 가치를 추구하는 모습은 언제나 소비자들에게 감동을 안겨준다. 미국의 여행가 블레이크 마이코스키Blake Mycoskie는 톰스 슈즈Tom's Shoes라는 신발회사를 만들었다. 신발이 없는 아르헨티나 아이들에게 운동화를 신겨주고 싶다는 생각으로 만든 이 회사는 고객이 신발 한 켤레를 살 때마다 아르헨티나 아이들에게 한 켤레의 신발을 신겨주겠다는 '원 포 원one for one' 캠페인으로 큰 성공을 거뒀다. 그 해 말 마이코스키는 1만 켤레의 신발을 가지고 아르헨티나로 돌아갔다. 그가 아이들에게 신발을 신겨주는 동영상이 유튜브에 공개되면서 고객들은 그가 약속을 지켰음을 확인했다. 이 회사는 지금 매년 100만 켤레 이상을 판매하면서 성장을 지속하고 있다.[43]

문화와 예술을 경영에 접목하는 아트 마케팅art marketing이나 사회적 책임과 대의를 연계시킨 대의 마케팅cause marketing도 이런 차원에서 이뤄진다. 공익 및 환경운동과 관련된 마케팅 활동은 사회적 기업에 국한되지 않고 급속히 확산되고 있다. 서두에서 말했듯 자신의 이익만 추구하기보다 진정으로 소비자와 인류를 살핀다는 점을 몸소 실천함으로써 변심한 고객을 돌아서게 할 수 있는 효과적인 방법이다. "소비자의 영혼에 호소하라"는 필립 코틀러의 일갈을 의미심장하게 받아들여야 하는 대목이다.[44]

영향력의 진정성과 관련된 사례를 우리에게는 생소하지만 미국에서는 꽤 유명한 유기농 요거트 회사인 '스토니필드'에서 찾을 수 있다. 지금의 '환경운동의 메신저가 된 기업'으로 더욱 유명한 이 기업의 최고경영자인 허쉬버그는 소년 시절, 가족이 운영하는 신발 공장에서 나오는 폐수가 강으로 흘러들면서 녹색에서 노란색으로, 그리고 빨간색으로 현란하게 반짝이는 모습에 넋을 잃고 바라보았다고 한다. 이후 그는 환경 친화적인 기업 운동에 앞장서게 되었다. 스토니필드 요구르트는 맛도 뛰어나지만 푸른 지구를 살린다는 대의명분에 이바지한다는 일종의 보증이었다. 그들의 요구르트는 순수하고 유기농이었으며 천연산이었다. 우유는 보존제를 사용하지 않았고, 화학 약품과 살충제, 기타 약품에 노출되지 않은 젖소에게서 짠 것이었다. 만족한 고객들은 곧 스토니필드에 대한 소문을 퍼트렸고, 브랜드는 인기를 끌기 시작했다. 승승장구 하던 허쉬버그는 수많은 비즈니스 규칙을 깨트리고 일반적인 통념에 어긋나는 일을 했다. 그는 전통적인 유료 광고 매체를 사용하지 않았으며, 수익을 자선단체에 기부하고, 더 많은 비용이 드는 비전통적인 쓰레기 처리 시스템에 투자하며, 제품 가격을 경쟁업체보다 훨씬 높게 매겼다. 놀랍게도 이와 같은 혁신은 전통적인 비즈니스 세계에서 예상했던 것과는 달리 해가 되기는커녕 오히려 도움이 되었다.[45]

이처럼 최고 수준에서 진정성에 호소하려면, 억지나 강요 없이 산출물에 의미를 첨가하고 소비자들을 더 높은 목표로 이끌어야 한다. 그 누구도 억지로 내키지 않는 대의에 헌신하는 것을 좋아하지 않는다. 디즈니랜드의 테마파크, 스타벅스의 커피, 라스베이거스의 호텔과 카지노, 그리고 아이폰이 모두 인위적으로 만들어진 것들이지만 위의 다섯 가지 진정성 중 하나 이상을 획득함으로써 사람들에게 진정성을 느끼게 하고 있다. 따라서 기업들은 자연성, 독창성, 특별함, 연관성, 영향력의 진정성을 더욱 두드러지게 이끌어낼 수 있는 과감하고 새로운 방향을 설정함으로써 자신들의 산출물에 진정성을 연출해야 한다고 저자들은 강조하고 있다.[46]

기업이 보여줄 수 있는 모든 것에는 진정성을 담아야 한다. 비즈니스에서 연기가 진정한 것으로 인식되려면 자아에 충실하면서 정체성에 초점을 맞추면 된다. 어느 기업이나 열망하는 입소문의 원동력은 바로 진정성이다. 하지만 어떤 기업도 완벽하게 자아에 충실한 상태를 유지하거나 자기 정체성을 그대로 유지하지는 못한다. 그래서 진정성을 훼손하고 있는 것은 무엇인지, 진정성을 강화하기 위해 필요한 것은 무엇인지 현재와 미래의 포지셔닝을 잘 살펴야 한다. 시애틀의 파이크 플레이스 어시장을 세계적인 명소로 탈바꿈시킨 존 요코야마는 20년 넘는 시간 동안 어시장에 진정성이 어우러질 수 있었던 비결을 나름의 방식을 찾고, 나름의 정체성을 확보하는 데서 찾으라고 거듭 주문하고 있다.

변화와 혁신을 추진해야 하는 독자 여러분의 입장에서도 예외는 있을 수 없다. 어떤 형태로 여러분의 조직이 변화하든 모든 '실행'에는 진정성이 녹아 있어야 하는 것이다. 처음부터 제대로, 그리고 끝까지 진정성을 유지하는 것만이 변화와 혁신을 성공으로 이끄는 지름길인 것이다.

9. 진정성과 리더십

남이 하라니까 '영혼 없이' 그냥 따라하게 되는 경영혁신 활동, 진정성이 결여된 임원, 팀장, 변화와 혁신 추진자의 리더십은 '악화가 양화를 구축'하는 결과를 낳는다. 따라서 진정성이 살아있는 리더십은 실질적인 업무 또는 과제를 추진하는 데 있어서 매우 중요한 개념이라 하겠다.

높은 성과를 창출하는 사람은 뛰어난 리더인가? 높은 성과를 창출하기 위해서는 반드시 뛰어난 리더가 필요한가? 실제로 리더십에 관한 기존 연구나 언론 보도의 상당수는 높은 성과를 창출한 사람들을 일단 뛰어난 리더로 간주하고 그 자질이나 행동의 특성을 찾는 방식으로 이루어져 왔다. 그렇더라도 히틀러나 빈 라덴, 스탈린 등도 한때 높은 성과를 창출했다고 해서 뛰어난 리더로 인정할 수는 없는 노릇이다.[47]

미국의 경우, 2001년 엔론 사태를 시작으로 월드컴, 타이코 등의 최고경영자들이 자신의 지위와 권력을 이용해 개인적인 욕심을 채우고 주주들에게 커다란 손해를 끼치기 시작하면서, 사람들은 화려한 카리스마 뒤에 숨겨져 있는 그들의 탐욕스러운 얼굴을 보기 시작했다. 기업의 최고경영자들은 불신의 상징이 돼버렸고, 사람들은 화려한 리더십의 환영에서 깨어나기 시작했다.[48] 비윤리적 행동까지 서슴지 않을 정도로 수단과 방법을 가리지 않고 높은 수익을 창출했지만, 결국 사회에 엄청난 타격을 입힌 기업의 리더를 어떻게 봐야 할지에 대한 문제의식이 생긴 것이다.[49] 우리나라의 경우도 별반 다르지 않다. 국내 대기업의 어떤 회장은 수조원대의 분식회계와 부당 내부거래 등을 하고서도 범행을 은폐하려 했었고, 회사 돈 수백억원을 개인 투자금 명목으로 빼돌려 횡령하기도 하였다.

세계는 새로운 형태의 리더십을 찾기 시작했다. 시장 중심의 무한 경쟁 패러다임의 한계점을 극복하고자 2004년에 네브라스카에서 개최된 리더십 컨퍼런스에서 '진정성 리더십Authentic Leadership'이 처음 소개되었다.[50] 진정성 리더십은 최근 전 세계 리더십 학계에서 가장 큰 관심을 끌고 있는 이슈다. 진정성 리더십을 연구하는 학자들은 뛰어난 리더로 인정받기 위한 조건으로서 높은 성과가 필요조건이긴 하지만 충분조건은 절대 아님을 강조한다. 결과로서의 높은 성과 창출뿐 아니라 성과 창출 '과정' 역시 중요하다는 것이다. 또한 구성원들의 절대적 신뢰와 존경, 자발적 헌신을 이끌어낼 수 있어야 진정한 리더로서 의미가 있다는 것이다. 21세기 창조사회는 바로 이런 리더십이 의미 있는 사회여야 한다는 게 이들의 주장이다.[51]

성과에 최고경영자의 리더십이 얼마나 긍정적인 영향을 미치는지 기업의 활동에 대한 실증적 증거를 찾아내기는 쉽지 않다. 오히려 최고경영자의 리더십과 기업 성과 간의 관계가 사람들이 생각하는 것처럼 직접적이거나 강하지 않다. 최고경영자가 기업 성과에 미치는 영향은 상징적이기 때문에 필요 이상으로 과장되었을 수도 있고, 슈퍼스타 같은 유명한 최고경영자가 기업에 오히려 득보다는 해가 될 가능성이 많다고 경고하는 학자들도 있다.[52]

진정성 있는 리더는 스스로가 자신이 어떻게 생각하고 행동하는지에 관하여 제대로 인식하고 있으며, 부하들에게도 자신의 가치관,

도덕적 관점, 지식, 강점 등에 대해 스스로 잘 인식하고 있다고 여겨지는 사람이다. 게다가 자신이 속한 상황을 잘 인지하고 있으며, 자신감이 있고, 희망적이고 긍정적이며 쾌활하고 높은 도덕성을 특징으로 하고 있다. 또 다른 측면에서 보면 진정성 있는 리더는 스스로에게 진실하며, 자신의 확신에 의해 동기 부여가 된다. 아울러 진정성 있는 리더는 '진짜'이지 복제물이 아니기 때문에 그들의 행위는 자신의 가치관과 확신에서 비롯된다.

진정성을 추구하는 리더는 정직, 충성심, 평등과 같은 자기초월적 가치가 반영된 행동을 하고, 그들이 속한 집단이나 더 나아가 사회 전체의 이익에 초점을 둔 도덕적 기준이나 가치관을 가진다. 그리고 자신을 찬양하는 부하들보다는 자신의 진정성을 향상시켜줄 부하들과 같이한다. 이렇듯 진정성 리더십은 부하들의 리더에 대한 태도에 긍정적 영향을 발휘하게 되지만, 리더의 진정성이 부하들에게 인지될 때에 비로소 진정성 리더십이 발현된다. 이들이 가진 투명성과 일관성이 자동적으로 부하들의 변화를 이끌어내지는 못한다. 리더의 진정성을 부하들이 인지하지 못한다면 진정성 리더십으로 작용하지 못하는 것이다. 진정성 리더십이 발현되기 위해서는 부하들이 이를 인식하는 단계가 선행돼야 한다.[53]

1) 진정성 리더십과 다른 리더십의 관계

지금까지는 리더를 정의할 때면 으레 비전을 제시하는 리더, 카리스마가 넘치는 리더, 기업을 변혁하는 리더, 아니면 조직 구성원들에게 봉사하는 서번트Servant 리더 등을 리더의 전형으로 간주해왔다.

그런데 이러한 리더십은 기본적으로 감정에 호소하고, 조직 내 비민주적 의사결정 과정을 형성시킬 수 있으며, 권력의 분배 또한 결여되어 있어서 그들 자신만의 이익을 위해서 부하들을 이용할 수 있다는 점에서 최근 비판의 대상이 되고 있다.[54]

위대한 경영사상가인 짐 콜린스는 그의 저서 《좋은 기업을 넘어 위대한 기업으로》에서 위대한 기업으로 도약한 기업들의 특별한 성공비결을 연구하여 리더십을 매우 중요한 동인動因으로 파악하고 있으며, 리더가 갖추어야 하는 리더십을 5단계로 구분하여 제시하고 있다. 단계5의 리더십은 여기서 말하고자 하는 진정성 리더십과 의미가 상통한다. 개인적 겸손함과 사업가적 의지를 겸비한 리더로서 이 단계5 리더는 위대한 기업을 만들겠다는 야망은 있으나 결코 자기중심적이지 않다. 또한 자신의 성공을 위해 끊임없이 조직을 혁신해나가는 단계4 리더십인 카리스마 리더십과도 구별되는 리더십이라고 강조하고 있다. 이러한 단계5 리더십은 성실성과 윤리성 그리고 정직성에 기초하고 있다고 본다. 자신의 의도와 행동 사이에 괴리가 없을 때, 혹은 완전하고 틈이 없으며 안과 밖이 같을 때를 말한다. 단계5의 리더가 되기 위해서는 지속적인 내적 성찰과 자기훈련을 통해 겸손한 품성을 지녀야 한다고 제시하고 있다.[55]

진정성 리더십은 어떤 특정한 리더십 스타일을 지향하지 않는다.[56] 즉 진정성 리더십은 일반적이고 포괄적인 개념으로 '근본적 요소'로서 다른 리더십에 모두 내포되어 있는 개념이다. 그러므로 진정성 리더는 변혁적 리더일 수도, 거래적 리더일 수도, 지시적 리더이거나 참여적 리더일 수도 있다.[57]

진정성 리더십의 등장은 리더십에 '인간미'를 제공하고 있다. 타인의 리더십을 모방하는 게 성공하는 길이 아니라 자신의 자아를 보다 명확하게 파악하고 이를 바탕으로 긍정적이며 투명한 관계를 부하들과 구축해나가야 하는 것이다. 타인 중심의 리더십에서 자신이 가진 고유한 자아의 발견에 초점을 맞추는 리더십, 이게 바로 진정성 리더십이 다른 리더십 이론과 차별화되는 점이자 공헌이다.[58] 진정성 리더십은 다른 리더십 개념과 구별이 될 뿐만 아니라, 진정성 여부에 따라 다른 리더십들의 유효성을 증가시켜 주기도, 감소시켜 주기도 할 가능성이 있다.[59]

어떤 연구결과에 의하면 리더의 진정성이 그 자체로서 매우 의미가 있음을 확인할 수 있다. 비록 카리스마적 리더십 상황에서는 효과가 나타나지 않았지만 거래적 리더십 상황에서 리더의 진정성이 조직의 활성화에 매우 의미 있는 효과를 발휘하는 것으로 밝혀졌다. 거래적 리더십을 행하는 리더가 높은 진정성을 가진다면 그 효과가 긍정적으로 나타나 부하의 태도에 영향을 줄 수 있다는 연구결과도 있다.[60]

앞서 언급했지만 진정성 리더십이 다른 리더십 스타일의 기본 바탕을 제공한다는 점도 주목할 만한 사실이다. 다시 말하면 리더는 진정성 리더십을 바탕으로 해서 상황에 맞는 다른 특정한 리더십 스타일을 개발할 수가 있는 것이다. 따라서 진정성 리더십과 다른 리더십 스타일은 상호 배타적인 개념이 아니라 보완재, 완충재 역할을 하고 있다. 카리스마가 무대 위에서 청중들을 향해 보여주는 리더의 연기가 아니라 가슴속에서 우러나오는 진정한 자신의 표현으로 느껴질 때 한층 더 영향력이 강해지는 이치다.[61]『나는 가수다』에 나왔던 임재범이라는 가수의 카리스마가 가슴속에서 우러나오는 진정한 목소리로 발현될 때 감동이 훨씬 컸었고, 카리스마라면 둘째 가라면 서러울 영화배우 차승원이 『삼시세끼』라는 프로그램에서 진심을 담아 음식을 만들었을 때 시청자는 그의 카리스마를 커다란 울림으로 바라볼 수 있었다. 조직의 변화와 혁신을 추구할 때에도 부하들에게 영향력을 행사하기 위해서는 리더의 진정성이 중요한 요소가 될 수 있다는 점을 명심해야 한다.

임상심리학자인 메들린 반 헤케는 그녀의 저서 《브레인 어드밴티지》에서 최신 뇌과학 연구를 기업 경영에 적용시키는 노력을 결집하고 있다. 창의성, 통찰력 등 다양한 주제를 다루는 이 책에서 〈리더는 어떻게 진정성을 전달할 수 있을까?〉를 다룬 장에서는 영국 런던 비즈니스 스쿨의 로버트 고피 교수와 프랑스 인시아드의 방문 교수 개러스 존스가 2005년 '하버드 비즈니스 리뷰'에 기고한 〈진정성 관리: 위대한 리더십의 역설〉을 인용하고 있다. 이 논문을 통하여 진정성이 가진 한 가지 역설, 즉 리더가 자신에게 충실하면서 많은 사람들에게 여러 모습을 보여주어야 하다는 점을 지적했다. 그들의 주장에 따르면, 이러한 곤경에서 벗어나는 한 가지 방법은 우리의 진정한 자아가 복잡하고 다면적이라는 사실을 인정하는 것이다. 그들은 또한 특정 상황에 적합한 자신의 일면만을 보여주면서도 계속 진정한 모습을 보여줄 수 있다고 주장한다. 이 점을 설명하기 위해 그들은 막스앤스펜서의 인사부장을 지낸 진 돔린의 말을 인용했다. "나는 어떤 사태에 뛰어들기 전에 사람들이 그 사태를 어떻게 생각할 것인지 파악하려 한다. 나는 그저 나 자신이기를 원한다. 그러나 당신이 보는 것은 나의 일부일 뿐이다. 그것은 꾸며낸 것이나 허울이 아니다. 단지 그 상황에 관련된 나의 일부일 뿐이다."[62]

고피와 존스는 또한 진정성은 인위적인 기교의 반대말로 단순화시킬 게 아니라고 말한다. 진정성을 통제되지 않은 자기 내면의 표출이라고 이해하는 것은 잘못되었다고 지적하면서 위대한 리더들의 진정성에 대한 평판은 엄청난 노력의 결과이며 매우 세심하게 관리되었음을 지적하고 있다. 의사소통을 잘 하는데 있어서도 진정성에 대한 바른 이해를 바탕으로 '연습'을 통해 얻어질 수 있다고 보고 있다. 그렇다면 어떻게 진정성을 효과적으로 커뮤니케이션 할 것인가? PR 컨설팅 전문가인 김호는 '동아 비즈니스 리뷰'에 기고한 글에서 세 가지를 제시하고 있다. 먼저 자신만의 '스토리'를 개발하라고 주문하고 있다. 단순히 객관적 사실을 나열하지 말고 개인적 체험이 녹아든 자신만의 리더십 스토리를 개발해 상대방과 관계를 형성하는데 주력해야 한다고 강조하고 있다. 여기서 더 나아가 스토리와 함께 일관된 '실천'이 필요하다고 강조하고 있다. 모범을 보이고 실천하는 리더십이 중요한 이유는 리더의 실천이 직원들에게는 그 자체로 주목할 만한 조직 변화의 주요 현상으로 받아들여지며, 리더의 행동은 직원들 사이에서 하나의 '이야기'로 널리 퍼지기 때문이다. 리더가 평소에 들려주는 본인의 이야기와 직원들이 알고 있고, 알려저 있는 '이야기' 사이에 불일치가 존재할 때 진정성의 의미는 많이 퇴색할 수밖에 없을 것이다.

두 번째로는 진심어린 '사과'를 하는 것을 두려워하지 말라고 주문한다. 때로는 자신의 약점을 노출시킬 줄도 알아야 하며, 실수나 잘못을 저질렀을 때는 이를 투명하게 공개하고 진심어린 사과를 해야 한다. 실수나 잘못의 투명한 공개, 진심어린 사과, 그리고 개선책의 제시로 이어지는 진정한 '사과 프로세스'가 필요하다는 것이다.[63]

이와 관련하여 흥미로운 실험결과가 있다. 앞서 소개한 경제심리학자 댄 에리얼리의 실험은 '죄송합니다'라는 말 한 마디의 효과를 극명하게 보여준다. 실험은 이렇게 진행되었다. 커피숍의 고객들에게 간단한 설문조사에 참여하면 5달러의 사례금을 지급하겠다고 한 후 참여자에게 실수인 척 더 많은 금액을 지불하는 설정이었다. A집단은 평범한 분위기로 조사가 진행되었고, B집단에서는 실험자가 조사를 설명하는 중간에 그다지 중요하지 않은 전화를 받으면서 시간을 끄는 무례한 행동을 보였다. 결과는 커다란 차이로 나타났다. A집단 참여자 중 45%가 초과된 사례금을 되돌려준 데 반해 B집단은 고작 14%만이 되돌려준 것이다. 상대방의 잘못으로 짜증과 불쾌감을 느낀 소비자는 상대가 어떤 식으로든 대가를 치르기를 바라는 보복 욕구를 가지게 된다. 약속한 5달러보다 초과된 금액은 바로 실험자의 무례한 행동에 대한 대가인 셈이다. 또 다른 집단 C에게는 B집단과 같은 상황에서 사례금을 지급하며 "아까 전화를 받지 말았어야 하는데 죄송합니다"라는 말을 했다. 그러자 초과된 금액을 되돌려준 비중이 A집단(45%)만큼 높아졌다. 한 마디 사과가 불쾌감·보복심을 누그러뜨리고 바른 행동을 이끌어낸 것이다. 에리얼리 교수는 '1(분노)+1(사과)=0', 즉 한 번의 분노를 한 마디 사과가 상쇄한다는 공식을 제시하고 있다.[64]

권위와 체면을 중시하는 한국 사회에서 사과는 굉장히 어색한 단어임에 틀림없다. 죄송함의 표현은 상대에게 나를 비난할 수 있는 여지를 허용하기 때문에 함부로 사과하지 않는 경향이 있다. 한 순간의 자존심 때문에 공분의 대상이 되어 관계를 회복하기가 점점 어려워지는 경우도 종종 있다. 근본적으로 사과를 '상대방의 좋지 않은 처지에 대한 공감'으로 인식한다면 사과하기가 훨씬 쉬울 것이다.

조직생활을 보면 이 부분이 아프게 다가오기도 한다. 팀장이나 부서장이 항상 옳을 수는 없다. 또한 항상 모든 것을 다 파악하고 있는 '하느님'과 같은 존재일 수는 없다. 하지만 부하직원은 팀장들이 항상 그러한 존재이기를 원한다. 이런 상황에서 팀장이 가끔 실수를 하거나 모르는 문제에 봉착했을 때, 어떤 팀장들은 그냥 슬쩍 넘어가려고 한다. '매의 눈'을 가진 부하직원들이 모를 리 없다. 이때 팀장이 진정으로 사과하고 지시사항이나 방향성을 다시 설정해주면 아무 문제없이 넘어갈 수 있는 문제를 아집을 부리고 미봉책을 내세움으로써 오히려 화를 키우고 전체 부서의 분위기를 해치는 일이 종종 목격된다. 컨설턴트인 나도 예외일 수 없다. 실천이 중요하다.

마지막으로, 그가 제시하는 처방은 경청을 넘어서서 상대방의 이야기를 잘 들을 수 있도록 '좋은 질문을 던지라'는 것이다. 커뮤니케이션의 기본인 '듣기'를 잘하기 위해서는 '예/아니오' 식의 단답형 답변이 아니라 상대방의 스토리텔링을 유도하는 좋은 질문을 던지라는 것이다. '대화의 신' 래리 킹은 '예/아니오'로 대답이 나오게끔 하는 질문을 '대화의 적'으로 간주하고 있다. "자네 지금 하는 프로젝트가 맘에 드나?"라고 묻는 것과 "이번 프로젝트에서 자네가 좋아하는 점은 어떤 것이고, 좀 힘든 점은 어떤 점인지 이야기해 주겠나?"라고 묻는 것 사이에서 차이점을 발견할 수 있는가? 상사가 부하직원과 교감하고 이해를 높이기 위한 자리에서 대화를 나눈다면 후자가 더 진정성 있는 관심의 표현이고, 좋은 질문은 후자일 것이다. 리더가 피드백을 원할 때는 어떻게 해야 할까? 팀장이 팀원에게 "나 오늘 발표 어땠어?"라고 질문하는 것과 "나 다음 번 발표 때에는 오늘보다 더 잘하려고 하는데, 자네가 보기에 내가 어떤 점을 개선하면 좀 더 나은 발표를 할 수 있을 것 같아?"라고 질문하게 되는 경우를 생각해 보자. 훨씬 더 솔직한 피드백을 전달받기를 원한다면 후자와 같은 질문을 할 필요가 있는 것이다. 후자의 질문은 상대방이 비록 직책은 낮더라도 조언자로 존중받고 있다는 느낌을 줄 수 있기 때문이다.[65]

그 동안 우리는 리더십을 기업이나 사회 조직의 성과 창출을 위한 도구로 간주해 왔다. 설사 구성원들로부터 존경과 신뢰를 받지 못하고 자발적 헌신을 유도하지 못하더라도 높은 성과만 창출할 수 있다면, 수단과 방법이 무엇이었건 간에 뛰어난 리더로 칭송하고 보상하는 경향이 있었다. 특히 우리나라 조직들은 외환위기의 충격으로 인해 극단적 성과만능주의에 빠져 이런 '도구적' 리더십에 대한 절대적 맹신 경향이 세계 어느 나라와도 비교되지 않을 정도로 높았다.[66] 하지만 우리는 다시 진정성 리더십을 탐구하고 추구하면서 본래적 의미의 리더십으로 되돌아가고 있는 것이다. 인간 냄새가 나는 리더십, 더불어 살아가는 리더십, 투명한 리더십, 자존감과 자신감을 높여주는 바로 그런 리더십이 필요한 것이다.

2) 진정성 리더십의 구성요소

진정성 리더십을 연구하는 여러 학자들의 견해를 정리하면 진정성 리더십의 구성요소는 '자아인식', '관계적 투명성', '균형된 프로세싱', 그리고 '내재화된 도덕적 관점'으로 정리할 수 있을 것이다.[67] 이 중에서 자아인식과 관계적 투명성 그리고 내재화된 도덕적 관점을 좀 더 들여다보도록 하자.

먼저 자아인식이다. 진정성 리더십에서 무엇보다 중요한 요소는 명확한 자기 인식이다. 자기 인식이야말로 리더십을 개발하는 데 있어서 가장 중요한 기본이자 첫 번째 단계다.[68] 이는 자신의 강점과 약점, 자아의 다면성을 파악하고 다른 사람들에게 노출을 통해 자아에 대한 통찰력을 얻고, 다른 사람들에게 자신이 영향력 있음을 인지하고 보여주는 것이다.[69]

스탠퍼드대학교에서 경영대학 자문위원들에게 '리더로서 성공하기 위해 가장 중요한 것은 무엇인가?'라는 질문을 한 적이 있는데, 절대 다수가 했던 대답도 바로 자기 인식이었다고 한다. 진정성 리더십에서 자기 인식이 이렇게 절대적으로 중요한 까닭은 무엇일까? 두말한 나위 없이 진정성 리더십의 핵심이 자신의 존재와 일치하는 리더십을 실천하는 데 맞추어져 있기 때문이다.

대부분의 리더들이 자신이 추구하는 가치와 기준을 바탕으로 행동하지 않고, 단지 외적인 성공과 주위 사람들이 자신에 대해 가지고 있는 기대에 부합하고자 행동한다. 이러한 노력이 처음에는 우리를 성공하게 만들지 몰라도 지속적인 성공과 심리적인 만족감을 줄 수는 없다. 주위에서 부러워할 만큼 성공했음에도 불구하고 스스로는 불안하고 자신이 하는 일이나 역할, 더 나아가 자신의 인생에 대해 회의가 든다면 당신은 진정성을 추구하는, 진정성을 가지고 있는 리더가 아닐지 모른다. 자기 인식을 높이기 위해서는 내가 이제까지 경험했던 내 인생의 스토리가 무엇을 의미하며, 내가 어떤 사람이 되길 원하는지 그리고 어떤 삶을 살고 싶은지에 대한 내적 성찰이 필요하다. 자신을 포장하고 있던 보호막을 걷어내고 본인의 약점과 상처까지도 보여줄 수 있는 용기가 필요하다.[70] 이러한 의미에서 앞서 말한 '진정성 있는 사과'는 반드시 필요한 덕목이라 아니할 수 없다.

다음으로는 관계적 투명성을 들 수 있다. 관계적 투명성은 타인에게 자신의 진정한 자아를 나타내는 것을 의미한다. 자신의 진정성 있는 모습을 다른 사람에게 보여주려는 행동은 부적절한 감정의 표현을 최소화하려 노력하고 공개된 정보 공유와 자신의 진실한 생각과 감정의 표현을 통해 신뢰를 촉진시킨다. 성찰을 통해 명확한 자기 인식을 하는 게 중요하지만 이를 가식 없이 주변 사람들에게 나타내는 것도 중요하다. 진정성 리더십에서는 내적인 자아(내가 자연스럽게 느끼는 나)와 외적인 자아(타인에게 보여주는 나)의 일치를 통해 심리적인 안정과 삶의 성숙도를 높이는 것이 중요하다. 관계적 투명성이란 이러한 두 가지 자아 사이의 괴리를 줄이기 위해 필요한 구성 요소인 것이다. GE의 잭 웰치의 리더십이나 P&G의 A. G. 래플리의 리더십 스타일이 효과적이라고 해서 무조건 이를 흉내 낸다면 이는 지속 가능하지 않고 효과도 제한적일 수밖에 없으며, 무엇보다 나 자신에 대한 진정성이 결여되어 있는 것이다. 최근 두산 박용만 회장이나 신세계 정용진 부회장을 필두로 많은 최고경영자들이 트위터

나 페이스북과 같은 소셜 네트워킹 사이트를 통해서 본인의 일상생활과 감정을 여과 없이 대중들과 공유하는 것도 관계적 투명성이란 측면에서 긍정적이라 할 수 있다. 다른 사람과 자신의 핵심가치, 원칙, 목표, 성향 등을 진솔하게 공유하면 관계적 투명성이 높아지고 이는 리더와 부하 사이의 신뢰로 발전될 수 있다. 그렇기 때문에 진정성 있는 리더는 부하직원들과 지향하는 관계가 장기적이고 평등하다 할 수 있다.[71]

　　얼마 전 한국 맥도날드의 직원이 "침 뱉은 것 잘 먹었어?"란 막말 문자를 보낸 게 사회적으로 큰 이슈가 됐다.[72] 대표가 나서서 서둘러 진화에 나섰지만 고객의 불만이 쉽게 가라앉지 않았다. 직원 한 명이 기업 전체에 얼마나 큰 영향력을 행사할 수 있는지를 보여주는 사례였다. 비슷한 사건이 세계적인 물류업체 페덱스에서도 일어났던 적이 있다. 사람들이 보지 않을 때 배달해야 할 물건들을 마구 집어던지는 영상이 공개되면서 곤욕을 치렀던 것이다. 요즘 들어 이런 사건들이 더 많아진 것은 아닐 테고, 예전에는 감춰졌던 사실들이 쉽게 밝혀지면서 이슈가 되고 있는 것이다. 이 사례들은 진정성 리더십 관점에 보면 '내재화된 도덕적 관점'과 강력하게 맞닿아 있는 전형적인 사례가 아닐까 생각해본다. 아울러 기업이 조직 구성원과도 진정성을 기반으로 한 관계 설정에 힘써야 하는 이유이기도 하다. 현장에 나가 있는 직원들을 본사에서 일일이 관리할 수는 없는 노릇이지만, 진심으로 기업의 정체성과 가치를 이해하고 이에 자부심을 느끼도록 만드는 내부 고객(조직 구성원)에 대한 '마케팅'이 필요한 지점이다.[73]

내재화된 도덕적 관점이라는 것은 자기 규제의 내재화되고 통합된 형태를 말한다. 이런 유형의 자기 규제는 그룹, 조직, 그리고 사회의 압력에 비해 내적인 도덕적 기준과 가치를 따르고 내재화된 가치에 일치한 행동과 의사결정으로 표현된다.[74] 경영 현장에서 진정성의 내재화된 모습의 발현은 가치를 재창조하게 할 수도 있다. 특히 위기 상황에서 진정한 사과 한마디의 효력은 크다. 타이레놀 독극물 사태를 겪은 존슨앤존슨(1982년), 납 성분이 검출된 장난감으로 위기에 처한 마텔(2007년), 앞서 예로 든 직원이 택배 상자를 내던지는 '패대기 동영상'으로 곤욕을 치른 페덱스(2011년)의 공통점은 바로 즉각적인 사과로 소비자의 신뢰와 사랑을 회복했다는 것이다.[75] 반면 여전히 오리무중인 남양유업 사태나 땅콩회항 사건, 그리고 도처에서 튀어나오는 진정성에 반하는 우리의 현실은 참으로 안타까운 한숨을 자아내게 한다.

3) 진정성 리더십의 대표주자

진정성을 추구하는 리더들은 내적 의도와 외적 행동이 일치하며, 항상 투명성을 지키고, 구성원들과의 약속은 어떤 상황에서도 절대적으로 준수하는 경향이 있다. 또한 조직 내·외부에서 모두 존중받고 공감되는 도덕적 기준과 가치관을 지향하고, 과거 행동에 대한 책임추궁이나 논공행상보다는 미래 지향적이며 창조적인 가치관을 중시한다. 이들은 또한 자신의 이기적 이해관계보다 구성원들의 발전에 최우선 순위를 두는 이타적 이해관계를 보여주고 있다. 더불어 최근에 진정한 리더라고 인정받는 사람들은 공통적으로 높은 조직성과를 창출했다는 연구결과가 지속적으로 나오고 있다. 어떤 사람이 진정한 리더인지 아닌지는 그로 인해 조직 구성원들의 자존감과 자신감이 얼마나 높아졌는가를 보면 알 수 있다.[76] 어찌 보면 진정한 리더십은 완전히 새로운 개념이 아니라 우리가 성과 창출에 대한 집착 때문에 잊어버렸던 리더십의 본질로 되돌아가자는 움직임이라고 볼 수도 있을 것 같다.

박태준 전 포스코 명예회장(1927~2011년)은 한국 경제사에서 독특한 위치를 차지한다. 그는 군인 출신으로 맨손으로 포항제철(현 포스코)을 일으켜 세계 최고의 철강 회사로 키워냈지만 정작 포스코 주식은 하나도 소유하지 않았다고 알려져 있다. 한국전쟁 후 해외 유학을 계획했지만 당시 대통령의 명령으로 한국에 제철소를 세우는 데 인생을 바쳤고, 나중에는 '포철을 외압으로부터 지키기 위해서' 정치에 입문하기도 했다.

박태준은 전통적인 우리나라 창업주와 본질이 다르다고 할 수 있다. 그는 우리나라 최초의 전문경영인이라고 불러도 손색이 없을 것이다. 하지만 그가 포스코를 경영할 때는 물론이고 경영 일선에서 물러난 뒤에도 '존재감'만큼은 어느 기업의 창업주나 오너 못지않았다고 전해진다. '박태준이 곧 포스코이고, 포스코가 곧 박태준'이라고 포스코 직원들은 생각하고 있다. 왜일까?

진정성 리더십이 해답이다. 1970년 포항제철소 건설 현장에서 "선조들의 피값으로 짓는 제철소 건설이 실패하면 우리는 모두 '우향우' 해서 동해 바다에 몸을 던져야 한다"고 말했다고 전해진다. 공사 기간 동안 영일만 모래밭 귀퉁이에 슬레이트 지붕을 덧댄 소위 '롬멜

하우스'를 짓고 숙식을 해결했다. 이런 그의 열정과 노고 덕분에 포스코는 창사 이래 한 번도 적자를 낸 적이 없다. 이를 두고 일단의 경영학자들은 '박태준 사상'이라고까지 하고 있다. 기존의 경영 사상들과는 다른 특이성, 정체성, 성과 차원의 지대한 영향력 그리고 시간적인 지속성이 확보되었다고 보기 때문이다.[77]

박태준의 진정성을 알 수 있는 일화 중에는 이런 이야기도 전해지고 있다. 1980년대 초에는 평생을 아끼는 사이로 지냈던 호암 이병철 삼성 선대회장이 삼성중공업을 주겠다고 하자 "과분한 선물에 감사드립니다. 그러나 저는 제 일이 끝나지 않았습니다. 제가 국가의 일을 맡아 중도에 그만둘 수야 없지 않습니까"라며 정중히 거절하였다고 한다. 잭 웰치는 리더십의 규칙을 제시하면서 그 네 번째로 '리더는 정직함과 투명함, 신용을 통해 신뢰를 쌓아야 한다'고 말하고 있다. 리더는 권력을 즐겨서는 안 된다는 것이다. 비밀을 간직하고 직원들에 대해 직설적으로 평가하지 않으며 사업계획을 자신만 알고 있는 관리자가 이끄는 팀은 신뢰가 메마른다고 강조하고 있다.[78] 박태준이 진정성을 추구하고자 하였던 그 본질에는 '민족'과 '국가'에 대한 헌신이 자리 잡고 있었던 것이지 그 어떤 물욕도 없었던 것이다.[79] 앞서 언급한 학자들에 의하면 그는 '의지의 선비'이자 '밑실거래'가 없는 의義와 투명의 대명사이다. 회사에 막대한 손실을 입힌 크레인 운전공의 집을 직접 찾아가 대가족을 부양하기 위해 잠을 자지 않고 일을 해야만 했던 사연을 듣게 된 박태준은 운전공에게 파면은커녕 "너는 열심히 일만 하면 된다"고 용기를 북돋워준 사연은 지금 들어도 결코 쉬이 지나칠 수 없는 그의 진정성을 엿볼 수 있는 일화

이다. 또한 이 책에서는 이러한 박태준의 진정성 리더십을 '용혼熔魂'
이라고 정의하고 있다. "혼으로 녹여내어 이룬다"는 뜻이다.[80]

앞서 논의한 진정성 리더십의 구성요소 관점에서 보자면 그는 "우
리는 후세에게 행복을 주기 위해 희생하는 세대"라는 명확한 자기
인식이 있었고, 삼성중공업을 거절할 수 있는 '관계적 투명성'과 '내
재화된 도덕적 관점'을 견지했던 것이다.

10. 진정성의 구현 – 공감

비록 내 잘못이 아니더라도 타인의 어려운 상황에 대해 공감하고
위로한다면 신뢰와 협력 관계를 형성할 수 있다. 이와 관련하여 하버
드대학에서 연구한 결과는 매우 흥미롭다.

상황은 이렇다. 꽤 많은 비가 내리는 날, 기차역에서 누군가로부
터 휴대전화를 빌려 써야 하는 상황이다. 지나가는 사람에게 "휴대
전화 좀 빌릴 수 있을까요?"라며 다가서자 단 9%(33명 중 3명)만이
자신의 휴대전화를 빌려줬다고 한다. 이번에는 달리 말하였다. 즉,
"비가 많이 와서 힘드시죠. 휴대전화 좀 빌릴 수 있을까요?"라며 다
가갔다. 그러자 거의 반수에 가까운 사람이(32명 중 15명, 47%)이 선
뜻 휴대전화를 빌려줬다고 한다. 궂은 날씨라는 게 개인이 책임질
일도 아닌 통제 불가능한 상황임에도 불구하고, 상대방의 고충에 공
감하는 한마디 표현이 협조적인 행동을 유발하는 데 큰 효과를 발휘
한 것이다.

친근한 말 한마디는 고객 만족도를 끌어올린다. 커피숍에서 조직 구성원과 가벼운 수다를 나눈 고객이 아무런 대화가 없었던 고객보다 만족도가 높을 뿐 아니라(4.31 vs 3.80, 5점 만점), 훨씬 더 좋은 기분으로(4.22 vs 3.60) 가게를 나섰다는 실험 결과가 있다. 고객과 직원, 나아가 고객과 기업 사이에 형성된 정서적 유대감이 고객의 만족감과 행복감을 높이기 때문이다.[81]

미국 챔플린 대학의 평생교육원장인 제이슨 보여스는 〈포브스〉지와의 인터뷰에서 공감 능력이 사업을 발전시키는 가장 큰 원동력이라고 말하고 있다. 그는 "성공적인 사람은 홀로 움직이지 않는다. 목표를 향해 전진하기 위해서는 여러 사람의 도움을 통해 긍정적인 결과를 생성해야 한다"고 말하고 있다. 또한 "진정한 공감대는 모든 결정에 있어 감정적, 이성적 요소 두 가지를 완전히 이해할 때 이루어진다"라고 말했다. 하지만 우리가 일하는 일터에서 공감이란 말을 떠올리기는 쉽지 않다. 그러나 친절하며 공감대를 잘 형성하는, 즉 직원들을 정말로 걱정하는 리더일수록 사람들을 감동시키고 자기편으로 이끄는 효과적인 리더십을 발휘한다. 이러한 공감대를 잘 이루는 리더는 소통 능력이 뛰어나고 다른 조직 구성원들의 견해를 이해하는 능력이 월등하게 높다. 그리고 필요할 땐 그렇게 관계를 형성한 사람들에게 지지를 호소할 수 있는 것이다.[82]

공감과 위로, 진심을 담은 말 한마디는 소비자의 마음을 움직이고 행동을 변화시킨다. 인간적인 관계가 맺어지면 잘못이나 실수에도 관대해진다. 물론 제품·서비스의 가치가 명확하고 품질이 뒤지지 않아야 함은 기본이다. 기본이 안 된 상황에서 공감과 진정성을 대체 어떤 그릇에 담을 수 있단 말인가. 이와 반대의 상황도 마찬가지이다. 훌륭한 상품을 내놓으며 오만한 태도로 일관한다면, 고객 지갑은 열리지만 마음의 문은 굳게 닫힐 수밖에 없다. 막대한 자금을 기부하는 기업이라도 일상적인 공감과 위로 표현에 인색하다면 사회적 지지를 이끌어낼 수 없는 것이다.[83] 진정성 있는 리더는 과정 역시 중시한다. 다른 리더십 스타일을 맹목적으로 답습하기에 앞서, 철저한 자아인식을 바탕으로 자신의 강점은 물론 약점까지 조직원들과 공유해 신뢰와 존경, 자발적 헌신을 이끌어낸다. 창조와 혁신, 변화를 화두로 하는 21세기 지식경제시대는 바로 이런 진정성 있는 리더를 원하고 있다.

제7장

동기부여

知之者 不如好之者 好之者 不如樂之者
(아는 것은 좋아하는 것만 못하고, 좋아하는 것은 즐기는 것만 못하다)

— 《논어》〈옹아雍也편〉

돈으로는 사람을 움직일 수 없습니다. 사람을 움직이려면 마음 깊은 곳에서 불타오르는 동기를 부여해야 합니다.

— 이나모리 가즈오, 교세라 창업자

꿈이란 참으로 이상한 것이다. 불가능해 보일지라도 그것을 마음에 간직하고 있으면 은연중에 꿈을 이루어 보려고 하는 힘이 생기거나, 또 그런 꿈을 가지고 있다는 사실만으로도 삶이 가치 있어 보이기도 한다.

— 히로나카 헤이스케, 《학문의 즐거움》 중에서

〈하버드 비즈니스 리뷰〉 2010년 1, 2월 합본호를 보면 세계경제 포럼과 함께 2010년 최고의 혁신 아이디어 10개를 제안하였는데, 이중 첫 번째가 직원들의 동기부여와 관련되는 것이었다.[1] 이처럼 동기부여는 현대 사회에서 기업을 운영하거나 개인 창작 등 모든 활동에서 가장 기본적인 요소라고 할 수 있다.

업무를 추진하는 데 있어서 구성원이 어떤 일을 할 수 있느냐의 여부는 구성원이 가지고 있는 능력이나 역량에 의해서 결정되지만, 구성원을 움직이는 것은 그 일에 대한 동기라고 할 수 있다. 내부 구성원에 대한 효과적인 동기부여를 통해 높은 성장률을 기록하며 업계를 리드하고 있는 기업들을 종종 볼 수 있다. 예를 들면 통계 패키지 전문업체인 미국의 SAS가 대표적인 사례라 할 수 있다. 뛰어난 역량과 능력을 가지고 있는 구성원을 보유하고 있더라도 그러한 능력을 생산성을 향상시키는데 활용하는 동기부여가 되어있지 못한다면, 기업은 생산성 측면에서 엄청난 손실을 보고 있는 것이다. 실제로 LG 경제연구원에서 2004년에 국내 기업을 대상으로 조사한 결과에 따르면, 보통의 인재를 보유하고 있으나 동기부여를 잘 하는 기업이 우수인재를 확보하고 있으나 효과적으로 동기부여를 하지 못하는 기업에 비해 재무적 성과측면에서 높은 성과를 나타내는 것으로 보고되고 있다.[2] 결과적으로 제조업에서 생산성 향상과 관련해서도 동기부여는 매우 중요한 요소임을 우리가 알 수 있는 것이다.

기업 경쟁력 확보를 위해서는 우수 인재 확보뿐만 아니라, 구성원들이 회사와 일에 몰입하여 열정적으로 일할 수 있도록 동기를 부여하는 것이 중요하며 이 효과를 높이기 위해서는 직무 가치의 고도화, 공정한 평가, 보상 체계 정립 등이 선행되어야 한다.

동기부여는 인간의 행동을 특정 목적을 위하여 일정한 방향으로 작동시키고 지속적으로 유지시키는 내적인 심리상태로서, 인간의 목표지향적인 행동을 유발하고, 활성화시키며, 지속시키는 요인이 된다.[3] 이렇듯 동기부여를 통해 개인의 행동이 열정적이고 지속적으로 작동되고, 개인 또는 조직의 목표를 달성하기 위하여 개개인의 활동이 방향성을 가지면서 지속적인 노력으로 이어지는 것이다. 동기부여가 제대로 이루어지면 기업은 성과 향상을 꾀할 수 있고, 개인은

이에 따른 보상을 확보할 수 있다.[4]

기업 활동을 하는 데 있어서 가장 중요한 것은 기업의 목표를 달성하기 위해 조직 구성원들에게 기업의 전략을 이해시키고 전략에 맞게 이들을 통제하는 것이다. 물론 조직 구성원이 기업의 목표 달성을 위해 최선을 다한다면 통제와 경영은 필요하지 않겠지만, 조직을 구성하고 있는 각 개인들은 기업의 최우선적인 관심사에서 바람직한 행동을 하지 않거나, 마지못해 하는 경우가 있을 수 있다. 구성원이 기업의 목표를 위해 최선을 다하지 않는다면 기업의 성과는 불을 보듯 뻔하다. 따라서 조직을 구성하는 각 개인들에게 일을 할 수 있는 동기를 심어주는 일련의 과정은 매우 중요한 것이다.[5]

1. 내적 동기부여와 외적 동기부여

동기부여는 크게 외적 동기부여와 내적 동기부여로 구분할 수 있다. 업무에서의 성취감, 만족감, 도전성, 몰입 등과 같이 업무 그 자체로부터 즐거움을 느껴 동기가 부여되는 내적 동기부여와 월급, 성과금, 보상, 포상 등과 같은 외적이고 실체적인 보상을 받기 위한 외적 동기부여로 나눌 수 있는 것이다. 학자들의 연구에 의하면, 외적 동기부여는 외부에서 받을 수 있는 보상이 사라지면 쉽게 사라지는 반면, 내적 동기부여는 업무 수행 자체에서 얻어지는 동기이기 때문에 지속성이 있고 성과에 미치는 영향이 크다.[6]

'자기결정성 이론Self-Determination Theory'을 발표하여 보상과 처벌이 인간의 행동을 결정한다는 '행동주의 심리학'의 패러다임을 뒤집고 심리학의 새로운 장을 열었던 에드워드 데시 교수의 저서 《마음의 작동법》에는 다음과 같은 사례가 나온다. 대학생들을 대상으로 재미있는 블록 퍼즐 게임 실험을 했다. 두 집단으로 나눠서 한 집단에겐 형상 하나를 완성하면 1달러를 주고, 다른 한 쪽에는 전혀 보상을 주지 않았다. 실험 조교가 떠나 있는 시간은 8분이었는데 금전적 보상을 받은 대학생들은 퍼즐을 하지 않았다는 것이다. 또한 협박이나 처벌도 금전적 보상과 마찬가지 효과로 나타나고 있는데, 비슷한 실험에서 좋지 않은 결과를 냈을 때 처벌을 한다고 해도 동기부여는 일시적이었다. '자율성'과 '선택권'이 동기부여의 핵심이라는 것이다.[7] 어떤 것을 제대로 알고 무엇인가를 발견할 때 느끼는 만족감은 그것 자체로도 강력한 보상인 것이다. 여기 비슷한 실험이 하나 더 있다. 12주 동안 8명의 학생을 2조로 나누어 대학신문사에서 헤드라인을 쓰게 하고 관찰을 하였다. 한 쪽 조에 속한 4명의 학생들은 헤드라인 하나를 쓸 때마다 50센트를 받았고, 다른 쪽 학생들은 보수를 받지 않았다. 결과는 먼저 있었던 실험과 동일하게 나왔다. 몇 주를 관찰한 결과, 보수를 받지 않은 조 학생들이 헤드라인을 훨씬 더 많이 썼을 뿐만 아니라, 처음 4주 동안 했던 일과 비교해서도 더 많은 일을 해낸 것이다. 하지만 보수를 받은 조는 실적이 나아지지 않았다. 그들이 돈을 받음으로써 일의 가치를 낮추어 보았기 때문일 것이다. 인간은 세상에 대한 호기심과 세상을 능숙하게 다루어 보고 싶은 욕구를 타고난다.[8]

데시에 의하면 인간은 스스로 생각하고 판단하고 선택해야 온전히 빛을 발하는 존재이다. 외부의 개입에 민감하게 반응하는 인간의 본능은 실로 놀라우며, 그러한 간섭을 알아채는 능력은 아이부터 어른까지 예외가 없다는 것이다. 돈, 칭찬, 평가 등 외부에서 주입된 동기보다 스스로 하는 동기부여가 창의성과 책임감, 건전한 행동을 낳고 지속적인 변화를 가져온다는 것이 그의 주장이다. 부모의 선물공세에 책을 든 아이는 십중팔구 공부를 놓게 된다.

에드워드 데시가 이끈 자기 결정성 연구는 개인과 조직에게 왜 열정과 몰입이 중요한가를 과학적으로 보여주었다. 당근과 채찍이 조직구성원에게서 끌어낼 수 있는 것은 단지 표피적인 열정에 불과할 수 있다. 그들이 진심을 다해 일하게 만드는 원동력은 그들 내부에 있다. 그 안에 있는 열정과 의지를 불타오르게 하는 것. 그게 중요하다.[9]

동기부여는 창의성의 발현과도 관련이 있다. 창의성에 관한 사고에 사회심리학적인 요인을 도입한 최초의 이론가라고 여겨지는 하버드경영대학원 교수인 테레사 아마빌에 의하면 앞서 언급한 열정, 흥미, 몰입 등의 내적 동기부여 요소가 창의력 증진에 훨씬 더 중요하다. 조직원들은 내적으로 동기부여가 되었을 때는 도전 그 자체와 즐거움을 위해 업무를 수행하게 된다. 업무 자체가 동기를 부여하는 것이다. 업무 자체에 대한 흥미, 만족, 도전의식에 의해 주로 동기를 부여받을 때, 가장 창의성을 발휘하게 된다는 것이다.[10] 어떤 학자의 견해에 의하면 내적 동기부여가 되기 위해서는 '자율성', '유능감', '관계성'의 욕구가 충족되어야 한다고 한다. 그리고 조직이 이와 같은 인간의 3가지 기본적 욕구를 충족시키는 환경을 구축하고 지원할 경우, 조직원들은 수용 → 동일시 → 통합화의 과정을 진행함으

로써 '내재화'를 이루게 되고 일을 스스로의 즐기면서 할 수 있다는 것이다.[11]

　내적 동기부여를 기업 활동에 적용한 대표주자는 아마도 3M이 아닐까 싶다. 이 회사에는 '15% 원칙'이 있는데 본인의 고유 업무 이외에 관심 있는 분야에 근무시간의 15%를 할애해 연구하도록 하는 제도이다. 하루의 근무시간을 8시간으로 치자면 1시간이 넘는 시간 동안 '딴 짓'을 할 수 있는 셈이다. 이 '딴 짓'이 바로 내적 동기부여의 핵심 구동력이 되는 것이다. 또한 3M에서는 행해지는 모든 연구를 '밀주密酒제조bootlegging[12]라 부르는데, 연구 활동에 대해 상급자로부터 허락 받을 필요가 없고, 심지어 상사가 중지하라고 한 연구에 대해서도 비밀리에 진행할 수 있다는 데에서 기인한 것이다. 이 사실을 상사가 알더라도 상사는 모르는 척 하는 게 관례로 되어 있다고 하니 직원들이 신명나게 자발적인 연구를 할 수 있도록 튼튼한 뿌리가 형성되어 있는 게 아닌가 싶다.[13]

　이처럼 내적 동기부여가 외적 동기부여보다 더 지속성이 있고, 더 좋은 성과를 가져오며, 더 큰 심리적 안정을 가져온다는 점을 잊지 말아야 한다. 내적 동기부여의 경우, 활동에 열중하는 것 자체가 보상이 되므로 언제까지나 높은 동기가 부여될 수 있고, 활동이 계속 유지돼 자연스럽게 좋은 성과를 내게 된다. 내적 동기의 특성을 바탕으로 내적 동기부여에 영향을 미치는 요인에 대해 다음 페이지의 [표 30]에 제시하였다.

[표 30] 내적 동기부여에 영향을 미치는 요인

강화요인	유의미성	직면한 상황이 의미를 부여할 정도로 중요하고 도전적인 경우
	자율성	지시나 명령이 아닌 자율적인 환경이 주어지는 경우
	피드백	수행하고 있는 일에 대한 결과를 지속적으로 피드백 받는 경우
억제요인	외적인 평가/보상	외부의 평가로 보상이 주어지는 경우
	처벌에 대한 압박	결과가 기대 이하일 경우 처벌이 예상되는 상황
	강요된 목표	업무할당 등 외부에서 목표치를 부여한 경우

반면 외적 동기부여의 경우 대부분 효과가 한시적일 가능성이 높다. 문제는 외적 동기부여가 자칫 잘못하면 내적 동기부여마저 꺾을 수 있다는 점이다. 즉, 원래 내적 동기부여에 의해 자연발생적으로 시작한 활동에 대해 보상을 줌으로써 역으로 원래 그 사람이 가졌던 자발적인 의욕이 줄어들 수 있다. 개인이 외적 보상을 받게 되면 본래 자신이 좋아서 한 일도 외적 보상을 위해 한 일로 생각하게 되어 내적 동기가 감소되기 때문이다. 즉, 외적 동기는 외부의 영향에 의해 통제받고 있다는 인식을 통해 동기부여의 효과를 감소시키게 된다. 국내 학자들의 연구를 통해 외적 동기부여보다 내적 동기부여가 성과에 더 많고 꾸준한 영향을 미친다는 보고가 꾸준히 이어지고 있다.[14] 데시 교수를 비롯해 수많은 심리학자들이 이 가설이 옳은지 실험해봤는데, 100건 이상의 실험에서 예상대로 외적 동기부여가 내적 동기부여를 둔화시키는 것으로 나타났다. 내적 동기부여를 떨어뜨리는 외적 동기부여가 어떤 것인가에 대해서도 많은 심리학 실험이 있었는데, 보상 외에도 벌칙, 데드라인, 감시 등의 외적 동기부여가 내

적 동기부여와 역의 상관관계를 갖는 것으로 나타났다.

이 같은 연구는 기업 경영에도 많은 시사점을 준다. '당근과 채찍' 전략으로 상징되는 전통적인 기업의 보상 시스템은 조직 구성원이 스스로 일하려는 동기, 즉 내적 동기부여를 오히려 꺾을 수 있다는 점이다. 내적 목적이란 개인적 성장, 좋은 사회적 관계를 구축하는 것, 사회에 도움이 되는 것 따위가 해당한다. 반면 외적 목적이란 부자가 되는 것, 유명해지는 것, 남에게 긍정적인 이미지를 주는 것 따위가 해당한다. 여러 연구에 따르면, 내적 목적에 중점을 두는 사람들은 외적 목적에 중점을 두는 사람들에 비해 심리적으로 더 건강하며, 과업을 수행할 때 보다 자율적인 것으로 나타났다.[15]

1) 그렇다면 외적 동기부여가 항상 나쁘기만 할까?

최근의 연구결과에 의하면 반드시 그렇지만은 않다는 것이 정설로 받아들여지고 있다. 경영자들이 가장 일반적으로 이용하는 외적 동기부여의 수단은 금전적 보상이다. 테레사 아마빌 교수는 금전적 보상이 창의성에 대부분의 경우 실질적인 도움이 되지 않는다고 했었다. 그런데 최근에는 외적 동기부여도 중요한 동기부여의 수단으로 긍정적으로 작용하는 것으로 보고되고 있다. 아마빌의 말을 좀 더 들어보자. "'상호작용' 관점은 외부 동기가 증가하면 내부 동기 및 창의성이 감소해야 한다고 주장한다. 그러나 '추가적' 관점은 외부 동기가 증가하더라도 내부 동기 및 창의성에 부정적 영향을 주지 않으며, 때로는 긍정적 영향을 끼치기도 한다고 주장한다. 정서적인 메커니즘을 통해 이 효과를 완벽하게 설명할 수 있을지 아직은 알 수 없지만, 우리는 현재 외부 동기가 내부 동기와 창의성을 꼭 훼손하지는 않는다는 증거를 다수 확보했다. 심지어 특정 종류의 외부 동기는 창의성을 강화하기도 한다."[16]

아마빌이 수행한 연구결과에 따르면, "보너스의 형태로 보상을 받은 피험자들이 가장 높은 수준의 창의성을 보였다"는 것이다. 또한 "창의적인 아이디어에 대한 인정과 보상, 명확히 정의된 프로젝트 목표, 결과물에 대한 건설적인 피드백"은 창의성을 강화하는 것으로 밝혀졌다고 말하고 있다.

아마빌은 그러면서 '시너지스틱 외부 동기'라는 개념을 제안한다. 내부 동기와 결합하여 상승효과를 낼 수 있는 외부 동기를 지칭하는 말로서, 통제를 수반하지 않으면서 능력을 인정해주는 보상, 개인이 흥미를 느끼는 작업을 하도록 배려해주는 보상 등을 예로 들고 있다. 즉 기술과 지식을 갖추었다는 자신감을 느끼게 해주거나 과업 자체에 깊이 몰입하게 만드는 외부 요인 등이 더해지면 창의성을 향상한다는 것이다. 또한 문제해결이라는 관점[17]에서 봤을 때, 1단계나 3단계는 내부 동기가 필요하지만, 2단계와 4단계에서는 시너지스틱 외부 동기가 일정한 긍정적 영향을 끼친다고 말하고 있다. 다시 말하면, "통제를 수반하는 외부 동기는 창의성을 저해하지만, 정보를 제공하거나 권한을 부여하는 외부 동기는 창의성을 강화할 수 있다"는 것이다.[18]

이런 의미에서 47세였던 1998년에서 현대자동차 사장을 지냈고 국회의원도 했던 이계안 동양피엔에프 회장과 정주영 회장의 남다른 인연을 담은 이야기는 큰 울림으로 다가온다. 현대중공업에서 현금

출납 업무를 챙기는 재정부서 대리였던 이계안 회장은 어느 날 장부를 살펴보다가 미심쩍은 대목을 발견하여 곰곰이 들여다보게 된다. 분식회계라는 확신을 얻은 그는 당시 전무에게 그 사실을 보고했고, 화들짝 놀란 전무는 그를 대동하고 정주영 회장에게 '직보'를 하러 가는 보기 드문 장면이 연출되었다. 여기서 한 번 더 반전이 일어난다. 정주영 회장이 이계안 대리에게 현대중공업 회계감사와 관련된 전권을 부여한 것이었다. 이계안 대리의 똑 부러진 일처리와 정주영 회장의 강력한 권한위양 때문에 현대중공업은 장부상의 흑자에서 적자로 돌아설 수밖에 없었고, 당시 현대중공업 대표이사 3명이 동시에 면직되는 인사 발령이 났다. 또 하나의 에피소드가 있다. 1988년에 현대그룹은 현대석유화학을 설립하게 되었는데, 당시로는 1조 원이 넘는 자금이 투입된 대단위 투자였다. 그때 종합적인 사업계획을 입안한 인물이 당시 이계안 차장이었다. 그런데 워낙 대규모 사업이었던 까닭에 이계안 차장이 작성한 품의서에 고위 경영진은 선뜻 사인을 하지 못하고 있었다. 이때 가장 먼저 결재 사인을 한 사람이 바로 정주영 회장이었다. 총수가 먼저 사인을 하자 나머지 중역들도 어쩔 수 없이 각자의 결재 칸을 채워나갔다.[19]

2. 동기부여, 몰입 그리고 창의성

한 사람이 주어진 과제에 창의적으로 반응할 것인가의 여부를 결정하는 데에는 그 과제를 향한 그 사람의 태도가 매우 중요하다. 만일 그 과제가 그 사람에게 본질적으로 동기를 부여한다면 (즉, 그가 성공적인 수행의 결과로 일어날 수 있는 외적 보상을 바라는 게 아니라 과제 그 자체에 흥미를 느낀다면) 그 사람이 혁신적으로 반응할 가능성은 최대화 될 것이다. 우리는 창의적인 분야에서 일하는 사람들이 자신이 하는 일을 사랑해서 하는 것이고, 그것을 해서 먹고 사는 것은 하나의 보너스라고 말하는 것을 많이 듣는다. 게다가 그 일을 자신이 독자적으로 선택했다고 믿으면 외적 압력 때문에 그것을 한다고 믿을 때보다 더 창의적인 결과를 얻을 것이다. 태도 요소든 동기 요소든 개인이 처한 상태는 언제나 사회적 환경에 의해 영향을 받는다.[20]

세계적인 미래학자인 다니엘 핑크는 자신의 저서 《드라이브》에서 창의성을 강화하기 위한 동기부여를 '동기 3.0'이라 부르자고 주장하고 있다.[21] 기존의 당근과 채찍에 의존한 '동기 2.0'은 굴뚝 경제시대에는 부합할 수 있을지 모르지만 창조성이 기본이 되는 경제 환경에서는 적절하지 못하다고 말하고 있다. 그러면서 '동기 3.0'의 구성요소로서 '자율성', '숙련', '목적' 세 가지를 제시한다. 그가 말하는 자율성이란 앞서 언급한 '자기결정성 이론'의 다른 이름이다. 즉 스스로 선택하고 행동할 수 있도록 하는 것으로서 업무, 시간, 기술, 팀의 네 가지 요소에서 자율성이 강화되어야 한다고 말하고 있다. 다시 말하면 일을 추진하는 데 있어서 무엇을, 언제, 어떻게, 누구와 할 것인지를 스스로 결정할 수 있어야 비로소 동기부여가 된다는 말이다. 반면 '숙련'이라는 개념은 나에게 중요한 일을 더 잘하고 싶은 욕망으로 풀이할 수 있다. 이는 칙센트미하이가 말하는 '몰입'과 유사한 개념으로 거듭되는 반복에서 사람들이 찾아내는 최적의 상태, 즉 몰입으로 가는 중요한 방법이 바로 숙련이라고 강조하고 있다. 마지막으로 '목적'은 자신의 삶과 일에 더 큰 의미를 부여하는 것으로서 업무의 효율성과 효과성 측면에서 목적의식이 있는 것과 없는 것에는 큰 차이가 있음을 알려주고 있다. 여기서 말하는 목적은 '성과 추구'에만 그치는 것이 아니라 목적 그 자체의 추구를 보다 강조하고 있는 것이다.

한편 테레사 아마빌은 《창조의 조건》에서 창의성의 세 가지 요소로 '전문성', '창의적 사고능력', 그리고 '내적, 외적 동기부여'를 제시하면서, 창의성을 발휘하기 위해서는 조직 구성원의 동기부여가 선행되어야 한다는 점을 강조하고 있다. 동기부여는 조직 구성원이 몰입할 수 있는 분위기를 만들어 줄 수 있기 때문이다.

칙센트미하이가 제시한 '몰입'이라는 개념은 내적 동기부여의 가장 전형적인 형태일 것이다. 그의 말을 들어보자. "몰입은 물 흐르듯 행동이 자연스럽게 이루어지는 느낌을 표현하는 말이다. 삶을 훌륭하게 가꾸어주는 것은 행복감이 아니라 깊이 빠져드는 몰입이다. 명확한 목표가 주어져 있고, 활동의 효과를 곧바로 확인할 수 있으며, 과제의 난이도와 실력이 알맞게 균형을 이루고 있다면 사람은 어떤 활동에서도 몰입을 맛보면서 삶의 질을 끌어올릴 수 있다." 몰입은 바로 '내적 동기부여'의 다른 이름이다. 몰입이 열정이라는 촉매제를 만나면 창조가 완성되는 것이다. 이렇듯 동기부여는 변화와 혁신에 있어서 앞서 언급된 '진정성'과 더불어 전문지식이나 창조적 사고능력보다 선행적으로 고려되어야 하는 핵심 요소라고 말하고 싶다.

몰입의 효과는 일본의 세계적인 수학자 헤이스케의 고백에서도 충분히 엿볼 수 있다. "본디부터 나 자신이 풀 수 있는 문제라고는 생각조차 하지 않았는데, 내가 배우고 연구해온 모든 것들이 어느 순간 홀연히 그 특이점 해소를 향하여 수렴해 갔다는 것이 나의 솔직한 느낌이다. 창조의 기쁨 중의 하나는 자기 속에 잠자고 있던, 전혀 생각하지 못했던 재능이나 자질을 찾아내는 기쁨, 즉 새로운 나를 발견하고 더 나아가서는 나 자신을 보다 깊이 이해하는 기쁨이라고 말하고 싶다."[22]

[그림 11] 창의성의 구성요소(아마빌, 2010 응용)

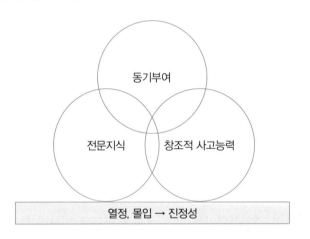

3. 일과 동기부여의 관계

일이 의미 있게 느껴지는 건 언제일까? 우리가 하는 일이 다른 사람들의 기쁨을 자아내거나 고통을 줄여줄 때가 아닐까? 우리는 스스로 이기적으로 타고났다고 생각하도록 종종 배워왔지만, 일에서 의미를 찾는 방향으로 행동하려는 갈망은 지위나 돈에 대한 욕심만큼이나 완강하게 우리의 한 부분을 이루고 있는 듯하다.[23]

어떤 한 연구에 의하면, 훌륭한 업무 결과에 대한 '인정'이 동기부여에 가장 큰 영향을 미치는 것으로 나타났다.[24] 직원들의 성과를 독려하는 최고의 동기부여 방법은 업무 그 자체의 '진전progress'이라는 것이다.[25] 물론 인정도 직원들에게 동기를 부여하고 기분을 돋우는 데 도움이 되지만, 직장 내에서 발생하는 그 어떤 일보다 업무상의 진전이 높은 동기부여 수준으로 이어지는 경우가 많다는 것이다. 자신이 맡은 업무에서 진전이 있다고 여기거나 장애물 극복에 도움을 받은 날 성공을 향한 의욕이 최고조에 달한다는 것이 이 설문조사의 결론이다. 다음 페이지의 [그림 12]를 참조하기 바란다.

조직의 목표를 달성하기 위해서는 효율적으로 인적자원을 관리해야 한다. 이를 통하여 조직 구성원들의 능력을 최대한 발휘할 수 있도록 돕는 다양한 전략을 펼쳐야 한다. 이 때에 전통적인 물질적, 심리적 보상이나 벌 등과 같은 수단을 사용하는 것만으로는 부족하다. 구성원들에게 높은 이상과 가치관을 심어주고 자율성과 창의성을 고취시키는 등 다양한 동기부여 수단이 제공되어야 한다. 임파워먼트는 이러한 수단 중 가장 고차원적인 것으로 볼 수 있다. 임파워먼트는 단순히 권한을 배분한다는 의미를 넘어 구성원들에게 동기를 부여하여 그들이 단순히 원하는 욕구를 채워주거나 형평성을 유지하는데 그치지 않고 업무수행 과정에서 자신감과 힘을 가지고 일을 할 수 있도록 하는 보다 적극적인 의미가 있는 것이다.[26]

[그림 12] 일과 동기부여의 관계

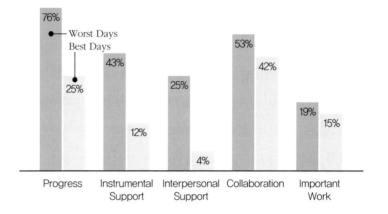

이처럼 관리자, 리더들은 지적 자극으로 직원들을 동기부여 하는 것이 더욱 효과적이라는 점을 알아야 한다. 또한 어느 정도 부하직원을 믿고 맡길 수 있는 임파워먼트에 대한 노력도 진전을 가시화하는 데 필요한 요소이다. 변화와 혁신을 추진하는 리더 그룹에서는 임파워먼트가 조직 구성원들에게 스스로 일에 대한 의사결정권을 갖게 하여 통제감을 높임으로써 강한 업무의욕과 성취감을 갖도록 해주며, 조직 구성원에게 내적 동기를 부여할 수 있는 요인으로 작용하게 된다는 점을 명심해야 할 것이다.[27] 또한 독단적으로 목표를 수정하거나, 우유부단하게 굴거나, 자원 배분을 지연시켜 직원들의 업무 진전을 방해하지 말아야 하며, 업무 차질은 조직 구성원들이 최악이라고 꼽는 날의 일기에 가장 많이 등장한다는 것을 유념해야 한다.

드라마 『미생』은 혁신의 생태계이다. 다양한 해석을 가능하게 해주는 (오락적인 재미를 넘어서는) 진정한 경영혁신의 텍스트인 것이다.

'인정', '업무의 진전'과 관련된 동기부여도 마찬가지이다. 이 주제와 가장 관련이 깊은 캐릭터는 아마 강백기(강하늘 분)가 아닐까 싶다. 완벽한 스펙을 자랑하는 그는 같은 철강팀 강대리에게서 업무처리의 하나부터 열까지 끊임없이 좌절을 맛보게 된다. 이러한 당혹스럽기 그지없는 '무시'를 극복하기 위해 처절하게 인정받기를 갈구하지만 그만큼의 강도로 무시는 반복된다. 하지만 어느 순간 (아마도 신입사원 제안서가 통과되던 바로 그 순간이 아닐까 싶다. 선배사원으로서 깊이 있는 관찰을 마친 다음) 강대리가 강백기를 '인정'하게 되고 독자 여러분이 드라마를 통해 아시겠지만, 강백기는 드디어 원 인터내셔널의 정규직 사원으로 다시 태어나게 된다. 그만큼 업무의 진전에는 인정이 필수적인 것이다. 동기가 제대로 부여된 것이다.

주인공 장그래는 입사 초기부터 오차장(이성민 분)으로부터 암묵적인 '인정'을 받아오고 숱한 역경을 '드라마처럼' 극복해나간다. 여기서 주목할 점은 동기를 부여해주는 오차장의 역할이 아닌가 싶다. 부하사원을 대하는 가장 전형적인 한국의 관리자 상을 구현하고 있다고 생각하기 때문이다. 알면서도 모르는 척, 도와주지 않는 척 물심양면으로 지원해주는 그야말로 완벽하면서도 누구나 한번쯤은 모셔봤으면 하는 그런 직장 상사말이다. "꼭 말로 해야 아냐?"는 단호한 입장을 가진 직장 상사의 표본과 같은 인물이다. 궁합만 제대로 맞는다면 '업무의 진전'은 일종의 보너스가 된다.

그렇다면 안영이(강소라 분)는 어떠한가? 잘나도 너무 잘난 '넘사벽' 그녀는 딱딱하고 차가운 외모와는 달리, 당당하면서도 건방지지 않고 무심해보이지만 사려 깊은 캐릭터다. 역설적이게도 이렇게 흠이 없는 게 흠이 된다. 이러한 '흠결'은 '찌질남'으로 가득한 현실의 세계에서 '역차별'로 되돌아오는 것이다. 모든 걸 다 가진 듯 보이는 안영이의 능력이 그만 남자들의 어느 부분을 건드린 것이다. 하지만 그들도 안영이의 진심을 알게 되고, 오히려 마부장의 '마수'에서 안영이가 업무에 몰입할 수 있게끔 방패막이가 되어준다.

여기 반전이 기다리고 있다. 처음에는 잘 나갈 것 같던 또 다른 주인공 한석률(변요한 분)은 바로 윗 선배인 성대리(태인호 분)와의 마찰이 점점 심해지면서 업무에 회의를 느끼게 되는 것이다. 처음에는 가식적인 성대리의 '인정'으로 본인 '업무의 진전'이 있는 것처럼 느껴졌지만 이 모두가 가짜라는 것을 알게 되는 순간 업무에 의한 동기부여는 신기루처럼 없어져 버린 것이다.

그렇다. 직장을 다니는 사람들은 모두 '인정'에 배고파 있는 것이다. 나부터도 그랬었던 것 같다. 백서를 만들기 위해 밤을 새고, 시스템을 구축하기 위해 직장동료가 집에 가는 것을 간청해서 붙들고 같이 새벽별을 봤던 적이 한두 번이 아니다. 이는 모두 내가 하는 업무에 대해 잘하고 있다는 인정을 받고 싶은 마음의 표현이었고, 이를 통해 업무의 진전을 이루고자 하는 아주 작은 소망이 있었기 때문이다.

일을 신나게 할 수 있는 첫 번째 조건은 뭐니뭐니 해도 자신이 좋아해야 한다는 것이다. 거기에 지금 하고 있는 일이 사회에도 필요한 일이고, 자신밖에 할 수 없다면 크나큰 영광일 것이고, 그 일을 하려는 동기는 배가된다. 사람들은 다음 4가지 조건이 충족될 경우 일에서 재미와 열정을 느끼게 된다고 설명한다. ① 자신이 가치 있는 일을 하고 있다고 느낄 때, ② 그 일을 할 때 자신에게 선택권이 있다고 느낄 때, ③ 그 일을 할 만한 기술과 지식이 있다고 느낄 때, ④ 실제로 진보하고 있다고 느낄 때가 그것이다.[28] 결국 내적 동기부여든 외적 동기부여든 목표를 가지고 있는 것이 집중을 해야 할 어떤 목표도 갖지 못하고 마지못해 일을 하는 상태보다는 삶의 질을 끌어올려 준다. 동기부여의 필요성을 절감하지 못한 채 살아가는 사람들이 많다는 것은 삶을 개선할 수 있는 여지가 우리에게 그만큼 많다는 뜻이다. 우리가 도달하려는 자아의 모습을 결정짓는 것이 바로 우리가 추구하는 목표다.[29]

4. 동기부여를 위한 제안

이제 변화와 혁신을 실천하면서 어떻게 하면 조직원들에게 동기부여를 할 수 있는지 필자의 경험과 사례를 중심으로 좀 더 실무적인 차원의 가이드라인을 제시하고자 한다. 먼저 이를 요약하자면 다음과 같다.

- 개인차를 인정하라.
- 목표를 이용하라.
- 목표가 달성가능하다는 것을 알려주어라.
- 보상과 성과를 연결시켜라.
- 시스템의 공정성을 점검하라.

- 조직원에게 관심과 애정을 보여라.
- 사회적, 물질적 보상을 무시하지 마라.

1) 개인차를 인정하라

조직 구성원들은 똑같지 않다. 그들은 다른 욕구, 태도, 성격, 그리고 다른 중요한 개인적 특성을 가지고 있다. 사람과 직무에 대한 신중하고 적합한 연결이 동기부여에 가장 좋다는 것을 말해주는 많은 증거가 있다. 한 예로, 높은 성취자들에게는 적절한 도전적 목표와 자율성과 피드백이 주어지는 직무를 줘야 한다. 또한 모든 사람이 높은 자율성, 다양성, 책임을 주는 직무에 동기부여가 되지는 않는다는 것을 명심해야 한다.

이는 과제 추진 리더가 팀원들에게 적절한 과업을 줄 때 유념해야 할 대목이기도 하다. 그렇지 않게 되면 '무임승차'가 생길 수도 있고, 낙오하는 팀원이 생길 수도 있으니 말이다. 어떤 사람은 데이터 분석이라면 치를 떠는 데, 아이디어를 생각해내라고 하면 엉뚱하고 기발한 아이디어를 꾸준히 내곤 한다. 이런 팀원들에게 통계적 가설검정을 하라고 하면 이치에 맞지도 않고 활동이 지지부진하게 되는 것이다. 반대의 경우도 마찬가지이다. 주어진 과업이 너무 힘겨우면 조직원은 불안과 두려움에 젖다가 제품에 포기할 수도 있다.

인간의 행동은 결과를 중시하는 목표지향적 특징을 갖는다고 한다. 또한 인간은 목표에 도달할 수 있다고 기대할 때 행동한다고 한다. 목표를 추구함으로써 인간은 한 방향으로 나아갈 수 있고, 그 과정에서 계속해서 평가를 내린다. 목표가 더 큰 효과를 발휘하려면 개인차를 반영하여 특화되어 있어야 하고, 적절한 수준의 도전이어야 한다. 너무 쉬우면 지루해지고, 너무 어려우면 자기 능력을 의심하게 된다.[30]

경영혁신 과제를 추진하는 리더 중에는 간혹 목표나 추진방향을 너무 쉽게 (즉, 이미 해답을 가지고) 설정하고 과제활동에 임하는 사람들이 있다. 이런 경우는 과제를 추진한다는 것 자체가 의미 없고, 그 분위기가 자연스레 팀원, 컨설턴트에게도 퍼지게 되어 반기 혹은 1년 내내 곤혹스러운 미팅이 이어지곤 한다. 안타까운 일이다. 반면에 너무 목표를 높게 잡거나 의욕적으로 완료 시점을 당겨서 설정한 경우는 거의 목표 달성에 실패하기 때문에 과제 리더 본인, 팀원 그리고 과제를 지도하는 컨설턴트도 괜히 미안해지는 경우가 종종 있다. 목표는 의욕적이되 적절하게 설정되어야 하고 과제별로, 개인별로 차이를 두고 설정하는 게 맞다. 그럼 의욕적이되 적절한 목표 설정은 무엇이란 말인가?

에드워드 데시는 조직과 조직원에게 가장 알맞은 목표를 설정하려면 목표설정 과정에 그들이 참여해야 한다고 강조한다. 자율성을 존중받으며 목표 설정에 적극적으로 참여한 구성원들은 목표를 달성하기 위하여 열과 성을 다한다는 것이다. 또한 이렇게 되면 현재 맡은 업무를 성찰할 수 있으며, 새로운 도전을 받아들이게 되고, 목표를 달성할 기회와 동기를 얻을 수 있게 된다는 것이다. 결국에는 과업을 완료했을 때 성과를 제대로 평가받을 수 있는 기준도 정립하게 되는 것이다.[31] 목표를 제대로 설정하였고, 주어진 과업을 성실히 수행했다면 실패를 두려워할 필요가 없다. 하버드 경영대학원 교수 로사베스 모스 캔터는 "승자와 패자의 차이는 어떻게 패배를 받아들이느냐에 있다"고 말한다.[32] 즉 리더는 패배와 실패 그리고 목표를 달성하지 못한 좌절에 효율적으로 대처하는 능력이 뛰어나다는 것이다. 이는 변화와 혁신에 있어서 성공을 지향하는 리더라면 반드시 갖춰야 할 덕목인 것이다.

2) 목표를 이용하라

경영자는 조직 구성원이 특정한 목표를 가지고 있고 그들이 목표 성취를 잘해나가고 있는지 피드백을 해줘야 한다. 그렇다면 목표는 최고경영자가 하달하는 게 맞나, 구성원 각자가 직접 정하는 게 맞나? 이는 목표에 대한 개인의 수용 정도와 조직문화에 달려 있다. 하지만 경영혁신 활동에 있어서 목표는 도전적으로 설정하는 게 맞고, 목표를 달성하기 위한 구성원의 노력에 적절한 지원을 아끼지 않는다면 동기부여는 충분히 될 수 있다.

사람의 기분은 몰입 상태에 있을 때 절정에 이른다. 그것은 도전을 이겨내어 문제를 해결한 뒤 무언가 새로운 것을 발견하는 순간이다. 칙센트미하이 교수가 생각하는 몰입을 가능하게 하는 3가지 조건은 바로 '명확한 목표'와 '빠른 피드백' 그리고 '과제와 실력의 균형'이다. 바로 이런 외적 조건들이 갖추어졌을 때 비로소 우리는 집중하고 긴장한다. 몰입할 수 있는 활동은 하나같이 처음에 어느 정도 집중력을 쏟아 부어야 그 다음부터 재미를 느낄 수 있는 것이다. 복잡한 활동을 즐기려면 그런 '시동 에너지'를 어느 정도 확보하고 있어야 한다. 그럼 명확한 목표란 구체적으로 무엇을 말하는 것일까?

앞서 에드워드 데시의 참여형 목표설정과는 다소 다르다. 칙센트미하이 교수의 말을 좀 더 들어보자. "우리는 적절한 대응을 요구하는 일련의 명확한 목표가 앞에 있을 때 몰입할 가능성이 높다. 체스, 테니스, 포커 같은 게임을 할 때 몰입하기 쉬운 이유는 목표와 규칙이 명확히 설정되어 있어 무엇을 어떻게 해야 하는지 고민하지 않고 참여할 수 있기 때문이다. 게임이 진행되는 동안 선수는 모든 것이 흑백으로 선명하게 표현된 소우주 안에 있다. 종교 의식에 참여하거나 음악을 연주하거나 뜨개질을 하거나 컴퓨터 프로그램을 짜거나 산을 오르거나 수술을 할 때도 명확한 목표가 주어진다. 일상생활과는 달리 몰입 활동은 명확하고 모순되지 않은 목표에 초점을 맞출 수 있게 해준다."[33]

성과의 차이는 바로 이렇듯 명확한 목표의식이 있느냐 없느냐의 차이인 것이다. 아이들을 예로 들어보자. 그들은 강한 몰입 상태에서 뛰놀지만 그 놀이를 통해 무엇을 배워야 한다거나 친구를 잘 사귀어야 한다는 식의 목표의식이 없다. 그저 뛰노는 것이 즐겁고 모든 것이 신기하게 느껴질 뿐이다. 하지만 조직 구성원들에게 주어진 일은 아이들의 놀이와는 다르다. 여러 가지 몰입 방해 요인에도 불구하고 흔들리지 않도록 다잡아주는 것은 '왜 이 업무를 해야 하는가' '왜 성과를 높여야 하는가' 하는 문제들과 관련한 조직 구성원 개개인의 생각을 정립하는 것이다. 그것은 입사성적 차이 이상의 결정적인 성공 요인이 된다. 지금까지와는 다른 강한 목표의식, 달성 욕구, 계획 조직화 역량 같은 것들이 요구된다. 사실 당장 생계를 책임져야 하는 직장인들에게 '일을 놀이처럼 즐겨라'라는 말은 공허하게 들릴지도 모른다. 궁극적으로 업무가 즐겁기 위해서는 '왜 일을 하고 있는가'란 질문에 스스로 답할 수 있어야 한다. 때로는 힘들고 짜증 나지만 목표에 한 발씩 다가서고 있다는 느낌이야말로 일하는 즐거움의 본질이다.[34]

현실적으로 일을 놀이처럼 즐길 수는 없겠지만 적절한 목표와 과제가 주어진다면 일에서 즐거움을 찾는 것은 그리 어려운 일이 아닐 수 있다. 필자가 회사생활을 하면서 밤을 샜던 적은 실제 손에 꼽을 만한데, 밤을 샜을 경우는 모두 일이 즐거워서였다. 여기에는 적절한 목표(내일 아침까지 보고해!)와 나의 능력에 견주에 버겁지만 해볼 만한 과제(오대리, 설비종합효율 관리 시스템을 완성해봐!)가 있었다. 비록 불만이 없지 않았지만 즐겁고 행복한 일처리였던 것만큼은 분명했던 것 같다. 목표를 높게 세워야 그 목표를 향해 나아갈 수 있는 것이다.

3) 목표가 달성가능하다는 것을 알려주어라

실제로 목표가 달성가능함에도 불구하고, 달성 불가능하다고 보는 구성원들은 핑계거리만 찾게 된다. 노력을 하지 않게 된다는 것이다. '왜 성가시게 할 필요 있는가' 하고 자꾸 반문하기 때문이다. 그러므로 최고경영진을 비롯한 임원들은 조직 구성원들의 확신과 보다 많은 노력이 성공적인 목표 달성의 견인차 역할을 할 수 있음을 확신시켜줘야 한다. 전반적인 목표를 명료하게 정의하고, 직원들이 노력을 기울일 경우에는 적절한 지원을 제공하는 것을 업무의 최상위에 놓아야 한다. 과도하게 시간상의 압박을 가해 직원들이 사소한 문제를 학습 기회가 아닌 위기로 느끼지 않도록 해야 한다. 아울러 도움을 주는 문화를 만들기 위한 노력도 병행하라고 테레사 아마빌 교수는 조언하고 있다.

드라마 『미생』을 다시 한 번 들여다보자. 오차장은 고객을 모셔야 하지만 자신의 원칙과 위배되기 때문에 술집을 가야 하는 상황에서 고민할 때에도 명확한 목표의식과 업무의 분배, 그리고 결정적인 아이디어(사모님을 모셔온다)로 전화위복의 계기로 삼게 된다. 또한 다른 부서에서는 모두 마다하는 아랍권에 중고차를 팔아야 하는 프레젠테이션을 할 때에도 철저하고 뚜렷한 목표의식을 기반으로 혁신적인 프레젠테이션을 이끌어내고, 마침내 오과장에서 오차장으로 화려하게 변신에 성공한다. 마지막에 있던 최전무(이경영 분)의 '중국' 건으로 위기가 닥쳐왔을 때는 어떠했는가? 장그래의 실수로 퇴사의 위기에 몰리지만(실제로 퇴사를 하게 되지만) 이 프로젝트를 영업3팀 팀원들과 끝까지 완성하려고 노력한다.

리더는 목표를 잘 세울 줄 알아야 한다. 그것도 아주 명확한 목표를 세우고 미래의 큰 그림을 그려야 구성원을 이끌고 앞으로 나갈 수 있는 것이다. 원대하고 뚜렷한 목표는 조직 구성원을 움직이게 만드는 강력한 힘으로서 내적 동기를 부여하고, 일에 몰입해 최고의 기량을 발휘하게 만들 수 있다. 레노버 류촨즈 회장의 일화를 들어보자. "처음 10명과 회사를 세웠는데 자금이 부족했기 때문에 일한 만큼 나눠줄 수가 없었어요. 사람들을 단결시키고 응집시키려면 제가 솔선수범하는 수밖에 없었죠. 그래서 저는 많이 일하면서도 덜 가져갔어요. 그랬더니 구성원들이 잘 따라오더군요." 목표가 달성가능하다는 것을 그는 온몸으로 보여주고 있는 것이다. 목표를 향해 조직원과

어떻게 나아갈지를 고민하고 행동으로 보여주고 있는 것이다.[35]

"애플이 기본적으로 믿는 가치는 열정이 있는 사람들이 세상을 바꾼다는 것이다." 스티브 잡스는 1997년 그 유명한 광고 캠페인 'Think Different'를 준비하면서 내부 회의를 통해 이렇게 말했다고 한다. 또한 "세상을 정말로 변화시킬 수 있다고 믿는 사람들이 실제로 세상을 바꾼다"라고 말했다. 목표를 달성해야만 한다는 것을, 목표가 달성가능하다는 것을 지속적으로 조직 구성원들에게 주지시키는 리더의 열정과 강한 목표의식을 그의 연설에서 느낄 수 있지 않은가? 우리나라에는 널리 알려지지 않았지만 당시 진행한 광고 캠페인은 역사적인 인물 중 위와 같은 욕구와 열정을 보인 이들을 소개하는 '회사의 영혼을 건드리는' 광고였다. 그의 다음 말에는 열정과 함께 자부심이 가득 담겨 있다. "애플 말고 이런 광고를 아무도 하지 못했을 것이다." 목표의식은 우주에 족적을 남기고자 하는 스티브 잡스와 같은 훌륭한 리더를 만든다. 의미 있는 제품을 생산하고 회사의 이익 수준을 넘는 목표를 달성하기 위해, 회사가 단순히 이익을 위해 존재하는 것이 아니라 '영혼'이 있는 어떤 것으로 생각한다. 그러면 모든 직원이 각자의 가능성을 최대 발휘할 수 있으며, 더 큰 비전을 달성할 수 있는 것이다. 명확한 목표의식이 있는 리더는 조직 구성원들의 영혼을 움직인다. 움직임을 이끌어 낸다. 세상이 돌아가는 방식을 바꾸고자 하는 것이다.[36]

4) 보상과 성과를 연결시켜라

수십 년간 심리학계의 '뜨거운 감자' 중의 하나가 바로 '보상'과 관

련된 것이다. 전통적 행동주의 심리학자들(스키너학파라고도 한다)
은 바람직한 행동에 보상이 주어지면 그런 행동을 할 가능성이 '강
화Reinforcement'된다고 말한다. 그러나 앞서 언급한 에드워드 데시 등
'자기결정성' 이론을 앞세운 학자들이 등장하면서 보상이 행동을 강
화한다는 데 대해서 의문을 품게 된다.

특정 조건 아래에서는 보상이 오히려 일부 특성에 부정적 영향을
미친다는 사실을 발견한 것이다. 특히 어떤 행동에 대해 한 번 보상
을 받은 사람이 이후 또 다른 보상을 받을 수 없을 때 같은 행동을 취
하지 않는다는 (즉 강화되지 않는다는) 결론을 도출하기도 하였다. 물
론 행동주의 심리학자들의 반박이 있긴 하였지만, 보상이 활동 자체
의 즐거움을 감소시키며, 수행하는 과업의 여러 특성 중 보상받지 못
하는 부분에 부정적 영향을 미친다는 실험적 증거는 계속 축적되고
있다.[37] 하지만 꼭 보상이 부정적인 영향만을 미치는 것은 아니다.

통제에 대한 정보는 내부 동기를 손상시키지만 자산의 능력에 대
한 정보, 사실에 대한 정보는 내부 동기를 손상시키지 않고 강화시키
기도 한다. 토큰 강화방식[38]을 이용한 연구를 예로 들어보자. 이 경
우 비교적 장기간에 걸쳐 보상을 줌으로써 피험자들이 얼마나 성과
를 내는지에 대한 정보가 지속적으로 제공된다. 즉 수행성과가 정해
진 기준에 부합하면 즉시 보상을 받게 된다는 정보가 제공된다는 것
이다. 이럴 경우, 보상의 정보적 측면이 훨씬 더 중요한 역할을 하게
되어 실험에 참가한 사람들의 내부 동기는 손상되지 않는다는 것이
다.[39] 이처럼 테레사 아마빌은 '인정'과 '보상' 같은 요인들은 능력을
확인시켜 시너지스틱 외부 동기를 강화하는 결과를 낳는다고 주장하

고 있다.

경영자는 보상을 성과와 연결할 필요가 있다. 경영자는 또한 가시적인 보상을 증가시킬 방안들을 모색하고 잠재적으로 동기부여를 보다 강화시킬 수 있는 방법들을 찾아야 한다. 하지만 다음과 같이 접근해서는 안 된다. 즉, 보상을 '당근'으로 사용해 특정 행동을 유도할 경우 변화와 혁신에 부정적인 영향을 줄 수도 있다. 또한 조직 구성원들이 업무를 수행하는 데 있어서 보상이 부당하거나 부족하다고 느끼게 해서도 안 된다. 하지만 조직에서 보상을 통해 변화와 혁신이 가치 있는 것이라는 긍정적인 메시지를 지속적으로 전달하게 되면 활동은 강화될 수 있다. 또한 조직 구성원 개개인이 원하는 유형의 과업을 수행할 수 있도록 자리를 마련해 줄 수 있다면 (즉 권한부여가 강화된다면) 변화와 혁신을 향상된 방향으로 이끌어 나아갈 수 있을 것이다.

더불어 능력에 대한 보상을 강화하고, '보너스'처럼 통제의 의미가 담겨 있지 않은 긍정적 보상과 조직 구성원의 활동에 대한 충실도, 노력 전반에 대한 보상이 주어질 수 있도록 환경을 만들어 줄 필요가 있다. '내부 동기를 강화하는 외부 동기'인 것이다.[40] 이러한 체계적인 심리학적 연구 결과에도 불구하고, 경영자의 입장에서 성과가 담보되지 않은 상황에서 보상의 규모를 키우는 것은 쉽사리 결정을 내리기 어려운 사안이다. 따라서 체계적인 보상에 대한 약속 하에서 성과를 요구하는 게 맞다. 그렇지 않게 되면 결국 이도저도 아닌 게 되고 말 것이다.

예를 들어보자. 재무적인 성과에 연동하여 성과의 10%를 보상금으로 주겠다는 약속을 한 기업이 있다고 생각해보자. 만약에 재무성과로 30억원을 창출했다면 3억원을 보상금으로 지급해야 하는데, 이게 현실적으로 가능한 이야기일까? 물론 기업의 형편에 따라서는 가능할 수도 있겠지만 대부분의 기업에서는 꿈만 같은 이야기일 것이다. 이 경우에는 보통 최대치를 설정하고 (예를 들면, 1억원을 보상금의 상한으로 책정한다) 여기에 상응하는 보상 정책을 시행하는 게 적절할 것이다. 보상을 통한 동기부여의 핵심은 구성원들에게 '성과를 낸 만큼 보상 받을 수 있다'는 기대감을 주는 것이다. 성과를 낸 만큼 합당한 보상을 받을 수 있다는 기대감이 형성되어야 더 높은 성과 창출을 위해 노력하려는 의욕이 꺾이지 않게 된다.[41]

결국 '원인-결과'가 명확하고, 자율성을 보장하면서 이를 존중하는 방식으로 진행한다면 외적 동기부여가 동기부여의 한 축으로서 제대로 작동한다고 할 수 있다. 내가 컨설팅 했던 한 회사의 예를 들어보자. 혁신 과제 리더들이 전문지식은 갖추고 있지만 대부분의 경우 이들에게 창조적 사고나 열정적인 몰입을 기대할 수 없는 게 현실이다. 현업이 바쁘다는 핑계가 제일 우선이고, 임원진이나 팀장의 무관심도 이를 부채질하고 있다. 이런 과제의 결과물은 불을 보듯 뻔하다. 틀림없이 나중에 흐지부지 끝나고 만다. 반면에 처음 과제를 시작할 때부터 목적의식이 분명하고, 동기부여가 확실히 되어있고, 과제를 진행하면 솔선수범하여 아이디어를 제시하는 리더가 이끄는 과제는 지금까지 모두 목표를 무난히 달성하였고, 물론 그 회사에서 연말에 열리는 각종 시상식에서 독무대를 가졌음은 물론이다.

5) 시스템의 공정성을 점검하라

조직 구성원은 보상이나 산출이 투입과 공평해야 한다고 생각한다. 즉 내가 노력한 만큼, 성과가 나는 만큼 보상을 기대하게 된다. 단순하게 경험, 능력, 노력 등의 투입이 그들의 급여, 책임, 산출의 차이를 설명한다고 본다. 하지만 한 사람에게 공정한 것이 다른 사람에게는 공정하지 않을 수 있다는 것을 항상 명심해야 한다. 이상적인 보상 시스템은 각각의 직무에 맞게 적절하게 주어져야 한다.

보상 문제는 기업 경영이나 경영혁신을 활성화하는 데 있어서 반드시 필요한 것이지만 참으로 어려운 숙제임에 틀림없다. 지금 컨설팅을 하고 있는 한 업체에서는 1년 동안의 활동 결과를 토대로 성과에 대한 보상을 주기로 한 적이 있다. 그 해 연초에 약속했던 정량적인 평가 시스템에 의하면 생산지원팀의 강대리가 1등을 해야 하는데, 아무래도 전체적인 기여 정도, 정량적으로 평가할 수 없는 열정 등을 감안하면 결코 상을 줄 수가 없었다. 만약 상을 주게 되면 그 후폭풍을 감당할 수 없을 것 같았다. 본사의 방침에 따라 평가 시스템은 정량적인 부분을 많이 강조할 수밖에 없었지만, 정성적인 부분을 좀 더 가미하여 그 해에 가장 열심히 활동에 임했고, 나름 성과도 낸 활동을 한 조직원들에게 골고루 상이 돌아가도록 한 적이 있다.

하지만 여기에도 반성할 점은 있다. 바로 평가 시스템이 과연 공정했느냐의 문제이다. 어찌되었든 여러 가지 측면을 고려해보고 나름 공정하게 평가하기 위해 노력했지만 말이다. 평가를 할 때 "성과가 기준에 못 미쳤다고 해도 그것을 비난하기보다 해결해야 할 문제로 보는 것이 무엇보다 중요하다"는 점을 충분히 알고 있었다.[42] 설사 그 사람의 행동이 문제였다고 해도(사실 행동에 문제가 있긴 했다) 비판적으로 평가하기보다는 다음 번에 어떻게 해결할지 고민해야 다음에는 긍정적인 결과를 기대할 수 있었는데 그렇게 하지 못했던 것이다.

6) 조직원에게 관심과 애정을 보여라

조직 구성원은 자신들을 잘 돌봐주는 경영자를 위해 더 일한다. 어떤 설문기관이 조사한 바에 의하면, 가장 좋은 조직은 근무 환경 속에서, 조직 문화 속에서 서로에 대해 관심과 애정을 쏟는 조직 문화를 만들어 간다는 것이다. 경영자들이 조직 구성원들을 잘 돌보면 성과는 당연히 따르게 된다. 여러분 생각에 요즘 우리나라에서 가장 많이 거론되는 기업 회장하면 어떤 분이 떠오르는가? 개인적으로는 두산의 박용만 회장이라고 생각된다. 2010년 1월에 방영된 『SBS 스페셜−리더에게 길을 묻다』라는 프로그램을 통해서, 그리고 그 이후 각종 사회적 발언을 통해서 그는 두산의 조직 구성원뿐만 아니라 한국 사회 전체에 '큰 울림'을 줬다. 우리로서는 감히 생각도 못했던 회장님과 신입사원 간의 미팅, 그것도 SNS를 통해서 소위 '번개모임'을 하는 것이다. 이 분의 이야기를 좀 더 들어보자.

신입사원들이 들어오면 제게 이야기를 합니다. 면접하면서 물어보면, '전략을 짜보고 싶습니다. 신사업 개발을 해 보고 싶습니다. 이런 얘기를 합니다. 그런데 신입사원들한테 그런 일 못 시킵니다. 제가 분명히 얘기를 합니다. 자네들에게 신사업 개발을 맡긴다? 못 맡깁니다! 왜? 아는 게 없으니까, 아직. … 자기가 단순반복적인 일로 시작하더라도 그 단순반복적인 일을 왜 해야 하며, 내가 한 업무는 다음에 어떻게 이어지고, 그것이 회사의 더 큰 업무로 어떻게 연결이 되고, 이것은 어떠한 수익성과 연결이 되는지… 이런 생각을 하면서 지식을 빨아들이려는 생각을 가진 사람은 1년이 지나면 뭘 아는 게 없다가 뭘 좀 아는 사람으로 변합니다. 그러면 금방 차이가 납니다. 리더가 될 사람들은.

이처럼 조직 구성원들에게 관심을 보여주는 것, 이게 바로 동기부여의 시작이라 할 수 있다. 그는 다음과 같이 애정 어린 충고를 잊지 않는다. "옳지 않은 일, 요행, 정치성, 편법, 예쁜 척한다고 해서 진짜로 예쁜 건지 예쁜 척 하는 건지 안 보이겠습니까? 내 입장에서 보면 다 보이죠. 그러니까 예쁜 짓 하는 직원들이 정말 더 예쁘게 잘할 수 있도록 환경을 만들어주는 게 리더의 역할이죠. 중간관리자 입장에서 사장이 될 생각을 하면 내가 지금 갖고 있는 억울함, 내가 갖고 있는, 내가 원하는 바 그거를 내가 저 자리에 갔을 때 나 같은 사람한테 해줄 수 있을까. 그게 지름길이죠. 그거 이상 지름길이 어디 있어요? 근데, 내가 저 자리에 갔을 때 나는 그럼 정말 다르게 할 수 있을까? 지금은 다르게 할 수 있을 것 같죠? 근처에 가 봐요. 초심을 잃어버리기 딱 좋게 되어 있어요. 적당한 수준에서 현실과 교과서 사이의 균형을 유지해야 하는데, 그 균형을 유지한다는 것이 보통 의지가 있지 않으면 쉽지 않아요. 그 균형을 의지를 가지고 유지하는 사람이 리더가 되는 겁니다." 진정성 리더십의 구성 요소인 '균형된 프로세싱'을 여기서도 발견할 수 있다.

직원들에 대한 관심과 애정은 상호 간의 신뢰를 기반으로 하며, 동시에 상호 간의 신뢰를 구축하는 기폭제 역할을 하는 것이다. 직원들에 대한 관심과 애정은 동기부여를 넘어서서 기업의 실적을 폭발적으로 향상시키는 핵심 동력원이 것이다. "간부는 큰 엔진이고, 그 밖의 모든 직원들은 큰 엔진과 함께 돌아가는 작은 엔진이 되어야 합니다. 밑의 직원들이 엔진에 따라 움직이는 기어가 되어서는 절대로 안 됩니다. 어떻게 하면 일을 더 잘할 수 있는지 스스로 생각하게 만들어야 합니다. 이렇게 해야 원동력이 더 커지게 됩니다."[43] 레노버 류촨즈 회장의 동기부여를 통해 조직 구성원을 기계의 부품이 아닌 창의적인 인재로 거듭나게 해야 한다는 경영철학과 신념을 읽을 수 있는 대목이다.

7) 사회적, 물질적 보상을 무시하지 마라

여러분은 DNA 구조를 밝혀낸 왓슨과 크릭에 대해서 잘 알고 있을 것이다. 이들은 DNA 구조를 발견했을 때 어떤 사회적, 물질적 보상이 자기들에게 주어지는지를 뚜렷하게 알고 있었다. 외적 동기부여가 창의성을 강화하는 데 기여한 것이다.[44] 많은 사람들이 일을 하는 가장 큰 이유로 재미있는 직무를 창출하고 싶어서라고 보기는 어렵다. 보너스나 다른 상여금과 같은 성과기반 급여의 배당, 또는 인사 상의 혜택은 조직원의 동기부어에 중요하다. 물질적 보상이 유일한 동기부여 수단은 아니지만 만약 급여를 받지 않게 된다면 어느 누구도 일하러 나오지 않을 것이다.

이는 앞서의 논의와 상반되는 것 같지만 전혀 그렇지 않다. 결코 내적 동기부여를 무시하는 게 아니다. 아마빌에 의하면 '사전 공지 없이' 금전적 보상을 제공했을 경우 창의성이 강화되는 일단의 실험 결과를 《심리학의 눈으로 본 창조의 조건》에서 밝히고 있다. 보상을 얻기 위해 과업을 수행한다고 스스로 생각하지 않는 조건 아래서, 보상이 주어지면 과업을 수행하는 데 긍정적인 기분이 들게 했고, 이 긍정적인 기분은 더 높은 수준의 창의성을 발현하는 데 도움이 된다.[45]

제8장

소통

"아픈 것은 통하지 않기 때문이요, 아프지 않은 것은 통하기 때문이다 通即不痛 不通即痛."

— 동의보감

이미 '소통'이라는 주제는 졸저 《운영편》에서 변화관리의 중요성과 함께 현업에서 혁신을 추진하면서 바로 적용할 수 있도록 제시한 적이 있다. 많은 부분 참조가 되기를 바라면서 본 책자에서는 좀 더 광범위하게 이론적 틀과 함께 다양한 기업현장의 사례를 추가로 소개하고자 한다.

다년간 현업에서 경영혁신을 수행해보고, 또 컨설팅을 통해 수많은 기업의 다양한 사례를 접해본 바로는 조직 구성원 또는 조직 상호 간의 수평적, 수직적 소통은 실질적인 성과창출에 있어 굉장히 중요한 요소임에 틀림없다. 특히 경영혁신 과제를 추진할 때 과제 리더에게 소통능력이 없으면 과제는 '나 홀로 과제'가 되고 결국에는 유야무야 되는 경우를 많이 접하곤 한다. 따라서 경영혁신의 리더들은 소통의 부재를 어떻게 하면 현명하게 극복할 수 있을지를 항상 고민해야 한다. 기업 내 사람들의 일하는 방법을 바꾸고 싶다면 그 첫 단계는 사람들과 소통하는 방법부터 변화시키는 것이다. 결국 기업이라는 것은 한 사람의 힘으로 움직이는 것이 아니므로 여러 사람이 함께 일할 수 있는 방법을 찾아야 하고, 그 방법을 찾기 위해서는 기존의 소통하는 방법에서 벗어나야 한다.

2010년 우리나라 서점가는 《아프니까 청춘이다》라는 책이 점령을 했었던 것으로 기억이 된다. 일종의 사회적 현상까지 만들어 내고, 수많은 패러디물이 나왔었다. 현재를 살아가는 청년들에게 희망의 메시지를 전달하고자 하는 취지로 만들어진 이 책은 불안한 미래와 외로운 청춘을 보내고 있는 이 시대 젊은이들에게 보내는 격려의 '편지'였다.

이는 비단 청년들에게만 해당되는 메시지는 아니라고 본다. 필자는 이 책의 제목을 이렇게 이해하고 싶다. '아프니까 통해야 한다. 통하게 되면 이제 더 이상 아프지 않게 된다. 이 아픔을 딛고 일어서면 소통과 신뢰의 꽃이 활짝 피게 될 것이다'라고. 그게 바로 동의보감의 '아픈 것은 통하지 않기 때문이요, 아프지 않은 것은 통하기 때문이다'라는 글귀가 아니겠는가? 의사소통의 중요성을 이보다 더 명징하게 알려주는 문장을 찾기 힘들 것 같다.

한 컨설팅 업체에서 미국의 혁신기업 500여 곳의 최고경영자들에게 "과거로 되돌아가서 바꾸고 싶은 것 한 가지를 꼽으라면?"이라는 질문에 "직원들과 의사소통하는 방법"을 가장 많이 추천하였다고 한다. 서로 통하기 위해서는 상대를 이해하고 인정하며, 상대방의 말에 귀를 기울여야 한다. 또한 마음을 열고 서로의 차이를 존중해야 한다. 이렇게 함으로써 모두가 저마다의 개성과 잠재력을 꽃피우는 즐거운 일터가 이뤄지고 모두가 행복해질 수 있다.

소통을 완성하기 위해서는 무엇보다 다른 사람을 이해하고 '인정'하는 것이 가장 중요하다. 아기들은 인정해달라고 울고, 어른들은 인정받기 위해 죽는다. 직장인이 밤잠을 설쳐가며 일에 매달리고, 문학가가 뼈를 깎는 고통을 감내하며 작품을 쓰고, 화가가 손에서 붓을 놓지 않으며 그림을 그리는 것도 밑바닥에 인정받고 싶다는 요구가 자리하고 있기 때문이다.[1] 앞서 동기부여를 다루는 장에서도 말한 적이 있지만, 업무를 보다 잘했다는 것을 인정받기 위해서 조직 구성원들은 매진을 하게 된다. 『미생』의 주인공 장그래는 (비록 지극히 현실적으로 끝을 맺지만) 정규직으로의 전환이라는 부푼 꿈을 안고 사업계획서 수립을 위해 밤을 새는 것도 마다하지 않는다.

필자만 해도 그렇다. 앞에서 잠깐 언급한 밤샘 작업은 주로 신입, 대리 시절에 집중되었던 것으로 기억된다. 내가 다니던 회사는 업종의 특성상 설비의 효율을 관리하고 이 효율을 개선하는 게 매우 중요한 부분이었다. 따라서 '설비종합효율'이라는 지표를 관리하게 되었는데, 이를 정리하고 해외사업장에도 전파하기 위해 '백서'를 만들라는 지시를 받게 되었다. 직장인들이라면 한두 번은 겪어봤을 '금요일에 지시하고 월요일에 보자'고 하는 그런 종류의 업무지시 말이다. 하지만 나로서는 처음 맡은 주요 업무였고, 이 업무를 잘하고 있고 앞으로도 잘 것이라는 '인정'을 받기 위해 야근을 주저하지 않았던 기억이 새롭다. 업무를 통해서 직장 상사와 강렬한 소통을 원했던 것이다.

소통하기 위해서는 상대방의 말을 '경청'하는 노력이 필요하며, 상대방이 나의 말을 쉽게 알아들을 수 있도록 '강력한 메시지'를 만들어내는 스킬도 필요하다. '남에게 대접받고 싶다면 먼저 남을 대접하라'는 것은 소통을 원하는 자들이 반드시 가슴에 품어야 할 황금률이다. 직원들 스스로 자신이 매우 중요한 존재라는 느낌이 들게 만드는 것이야말로 직장 상사의 책무이다.[2] 인정을 받는 것, 진정으로 알아주는 사람을 위해 헌신하고자 하는 것은 단지 사람만의 몫을 아닌 것이다. 《혼·창·통》에는 유명한 명마인 씨비스킷에 대한 일화가 나온다.

"그들은 그것이 스스로 꽃필 때까지 참고 기다렸다. 씨비스킷에게 억지로 달리기 훈련을 시키는 대신, 달리고 싶은 마음이 들도록 동기를 부여했다. 말을 안 듣고 저항해도 채찍은 절대 쓰지 않고, 진정하기를 기다렸다. 레드 폴라드는 "난 널 혼내지 않아"라면서 말에게 다가갔고, 채찍을 드는 대신 늘 목을 토닥거리고 간식을 주었다. 수면시간엔 마음껏 자게 내버려두었다. 나쁜 습관들을 한 번에 뿌리 뽑으려 하지 않고 하나하나 제거해나갔다. 또한 씨비스킷을 훈련시킬 때 실력이 엇비슷한 말과 바짝 붙어 달리게 함으로써 경쟁심을 자극했다. 다른 말보다 일부러 미리 출발시켜 1등을 유도함으로써 성공의 쾌감을 맛보게 하는 훈련도 했다. 이렇게 그들이 깊이 이해하고 끝까지 믿어주자 씨비스킷의 숨은 재능은 서서히 빛을 드러내게 되고 만개하게 된다."

이처럼 "한 마리 말조차 인정을 받았다는 사실만으로 자신의 재능을 유감없이 발휘할진대, 사람의 경우는 어떻겠는가?" 라고 이 책의 저자는 반문한다. 경쟁 이전에 동기부여가 있고, 동기부여 이전에 소통이 있었다는 것을 명심해야 할 것이다. 2003년에 나온 씨비스킷에 대한 영화를 보면 불운했지만 말에 대해 탁월한 기술과 지식을 지닌 기수와 조교사, 정력적인 마주馬主, 이렇게 '드림팀'이 나온다. 이 드림팀은 씨비스킷의 잠재력을 알아챘고, 위에서 언급한 것처럼 평소에는 느려터진 고집불통이었지만, 건강하고 기분이 좋을 때는 적수가 없는 이 말을 20세기 최고의 경주마로 조련해내는 것이다.

또 다른 예를 들어보자. 나는 요즘 늦둥이 첫딸과 일본 스튜디오 지브리에서 만든 만화영화를 다시 보는 재미에 흠뻑 빠져 있다. (나는 다시 보는 것이겠지만, 딸에게는 아마도 신세계가 아닐까?) 스튜디오 지브리는 미야자키 하야오라는 거장 감독으로 유명하다. 그가 만든 만화영화는 무수히 많지만 우리 세대에게는 TV에서 시리즈로 방영되었던 『미래소년 코난』으로 많이 익숙하다. 하지만 아마도 극장용 첫 장편 애니메이션은 『바람계곡의 나우시카』가 아닐까 한다. 이 영화를 간단히 요약하자면 다음과 같다.

'불의 7일' 전쟁이 일어난 지 1000년이 지나 황폐해진 지구는 부해腐海라는 곰팡이숲이 계속 확장되고, 여기서 뿜어 나오는 유독가스와 그곳에 사는 '오무'라는 거대한 곤충이 인간의 삶을 위협한다. 나우시카는 바람계곡의 공주로서 자연과 소통할 수 있는 특별한 능력을 지닌 소녀이다. 어느 날, 이웃나라의 비행선이 바람계곡에 추락하고, 그 안에서 무서운 거신병巨神兵의 알이 발견된다. 이웃나라는 거신병을 부활시켜 부해를 태워버리고 지구상에 새로운 문명을 일으키려고 하는 것이다. (중략) 부해의 밑바닥에 내려간 나우시카는 부해가 오염된 지구를 정화시켜 물과 토양을 깨끗하게 만들고 있으며, 오무는 그런 부해를 보호하는 역할을 한다는 사실을 알게 된다. (중략) 모든 것을 휩쓸어버릴 기세로 바람계곡으로 향하는 오무의 무리 앞에 나우시카는 자신을 희생하여 그들의 분노를 가라앉힌다. 오무는 신비한 능력으로 죽은 나우시카를 회생시키고, 바람계곡은 평화를 되찾는다.

진심을 가지고 한낱 미물인 (또는 영물이라고 볼 수 있는) 오무와 소통하는 주인공 나우시카. 결국 이 소통 능력 덕분에 인간 세상은 다시 평화를 되찾을 수 있었던 것이다. 이 영화의 전반적인 주제는 환경파괴, 지구 오염에 대한 메시지로 읽을 수 있지만, 이러한 문제점을 해결하는 수단은 '진정한 소통'이었던 것이다. 인간과 인간, 인간과 자연의 긴밀한 '소통' 말이다. 주인공 나우시카도 소통의 대가이지만 나는 소통과 관련하여 감독인 미야자키 하야오에 주목하고자한다. 그는 역사 및 인류의 미래에 대해서 문화, 인생, 가치관 등 다양한 맥락을 통해 이해하고 있고, 관객과 진정한 소통을 하고 있는 것이다. 소통을 하려면 역사학, 철학, 인류학 등 각종 인문학적 지식, 때로는 스포츠에 이르기까지 다양한 소양이 필요하다. 결국 그는 영화를 통해 '나'가 아닌 '관객'과 진정한 소통을 꿈꾸고 있고 실제 이를 이루어내고 있는 것이다. 상대에게 내재된 가치를 꿰뚫어보고 그를 이해하려고 노력할 때 진정한 의사소통이 가능한 것이다. 조직

생활에서의 의사소통도 예외가 아니다. 상대가 조직원이든 고객이든 그를 이해하려는 노력에서 의사소통은 출발한다. 나에게서 출발한, 나를 위한 의사소통은 결코 상대에게 다다를 수 없다.[3]

일반적으로 커뮤니케이션은 다음과 같이 4단계로 실시된다. 1) 목표를 설정하고 청취자를 파악한다. 2) 실행계획 시간표를 구성한다. 3) 간단명료하게 하나씩 전달한다. 4) 구성원들에게 반드시 피드백한다.[4] 이렇게 단계별 주요 할 일을 정해놓고 조직별 상황에 맞게 주요 문제점 및 개선방향을 찾아내고 커뮤니케이션을 지속적으로 발전시키는 게 필요하다. [표 31]에서는 국내 유수의 기업에서 실제로 실시한 커뮤니케이션 사례를 볼 수 있다.

[표 31] 커뮤니케이션 사례

활동	목적 및 내용	운영 원칙 및 이슈
News Letter	● 임원들의 당부사항 요구 ● 변화관리 진행 현황 ● 변화관리 관련 도구 ● 산업 전반 새로운 뉴스	● Vision Plaza로 명명 ● 창간호 발간(8/23) ● 기능직 사원의 호응 결여 발견 ● 문제 및 내용을 현장 직원들이 쉽게 이해하도록 재구성 ● 건의사항, 워드 퍼즐 당첨자에게 변화관리 상징이 있는 상품 시상
게시판 내 공장장 건의 및 토론방	● 경영 변화 up-date ● RMIP 진행 현황 임직원에게 전달 ● 임직원의 의문/불만 사항 수렴	● 게시판 내 변화관리방 개설 ● 공장장 건의방 개설 ● 토론방, 알림방, FAQ로 구성

포스터	● 프로젝트 진행 상황별 홍보 내용 ● Visual 매체를 이용한 강력한 전달	● 포스터 완성 ● 1차 주제는 "As Is"로 하여 내년 2월까지 정해진 주제로 매월 발행 ● 공장 내 총 200개소에 붙이도록 함
스티커	● 혁신 정신의 상시 전달 ● 차량, 안진모, 노트북, 회사 수첩, 스마트폰 등에 부착	● 상징 심볼 및 캐릭터 완성 ● 실제 스티키 배포
이벤트	● 임직원의 혁신 정신 함양 및 고취 ● 체육대회, 등산대회 등과 같은 일회성 이벤트 실시	● 노경팀 주관의 "한마음 체육대회"를 통해 임직원뿐만 아니라 사원가족에게까지도 선전, 홍보
임원진의 조식간담회	● 임원진의 프로젝트 참여도 고양 ● 임원진의 참여도 인지 강화 ● 진행 사항 설명 및 현장 의견 수렴	● 공장장 및 생산부서 임원진의 현장 방문 진행 중 ● 현장방문 시 이슈 및 요구사항은 공장 혁신팀에게 피드백

1. 경청

필자는 지금 직장생활 10년, 컨설팅 10년을 하면서 직장 선후배로, 고객으로 여러분을 만나는 행운을 누리고 있다. 그런데 내가 만났던 직장상사 또는 고객들은 한결같이 '말이 많다'는 공통점이 있는 것 같다. 지금은 돌아가셨지만 나의 첫 직장 공장장께서는 회의를 주관하시면 보통 2시간은 너끈히 '입을 푸셨다'. 공장장 스태프로서 회의록을 써야 하는 나의 입장에서는 여간 곤혹스러운 게 아니었던 기억이 난다. 물론 금과옥조로 삼을 만한 말씀이 줄을 이었지만, 좋은 말도 한두 번이라고 회의에 참석했던 각 부서장들이 모두 하품을 하고, 지겨워했던 적이 비일비재했었다. 당시 공장장의 의도나 진정성과는 관계없이 거의 '일방통행식' 진행 때문에 생긴 희비극적 상황이었던 것이다.

이러한 경험은 경력사원으로 국내 굴지의 전자회사에 입사했을 때에도 예외는 아니었다. 비록 이 회사에서는 내가 입사하기 전 10여 년 동안 지속적인 업무개선 노력으로 업무나 양식이 거의 표준화되어있어서 그 전 직장같이 굉장히 '인간적인' 회의를 하지는 않았지만 팀장, 그룹장의 '입'은 여전했던 것이다. 그렇다면 컨설팅을 시작하면서는 위와 같은 일들을 볼 일이 없어졌을까? 결코 그렇지 않다. 물론 컨설턴트끼리 회사에서 협의를 하거나 정보를 공유할 때에는 일방통행이 거의 없다. 하지만 고객사에 가게 되면 그곳 임원분들의 '입'을 계속 쳐다봐야 하는 일이 다시 반복되는 것이다. 나로서는 직장 상사나 동료의 의견을 주의 깊게 들어주는 게 매우 힘든 과정이라는 인식이 아마 직장생활 시작부터 심어진 게 아닌가 싶다.

경청의 의미는 중요한 정보를 수집한다는 데 머물지 않는다. 그밖에도 매우 중요한 의미가 있다. 즉, 다른 사람의 이야기에 정보가 있건 없건 경청하는 행위 자체가 상대방에게 인정받는다는 느낌을 주어 긍정적인 에너지를 샘솟게 하는 것이다. 그러나 경청은 결코 쉬운 일이 아니다. 미국에서 실시한 한 실험에 따르면, 사람은 상대의 말을 아무리 주의 깊게 듣는다 해도 말을 들은 직후 전체 내용의 절반 정도만을 기억한다고 한다. 또 2개월 정도가 지나면 들은 내용의 25%만을 기억한다고 한다. 이는 우리가 잘 듣기 위해 의도적인 노력을 기울이지 않으면 안 된다는 점을 잘 보여준다. 특히 학교에서 가르치는 것과는 달리 사회에서는 읽기 능력보다는 듣기 능력이 3배 정도 중요하다.

경청하기 어려운 가장 큰 이유는 '말하고자 하는 욕구' 때문일 것이다. 우리는 상대방의 이야기를 들으면서도 속으로는 계속 자기가 할 말을 생각하는 경우가 많다. 남의 이야기를 진정으로 듣는 것이 아니라 자기 생각에 빠져서 듣는다. '음, 저 얘기가 끝나면 이런 얘길 해야겠어.' 이런 식이다. 그래서 상대방이 말을 하다가 한숨 돌리는 사이에 '이때다' 하면서 말을 가로챈다. 그러나 누군가가 내게 이야기를 하는 이유는 대화를 나누려 하기보다 그저 털어놓고 싶어서일 때가 많다는 점을 알아야 한다. 상대방은 내 대답에는 그다지 관심이 없다. 그저 들어주는 것에만 고마움을 느낀다. 대부분의 사람에게 대화는 자신의 마음속에 있는 것을 털어놓는 일종의 정화의식인 것이다.[5]

예전에 회사에 다닐 때 보면 당시 공장장께서 본인이 스스로 "나이가 들면 기가 입으로 모인다"고 말하신 적이 있다. 위에서 지적한 것처럼 회의를 주재하게 되면 항상 입이 근질근질하셨던 것이다. 전달해야 할 내용도 많고, 또 '깨야' 할 부서장도 한둘이 아니고. 최근에 중국 현지업체를 컨설팅 한 적이 있는데, 이곳 동사장董事長[6]도 물론 예외일 수는 없다. 가끔 이런저런 현안 때문에 논의할 자리가 마련되는데 처음에는 조금 들어주는가 싶지만 그 다음은 '일방통행'이다. 내 대답에는 관심이 없고 오로지 자신의 이야기만 쭉 펼치는 것이다. 겉으로는 화려한 경영지표가 오가고, 조직원들의 평가가 이어지지만 본질적으로는 '제발 내 이야기 좀 들어줘'라고 외치는 것처럼 느껴졌던 게 한두 번이 아니다.

2. 지식의 저주

독자 여러분은 앞서 제3장에서 '저항에 대한 효과적 가이드라인'의 다섯 번째 주제로 다룬 '지식의 저주'를 기억하시는가? 경청의 선결 조건은 지식의 저주라는 마법으로부터 '탈출'하는 것이다. 워낙 중요한 개념이라 생각하여 여기서 다시 한 번 논의하고자 한다.

이제는 카카오톡 없는 일상은 상상을 할 수 없을 정도로 국민 메신저로 자리 잡은 카카오톡. 일명 '카톡'을 만들어 낸 카카오톡 김범수 의장은 어느 신문과의 인터뷰에서 다음과 같이 말한 적이 있다.

국민 메신저로 등극한 카카오톡을 만든 카카오 의장 김범수는 '지식의 저주'의 대표적인 예찬론자이다. 그는 카카오톡의 성공 비결을 물을 때 "웹에서의 성공 기억을 버렸기 때문"이라고 강조한다. (중략)

김범수는 "어떤 것에 대해 알게 되면 그 전 상태로 돌아가기 어렵다. 선입견이 생기는 것이다. 그러면 의사소통에만 실패하는 게 아니다. 새로운 시장에서 성공할 수 없다"며 "10년 전 인터넷을 기반으로 한 웹 혁명이 그랬고, 2009년 이이폰이 출시되면서 시삭된 모바일 혁명이 그랬다. 모바일 시장에서는 웹 시장에서의 전략과 비즈니스 방식이 통하지 않는다. 거기서 탈피해야 성공할 수 있다"라고 강조했다.[7]

앞에서도 언급했듯이 필자는 요즈음 해외, 특히 중국에서 컨설팅을 하는 일이 많아졌다. 그런데 내가 중국어에 문외한이다 보니 내용 전달을 온전히 통역자에게 의지해야 한다. 만약에 통역자가 (대부분은 조선족 중국인이 담당한다) 사회초년생이라면 어떻겠는가? 업무 파악도 제대로 안 되어 있고, 그 업체에서 사용하는 전문용어는 더더욱 헷갈릴 텐데 말이다. 이런 상황에서 내가 '지식의 저주'에 빠져 있었던 것이다. 통역을 담당하는 직원에 대한 배려도 없이 나 혼자 지껄이는 꼴이 되었으니 말이다. 일단 전달을 해야 할 통역자가 충분히 이해를 못했으니, 여기서 20~30%의 뜻이 전달이 되지 않았을 테고, 또한 전달되는 과정에서 20~30%의 의미가 하늘로 사라져버렸을 것이다. '의미전달의 반감기'가 작동해버린 것이다.

한국계 기업이면 그나마 다행이다. 중국 현지기업을 컨설팅 하는 경우는 좀 더 상황이 복잡해진다. 한번은 중국계 제조업체의 신년사업계획 발표회 때 특강을 하게 되었다. 주제는 지금 독자 여러분과 공유하고 있는 '변화관리', '회의/보고/지시'를 어떻게 하면 잘 할 수 있겠는지 등이었다. 그런데 통역자가 강사인 나의 의도를 절반도 전달하지 못한다고 생각했는지, 조선족 출신 혁신팀장, 동사장 이렇게 3명이 나와서 통역을 하는 기이한 광경을 연출한 적이 있다. 나 자신은 아마도 '지식의 저주'에 빠져 있었을 수도 있고, 통역을 담당했던 중국인 사원은 자료를 번역하면서 내용을 모두 파악했다고 자신한 나머지, 나의 의도와 메시지를 (동사장이 듣기에) 대충 전달하는 우를 범했는지도 모르겠다.

제3장에서도 나오고 있지만, 지식의 저주라는 개념은 칩 히스 교

수가 의사소통 문제를 언급하면서 유명해졌다. 본래 의미는 사람이 무엇을 잘 알게 되면 그것을 모르는 상태가 어떤 것인지 상상하기 어렵게 된다는 뜻이다. 바꿔 말하면 전문가들은 자신의 수준에 기대어 일반인들 수준을 예단하게 되고, 그 때문에 전문가들이 나름대로 쉽게 설명한다고 생각하는 내용도 일반인들은 이해하기 어려워지는 등 의사소통 문제가 발생한다는 것이다. 히스는 정보를 가진 사람과 그렇지 못한 사람이 의사소통에 실패하는 이유가 지식의 저주에 있다고 봤다.[8]

상대의 이야기를 경청하고 그래서 상대를 이해하고 인정했다면, 다음은 자신의 메시지를 전달할 차례이다. 소통이란 나와 상대의 마음을 나누는 것이다. 상대의 이야기를 듣는 것만으로는 소통이 이뤄질 수 없다. 나의 마음도 상대에게 효과적으로 전할 수 있어야 한다.[9] 위클리비즈와의 인터뷰에서 칩 히스 교수는 소통의 가장 큰 장애요소로 다시 한 번 '지식의 저주'를 꼽았다.

"전문가라면 일반 사람들보다 세 걸음쯤 앞서서 얘기하는 경우가 많다. 그럼 상대방은 전혀 못 알아듣게 된다. 이미 알고 있는 상태에서 다른 사람들이 '모르는 상태'를 상상하기가 어려운 것이다." 이게 바로 지식의 저주이다. 듣는 사람의 입장을 생각하지 못하는 것 말이다. 지식의 저주를 피하기 위해서는 듣는 사람의 입장에서 생각해보는 의도적인 노력이 필요하다. 당신이 어떤 이야기를 할 때 상대가 제대로 이해하지 못해서 답답함을 느낀 적이 많다면, 그리고 조직이 소통이 잘 안 된다고 느낀다면 혹시 당신이 지식의 저주에 걸린 사람이 아닌지 자문해보기 바란다. 지식의 저주를 피한 후에는 어떻게 메시지를 효과적으로 전달할 수 있을까? '단순성, 의외성, 구체성, 신뢰성, 감성, 스토리'라는 6가지가 바로 그것이다. 칩 히스, 댄 히스 두 형제가 성공한 슬로건, 연설, 광고, 인터뷰를 분석해서 정리한 강력한 메시지를 만드는 6가지 특징인 것이다([표 32] 참조). 여기에는 한 가지 공통점이 있다. 바로 상대, 즉 듣는 사람에게 초점을 맞춘 법칙들이라는 것이다. 이는 진정한 소통을 갈망하는 이들에게 한 가지 시사점을 던져준다. 앞서 말했듯 소통의 기본은 자신이 아닌 상대라는 사실이다.[10]

[표 32] 히스가 제안하는 강력한 메시지 구성요소

강력한 메시지 구성요소	주요 내용
단순성	● 무자비할 정도로 곁가지를 쳐내고, 중요한 것만을 남겨라. ● 사람들이 원하는 것은 '단순함=핵심+간결함'이다.
의외성	● 직관에 반하는 결론을 내세워라. ● 허를 찔러 긴장감을 높이고, 이목을 집중시켜야 한다.
구체성	● 메시지를 구체적이고 상세한 이미지로 가득 채워라. ● 우리의 뇌는 구체적인 정보를 기억하도록 만들어져 있다.
신뢰성	● 세부적 묘사와 통계, 그리고 자신이 겪은 최고의 경험을 메시지에 버무려라. ● 통계는 인간적이고 일상적인 언어로 풀어내면 더 효과적이다.
감성	● 상대방이 무언가를 느끼게 만들어야 한다. ● 특히 당신의 메시지가 그들이 각별히 여기는 무언가와 긴밀한 관계가 있음을 보여주는 것이 좋다.
스토리	● 메시지를 보다 일상적인 형태로 만들어 보여줘라. ● 청취자는 그 스토리의 상황이 닥치면 곧바로 그에 맞게 행동할 준비가 되어 있다.

1) 단순성

'무자비할 정도로 곁가지를 쳐내고 중요한 것만을 남겨라.' 히스 형제가 주문하는 단순성의 메시지이다. 사람들이 원하는 단순한 메시지란 단순하고 기계적인 요약이 아니라 핵심과 간결함의 '화학적 결합'이 필요하다는 것이다. 듣는 사람이 원하는 것은 요약문이 아니다. 메시지는 반드시 단순하고 동시에 심오해야 한다. 따라서 가장 이상적인 형태는 속담이라고도 볼 수 있다. '남에게 대접받고 싶은 대로 남을 대접하라'는 황금률은 단순함의 궁극적 이상향이다.

조직의 변화와 혁신을 추진할 때에도 슬로건을 간단명료하게 추구하는 방향이 명확히 제시될 수 있도록 해야 한다. '비전 2020'은 2020년까지 세계 20대 메이커로 발돋움하겠다는 메시지가 들어 있어서 조직원들 모두의 공감을 사는 메시지의 단순함이 돋보인다. 내가 회사에 다닐 때에는 '두 배로, 세계로'라는 메시지를 전 직원이 공유한 적이 있다.

생산성과 품질은 두 배로, 원가절감은 50% 이상으로 하고, 전 세계적으로 생산법인을 구축하자는 메시지여서 전 직원의 호응이 괜찮았던 기억이 있다. 이것은 어떤가? '3무無 공장의 실현'. 독자 여러분은 어떤 게 머릿속에 떠오르는가? 사실 이 공장은 쇳물을 다루기 때문에 환경이 매우 열악하고, 비산되는 먼지로 인해 온종일 공장 내는 시꺼먼 '안개'로 자욱하다. 따라서 공장장은 '먼지 제로, 재해 제로, 고장 제로'를 기치로 내세운 것이다. 다른 사람들은 이해할 수 없을지 모르지만 이 공장으로서는 절체절명의 메시지인 것이다.

2) 의외성

상식은 강력한 메시지와는 견원지간이라 할 수 있다. 평범하고 상식적인 메시지를 들으면 사람들은 한 귀로 듣고 한 귀로 흘리게 마련이다. 의사소통의 달인이 되고 싶은 사람들이 할 일은 당신의 메시지가 지닌 의외성을 보여주어 듣거나 보는 이들로 하여금 긴장을 늦추지 않게 하는 것이다.

칩 히스와 댄 히스의 탁월한 저서 《스틱》에 보면아트 실버맨이라는 사람의 일화가 소개되고 있다. 그는 자신이 일하고 있는 단체인 비영리 소비자 권익 단체의 연구결과를 통해 팝콘이 건강에 엄청나게 해롭다는 사실을 알고 있었다. 대부분의 극장에서 사용하는 코코넛 오일 때문에 팝콘에는 미국 농무성에서 권장하는 포화지방 일일 권장 섭취량을 훨씬 웃도는 포화지방 37그램을 함유하고 있었던 것이다. 하지만 그의 고민은 '37그램의 포화지방'이 진정 어떠한 의미인지 아는 사람이 거의 없다는 점이었다. 그래서 그는 이렇게 기가 막힌 사실을 대중에게 완벽하게 전달할 방법이 필요했고, 마침내 해결책을 찾아냈다.

"영화관에서 판매하는 미디엄 사이즈 '버터' 팝콘에는 베이컨과 달걀을 곁들인 아침식사, 빅맥과 감자튀김으로 이루어진 점심식사 그리고 다양한 사이드 메뉴를 곁들인 스테이크 저녁식사보다 동맥경화증을 유발하는 지방이 더 많이 함유되어 있습니다. 따로따로가 아니라 이 세 끼니를 모두 합친 것보다 더 많이 말입니다!" 기자회견에 내놓은 그의 메시지이다. 이와 함께 카메라 앞에 온갖 기름진 음식들을 한 상 가득 차려 놓았다. 세 끼 식사로 먹을 수 있는, 몸에 가장 해로운 콜레스테롤 덩어리 음식들. 그런데 이보다 더 많은 포화지방이 작은 팝콘 상자 안에 농축되어 들어 있다니! 이 메시지는 엄청난 센세이션을 불러일으켰다. 미국의 주요 방송 뉴스에서 이를 앞다투어 내보냈고, 주요 일간지의 1면을 차지하였다. 사람들의 머리에 금세 착 달라붙었던 것이다. 팝콘 판매량은 순식간에 곤두박질쳤고, 대부분의 대형 영화관 체인들이 코코넛 오일을 사용하지 않겠다는 성명을 발표하기에 이르렀다.

사람들이 메시지에 관심을 갖게 만들려면 어떻게 해야 하는가? 그리고 어떻게 그 관심을 유지시킬 것인가? 해결책은 사람들의 예상을 깨뜨리는 것이다. 직관에 반하는 결론을 내세우는 것이다. 앞서 예로 든 것처럼 '영화관에서 파는 팝콘은 해롭다. 심지어 '하루 세 끼 꼬박 콜레스테롤이 푸짐한 식사를 하는 것보다 팝콘 한 봉지를 먹는 편이 더 건강에 해롭다!'는 의외의 메시지를 만들어야 하는 것이다. 사람들의 관심을 끌려면 그들의 허를 찔러 긴장감을 높이고 이목을 집중시켜야 한다. 그러나 놀라움이라는 감정은 오랫동안 지속되지 않는다. 반드시 사람들의 흥미와 호기심을 자극해야 한다. 소통에는 의외성을 동반한 전략적 접근이 필요하다.

지금은 생소하게 들릴지 모르겠지만, 예전에 다니던 회사에서는 브라운관용 유리를 만들었다. 그런데 이 회사에서는 불량률이 너무 높은 게 가장 큰 골칫덩어리였다. 세나가 취급 부주의로 인한 불량도 만만치 않게 발생했던 것으로 기억이 된다. 이에 대한 타개책이 무엇이었을까? 물론 기술적인 접근도 다방면으로 추진되었다. 하지만 가장 효과적이었던 방법은 바로 '제조원가'에 대한 메시지를 조직 구성원들에게 알려준 것이었다. "여러분이 만들고 있는 이 제품의 제조 원가는 만원입니다. 만원을 벌 수도, 잃을 수도 있는 것은 바로 여러분의 손에 달려 있습니다. 세심한 관심이 필요할 때입니다." 이와 비슷한 메시지를 홍보하면서 그동안 등한시했던 원가에 대한 개념을 지속적으로 심어줌으로써 관리에 의한 낭비를 혁신적으로 줄일 수 있었던 것이다. 최근에 미국에 있는 한국 법인을 지도한 적이 있는데, 조립 도중에 취급 부주의로 계속 자재를 옆으로 빼내고 있는 게 아닌가? 안되겠다 싶어서 (나의 컨설팅 주제와는 다소 거리가 있었지만) 옛 기억을 되살려서 작업자들의 원가의식을 제고하는 캠페인을 벌일 것을 그곳 주재원에게 제안한 적이 있다. 그 곳 라인에서 일하는 작업자들에게는 '의외'의 메시지일지 모르지만 '내가 하고 있는 일이 바로 돈'이라는 인식을 심어주었다고 생각한다.

3) 구체성

추상적인 개념은 메시지를 이해하고 기억하기 힘들게 만들며, 또한 다른 이들과 조화롭게 행동하기 어렵게 만든다. 추상적인 개념은 사람에 따라 완전히 다른 방식으로 해석될 수 있기 때문이다. 그렇기 때문에 메시지만큼은 구체적이어야 한다. 구체성은 우리의 이해를 돕는다. 구체적인 지식 없이 추상적 원리를 가르치려 드는 것은 집을 지붕부터 지으려고 하는 것이나 마찬가지이다.

그렇다면 어떻게 하면 메시지를 명확하게 만들 수 있을까? 우리의 두뇌는 구체적인 정보를 기억하도록 만들어져 있다. 따라서 메시지는 구체적이고 상세한 이미지(얼음으로 가득 찬 욕조, 한 입 베어 먹은 사과 등)들로 가득해야 한다. 실질적 행위와 감각적 정보의 언어로 설명해야 한다. 바로 이 지점에서 수많은 기업 조직의 소통이 잘못된 방향으로 빗나가곤 한다. 사명선언문, 시너지, 전략, 비전 등 이런 말은 대개 애매모호하고 허황되며 아무 의미도 담겨 있지 않다. 속담은 대개 추상적인 진리를 구체적인 언어로 표현한다. "손 안에 든 한 마리 새가 덤불 속 두 마리보다 낫다." 구체적인 설명이야말로 우리의 메시지가 조직 구성원 한 사람 한 사람에게 동일한 의미를 전달할 수 있는 유일한 길이다.

이런 의미에서 포스코 정준양 전 회장의 커뮤니케이션 방식은 남다르다 할 수 있다. 그가 강조하는 커뮤니케이션의 핵심은 '최고경영자의 철학이나 경영 방침이 현장 직원들과 제대로 소통되느냐'에 있다. 최고경영자가 하는 말은 보통 6~7단계를 거쳐 현장에 전달된다고 한다. 그런데 각 과정에서 부하직원이 받아들이는 각도가 5°씩만 벗어나더라도 30° 이상 달라진다는 게 그의 의사소통과 관련된 지론이다. 따라서 최고경영자와 현장 사이의 커뮤니케이션 오차가 5% 이내에서 유지되도록 하는 것이 바로 자신이 생각하는 소통이라고 말했다. 이에 대한 실천 방식으로 그가 내세우는 것이 바로 '구동존이求同存異(같은 것을 추구하고 이견은 남겨둔다)'이다.

서로 입장이 다른 이야기만 하면 의견 일치를 볼 수 없다. 따라서 대화는 의견이 같은 부분부터 시작하고 의견이 다른 것은 나중에 해결하는 편이 좋다는 것이다. 예를 들면 다음과 같다. 첫 대화에서는 서로의 공통분모인 70%에 대해서만 먼저 의견 일치를 보고, 그 다음에 나머지 30%에서 같은 부분을 다시 찾는 식으로 계속 반복하다 보면 결국 소통하게 된다는 것이다. 소통의 기본은 '같은 것 찾기'라는 것이 그의 생각이다. 이로써 감정 때문에 소통을 그르치는 일도 막을 수 있다고 한다.[11]

4) 신뢰성

신뢰성을 통한 메시지를 구축하기 위해 신뢰성의 외적 원천, 즉 권위와 반권위를 이용해 신뢰성을 획득하는 방법과 세부사항과 통계 그리고 실례를 통해 메시지 내부에서 신뢰성을 창출하는 방법 등이 있을 수 있다. 진정한 권위는 그 지위가 아니라 출처의 정직성과 신뢰도에서 온다. 그래서 반권위가 권위보다 훨씬 강력한 힘을 발휘하기도 하는 것이다. 따라서 메시지 전달에 있어서 신뢰성을 확보하려면 세부적 묘사와 통계, 그리고 자신이 겪은 최고의 경험을 메시지에 버무려 넣는 노력이 필요하다. 여기에 주로 쓰이는 게 통계적 수치일 수 있다. 이때 쓰이는 통계는 인간적이고 일상적인 언어로 풀어내면 더 효과적이다.

필자가 컨설턴트 초년병 시절에 겪은 일이다. 한번은 기초통계에 대해서 강의를 하고 있는데 수강생들의 표정이 썩 안 좋은 것이다. 곧바로 피드백이 왔다. 그렇지 않아도 어려운 통계를 너무 밋밋하게 강의한다는 '연락'이 온 것이다. 가령 표본이 왜 중요한지를 설명하려면 통계책을 가지고 할 게 아니라 당시 한창 진행 중이던 국회의원 선거와 관련지어 설명하는 감각이 그때에는 없었던 것이다. 열정적인 강의는 높은 점수를 받았지만 신뢰할 만한 메시지 전달에는 실패했던 아픈 기억이다.

우리의 메시지를 믿게 하려면 어떻게 해야 하는가? 보건복지부 장관이 나서서 공공위생 문제에 관해 말한다면, 대부분의 사람들은 아무런 의심 없이 그의 생각을 받아들일 준비가 되어있다.[12] 하지만 일상생활에서 우리는 그러한 권위를 그다지 좋아하지 않는다. 메시지는 나름의 신뢰성을 갖추어야 한다. 우리는 사람들이 우리의 메시지를 스스로 시험해볼 수 있도록, 즉 '구매 전에 직접 체험해볼 수 있도록' 도와줄 방법을 찾아야만 한다.

사람들은 무엇에 관해 예를 들 때 본능적으로 큰 숫자를 내미는 경향이 있는데, 많은 경우 그것은 가장 잘못된 접근법이다. 1980년 지미 카터에게 맞서 참석했던 미국 대선 후보 토론회에서 레이건은 경제 침체를 입증하는 증거로 복잡하고 끝없는 통계수치를 제시할 수도 있었다. 하지만 대신 그는 유권자들이 스스로에게 물을 수 있는 간단한 질문을 던졌다. "여러분, 투표를 하기 전에 마음속으로 한 번만 물어보십시오. 과연 나는 4년 전보다 더 잘 살고 있는가?" 우리나라에서도 얼마 전 선거에서 '여러분 그동안 살림살이는 좀 나아지셨습니까?'라는 강력한 메시지가 유권자들의 마음을 움직인 적이 있었다.

5) 감성

믿음은 확실히 사람들에게 많은 영향을 미치지만, 믿음만으로는 충분치 않을 때가 많이 있다. 사람들은 마음이 움직일 때에만 행동을 취하기 때문이다. 사람들이 무언가를 특별히 여기도록 만들고 싶다면, 그들이 중요하게 여기는 것을 건드려야 한다.

감성적인 측면에서 보자면 리더의 행동 하나가 조직 전체의 사기를 북돋울 수도 있고, 반대로 일거에 땅에 떨어뜨릴 수도 있다. 바로 '감정의 전염'을 통해서이다. 예를 들어 리더가 자주 웃고 기분 좋은 분위기를 전파하면, 팀원들도 모두 따라 웃고 기분이 좋아진다. 기분 좋은 팀이 더 좋은 성과를 내는 것은 물론이다. 뇌신경학자들의 연구에 따르면 리더와 부하 간의 역학관계는 두 개의 뇌가 하나의 시스템처럼 융합하는 것이라고 할 수 있다. 훌륭한 리더는 이 같은 뇌의 상호작용 시스템을 조절하는 능력이 탁월하다. 사람은 기분이 좋을 때 성과도 좋아진다.

'감성지능', '사회지능'으로 유명한 심리학자 다니엘 골먼Daniel Goleman은 "팀원들에게 최고의 결과를 기대하는 리더는 우선 팀원들이 좋은 감정을 갖게 만들어야 한다"면서 "기존의 '당근과 채찍' 접근 방식은 신경학적으로 의미가 없다"고 말했다.[13]

상대방이 무언가를 느끼게 만들어야 한다. 특히 당신의 메시지가 그들이 각별히 여기는 무언가와 긴밀한 관계가 있음을 보여주는 것이 좋다. 영화관 팝콘 스토리는 사람들에게 팝콘의 유해성을 깨닫고 혐오감을 느끼도록 부추겼다. '포화지방 37그램'이라는 숫자는 아무런 감정도 불러일으키지 않는다. 연구조사에 따르면 사람들은 포괄적인 집단으로서의 빈민층보다 한 개인에게 자선을 베푸는 경향이 더 크다.

우리는 같은 사람에게 감정을 느끼지, 추상적인 개념에는 아무런 느낌도 받지 못한다. 때로 이 부분에서 가장 어려운 점은 자극을 해야 할 적절한 감정을 찾아내는 것이다. 이를테면 10대 흡연 청소년들에게 담배의 유해성을 상기시키는 것은 그리 효과적인 방법이 아니다. 하지만 거대 담배회사의 표리부동한 행동을 알려줌으로써 반발심을 자극한다면 금연 열풍을 훨씬 강하게 일으킬 수 있다.

6) 스토리

메시지를 보다 일상적인 형태로 만들어 보여줘야 한다. 이를 듣는 사람들은 그 스토리의 상황이 닥치면 곧바로 그에 맞게 행동할 준비가 되어 있는 것이다. 스토리는 행동을 이끌어낸다. 스토리는 사람들이 그 전까지는 깨닫지 못했던 일상적인 관계를 재조명하고 문제를 해결함에 있어 뜻밖의 비범한 해결책을 강조해 제시한다. 스토리를 효과적으로 활용할 때 가장 어려운 과제는 단순한 핵심 메시지를 만들어 전달하는 것이다. 훌륭한 스토리만으로는 충분하지 않다. 스토리는 당신이 말하고자 하는 바를 반영해야 한다.

소방수들은 한 번 출동을 할 때마다 동료들과 서로의 경험을 이야기하며 스토리를 교환한다. 그럼으로써 그들은 화재 현장에서 마주할 수 있는 다양한 상황들과 적절한 대응책에 관해 더 완벽하고 풍부한 정신적 대응책을 마련할 수 있는 것이다. 여러 연구에 따르면 특정 상황에 대해 머릿속으로 미리 예행연습을 해두면 실제로 그런 상황이 닥쳤을 때 훨씬 유용하고 효과적인 행동을 취할 수 있다고 한다. 이와 마찬가지로 스토리는 일종의 정신 자극제 역할을 함으로써 뜻하지 않은 상황에 더욱 신속하고 효율적으로 대저하도록 도움을 준다.

정보를 결합시키고 더 나아가 조직을 단결시키려면 조직 구성원들에게 스토리가 필요하다. 조직이 가지고 있는 본연의 자원 중 하나가 바로 스토리인 것이다. 조직의 리더는 스토리를 이용하여 실적을 향상시키기 위해 노력을 가할 수 있고, 가치관을 전달하고, 직원들과 더욱 진실하게 연결될 수 있다. 스토리를 상기시키고 조직하는 매트릭스 체계도 상상해볼 수 있다. 이 체계에서 리더는 성공 스토리와 실패 스토리로 스토리를 분류할 수 있다. 이렇게 분류한 스토리를 매트릭스의 한 축으로 잡고, 다른 한 축에는 팀워크 같이 다른 특성을 기재한다. 예를 들어 고객이 회사의 투자자가 되었다는 감동적인 성공 스토리가 있고 그 성공이 팀워크 덕분에 이루어졌다면, 그 스토리를 성공과 팀워크가 만나는 부분에 요약해 놓을 수 있다. 그리고 조직에서는 이 체계를 활용하여 서로 다른 상황에 맞는 스토리를 생각해 낼 수 있는 것이다.[14]

'들어가며'에서 말했던 "대충 철저히"가 기억나는가? 필자가 L전자에 경력사원으로 입사했을 때, 경영혁신실장께서 하신 말씀 중에 기억나는 게 두 가지가 있다. 바로 "대충 철저히"와 "소설"이다. 소설이 뭐고 하니, 문서를 작성할 때는 작성자가 소설가가 되어야 한다는 것이다. 즉, 앞뒤 맥락을 철저히 이해하고 가상의 독자(여기서는 내부고객인 사장이나 임원진이 되겠다)에게 말하듯이, 설득이 되도록 문서를 작성하라는 것이었다. 일종의 '스토리텔링'의 중요성을 강조하셨던 것인데, 아직까지도 기억이 생생한 것을 보면 꽤나 인상이 깊었던 모양이다. 나는 요즘에도 과제를 지도할 때면 항상 과제 추진 리더들에게 '소설가가 되어야 한다'고 말하고 있다. 과제를 추진한다는 것도 일종의 이야기보따리를 푸는 것과 똑같다. 6하 원칙에 맞는지, 원인 분석 다음에 개선안이 나왔는지, 표준화는 되었는지 등등이 일목요연하게 정리되어 발표되지 않는다면 듣는 사람은 굉장히 피곤해지는 것이다.

3. 갈등의 의미

한국, 사회적 갈등 관리 능력 OECD 국가 34개국 중 27위[15]

한국의 사회적 갈등 관리 능력이 경제협력개발기구(OECD) 국가 중 하위권으로 조사됐다. 24일 한국보건사회연구원의 보건복지포럼 최신호(3월호)에 발표된 '사회갈등지수 국제비교 및 경제성장에 미치는 영향' 보고서에 따르면 2011년을 기준으로 한국의 '사회갈등 관리지수'는 OECD 34개국 중 27위를 차지했다.

연구팀은 정부의 효과성, 규제의 질, 부패 통제, 정부 소비자지출 비중 등에 대한 OECD 국가의 패널데이터를 활용해 회귀분석을 실시한 결과, 사회갈등 관리지수가 높은 국가는 덴마크(0.923), 스웨덴(0.866), 핀란드(0.859), 네덜란드(0.846) 등 북유럽 국가들로 나타났다. 한국은 0.380으로 체코(0.429), 슬로베니아(0.408), 포르투갈(0.406)과 비슷한 수준으로 집계됐다.

얼마 전 신문에 난 기사이다. 요즘 신문이나 방송매체는 '사회적 갈등', '대한민국 갈등 리포트', '대타협 앞세워 갈등만 키웠다', '무상급식 갈등 정면충돌 양상' 등등 갈등과 관련된 자극적인 신문 헤드라인으로 가득하다. 우리 사회가 갈등이 많긴 많은 모양이다. 하기야 선거철만 되면 그동안 잊고 지내던 지역 갈등, 계급 갈등 등이 마구 난립하는 나라이니 그럴 만도 하다.

한국여성개발원에서 2005년에 실시한 조사에서는 우리 사회 갈등의 심각한 양상을 여실히 드러내주고 있다. 전체 응답자 1,000명 중 92%가 우리 사회의 갈등 양상이 심각하며, 70%는 사회통합을 저해할 것이라 응답한 것으로 나타났다. 이러한 인식은 또 다른 조사에서도 그대로 드러나고 있다. 고려대 한국사회연구소에서 3년이 지난 2008년에 조사한 결과는 여전히 우리 사회가 갈등 사회임을 보여준다. 조사에 따르면, 갈등이 심각하다고 생각하는 사람은 90%를 넘는 것으로 파악되고 있다. 심각한 점은 막대한 사회적 비용의 발생과 관련된다. 사회갈등이 관리되지 못하고 물리적으로 표출됨에 따라 지불해야 하는 비용인 셈이다.

삼성경제연구소의 2009년 조사에 따르면, 한국의 사회갈등지수는 0.71로 OECD 회원국 중 네 번째로 사회 갈등이 심한 국가로(OECD 평균 0.44), 선진국에 비해 높은 갈등 수준으로 인해 1인당 GDP의 27%를 비용으로 지불하는 것으로 보고되고 있다. 이처럼 현재 한국 사회는 갈등이 보편화되어 있을 뿐만 아니라, 갈등을 민주적이고 합리적인 방식에서 조정할 수 있는 틀이 갖추어지지 않고 있다.[16]

'뷰리당의 가설'이라는 게 있다. 14세기 프랑스 철학자인 뷰리당이 내세운 주장인데 나귀 앞에 좌우로 같은 거리에 똑같은 양의 당근을 갖다 놓으면 나귀는 어느 것을 먹을지 결정을 하지 못하고 끝내 굶어 죽는다는 것이다. '목표 갈등'으로서 아무리 좋은 것이라 하더라도 선택을 해야 하는 경우 고민을 할 수밖에 없다는 것이다. 인간은 크고 작은 많은 조직 속에서 서로 상호작용을 하면서 존재한다. 이들은 서로 다른 배경과 성격 그리고 다양한 관심을 갖고 있다. 이렇게 조직된 구성원들과 집단은 다양한 욕구와 목표를 지니고 활동하게 되고, 그러다 보면 어쩔 수 없이 여러 형태의 마찰이 있을 수밖에 없는 것이다. 갈등은 조직이나 사회에서 흔히 발견되는 현상이다. 갈등의 발생은 인간 생활의 상호 의존성과 복잡성 때문에 필연적인 것으로 이해할 수 있다.[17]

갈등의 개념에 대한 이해는 동양과 서양의 어원을 통해 살펴볼 수 있다. 우선 동양 문화권에서의 갈등葛藤은 칡葛과 등나무藤의 합성어로 칡과 등나무가 서로 뒤얽혀 있는 것을 형상화하는 말이다. 그런 의미에서 葛藤은 일이나 인간관계에서 복잡하게 뒤얽혀 풀기 어려운 상태 혹은 인간내면의 상충되는 생각 때문에 고민하는 심리적 상태를 말한다.[18] 서양 문화권에서의 갈등conflict은 'confligere'라는 라틴어에서 유래하는데, 이는 'com(함께)'과 'fligere(충돌, 부딪침, 다툼)'이라는 용어의 합성어이다. 즉, 서로 때리거나 부딪치는 상황을 형상화 한 말이다. 그런 의미에서 conflict는 밖으로 드러난 갈등 상황으로, 싸움이나 전쟁과 같은 물리적 충돌과는 다른, 개인이나 집단 간의 대립을 나타낸다. 일반적으로 갈등이란 둘 이상의 개인이나 집단 또는 조직 사이에서 일어나는 현상으로 이들 간의 심리적 대립감과 적대적 행동을 내포하는 일련의 과정이라고 볼 수 있다.

갈등과 가장 밀접하고 유사한 단어는 어떤 것일까? 아마 적대감이 아닐까 싶다. 하지만 이 두 단어는 엄연히 다른 의미를 가지고 있다.

적대감을 표출하는 것은 이해당사자들 간의 상호작용을 가져올 수 없지만, 갈등은 이해당사자들의 상호작용으로 그들의 관계변화를 가져올 수 있고, 결국은 사회관계와 사회구조의 유지, 조정, 적응에 기여할 수 있다는 것이다. 그럼에도 불구하고 갈등이 적대성이라는 성격을 가지고 있음은 부인할 수 없는 사실이다. 일단 상대가 자기 편의 이익에 반할 때 적대성이 나타난다. 우리가 상대를 비방할 때 주로 사용하는 '의리없는 녀석'이라는 말 속에는 상대가 자기의 이익을 대변하지 않았다는 지극히 이기적인 속성이 내포되어 있다. 이러한 이기성이 강조되면 상호성은 무너지고 인간관계는 깨지게 마련이다.[19]

또 다른 갈등의 성격으로는 비양립성을 들 수 있다. 이런 측면에서 갈등은 하나의 인간에게 둘 이상의 서로 정반대되는 행위에 종사하도록 동기부여된 상황으로 정의하기도 한다.[20] 조직 구성원들의 대립된 행동 양상인 것이다. 갈등은 대부분 상반되거나 모순된 상황, 대립된 상황 즉 서로 양립할 수 없는 상황 때문에 발생하기도 한다.[21]

갈등은 굉장히 심리성이 강하다. 갈등은 둘 이상의 행위자 사이에서 대립, 마찰, 또는 한 행위가 내재된 상반된 욕구와 동기, 좌절을 행위자가 심리적으로 인지하는 데에서 발생한다고 볼 수 있다. 일종의 심리적 불균형 상태로서 이 경우에는 심리적 안정이 갈등 해결의 중요한 요소가 된다. 이 관점에서 갈등 해결이 안 됐다는 것은 목적을 달성했을지라도 심리적인 불안이 계속되는 경우를 의미한다.[22]

변화와 혁신을 추구하다 보면 조직 구성원 간의 갈등은 피할 수 없게 된다. 물론 사람들이 조직을 형성하여 상호작용할 때 양립할 수 없는 욕구와 목적 때문에 자연스럽고, 필연적으로 발생하는 이러한 갈등은 부정적인 기능을 가지고 있지만 관리 여하에 따라서는 문제를 해결해나가는 데 있어서 긍정적인 기여를 하기도 한다.[23] 하지만 갈등이 일정 수준에 도달하기까지는 변화의 촉매제 역할을 하나 일정 수준을 넘으면 사회나 조직 전체가 추구하는 목표 달성에 부정적인 영향을 미치기도 한다. 실제로 40% 이상의 직장인들이 직장 내에서 함께 일하는 사람들과의 갈등 때문에 스트레스를 많이 받고 있는 것으로 나타났고, 30% 이상의 직장인들은 직장생활에서의 갈등 때문에 회사를 떠나고 싶다는 생각을 한 적이 있다고 말하고 있다.[24] 또한 의사결정 과정에 갈등이 발생하게 되면 기존의 의사결정 방법에 제동이 걸리고 결정 자체가 지연이 되기도 한다.[25]

이 책에서는 논의의 초점을 변화와 혁신을 추진하면서 나올 수 있는 대표적인 갈등의 유형으로 국한하여 살펴보기로 한다. 예를 들면 이런 것이다. 변화와 혁신을 주도하는 자와 그의 상사가 서로의 의중을 제대로 파악하지 못한 경우, 혁신과제를 추진하는 리더와 경영진의 방향성이 맞지 않는 경우, 갈등 요인이 있을 때 이를 공식화하여 제대로 표현하지 못하는 경우, 간혹 경영진을 설득시키지 못하는 경우 등이 있을 수 있다.

4. 갈등의 유형

갈등은 여러 가지로 유형화할 수 있는데 '목표 갈등', '좌절 갈등', '의사소통 갈등', '역할 갈등', '의사결정 갈등', '자원 갈등', '인지 갈등', '이질적 요소 갈등', '불공정 요인 갈등', '권력 갈등' 등으로 구분하기도 한다.[26] 이 중 기업 경영 및 조직 변화관리에 필요하다고 생각되는 몇 가지를 살펴보기로 하자.

1) 목표 갈등

먼저 '목표 갈등'은 서로 양립할 수 없는 목표들 사이에서 의사결정을 하지 못하고 겪는 갈등을 의미한다. 앞에서 예로 든 뷰리당의 당나귀는 '접근-접근 갈등'의 대표적인 사례라 할 수 있다. 일종의 '행복한 고민'이라 할 수 있다. 반면에 인센티브는 받고 싶은 데 정작 업무는 하기 싫다거나, 현재 직장이 싫은 데 달리 옮길 만한 데가 없다거나, 출근하기 싫은 데 상사의 질책이 두렵다면 이는 '회피-회피 갈등'의 사례라 할 수 있다. 하나의 목표가 긍정적인 요소와 부정적인 요소를 동시에 가지고 있을 경우에는 '접근-회피' 갈등의 형태로 나타난다. 근무 평점을 높게 받고 싶지만 업무는 하기 싫은 경우, 사람은 좋은데 성과가 나타나지 않는 경우 등이 여기에 해당한다. 위에서 언급한 어느 경우이든 간에 어느 정도 스트레스를 유발하지만, 선택의 결과를 비교하게 만들며 문제를 찾아내어 해결하게 만들어주는 기능도 있기 때문에 갈등을 부정적 시각으로만 봐선 안 된다. 조직의 리더는 접근-접근 갈등을 제외한 모든 경우의 목표 갈등을 해소하는 데 지원을 아끼지 말아야 한다.

2) 의사소통 갈등

'의사소통 갈등'은 '의사소통의 왜곡', '의미의 난해성', '정보의 의도적 봉쇄', '완전한 정보' 등이 촉발하는 갈등을 말한다. 의사소통의 왜곡은 수직적 의사소통의 경우 빈번하게 발생한다. 최고경영자의 입장이 말단직원에게 제대로 가는 경우는 거의 보질 못한 것 같다. '지식의 저주'인 셈이다. 의미의 난해성은 상이한 훈련과정, 사회화 과정, 지식의 급증과 그로 인한 전문 어휘와 용어의 급증 등이 야기하는 현상이다. 필자도 컨설팅을 하면서 고객사에 들어가게 되면얼마 동안은 이를 극복하기 위해 애를 먹게 된다. 정보가 권력이 된다고 판단되면 의도적 봉쇄로 이어진다. 고객사와 컨설턴트 사이에, 혹은 컨설턴트 간에도 이러한 정보의 단절, 봉쇄로 인해 예기치 않은갈등이 발생하는 경우를 종종 겪고는 한다. 이와는 반대로 완벽히 드러난 정보로 인해 쓸데없는 부서 간 갈등이 촉발되기도 한다. 왜냐하면 상호간에 모르고 지나가야 할 각 부서만의 고유한 정보가 드러남으로써 불편을 초래하기 때문이다. 예를 들어, 인사부서의 고유 정보인 인사평가, 연봉과 관련된 정보는 절대 공개되어서는 안 되는 것이다. 처음 컨설팅 업계에 입문했을 때 당시 회사에서 임원들의 연봉이 공개됨으로써 큰 홍역을 치렀던 기억이 아직도 생생하다.

3) 역할 갈등

다음으로 '역할 갈등'을 알아보도록 하자. 역할 갈등은 역할 내 갈등, 역할 간 갈등 그리고 지위 불일치에 따른 갈등 등의 형태로 나타난다. 역할 내 갈등은 중간관리자가 부하직원과 상위 관리층의 입장을 동시에 대변하면서 업무를 처리하는 과정에 주로 나타나게 된다. 또한 기대되는 역할이 전통이나 규범에 어긋나는 경우도 이에 해당한다. 가령 강력범죄 수사에 도전하는 여성 경찰관이 있다거나 가정 도우미를 자청하는 남성이 있다면 이러한 역할 갈등이 있기 마련이다. 가정 내에서도 부모는 대기업에 취직하거나 공무원이 되기를 바라는데, 해외에서 자원 봉사하는 것을 평생의 직업으로 가지려는 자녀가 있을 경우는 갈등이 있을 수 있다. 역할 간 갈등의 대표적인 경우는 가정을 가진 직장여성이 아닐까 싶다. 지위 불일치에 따른 갈등은 공식적인 지위에 따른 예우를 받지 못한 경우에 발생한다. 비근한 예를 하나 들어보면 다음과 같다. 필자가 알고 지내는 차장이 한 명 있다. 대기업에 다니는 사람인데 얼마 전에 그 회사 해외사업장에 주재원으로 나가게 되었다. 독자 여러분이 아실지 모르겠지만 주재원이라는 지위는 그 지역의 '유지'이면서 현지인에게는 '신'과 같은 존재인 것이다. 요즈음에는 그 의미가 많이 변했을지 모르지만 그들의 권력은 여전하다는 게 지금까지 여러 회사의 주재원들을 곁에서 지켜본 나의 판단이다. 최근에는 많은 기업들이 지역화라는 지향성을 가지고 많은 책임과 권한을 현지인 관리자에게 위임하는 경향이 있기는 하다. 하지만 이 차장이 있는 법인의 경우에는 매우 특이하다. 법인장의 의지에 따라 예산권, 인사권 등의 모든 권한을 현지인 매니저들에 넘겨버리고 주재원들은 코디네이터Coordinator라는 명목으로 일종의 자문역에 머물고 있는 것이다. 지위 불일치의 전형인 것이다. 가장 중요한 예산권과 인사권을 갖고 있지 않으니 현지인들을 전혀 통제할 수가 없는데, 이런 사정을 모르는 본사에서는 정작 사건이 터지면 매번 이 차장을 찾고 있으니 참으로 황당한 일이 아닐 수가 없는 것이다. 한국 고유의 관리 시스템을 구축하려던 그의 웅대한 계획은 어디론가 사라져버리고 하루하루를 그나마 본사 대응으로 바쁘게 지내고 있다. 심한 좌절감과 불쾌감 그리고 매일의 심리적 불안정으로 내가 한국에서 봤던 그 사람이 아니어서 참으로 안쓰러웠던 기억이 난다.

갈등의 유형 분류를 마치고 나니 변화와 혁신을 추진하면서 이러한 갈등이 야기되었을 때 어떤 유형의 갈등이었는지 다시 한 번 생각하게 된다. 특히 혁신 과제를 추진하게 되면 이러한 갈등의 양상이 빈번히 그리고 때로는 증폭되어 나타나곤 한다.

예를 들면 이런 경우가 있을 수 있다. 먼저 과제 리더들이 본인들에게 할당된 과제에 대해서 만족할 수 없거나 하고자 하는 의지가 안 생기면 일단 무조건 과제를 회피하는 경우를 보게 된다. 이럴 경우 경영진, 팀장과의 갈등을 피할 수가 없다. 회피한다고 끝날 일이 아니기 때문이다. 이때 조직에서는 무조건적인 할당으로 문제를 해결하려고 해서는 안 된다. 적합한 인재가 선정이 되었는지, 과제와 리더가 서로 '궁합'이 맞는지를 살펴보아야 한다. 비록 과제가 본인의 전문성이나 지금 하고 있는 일과 조금 맞지 않더라도 조직이 추구하는 방향성을 제대로 설명하고 과제 리더가 설득된 상태에서 과제를 진행하여야 한다. 그렇지 않으면 항상 '동티'가 나게 된다.

그럼에도 불구하고 계속적으로 선정된 과제 리더가 회피한다면 과제 리더를 바꾼다든지, 선정된 리더에게 경고를 주는 등 보다 적극적인 방법을 모색해야 한다. 또한 팀 활동을 하게 되면 간혹 상호 간에 의견 차이가 나타나서, 때로는 갈등을 회피하기 위해 팀 활동에 참석을 안 하거나 출장을 가는 등의 방법을 꾀하기도 하고, 과제와 관련 없는 과거 사실만을 반복적으로 언급하기도 한다. 이게 안 좋은 쪽으로 흘러가다 보면 감정적 대응, 인신공격 등으로 심화되고, 결국에는 팀 조화를 깨뜨리는 분파 및 동맹이 출현하기도 한다. 이렇게 되면 리더는 종종 명목상 리더에 불과하게 되고, 과제의 수행은 상당히 어려워지게 된다.

5. 갈등관리 방법

"사람마다 생각이 다르니까 당연히 갈등이 생길 수밖에 없는 것 아닌가. 각자 다른 생각을 하고, 다른 이야기를 할 때 짜릿짜릿하다. 회의실에서 그런 싸움이 자주 붙는데, 그런 선택의 기로가 계속 생기고 각이 설 때 그것들을 조율해가는 과정이 재미있다. 각자의 이야기를 듣는 것이 재미있다"[27]

독자 여러분 중에 조직 내에서 발생하는 갈등을 위와 같이 이해하고 접근하는 분을 상사로 모시고 있다면 여러분은 직장생활에 순풍을 달았다고 할 수 있다. 하지만 반드시 이렇지는 않을 것이다. 아니 오히려 극히 드문 경우에 해당할 것이다.

갈등이라는 관점에서 본다면 드라마 『미생』은 아예 '갈등' 그 자체이다. 이 '갈등 덩어리'는 우리가 살아가고 있는 현실에 대한 정확한 표현이고, 우리나라에서 '미생'으로 살아가고 있는 조직 구성원들의 심정을 대변하고 있다 할 수 있다. 하지만 한편으로는 갈등이 더욱 큰 긍정적 에너지의 발원지가 될 수도 있다. 업무에, 더 나아가 삶에 어려움을 줄 수도 있지만, 오히려 본인이 맡은 업무에 대한 몰입을 강화해주는 역할을 할 수도 있다는 것이다. 특히 우리나라의 경우, 기업에서의 갈등관리는 인간적인 측면에서의 접근이 시스템적인 접근보다 훨씬 조직성과에 기여할 수 있다. 또한 기업 내에서 발생하는 갈등을 제대로 관리하기 위해서는 먼저 조직 분위기를 바람직한 방향으로 개선시키는 것이 필요하다.[28] [표 33]은 20여 년 전에 제시된 모형이지만 여전히 유효하다고 말할 수 있다.

[표 33] 갈등관리 모형

갈등 원천		갈등 관리 행위	결과
목표 차이	부서 간/부서 내 목표 차이 스태프간 목표 차이 개인목표와 조직목표 차이	리더십 신뢰도 의사소통 대면 타협 집단교육 자원의 확충	직무 만족 조직 커미트먼트
한정된 자원경쟁	부서 간/부서 내 불균형 스태프 간 불균형 노사 간 불균형		
상호 의존성	계층 간 마찰 의사소통 결여 방침, 규정, 규칙의 불합리		

한편, 갈등 관리의 방법으로 비용적인 측면의 접근 방법을 제시하는 학자들도 있다. 즉, 갈등 비용을 최소화하거나 갈등의 가치를 최대화하는 전략을 설정하고 있는데, 갈등 비용의 최소화 전략으로는 '갈등의 통제'를, 그리고 갈등 최대화 전략으로는 '갈등의 관리'를 말

하고 있다. 갈등의 통제는 갈등의 발생을 억제하고, 갈등이 발생할 때 가능하다면 갈등을 무시하며, 갈등이 무시될 수 없을 때 갈등의 신속한 해결을 위하여 공식적 권위 또는 제3자의 강제적인 조정을 이용하는 전략을 취하고 있다. 반면에 갈등 가치 최대화 전략으로서의 갈등 관리는 불확실성의 완화나 상호관계의 조정과 같은, 갈등이 가져오는 편익이 크다면 적절한 갈등비용을 지불하고서라도 편익을 확보하려는 전략이다. 불확실성의 완화나 상호관계의 조정을 가져오기 위해서는 관련된 이해당사자들의 의견이 자유롭게 교환되고 상호 간의 차이가 협상을 통해 조정될 수 있도록 하는 원칙의 확보가 필요하다.[29]

필자는 위와 같은 접근 방법에 충분히 공감한다. 혁신 활동과 관련하여 보다 현실적인 접근 방법으로서는 처음 팀을 구축할 때부터 역할과 책임을 분명히 밝히고 프로젝트의 목표와 향후 계획을 명확하게 사전에 홍보하여 프로젝트 팀 회합을 최대한 구조화 해내는 게 중요하다. 체계적으로 구조화되지 않는 미팅에서는 과거 이슈들이 반복되고, 새 이슈를 과거의 잣대로 평가하게 되며, 결국 문제가 되는 팀원을 통제할 수 없게 된다.

미팅을 구조화한다는 것은 어떤 의미인가? 이는 해당 미팅의 목적 및 방향성을 명확히 하고, 의견이 일치하지 않을 사안이나 시점을 사전에 점검하여 대응 계획을 마련하는 것까지를 포함한다. 예를 들어, 이번 미팅의 목적이 과제의 잠재적인 원인변수들을 도출하는 게 목적이라면 이에 적합한 템플릿과 역할분담을 사전에 공지하는 등 미팅의 내용과 형식을 신중하게 계획하여야 한다. 아울러 회의 당일에는 회의에 집중할 수 있도록 하고, 과제 리더는 촉진자로서 갈등의 원천이 될 수 있는 이슈나 팀원들에 대한 배려를 잊지 말아야 할 것이다.

갈등은 개인의 이기적 욕심 때문에 발생한다. 우리가 조직 생활을 하면서 다른 사람의 행복을 먼저 생각하지 않을 경우 바람직하지 않을 뿐 아니라 결국은 갈등을 야기하게 된다. 말로는 타인의 행복 추구를 위한다면서 실제로는 자기만의 행복을 추구한다면 조직은 위태로워질 수밖에 없다. 여기에 더하여 조직 생활을 하면서 상대방을 자꾸 부정적으로 보게 되면 자연스럽게 갈등의 싹이 자라게 된다.

갈등은 축적의 과정이다. 갈등은 처음부터 큰 문제로 출발하지 않는다. 작은 문제, 이해할 수 없을 정도의 사소함에서 시작하는 것이다. 오해가 오해를 불러일으키는 것이다. 여러분도 '나비 효과'나 '눈덩이 효과'라는 말을 들어본 적이 있을 것이다. 작은 눈덩이가 점점 커지듯, 뉴욕의 태풍이 중국에서 나비의 작은 날갯짓에서 시작했듯 큰일이란 모름지기 작은 것에서 출발하는 것이다. 이외에도 고정관념에 의해 성 차별, 인종 차별, 지역 차별을 받을 때라든가, 후광효과에 의해 사람들이 쉽사리 좋은 학교, 좋은 차, 좋은 집에 현혹될 때에도 마찬가지로 갈등은 발생하게 된다.[30] 이렇게 갈등의 원인을 알았다면 그 대처 방안도 쉽게 나올 수 있을 것이다. 개인적인 이기심을 버리고, 주어진 상황이니 사람을 보다 긍정적으로 대하는 것이다. 아울러 사소한 것 하나하나에 세심한 정성을 기울이면 더욱 좋을 것이다. 그러나 상황이 이렇게 간단치 만은 않다. 보다 통찰력 있는 접근이 필요하다. 임계점에 도달하기 전에 갈등의 원인을 발견하고

치유하는 현명함이 필요하다.

여러 학자들이 내세우는 가장 좋은 방법은 갈등 상황에 적극적으로 대응하라는 것이다. 일반적으로 사람들은 '정면 대결'에 따른 '후폭풍' 때문에 피하거나 미봉책을 강구하는 경향이 있는데, 이는 바람직하지 않다는 것이다. 이렇게 하기 위해서는 압박과 반대, 그리고 저항이 있는 상황에서도 주어진 과업을 수행해내는 마음의 안정성을 키우는 연습이 필요하다. 여러분은 엔트로피란 말을 들어본 적이 있는가? 문명비평가인 제레미 리프킨에 의해 열역학 교과서에 머물러 있던 개념이 사회현상을 이해하는 도구로 자리매김했다. 그의 설명을 들어보자.

우리가 걱정해야 할 것이 열역학 제1법칙뿐이라면 에너지가 고갈될 걱정은 할 필요가 없을 것이다. 그러나 세상은 그렇지 않다. 예를 들어 석탄 한 조각을 태운다면 태우기 전과 태운 후의 에너지 총량은 같겠지만 일부는 아황산가스와 기타 기체로 바뀌어 대기 중으로 흩어진다. 이 과정에서 사라지는 에너지는 없지만 이 석탄 한 조각을 다시 태워서 같은 일을 하게 할 수는 없음을 우리는 알고 있다. (중략) 제2법칙은 이렇게 말한다. 에너지는 한 가지 상태에서 다른 상태로 옮겨갈 때마다 "일정액의 벌금을 낸다." 이 벌금은 뭔가 일을 할 수 있는 유용한 에너지가 손실되는 형태로 나타난다. 이것을 가리키는 용어가 있다. 그 용어가 바로 엔트로피이다. (중략) 엔트로피는 더 이상 일로 전환될 수 없는 에너지의 양을 측정하는 수단이다.[31]

이러한 엔트로피적 사고방식에 의하면 에너지가 점점 약화되기 때문에 심리적 패배감, 병리적 현상 등이 팽배해지고 미래에 대한 불안을 야기할 수밖에 없다. 갈등의 시발점인 것이다. 열린 마음과 열린 태도를 견지하는 것만이 이를 극복할 수 있는 방법이다. 부의 엔트로피Negentropy는 이러한 사고방식에 반하는 우리의 의지, 정신력, 그리고 끊임없는 창조적 노력을 의미한다. 조직 생활에 국한해보자면 열린 마음과 태도로 구성원 간의 관계의 문제를 적극적으로 개선하려는 의지인 것이다.[32]

이외에도 이해당사자 모두가 이길 수 있는 방법을 고민해야 한다. 자포자기나 패배감을 안겨줄 수 있는, 한 쪽이 이기고 다른 쪽은 지는 식의 접근은 바람직하지 않다. 군림보다는 힘의 공유, 강제보다는 공동행위를 통해 문제를 해결할 수 있도록 해야 한다. 이런 의미에서 공동협력을 가장 이상적인 갈등 해결책으로 제시하는 학자도 있다.[33] 조직이 구성원들로 하여금 회사에 공헌하여 성과를 창출하게 만들려면 여러 가지 물질적, 비물질적 요소를 충분히 제공해야 한다. 성과만을 강조하는 조직에서는 불만이 쌓일 수밖에 없을 것이다. '기여'와 '유인' 사이에 균형이 필요한 것이다.

일반적으로 조직 내에 여유 자원이 많을 경우, 즉 유인 요소가 많게 되면 역학관계는 균형을 이룰 가능성이 더 커지게 되고, 불만이나 좌절 그리고 갈등의 정도는 감소하게 된다. 조직의 지속가능성과 성장 동력을 확보할 수 있다는 말이다. 이러한 역학관계를 잘 알아서 조정을 할 줄 아는 사람이 유능한 관리자인 것이다. 직장 상사나 조직이 부하사원이나 조직 구성원에게 얼마만큼 잘 해주면서 일을 잘

하라고 말하는가에 따라 조직 내 갈등은 없어질 수도, 더욱더 크게 증폭될 수도 있는 것이다.[34]

하지만 현실적으로 조직이 각 구성원에게 감성적으로 다가서기는 매우 힘들다. 표준이나 시스템으로 움직이는 조직에게 살가운 정을 기대하기는 힘들기 때문이다. 따라서 갈등을 해소하기 위해서는 직장 상사의 기능이 더욱더 중요하다. 『미생』에 나오는 마부장은 '갈등 유발자'로, 오차장은 '동기 유발자'라 할 수 있을 것이다. '재밌고 즐겁게'라는 모토를 가지고 있는 일본 기업 호리바 제작소. 이 회사의 직원들은 재미있고 즐겁게 일하는 본인을 가리켜 '호리비언Horibian'이라고 부른다고 한다.[35] 조직 구성원 모두가 동기 유발자인 것이다.

6. 갈등관리 유형

[그림 13]에서는 갈등관리 모형을 소개하고 있다.[36] 이 모형에서는 자신이 아닌 다른 사람 또는 조직의 관심사를 충족시켜 주는데 관심이 있는 협력성과 자신의 관심사를 충족하는데 관심이 있는 독단성을 두 축으로 5개의 갈등관리 유형을 구분하여 제시하고 있다. 이 유형은 비단 사회적인 현상뿐만 아니라 기업 조직 내에서의 갈등을 이해하고 관리하는 데 매우 유용하다고 볼 수 있어 잠시 소개하고자 한다.

[그림 13] 갈등관리의 유형

1) 경쟁형

첫째, 경쟁형은 자신의 이해 충족을 위해서는 독단적인 반면, 타인 또는 조직의 이해 충족에는 비협력적인 유형에 해당한다. 이는 곧 갈등상황에서 승자와 패자를 만드는 유형으로 상대방의 입장은 전혀 고려하지 않고, 자신의 관심사를 위해서 공식적인 권위를 사용하여 상대방을 지배하고 이들로 하여금 복종을 강요하는 유형이며, '일방적 승리'를 가져온다. 이들은 조직 내 갈등 발생 시 자신의 이익을 우선적으로 추구하고 상대와의 관계는 중요치 않게 여긴다. 주로 비상시와 같이 신속하고 결단력 있는 행동이 필요하거나, 비용절감이나 규칙준수와 같이 일상적인 조치의 시행이 필요한 경우, 또는 조직 전체의 생존을 위해 반드시 필요한 경우와 같은 갈등상황에서 나타난다.[37] 문득 『미생』에서 안영이로 하여금 끝내 제안서를 못 쓰게 만드는 마부장이 떠오른다. 우리 주변에서는 이런 유형을 쉽게 찾아볼 수 있다. 예를 들어 전사적인 경영혁신을 추진하는 경우, 다양한 계층 간의 갈등이 잠재되어 있는 조직 내에서 이런 유형의 조직 구성원이 항시 존재한다. 추진 주관부서는 이런 유형의 갈등관리를 미리미리 파악하여 대처할 필요가 있다.

2) 협력형

협력형은 자신의 이해관계를 위해서는 독단적이고 동시에 상대방의 이해 충족을 위해서도 협력적인 태도를 보이는 유형이다. 다시 말하면 조직 내 갈등 발생 시 상호 이해관계를 모두 만족시키기 위해서 문제의 본질을 집중적으로 정확하게 파악하여 통합적인 문제해결 대안을 도출해내는 유형이다.[38] 이 방법은 결국 갈등 당사자 모두 이익을 보게 되는 윈-윈을 추구하는 유형인데, 이는 상대와 좋은 관계를 유지하면서 서로가 원하는 것을 모두 얻는 방향에서 갈등을 관리하는 유형을 의미한다. 갈등 당사자 모두의 관심사가 너무 중요해서 통합적 해결안이 필요하거나, 갈등해결을 통해 상대방의 입장을 배우려고 하거나 또는 갈등 당사자 양측의 관심사를 통합하여 몰입을 얻으려고 하는 경우와 같은 상황에서 주로 나타나는 유형이다.[39] 컨설팅을 진행한다는 것은 전형적인 협력형 갈등관리의 사례라 할 수 있다. 필자의 경우 고객의 요구사항을 반드시 충족시켜줄 의무가 있고, 이를 통해 상대인 고객과 지속적인 관계를 맺을 수 있기 때문이다.[40]

3) 타협형

세 번째로 타협형을 살펴보자. 타협형은 조직의 욕구와 개인의 욕구 간 균형을 지키려는 유형으로 자신과 상대방이 서로 관심사를 어느 정도 양보하는 유형에 해당한다. 이 유형은 갈등 당사자들이 서로 다른 목표를 갖고 있거나 또는 비슷한 '힘'을 지니고 있을 때 가능하며 협상, 표결 또는 제3자의 개입에 의하여 상호 간 입장에 있어서 양보가 이루어지는 것이 일반적이다.[41] 이는 설득과 주장 등 '협상'을 통하여 서로 양보함으로써 양자가 만족할 수 있는 선에서 갈등을 해소하는 방법이라 할 수 있다. 이 경우 갈등 당사자 간에는 '불완전 승패' 관계가 일반적인 현상이다. 즉 완전한 승리자 또는 완전한 패배자를 추구하지 않는다. 대신에 상호 간에 양보를 통해 약간의 이익을 보는 당사자와 약간의 손해를 보는 당사자가 나타나게 되며, 이러한 결과는 갈등 당사자 모두에게 만족할 만한 것이다. 이 유형은 현재의 갈등상황이 복잡해서 잠정적 또는 임기응변적인 해결이 필요하거나, 강압적인 방법의 사용으로 인한 부정적인 효과가 너무 크거나, 또는 동등한 협상력을 가진 갈등 당사자들이 상호배타적인 이해를 충족하려고 하는 갈등상황에서 주로 발견되는 유형이다.[42]

노사 간 임금협상이나 단체협상은 이 유형의 전형적인 형태라 할 수 있다. 경영혁신 활동을 전개할 때에도 이런 경우가 의외로 많다. 경영혁신을 주관하는 부서와 따라와야 하는 본부, 공장 간의 갈등, 과제를 추진하는 리더와 팀원의 갈등, 컨설턴트와의 갈등 등이 많이 발생하게 된다. 이런 경우에 대부분 경영혁신을 주관하는 부서나 컨설턴트가 약간씩 손해를 보는 게 좋다. 어찌되었든 최종적인 방향성 확정이나 목표 달성 등의 큰 그림에는 문제가 없기 때문이다. 그렇지 않고 서로 간의 실익을 위해 협상이 지연되거나 결렬될 경우에는 더 큰 화를 자초하는 경우가 간혹 있다.

4) 회피형

네 번째로 살펴볼 회피형은 자신의 이해 충족을 위해서도 비독단적이며, 상대방의 이해 충족을 위해서도 비협력적인 유형이다. 이는 당면한 조직 내 갈등 문제를 무시하거나 도외시하는 것이 자신에게 유리할 경우 선택하게 되는 유형이다.[43] 그러한 점에서 자신과 상대방의 이익이 대립한 갈등상황에서 '이기고 지는 것에 큰 관심을 두지 않는 형태'를 의미한다고 볼 수 있다. 회피형은 자신의 이해 충족 가능성이 전혀 없거나, 즉시 결정을 내리기보다는 더 많은 정보가 필요하거나, 갈등 당사자보다 제3자가 갈등을 더욱 효과적으로 해결할 가능성이 있거나, 또는 갈등 당사자 간 감정 충돌이 심하여 진정이 필요한 상황에서 주로 나타나는 유형이다.[44]

실제로 조직 내 갈등관리라는 관점에서는 가장 애매모호하고 가장 경계해야 할 유형이라고 볼 수 있다. 방관자 유형에 속하는 구성원들이 대부분 이러한 갈등관리 유형을 따른다. 어떻게든 '지금 내리는 비만 피하고 보자'는 식인데, 이런 유형의 구성원이 많을수록 변화와 혁신은 굉장히 어려워진다.

5) 순응형

마지막으로, 순응형을 살펴보도록 하자. 자신의 이해 충족에는 비독단적인 반면, 상대방의 이익 충족에는 협력적인 태도를 보이는 유형이다. 즉 갈등상황에서 자신의 이해 충족보다는 오히려 상대방의 이익이나 욕구를 충족시켜 주기 위해서 자신의 이익을 양보 또는 포기하는 유형이다.[45] 이는 상대방과의 관계를 무엇보다 중요시하기 때문에 자신의 이익을 양보하는 대신 상대방의 이익을 충족시켜주는 선에서 갈등을 해소하려는 태도로 나타나지만, 상대방과의 관계 측면에서는 결국 자신의 관계유지 욕구를 충족하게 되는 수용형에 가깝다. 순응형은 더 복잡한 갈등해결을 위해 현 단계에서 우선 상대방의 신뢰가 필요하거나, 상대방의 의견이 자신의 의견보다 더 중요한 경우, 그리고 상대방과의 조화로운 관계가 필요한 경우 등의 갈등상황에서 주로 발견된다.[46]

변화와 혁신의 바람을 조직에 심어주기 위해서는 가장 바람직하지만 가장 관찰하기 힘든 유형이다. 앞에서 언급한 것처럼 양보를 통해 신뢰를 확보하고 향후 갈등상황에서 좀 더 유리한 위치를 차지하기 위해서는 얼마든지 가능한 전략적 모색이라 할 수 있다. 요즘은 우리나라 기업이 글로벌화 되어 세계 각국에 나가 있다. 간혹 전사 혁신 추진부서에서는 해외법인의 상황을 고려하지 않고 일방적으로 목표를 하달하기도 하지만, 이럴 경우는 갈등만 증폭시킬 뿐이다. 향후 지속적인 경영혁신의 동력을 확보하기 위해서는 일단 해외법인의 의견을 적극적으로 반영하여 목표수준을 재조정한다든지, 일정을 합리적으로 수립하는 경우가 있다. 순응형의 바람직한 구현인 것이다.

7. 개방형 소통 Open Communication

독자 여러분들도 경험해보셨겠지만, 일반적인 의사소통은 '무엇을', '어떻게' 만을 중시하는 경향이 있다. 하지만 구성원들은 그 '이유'를 알고 싶어 한다. 이유를 알게 되면 동의하지는 않더라도 최소한 이해는 할 것이기 때문이다. 여기에 개방형 소통의 힘이 있다. 개방형 소통이란 모든 계층에서 자유롭고 열린 의사소통이 가능한 환경을 조성해주는 행동 양식이나 관행을 일컫는 말이다.

개방형 소통이 제대로 되기 위해서는 먼저 '열린 환경'을 조성할 필요가 있다. 사무실을 개방형으로 만들고, 사무실 책상 칸막이 높이도 낮게 조정한다. 아울러 생산이나 영업의 현장과 인접한 사무실과 회의실이 되도록 신경을 쓰면 더욱 좋다.

다음으로는 리더가 적극적으로 소통에 임하는 자세가 필요하다. 구성원들을 업무에 적극적으로 참여시켜야 한다는 것이다. 또한 구성원들과 거리낌 없이, 자주 그리고 '먼저' 소통해야 한다. 찾아가기 쉬운 분위기를 만들어 주어야 하고, 항상 '경청'하기 위한 노력이 있어야 한다. 솔선수범은 물론이고 현장을 자주 찾아가는 습관을 가져야 한다. 경영진이나 지원 그룹이 업무가 이루어지는 곳을 방문해 현장을 이해하고 지원하며 관리하는 행동이 필요하다.

소통의 형태는 무엇을, 어떻게, 왜의 형태로 구체적으로 이루어져야 한다. 현장의 작업자와 이들을 지원하는 그룹 간의 의사소통 채널에서 소통이 구체적으로 이루어져야 한다는 의미이다. 또한 문제가 생기면 이를 바로바로 해결할 수 있도록 정기, 비정기 대화시간을 운영함은 물론이다. 부서 내 자율 커뮤니티가 운영된다든지, 계층별 간담회 등을 운영하는 것이 바람직하다.

한편 〈포브스〉 지에서는 개방형 의사소통을 원활히 하기 위한 4단계 해법을 제시하고 있다.[47] 이를 위해 가장 먼저 해야 할 일은 '투명한 업무현장'을 만드는 것이다. 조직을 관리하는 팀이 만들어내는 일반적인 실수는 바로 조직 전체의 정보를 공유하지 않음으로써 불신을 야기한다는 것이다. 이를 방지하는 최적의 방법으로서 개방적이고 투명한 소통의 실천을 주문하고 있다. 어떤 기업들처럼 급여나 스톡옵션을 공개하지는 않더라도, 조직의 리더들은 회의 노트, 고객 피드백, 재정상태, 기업의 목표, 그리고 신규 고용 등에 대한 중요한 데이터를 포함하여 될 수 있는 한 많은 정보를 공유해야 한다고 강조하고 있다. 이러한 정보의 공유가 결코 팀을 집어삼키지는 않을 것이다. 오히려 신규로 채용되는 조직 구성원의 경우 조직을 좀 더 좋은 방향으로 발전시키는 데 이러한 정보를 사용할 수 있는 똑똑하고 야심찬 사람들인 경우가 더 많다는 것이다. 필자가 처음 입사했던 회사에서는 그때 당시로서는 혁신적인[48] '사내 게시판' 제도를 운영하여 다양한 정보를 공유하고, 이를 경영진이 직접 나서서 해결하거나 지원해줌으로써 '숨통'이 트이고, 이는 곧 성과로 이어지는 결과를 만들어내기도 하였다.

두 번째로는 '우리'와 '그들'을 없애야 한다고 말한다. 이는 GE에서 지속적으로 추구하고 있는 '벽 없는 조직 만들기'와도 맥을 같이 한다. 한 연구에 의하면, 설문에 응한 경영진의 86%가 업무에서의 실패의 요인으로 협조의 부족과 미흡한 소통에 있다고 말하고 있는 것으로 밝혀졌다. 특히 '그들'과 '우리'를 나누는 사고방식은 부서 간 마찰을 초래한다고 보고 있다. 조직 구성원들이 부서 간 의사소통을 강화할 수 있는 방안을 구축해야 할 필요가 있는 것이다. 일을 하다보면 부서 간의 갈등은 필연적이다. 그러나 앞에서 제시한 것처럼 현명하게 갈등을 헤쳐 나가고, 협업과 업무의 공유가 될 수 있도록 여러 가지 장치를 해야 한다. 필자가 예전에 L전자에 근무했을 때의 일화이다. 회사 규모가 워낙 크다 보니 전사적인 업무를 추진해야 하는 (경력사원인) 나로서는 연구소, 마케팅에서부터 생산, 구매, 물류 등 각 부서의 협조가 필수적이었다. 하지만 팀장이 누구인지, 그 부서에서 도움을 받아야 할 핵심인력이 누구인지 알 도리가 없었던 기억이 있다. 그래서 당시 경영지원팀에 의뢰를 하여 '부서 간 도시락 미팅'을 실시한 적이 있었다. 나름 나를 알릴 수 있는 계기가 있었고, 이후 업무를 추진하는 데 많은 도움을 받았던 기억이 있다.

이러한 좋은 기억은 컨설팅으로도 이어졌다. 자동차부품을 만드는 한 업체에서는 경영혁신을 추진하는 데 있어서 팀장의 역할이 매우 중요했다. 하지만 이들이 전혀 움직일 기미가 안 보이는 게 아닌가. 그래서 일단 본사에 근무하는 팀장들 간에 허심탄회하게 말할 수 있는 기회를 주기 위해 '팀장 호프데이'를 혁신사무국에 제안하였고, 성공적으로 행사를 마무리하게 되었다. 쌍방향 커뮤니케이션이 '요지부동'을 '일사천리'로 만드는 데 큰 공헌을 하게 된 것이다. 그 이후 경영혁신은 탄탄한 동력을 확보하고 추진할 수 있었다.

세 번째로 제안하는 방법은 모든 조직의 목표와 주요 성과물을 공개하라는 것이다. 동일한 설문조사에 의하면 최고경영자나 조직 구성원의 97%는 팀 내에서 명확한 책임과 권한, 납기 등에 대한 이해의 부족이 과업이나 프로젝트의 성과에 직접적으로 좋지 않은 영향을 미친다고 말하고 있다. 따라서 모든 조직 구성원들을 한 방향으로 정렬하고 성과를 확보하려면 목표 및 주요 성과를 분기별로 점검해야 한다고 말하고, 조직 구성원들의 노력이 회사의 좀 더 '큰 그림'을 위해 어떻게 기여하는지를 조직 전반에 걸쳐 공개하는 게 더 낫다는 것이다. 앞서도 언급하였지만, 필자가 입사할 때만 하더라도 우리나라의 기업문화는 아주 경색되어 있었고, 정보의 공유는 꿈도 꾸지 못할 일이었다. 하지만 지금은 회사에서 오히려 현재의 상황이나 향후의 계획을 아주 구체적인 지표까지 공유하고 구성원의 적극적인 동참을 유도하고 있는 게 사실이다. 이러한 사례는 최근 컨설팅을 하고 있는 회사에서도 찾아볼 수 있다. 이 회사에서는 한국 본사뿐만이 아니라 세계 전역에 있는 법인에서도 본사의 경영이념, 비전, 핵심가치를 동일하게 이해하고 실천할 수 있는 프로그램을 만들어 회사의 리더들이 주체가 되어 전 직원과 공유하는 시간을 갖는 것을 지켜볼 기회가 있었다. 이처럼 요즈음은 비전이나 핵심가치 등을 통해 전 구성원이 한 몸, 한 방향으로 움직일 수 있도록 방향을 제시하는 게 일반화되어 있다. 전 계층의 동참을 통한 쌍방향 소통, 개방형 소통의 아주 전형적인 아름다운 사례를 보게 되어 마음이 뿌듯했던 기억이 있다.

마지막으로는 구체적으로 질문을 해야 한다고 말하고 있다. 구체적이고 올바른 질문을 함으로써 조직구성원들의 엄청난 통찰력을 업무에 적극적으로 활용할 수 있다는 것이다. 정기적인 팀 회의라든지, 자동 피드백 시스템 등을 활용하여 조직 구성원들에게 구체적인 질문을 던짐으로써 성과를 제대로 인식하고, 도전의 상황을 판별할 수 있게 된다는 것이다. 그러면서 가장 중요하게 다뤄야 할 것은 정기적으로 얼굴을 맞대고 상호 작용을 유지하는 것이라고 강조하고 있다. 이러한 회의체를 통해서 조직 구성원의 역할에 대한 진정한 관심과 이해를 보여주는 방법으로 날카로운 질문을 해야 한다는 것이다. "어떻게 이 일을 하려고?"라는 질문보다는 "이봐, 난 무슨 일이 일어나고 있는지 파악했어, 무슨 지원이 필요한가?"라고 질문을 해보라고 말하고 있다. 팀 구성원과 정기적이면서도 직접적인 소통 채널을 유지함으로써 각 부서의 운영에 대한 귀중한 통찰력을 확보하고 신속하게 문제를 해결할 수 있을 것이다.

이렇듯 개방형 소통과 이에 수반하는 조직 구성원의 솔직한 피드백을 다만 그들로부터 더 많은 성과를 얻어내기 위한 방법만으로 생각해서는 안 된다. 이것들은 또한 직원의 충성도를 강화시키고, 목표 달성을 위해 한 방향으로 정렬할 수 있도록 해주며, 생산성을 증가시킬 수 있는 가교역할을 하는 것임을 염두에 두어야 한다. 개방형 소통 문화를 구축한다는 것은 기업 전반에 걸쳐 문을 열고 조직운영을 보다 효율적으로 하는데 많은 도움을 줄 수 있다.

제9장

회의, 보고, 지시의 문화

앞에서 논의되었듯이 변화관리의 How to do는 '인지-태도-행동', 그리고 '진정성', '리더십', '동기부여', '소통' 등이 최적으로 구현되는 모습이어야 한다. 이는 결국 회의를 통해서, 보고를 통해서, 그리고 상사가 부하사원에게 지시를 한 내용과 그 결과물을 통해서 나타난다고 볼 수 있다. 따라서 기존의 변화관리와 관련된 책에서는 크게 다루어지지 않았던 회의, 보고, 지시의 조직문화를 좀 더 깊이 있고 다양하게 독자 여러분에게 전달하고자 한다. 여기에서 제시되는 사례를 참조하여 여러분의 조직에 걸맞은 변화관리 체계를 구현하기 바란다.

1. 회의會議를 회의懷疑한다?

필자가 처음 입사했을 때 공장장께서 내게 지시한 것은 바로 회의체를 개선하라는 것이었다. 그 때 당시에는 OJT^On the Job Training 기간이 꽤 길어서 그룹 연수 1개월, 각자 회사에 가서도 동기들과 약 3~4개월 회사를 대표하는 퍼포먼스를 연습하면서 지냈었다. 이걸로 끝이 아니었다. 현업에 배치를 받으면 표준문서나 부서 돌아가는 업무에 대해 듣고, 문서 수 · 발신을 도와주고, 선배사원들의 복사는 죄다 맡아서 하게 되면 입사해서 어언 1년 정도가 지나가는 게 일반적인 신입사원의 일과였다. IMF 즈음해서 입사했던 분들이나 지금의 『미생』 세대에게는 엄두가 나지 않는 '초현실적인' 호시절이었지 않았나 싶다. 그때는 PC도 부족해서 겨우겨우 데스크톱을 받아서 이제 막 엑셀 정도를 익히고 있는데 갑자기 그때까지는 감히 쳐다볼 수도 없었던 공장장께서 직접 신입사원인 나에게 '회의체 개선' 보고서를 내라고 하지 않겠는가? 그때의 막막함은 지금 생각해도 아찔하다는 생각이다. 어찌어찌 하여 보고서를 잘 마무리했고, 그 때의 기억 속에 그리고 그 이후로도 여전히 '회의'가 기업 활동에서 차지하는 비중에 대해서는 남다른 생각을 가지게 되었다. 지금은 가지고 있지 않지만 나의 최초의 보고서였다는 생각에 아마 그 회사를 나올 때까지 결재본 서류를 고이 간직하지 않았나 싶다.

농부에게 트랙터가 필요하고, 노동자에게는 설비가 필요하듯이, 기업의 리더에게는 '회의'가 필요하다. 의사결정을 할 때도, 정보를 전달할 때도, 문제를 해결하는 경우에도, 또는 업무를 점검하거나

지시할 경우에도 '회의'라는 매개체를 통해서 구현이 된다. 심지어
는 아이디어를 수집하거나, 업무를 조정할 때에도 회의를 통하여 이
러한 업무가 이루어진다. 조직을 운영하는 데 없어서는 안 되는 것
이다. 우리에게는 BSC^{Balanced Score Card}로 잘 알려진 카플란과 노턴은
기업에서 회의는 세 가지로 나눠 하는 게 좋다고 제시하고 있다. 운
영회의는 일주일에 두 번, 임원전략회의는 매달 한 번, 그리고 1년에
한 번은 이렇게 수집된 데이터를 활용해 전략이 제대로 됐는지 테스
트하고 더 정교하게 만드는 회의를 할 필요가 있다는 것이다.[1]

　한 조사보고에 의하면 조직 구성원들이 이상적으로 생각하는 회의
시간은 평균 31분이라고 한다. 하지만 실제로 소요되는 회의시간을
측정해봤더니 평균 59분, 약 한 시간이 걸리더라는 것이다.[2] 회의를
하지 말자는 게 아니다. 회의는 반드시 필요하지만 불필요한 회의는
줄이자는 것이다. 많은 직장인들이 상사의 의견 전달로 끝나버리는
회의, 검토 과정의 지연, 불명확한 지시로 인한 중복 업무에 피로감
을 느끼고 있는 것이 사실이다. 따라서 회의에 대해 조직 구성원들이
합의할 수 있는 원칙을 정하고, 관리자는 교육과 지침을 제공할 필요
가 있는 것이다.

　여러분께서는 회의會議를 회의懷疑해본 적이 있으신가? 회의會議는
마치 양날의 칼과 같다. 그것은 회의가 조직운영에 반드시 필요하지
만, 많은 귀중한 시간을 낭비할 위험성이 있기 때문이다. 기업에서
회의를 진행하는 경우를 떠올려 보자. 회의에 참가하는 사람이 많을
수록 사람들은 언어의 강도를 낮추게 된다. 자신이 전달하고자 하는

진의는 감춘 채 조금 더 부드럽고 듣기 좋은 말로 포장하여 이야기를 한다.

그러나 이런 식의 건전한 대립은 오히려 비생산적이 되기 쉽다. 기분 좋게 상대방과 논쟁을 하면서도 효과적인 해결방안을 얻어내기 위해서는 회의의 방식을 변경하지 않으면 안 된다. 그리고 이를 위해서는 최고경영자부터 변해야 한다. 회의가 진정한 토론의 장이 될 수 있도록 부하직원에게 발언권을 주어야 하며 적극적인 논의가 이루어질 수 있도록 회의 분위기를 만들어야 한다.[3]

회의를 낭비로 볼 수 있는 사례는 (지금은 절대 그렇지 않을 것이라 믿어 의심치 않지만) 우리나라 공공기관에서도 찾아볼 수 있다. 어느 공공기관의 경우 대부분 주례회의나 확대간부회의의 형식으로 열리고 있어 회의주제가 특별히 다르지도 않다. 또한 회의의 대부분은 충분한 논의보다는 보고를 위한 장소가 되는 경우도 있다. 이러한 회의에서 보고되는 것의 대부분은 참석자가 모두 알고 있는 내용이다. 따라서 어떤 참석자가 보고하고 있는 동안에 다른 사람들은 딴 생각을 하고 있다. 그래서 회의를 일종의 '휴식시간'이라고 생각하는 사람도 있다. 낭비도 이런 낭비가 없다. 시간, 비용, 진행, 인원, 성격 그리고 결과의 측면에서 낭비인 것이다.

여기서 구체적인 사례를 제시할 수는 없지만, 이 공공기관에서는 정시에 시작하지 않고 예정된 시간을 쉽게 초과하는 일이 예사로 빚어지고 있다. 또한 (이미 일반 기업에서는 일반화되어 있는) 회의를 비용이라는 관점으로 인식하지 않고 있다. 회의를 진행하는 주재자의 일방적 진행도 문제다. 참석자를 고려하지 않고 있기 때문에 회의가 딱딱하고, 재미도 없고, 의미도 없는 것이다. 이렇다 보니 참석자의 무관심, 무준비, 무발언은 이미 일상화된 지 오래다. 그리고 불필요하게 참석대상이 많다 보니 회의를 위한 회의, 전달성, 보고성 회의가 많고, 의사결정을 위한 회의는 거의 없는 것이다. 당연히 결론은 있을 수 없고, 어쩌다 안건에 대한 결론이 있어도 시행을 하지 않게 되는 것이다.

최근 〈시사인〉에서는 2015년 가장 뜨거운 인물 중의 한 명인 나영석 PD와 인터뷰를 한 적이 있다. 그의 리더십을 재조명하는 자리였는데 여기서의 핵심적인 주제는 '회의'를 통한 리더십의 구현이었다. 그는 회의를 좀 길게 한다고 한다. 또한 이를 즐긴다고도 한다. 직장에 다니는 사람이라면 지위고하를 막론하고 제일 싫어하는 그 '따분하고 긴' 회의를 말이다. 그는 "어차피 정답은 아무도 확신할 수 없기 때문에 회의에서 정답을 원하지 않는다"고 말하고 있다. 그런데 방송국도 여느 조직의 회의와 마찬가지로 직급이 낮을수록 (자기 생각에 자신이 없기 때문에) 말을 잘 안 하게 된다는 것이다. 그래서 그는 그들의 말을 다 들어보려고 일부러라도 의견을 묻는다는 것이다.

"그들은 그들 또래를 대표하기 때문이다. 나는 그들의 취향이나 성격을 평소에 파악해두고 있다. 그래서 누구를 대변하는지 다 파악하고 있다. 그들의 반응을 취합하면 그 아이템에 대한 대강의 그림이 그려진다. 그 정보를 가지고 판단을 내린다." 나영석 PD의 말이다.[4] 하지만 보통의 회사라면 마라톤 회의로 사람의 진을 빼놓기 일쑤다. 그러고서는 뭔가 해낸 것 같은 뿌듯함을 느끼는 조직들이 많다. 하지만 독자 여러분도 잘 알다시피 몇 시간씩 지속되는 회의일수록 알맹이가 없는 경우가 태반이다. 강한 회사를 만들기 위해서는 잘 정리된 의제와 간단명료한 토론, 다양한 대안의 준비로 회의의 효과를 높여야 하는 것이다.[5]

1) 회의는 왜 필요한 것일까?

회의는 기업 활동의 가장 중요한 수단 중 하나이다. 그것도 가장 효율적(이어야만 하는) 수단이다. 구성원 전원이 공통의 목표달성을 위하여 일정한 원칙과 규칙에 따라 의견을 통합하고 결론에 도달하는데 있어서 탁월한 수단인 것이다. 회의는 최근 점점 더 기업의 업무 생산성에 큰 영향을 미치는 것으로 밝혀지고 있다.

하지만 현실은 이러한 회의의 중요성에도 불구하고 여전히 비효율적인 회의懷疑의 대상인 것 같다. 내 개인적인 경험에 비춰보면 불행하게도 오직 50% 정도의 회의만이 주어진 시간 안에 그들의 목표나 목적을 달성했던 것으로 기억된다. 이 말은 적어도 50%의 회의시간은 '낭비'가 된다는 것이다.

이렇듯 중요함에도 불구하고 회의를 관리한다는 것은 여전히 생경한, 유일하게 개발이 가장 덜 된 분야가 아닌가 생각해본다. 회의에서 잃은 생산성은 거의 대부분 재무적 손실의 주요 원인이지만 이를 측정하는 것을 기업에서 본 적이 거의 없는 것 같다.

회의는 또한 보다 나은 결정이나 더 많은 정보를 얻기 위한 집단적 사고Group Thinking의 발현이기도 하다. 조직 구성원이 어떤 문제에 관하여 서로 의견이나 아이디어, 정보 등을 교환하고 토의하여 전체의 견해를 집약하는 과정으로서 이러한 집단적 사고는 반드시 필요하다. 회사 내부의 팀이나 고객과 함께 서로의 관점을 공유하고, 해결책을 만들어내며, 각자의 다양한 목표와 목적을 조정하는 자리가 바로 회의인 것이다.

따라서 효과적인 회의는 조직 내 모든 구성원에게 성공의 중요한 부분임을 잊지 말아야 할 것이다. 새로운 아이디어를 창출하기 위해서는 개인적 사고만으로는 한계가 있기에 서로 다른 의견의 수렴과정을 통해서 이를 극복하기 위한 회의가 필요한 것이다.

2) 효율적, 효과적 회의를 위한 핵심 성공요소

제대로 된 회의를 하게 된다면, 우리는 다음과 같은 효과를 기대할 수 있다. 먼저, 여러 사람의 창의적 지혜를 끌어내어 좀 더 좋은 결론이나 결정을 내릴 수 있다. 또한 다양한 지식과 정보를 상호 교환하고 체계화하며, 주어진 문제에 대한 이해를 깊게 할 수 있다. 회의는 합의를 통하여 인간관계를 원만하게 하고, 내부적 긴장을 해소시키며, 조직을 강화할 수 있는 수단이 되기도 한다.

회의 참여자가 적극적으로 참여하고, 다양한 의견들을 터놓고 논의할 수 있게 되면 회의를 통하여 조직 구성원들은 자기 의사를 효과적으로 표현할 수 있는 능력을 기를 수도 있을 것이다. 즉 토론에서는 판단력을, 평가에서는 결단력을 길러 주며, 이해와 참여로 책임감을 높여준다. 대화와 타협, 토론과 설득을 통하여 커뮤니케이션의 원리를 배우고, 남의 의견을 잘 듣고 분석하며, 자기 주장을 체계화하여 논리적으로 사고하는 능력을 길러준다. 이처럼 회의라는 수단이 가지고 있는 장점을 최대한 살리고 조직에서 원하는 목표를 성공적으로 달성하기 위해서는 회의 준비, 회의 진행, 회의 결과 얻기의 세 단계에서 효율적인 접근이 필요하다.

3) 회의 준비

회의가 성공적으로 이루어지기 위해서는 참여하는 사람들이 미리 회의 중 운영되어야 할 것에 대하여 깊이 생각하고 준비해야 한다. 다음과 같은 것들이 포함되어야 할 것이다.

- 회의에 참여하는 이해관계자가 누군지 명확히 한다.
- 이슈와 목표를 정의하고, 회의의 유형을 정리한다.
- 누가 참여하고 각자의 역할이 무엇인지 사전에 정한다.
- 발생 가능한 문제를 인식하고 전략과 전달수단을 만든다.
- 워밍업과 Ice Breakers를 정한다.
- 적절한 장소와 장비를 예약하고, 좌석 배치를 결정한다.
- 안건, 차트, 유인물을 일주일 전에 준비하고 필요 시 배포한다.
- 약 15분 전에 도착하여 방 배열, 청소, 준비물을 확인한다.

효과적인 회의가 되기 위해서는 먼저 회의를 소집하는 배경 및 목적을 이해하고 의사 결정에 영향을 미치는 이해관계자를 파악해야 한다. 회의의 배경 및 목적을 정확하게 이해함으로써 그에 상응한 회의 유형, 회의 참석자들을 정의할 수 있는 것이다. 따라서 회의를 준비하는 사람은 회의의 목적을 사전에 공지해야 하며, 회의 참석자는 회의 목적이 불명확할 경우 반드시 확인을 해야 한다.

회의 배경 및 목적을 이해하기 위해서는 '이 회의가 전체 조직, 부서, 위원회, 팀의 계획과 목표에 어떻게 연결되는지', '이 회의가 지난 회의와 그리고 다음에 하게 될 회의와는 어떻게 연결되는지', '이 회의가 조직 내의 다른 행사나 이슈에는 어떤 영향을 주는지', '회의의 성공을 방해하는 외부의 요인은 무엇인지', '금번 회의를 통해 달성하고자 하는 목적은 무엇인지' 등에 대해서 사전에 심도 있는 검토가 이루어져야 한다. 이와 더불어 '핵심 이해관계자는 누구인지', '핵심 이해관계자들은 회의 결과에 대하여 어떻게 생각할 것인지'를 파악하고 있어야 한다.

그럼 과연 핵심 이해관계자는 누구인가? 어떤 조건을 가진 사람, 또는 집단을 말하는 것인가? 회의 문화와 관련해서 핵심 이해관계자를 정의한다면 다음과 같다. 일단 이들은 회의 결과에 대한 최종 결정의 책임이 있다. 또한 결과적으로 회의 결과에 대해 영향을 받는 개인이나 집단이 될 수 있다. 따라서 회의의 결정이 실행되지 못하게 할 수도 있는 위치에 있는 개인이나 집단인 것이다. 이렇듯 핵심 이해관계자는 회의 결과의 실행에 큰 영향을 미치므로, 핵심 이해관계자의 파악은 회의의 적절한 방향을 제시하여 회의 목적을 달성하는 데 중요한 역할을 한다. 핵심 이해관계자는 '빅마우스'와는 전혀 다르다. 핵심 이해관계자는 반드시 알아둬야 할, 있어야 할 대상이고 빅마우스는 '퇴치'의 대상인 것이다. 다음에 제시하는 회의의 유형에 따른 특징도 회의의 목적을 성공적으로 달성하기 위해서는 알아두어야 한다.

[표 34] 회의의 유형에 따른 특징

유형	의사 결정	정보 공유	브레인스토밍	팀 빌딩
점유	45%	35%	10%	10%
목적	특정 문제의 해결 방안 및 이에 대한 실행방안을 구체화	조직 내외 신규정보 나 조직 내 결정 사항을 요약 제시	특정문제에 대한 새로운 아이디어나 해결책을 만들어 냄	유대감과 정체성을 향상시킴
특징	● 특정 문제를 처리함 ● 문제 정의 및 해결 ● 과제에 대해 결정 ● 일을 할당하고 조정하고 감독함 ● 충돌하는 관점 조정 ● 해결책의 범위를 고려하고 최선의 해결책을 선택함 ● 실행단계 및 결정을 수행하는 구체적 책임을 할당	● 연관된 정보를 얻고 공유함 ● 조직의 공식적인 프로그램과 결정을 알림 ● 새로운 절차/방침을 지도함 ● 공유하고자 하는 정보를 최대한 이해할 수 있도록 지원함	● 새로운 아이디어나 해결책을 생각함 ● 새로운 아이디어와 컨셉을 설명함 ● 열린 분위기에서 다양한 아이디어가 제안될 수 있도록 지원함 ● 낯선 아이디어라도 받아들여질 수 있는 태도를 형성하는 게 중요함	● 그룹의 관심사를 듣고 자유토론을 허락함 ● 개인/그룹의 성과를 알리고 축하함 ● 그룹 정체성을 높임 ● 적극적 참여 독려 ● 조직 내의 친밀감을 향상시키기 위한 다양한 지원 방법이 사용 가능함

4) 회의 아젠다

회의 아젠다는 참석자들의 참여를 촉진하고 회의의 초점을 명확히 하기 위한 사전준비이다. 아젠다를 준비할 때에는 다음의 절차를 따르기 바란다. 먼저 회의의 '목적과 의도'를 확정함으로써 회의의 방향성을 명확히 해야 한다. 그 다음은 '시간'이다. 회의를 위해서 정해진 시간과 종료시간을 확인하고 이를 토대로 전체 회의 시간을 확정하는 것이다. 이렇게 확정된 전체 시간의 윤곽을 근거로 회의에 대하여 '정보(예를 들면, 생산 시스템 구축을 위한 진단결과)', '토의(예를 들면, 현장의 참여도가 낮은 이유는?)', '결정(예를 들면, 해결방안)' 항목을 정의함으로써 참석자들이 회의를 준비하고 회의에서 토론할 각 항목의 목표를 설정하는데 도움을 줄 수 있다. 가장 중요한 주제를 아젠다의 첫머리에 놓고, 시간이 다하면 덜 중요한 사항이 논의될 수 있도록 배치를 하는 게 타당하다. 이와 동시에 각 안건의 항목을 논의하는데 쓰일 시간을 정해야 하는데, 이 때 여러 아젠다에 대한 시간상의 충돌이 있다면 해소하기 위한 논의가 필요하게 된다. [표 35]에서는 아젠다 설정 사례를 볼 수 있다.

[표 35] 아젠다 설정 사례

Items	Actions	Time
인터뷰 결과 공유	결과에 대한 공유	10:10~11:00
현장 참여도가 낮은 이유	개인별 아이디어 공유	11:00~13:00
핵심 원인 선정	가장 중요한 아이디어의 선정	14:00~16:00
원인에 대한 해결책 선정	다양한 해결안 아이디어 도출	16:30~18:00
해결책 우선순위 선정	해결안의 우선순위화 및 긴급함 검토	19:30~20:30
최종 해결책 선정	논의	
종료		

5) 참석자의 역할

회의를 준비하면서 첫 번째 고려해야 할 사항은 어떻게 결과를 얻는 방법을 결정하느냐에 관한 것이다. 이것은 회의 준비 중에 고려되어야 하며, 최종적으로 해결안을 결정할 때 고려해서는 너무 늦게 된다. 대부분의 사람들은 그들 자신을 위한 판단은 어떻게 내려야 하는지 알지만, 조직에서 어떻게 효과적이고 '옳은' 결정을 내려야 하는지는 명확하게 알지 못한다.

따라서 최종적인 의사결정을 어떻게 할 것인가에 대해서는 회의에 참여하는 사람 모두가 미리 합의하는 지혜가 필요하다. 이게 꼭 다수결일 필요는 없다. 권위에 의한 결정이 될 수도 있고, 소수 의견에 의한 결정이 있을 수도 있다. 중요한 것은 의사결정을 하는 방법을 미리 확정하여 최종적으로 결론을 내리는 시점에서의 혼선이나 지연을 막아야 한다는 것이다.

회의의 참석자를 선정함과 동시에 참석자의 역할을 정의해야 하며, 이러한 역할들은 회의의 효과를 극대화하기 위해 독립적이고 효율적으로 수행되어야 한다. 아울러 모두가 동등한 입장에서 논의하기 위해서는 별도로 퍼실리테이터(이하 촉진자)의 역할을 정의할 필요가 있다.

대부분의 경우 리더가 직접 회의를 운영하게 되는 데, 이럴 경우 회의의 방향을 정하면서 동시에 다양한 정보를 관리하는 것이 어렵게 된다. 또한 방향성 없는 논의가 이루어지면서 통제를 그만두거나 포기하고, 논의가 비생산적인 방향으로 흐르도록 내버려둘 수도 있는 것이다. 간혹 고압적인 리더십에 의존함으로써 자신의 분석만을 신뢰하여 다른 사람의 의견을 듣지 않는 경우도 발생하게 된다.

따라서 촉진자에게 회의의 진행을 맡김으로써 리더가 회의내용에 집중하고 열린 토론을 이끌 수 있는 것이다. 특히 리더가 결과를 내는 과정에 참여를 해야 할 때라든지 감정이 개입되기 쉬운 논의를 할 때는 촉진자의 역할이 더욱 중요하다. [표 36]에서는 회의에 참석하는 사람들의 역할과 활동을 정리해 놓았다. 참고하기 바란다.

[표 36] 참석자들의 역할과 주요 활동

참석자	역할 및 주요 활동	진술 사례
리더	회의의 목적과 얻어야 하는 과제를 규정함 결론 도출 시 바로 실행할 수 있도록 함 회의의 목적과 얻을 수 있는 결과를 선언함 회의에 참여하는 사람의 기능을 정의함 회의의 책임을 서로 공유하도록 함 의사 결정 방법과 Contingency plan을 정의함 제한 사항을 규정함/정보를 전달함 아이디어를 제안함/남의 아이디어를 청취함 회의를 주도하지 않음 안전한 환경을 조성함 과정과 내용을 조율함	"저는 이 회의를 …를 위해 소집하였습니다. 저는 이 회의에 적극적으로 참여하고 싶기 때문에, 별도의 촉진자로 하여금 회의를 진행 하게 하였습니다. 촉진자는 우리가 주제에 집중하게 하고 모두가 공정하게 참여할 수 있는 기회를 줄 것입니다. 우리는 합의에 따라 회의를 진행할 것입니다. 저를 포함해서 모두 가 결정을 지지해야 합니다. 만약 우리가 합의 에 다다르지 못한다면, 저는 차후의 계획을 우리 그룹의 토의 결과를 바탕으로 다시 지시하겠습니다."
촉진자	안건을 통해 회의를 유도함 회의에 방해가 되는 요인을 배제시킴 다른 사람의 아이디어를 평가하지 않음 리더와 구성원들이 논의에 집중하도록 함 모든 사람이 동등한 발언권을 가지도록 함 인신공격으로부터 구성원들을 보호함 참여를 독려함/시간을 관리함	"저는 여러분의 안건에 대해 토론하는 것을 돕기 위해 이 자리에 있습니다. 저는 아무 의견도 내지 않을 것이고 여러분을 판단하지도 않습니다. 회의의 진행에 대해서는 의견을 낼 수 있습니다. 내가 만약 논의에 끼어든다면, 저에게 알려주십시오. 이것은 당신들의 미팅이고 저는 오직 그것을 도울 뿐입니다."

참가자	아이디어를 제공한다. 다른 참석자의 아이디어를 듣는다 관심사를 열린 자세로 말한다 동의를 표하고, 합의사항을 행동으로 옮긴다 회의의 진행(기록 등)을 돕는다	"저는 여러분이 모두 참여하고 서로의 의견에 귀 기울기를 원합니다. 이 것은 우리의 회의 입니다. 여러분 모두의 참여로 인해 이 회의가 가치 있어 질것 입니다"
서기	구체적인 회의에 대한 기록을 만듦 참석자들의 고유한 단어를 사용하여 각 그룹 멤버들의 고유한 생각을 기록함 중립을 유지하고 대개 논의에는 참여하지 않음 의역하거나 해석하지 않으려 노력함 핵심단어나 어구를 사용함 필요한 경우 천천히 말해달라거나, 명료하게 말해 달라고 요청할 수 있다	"저는 회의의 내용을 기록하기 위해서 여기에 있습니다. 저는 아무 의견도 내지 않을 것 입니다. 제가 만일 중요한 것을 빠뜨리거나 틀리게 기록한다면, 저에게 알려주십시오. 저는 즉시 고치겠습니다. 이것은 당신들의 기록 입니다."

이 중 서기가 작성하는 회의록은 어찌 보면 회의의 가장 중요한 산출물이 아닐까 싶다. 조직마다 각자의 상황에 맞는 회의록 양식이 있겠지만 여기에 제시하는 항목들은 대부분 포함시키는 게 타당하다. 즉 '회의 아젠다', '주요 결정요약', 그리고 회의에서 논의된 내용 전체에 대한 '기록', 이슈로 논의는 되었지만 해결되지 못하고 다음에 논의될 '해결되지 못한 문제', '회의 리뷰', 그리고 필요하다면 결정요약, 실행계획, 주요 기록 등을 재정리하여 회의에 참석하지 못한 사람들이 이해하기 쉽도록 '편집한 회의록' 등이 있으면 좋을 것이다. [표 37]에 있는 회의록 양식은 아주 좋은 사례인 것 같아 소개하니 많이 참조하길 바란다.

[표 37] 회의록 양식 사례(고용노동부, 2014)

■ 회의 제목	
■ 회의 일정 　[날짜] [시간][장소]	
회의 주최자	
회의 유형	□ 정보 공유　□ 의견 모으기　□ 의사결정
퍼실리테이터	
회의록 작성자	
시간 체크자	
참석자	
참관자	
■ 회의 아젠다 　[배정시간] 　[논의주제] 　[발표자]	
토론 내용	(핵심 내용, 결정사항, 합의/투표 결과 등)
결론	

실천사항	책임자	기한

6) 좌석 배치 – 빈 좌석은 '진공'이다

좌석배치는 회의 목적을 달성하기 위해서 고려되어야 할 사항 중 하나이다. 여러분도 모두 경험해봤겠지만 회의에 참석을 하게 되면 우선 뒷좌석부터 앉게 된다. 앞자리에 앉으면 왠지 부담이 되고, 무언가 해야 할 것 같고 해서 찜찜하다는 생각을 하게 된다. 그래서 그날의 회의를 주재하는 부서에서는 앞좌석부터 채우기 위해 무던히 애를 쓴다.

빈 좌석은 '진공'이다. 참가자 명단을 미리 파악할 수 있다면 참가자 숫자만큼 필요한 의자만 배치하는 게 좋다. 아니면 빠듯하게 의자를 배치하고 참가자가 더 오게 되면 그때 미리 준비해둔 의자를 내놓는 것도 하나의 방법이 된다. 참가자 수만큼의 의자 개수에 대한 고민이 끝났다면 본격적으로 좌석배치에 대해 전략적으로 생각해야 한다. '최상위의 이해관계자는 어디에 앉아야 하는지', '김과장과 서과장을 같이 붙여 놓는다면, 그들이 서로를 불편하게 생각하지 않을지', '한과장과 박차장을 떨어뜨려 놓을까? 그들이 같이 있으면 회의에 방해가 될까?' 등등을 미리 고민하고 적절한 대처방안을 수립해야 한다.

만약에 당신이 거래처나 다른 부서와 회의하는 경우를 생각해보자. 이런 경우에는 당신과 다른 부서는 같이 앉고, 당신 팀의 스태프를 회의 장소 둘레에 앉히는 게 가장 합리적인 자리 배치라 할 수 있다. 이것은 당신 팀과 다른 팀의 유대감을 형성한다는 무언의 약속이다. 또한 회의 테이블에 한정된 공간이 있다면, 당신 팀에서 가장 서열이 높은 사람과 상대방의 대표를 함께 앉히는 게 좋다. 자리를 배치하는 방법에 따라서 각각의 장점과 단점이 있으므로 목적에 알맞게 적합하게 선택해야 한다. [표 38]은 몇 가지 자리 배치 방법에 관한 것이다.

[표 38] 자리 배치 방법

자리 배치	적합한 상황	장점	단점
	조직 내의 이슈를 다룰 때 용이함 적은 인원이 참가하는 경우에 적합함	눈 마주침과 개인적인 접촉을 증가시킴 참가자 사이의 이슈를 다룰 때 특히 적합함	충돌/갈등 유발 가능 초점이 없음 기록에는 적합하지 않음
	비교적 많은 인원이 참가 가능함	열린 공간에서 가운데에 초점을 맞출 수 있음 눈 마주침과 개인간의 접촉을 촉진함	전체적 연계성 미흡 구성원이 '숨기' 쉬움 중앙 초점이 사용될 경우 구성원들이 수동적이 되기 쉬움
	많은 사람이 한꺼번에 주요내용을 공유하기 쉬움	사람 사이의 벽이 없음 다수를 수용할 수 있음 단일한 초점이 사용됨	테이블에 익숙한 사람에게는 불편할 수 있음 커피컵이나, 쓸 것을 놓을 자리가 없음
	결정을 신속하게 내려야 하는 때 정보 전달이 목적인 회의	가운데 앉은 사람이 회의에 대한 확실한 리더십을 가질 수 있음 빠른 결정이 가능함	일방적인 논의가 되기 쉬움 구성원이 '숨기' 쉬움

스스럼없이 자유로운 의견 개진을 하기 위해서는 참여자들의 자리 배치도 신중히 고려되어야 한다. 좀 더 많은 가시성을 제공하는 좌석

배치는 커뮤니케이션의 흐름을 결정하고, 누가 리더로 나서게 될지에 영향을 끼친다. 보통은 논의를 주도하는 사람이 가운데 앉는 경향이 있다. 직사각형 테이블의 끝 쪽이나 측면에 앉을 경우 가운데 앉는 사람이 바로 회의를 주도하는 사람인 경우가 대부분이다. 이런 사람들이 다른 사람들과 많은 커뮤니케이션을 하고 말을 더 많이 하는 경향이 있다. 어떤 한 연구에 의하면, 정사각형 테이블의 구석자리를 고르는 사람들이 회의에서 가장 적게 기여하는 것으로 나타났다. 가운데 자리나 말을 많이 해야 하는 자리를 피하는 사람들은 좀 더 불안해하고 실제로 논의에서 빠지고 싶어 한다는 것이다. 하지만 다양한 의견이 활발하게 논의되기 위해서는 가운데 앉는 사람이 없이 비슷한 위치에 앉아서 회의를 진행할 필요가 있다.

필자가 예전에 지도했던 한 업체의 '신년 워크숍'에 참여한 적이 있다. 그 회사의 사장을 비롯한 전 임원, 부서장이 모두 참석하는 일년 중 가장 중요한 회의였다. 자리 배치가 굉장히 인상적이었는데, 우리의 예상과는 정반대로 자리를 배치하고 있었다. 팀장들을 모두 앞에 배치하고 사장은 맨 뒤에, 그리고 뒤에서부터 차례로 부사장, 전무, 상무 순으로 배치를 하고 있었다. 물론 조는 팀장은 한 명도 없었고, 회의의 효율은 배가되지 않았나 싶다.

7) 워밍업 또는 Ice Breaking

회의를 시작하기 전에 어색한 분위기를 없애면서 마음을 편안하게 하기 위해 워밍업을 실시하는 것은 창의적이고 효율적인 회의운영을 위한 좋은 방법이다. 회의 분위기를 부드럽게 풀어줄 수 있는 것이라면 어떤 내용이라도 좋다. 회의 분위기를 고양하고 서로 일체감을 느끼게 할 수 있다면 더욱 좋다. 서로에 대한 소개라든지, 좀 더 들어가 서로의 개인적인 배경에 대한 소개, 스스로 인식하는 자신의 모습 그리고 회의에 대해서 기대하는 것들을 딱딱하지 않게 말하는 분위기를 조성한다면 좋을 것이다.

워밍업의 다른 이름은 얼음 깨기 Ice Breaking이다. 예를 들면, 이런 것들이 가능한 주제들이라고 할 수 있다. 회의에 참석한 사람들에게 이렇게 질문을 던져보자.

"회의를 재미없고 비생산적으로 하는 방법 10가지는?"

"물건을 구입하는 용도를 제외하고 100원짜리 동전의 용도를 각 팀별로 10가지씩 말해보시오."

"필기도구로서의 용도를 제외하고 볼펜의 용도를 각 팀별로 10개씩 써보시오."

"특정한 것(예를 들면 물고기, 새, 또는 그 회사의 특정 설비 등)에 대해 20가지의 이름을 도출하시오."

이렇게 질문은 던지면 참가자들은 일반적으로 명확한 것을 먼저 말하는 경향을 보이게 된다. 이 때 회의를 진행하는 사람은 사람들이 대부분 '고정관념'을 가지고 있으므로 이를 극복해야 함을 강조하면서 자연스럽게 본 주제로 연결시키면 되는 것이다. 너무 길게 할 필요는 없다. 5분 내외가 가장 적당하다. 아울러 앞에서 논의된 인지심리학, 행동경제학적 관점에서 주로 거론되었던 여러 가지 '실험' 사례들을 실습자료로 만들어서 진행한다면 짧은 시간 내에 회의에 참석하는 사람들을 집중시킬 수도 있을 것이다.

이런 진행은 어떨까? 문제해결형 교육과정에서 실습을 할 때 가장 흔히 하는 것 중의 하나가 '투석기 실습'과 더불어 '종이비행기 접기' 실습이다. 이를 좀 더 응용하여 보자. 참가하는 사람들에게 각자 종이를 꺼내 비행기를 만들도록 해보자. 그리고 누가 가장 멀리 나가나 경쟁을 시켜보자. 이 때 핵심은 사람들이 '고정관념'에 매몰되어 있기 때문에 분명히 우리가 알고 있는 형태의 비행기를 만들려고 노력할 것이라는 것이다. 공기의 저항이 적어 제일 멀리 나갈 수 있는 형태는 표면적을 최소화해야 가능하기 때문에 각 비행기를 똘똘 말아 공처럼 만든 후 이를 던지는 것이 해답인 것이다. 가장 좋은 해결책은 상식이나 일반적인 법칙을 타파함으로서 나올 수 있다는 점, 즉 비행기의 모양에 대한 고정관념을 타파하는 게 중요하다는 점을 인식시킴으로써 교육의 효과를 자연스럽게 연결시킬 수 있는 것이다.

8) 회의 진행자가 해야 할 일

회의에 참가하는 사람들은 다양한 유형을 지니고 있다. 모든 참석자들이 열정적인 토론과 아이디어 도출 등 적극적인 참여를 하는 것을 기대할 수는 없다. 회의를 하다 보면 회의의 원활한 진행에 부정적인 영향을 주는 사람들이 반드시 있기 마련이다. 따라서 이러한 여러 유형의 구성원들의 태도를 이해하고, 회의에 참여시킬 수 있도록 많은 관심과 노력을 기울여야 한다는 차원에서 회의 진행자의 역할은 매우 중요하다. 회의 진행자는 회의 '운전수'이며, 주인이 아니라

'하인'이다. 예전 MBC의 〈100분토론〉을 진행했던 손석희 아나운서를 생각하면 된다.

　진행자는 회의를 주관하여 원활하게 회의가 진행될 수 있도록 회의 진행자로서의 임무를 숙지하고 있어야 한다. 무엇보다도 참가자 전원이 발언할 수 있도록 기회를 부여해야 한다. 너무 발언이 많은 회의 참여자가 생기게 되면 억제시키고, 발언이 없는 참가자는 발언을 유도하는 지혜가 필요할 때가 종종 있다. 반대로 진행자가 지나치게 많은 발언을 하여 참가자의 생각을 지배하려 해서도 안 된다.

　자유로운 분위기를 조성하기 위해 재미있는 이야기, 유머 등을 활용할 줄도 알아야 하고, 발언의 질을 향상시켜 토의를 원활하게 주도할 수 있도록 만반의 준비를 하여야 한다. 시간이 한정되어 있으므로 전원이 검토할 필요가 있는 것에 초점을 맞추어 진행하기 위해 노력해야 하고, 토의가 회의 주제에서 이탈되지 않게 항상 유의한다. 한 가지 주제에 대하여 그 방향이 정해질 때까지 의견을 나누되 결론이 나올 때까지 다음 순서나 주제로 넘어가지 않는 것도 반드시 지켜야 할 원칙 중의 하나이다. 또한 회의를 주관하는 사람은 참가자 간 논쟁에 개입하는 것은 절대 금물임을 잊어서는 안 된다.

　이외에도 몇 가지 더 유의할 점이 있다. 회의 중간 중간에 합의된 사항이나 결정된 사항을 요약하여 설명해주는 시간도 필요하다. 회의의 최종결론을 명확히 하고 실행될 수 있도록 참가자의 역할을 지정한다. 참가자의 신뢰를 잃는 말이나 행동은 절대 피한다.

9) 회의를 시작할 때는 주제를 구체적으로 설명해보자

이런 상황을 생각해보자. 회의를 시작하면서 진행자는 다음과 같이 말머리를 열었다.

"오늘은, 최근 늘고 있는 품질불만에 관해 우리 직원들이 어떻게 대응해야 하는지에 대해 논의하고자 합니다. 의견이 있으신 분들은 말씀해 주십시오."

그러나 모두 묵묵부답으로 있을 뿐 의견을 내는 사람이 한 사람도 없다. 참석자들은 모두 문제의식이 부족했던 것일까? 여러분 생각은 어떤가? 이 경우 참석자들의 문제의식이 부족했다고 본다면 너무 섣부른 판단이다. 그렇게 판단하기보다는 진행자가 회의주제를 설명하는 방법에 문제가 있다고 판단하는 게 더 타당하다. 회의의 첫머리에서 주제를 어떻게 설명하느냐에 따라 그 후의 진행 분위기가 상당히 달라지기 때문이다. 이 경우에 한 마디로 '품질불만'이라고 애매한 표현을 쓰기보다는 '어느 공정에서, 어떤 내용의 불만이, 어느 정도나 있었는지', '불만을 이대로 방치해 두면 어떻게 될지', '짐작할 수 있는 원인은 무엇인지', '지금까지의 대응은 어떠했는지' 등에 대해 '구체적인 수치'를 들어 설명하는 게 맞다.

이처럼 회의주제를 설명할 때에는 '데이터를 제시한다'는 생각이 중요하다. 데이터 자료를 사전에 배포하여 읽어 오게 하고, 회의의 첫머리에서 간결하게 주제를 설명하면 참가자들의 문제의식은 더욱 높아져서 활발한 논의를 기대할 수 있을 것이다.

10) 회의 진행

이제 준비가 다 끝났으면 어떻게 회의를 진행하는 게 좋을지 같이 고민해보도록 하자. 회의 진행의 효과성과 효율성을 높이기 위해서는 아래 항목들이 회의 진행 중 고려되어야 한다. 우선 회의에 참석하는 사람들은 자기가 맡은 회의에서의 역할을 불문하고 우선 잘 들으려는 자세가 중요하다. 논쟁하거나 방어하기보다는 적극적으로 남의 아이디어를 탐색해야 한다. 또한 논의하는 과정에서 내용이나 논리가 정확하게 이해되지 않는 경우 상대방에게 목적, 초점, 논의내용의 한계를 명확히 해달라고 요청해야 한다. 예를 들면 예시, 그림, 도표, 데이터 등의 보완자료를 추가로 요청할 수 있는 것이다.

논의된 내용들을 모으고, 요약된 양식으로 정리하고, 이렇게 정리된 자료를 먼저 말하고 동의를 구하는 것도 고려의 대상이다. 아울러 지속적으로 회의의 과정을 스스로 평가해야 한다. '우리가 이 논의에서 얻고자 하는 것을 얻었는가', '만약 그렇지 않다면 우리는 남은 시간 동안 무엇을 다르게 해야 하는가'에 대하여 스스로 물어야 한다.

회의에서의 역할에 관계없이 각자의 커뮤니케이션 스킬을 발전시키면 더욱 효과적인 회의를 할 수 있다. 회의에 도움이 되는 커뮤니케이션 스킬을 몇 가지 정리해보면 다음과 같다. 먼저, 말하기 전에 한 번 더 생각하는 습관을 기르면 좋다. 이렇게 한 번 더 생각할 때에는 아이디어를 뒷받침할 타당한 근거나 증거를 아울러 생각해야 한다. 이렇게 되면 말하고자 하는 바를 논리적으로 구성할 수가 있어서 효율적인 회의 진행에 많은 도움을 줄 수 있다.

회의에 참석해 보면 '대체 무슨 말은 하는 건지' 헷갈리게 하는 사람들이 있다. 이런 사람들의 특징이 '생각나는 대로' 말한다는 것이다. 말하다가 생각나면 다시 다른 주제를 이야기하고 앞선 주제를 까먹어서 헤매고 하는 것을 반복하게 되면 회의 참석자들은 모두 기진맥진하게 되는 것이다. 한 번에 하나의 생각을 말하고 명료하고 강력하게 전달하는 연습이 필요하다.

'적절한 때'가 언제인가에 대해서는 논의의 여지가 있지만 본인의 의견을 제시할 때에는 회의 중 '적절한 때'를 잘 알아야 한다. 회의를 주재하는 사람이 기조 발언을 한다거나, 회의를 마무리하기 위해서 촉진자가 정리하는 시간은 '적절한 때'가 분명 아닐 것이다. 또한 의견을 효과적으로 전달하기 위해서 '비언어적' 신호를 적절히 조율할 필요가 있다. 회의에 참석하는 모든 사람들은 회의석상에서 논의되는 모든 내용을 적극적으로 들으려고 하는 자세를 견지하는 것도 바람직하다.

11) 회의 진행 시 촉진자와 리더의 역할

회의를 순조롭게 진행하기 위해서 촉진자는 시간관리에 세심한 주의를 기울여야 한다. 회의에 참석한 사람들에게 기한, 할당된 시간을 정확히 알려주고, 업무가 적절하게 가속되거나 연기되거나 시간이 다시 조절될 수 있도록 해야 하는 것이다.

회의는 더 논의해도 소용없는 시점에 끝내도록 하며, 회의 리더가 논의를 끝내고 결론을 낼 수 있도록 도와주어야 한다. 또한 회의 중간 중간에 회의 중 나온 이슈를 요약해주고, 지금까지 논의된 결정을 회의 참석자들에게 알려주고, 동의한 부분을 확인하는 것도 촉진자의 역할이다.

촉진자는 회의를 주도하는 사람들을 '억누름'으로써 모두가 동등하게 참여할 수 있도록 유도하고, 공격적이지 않은 회의 참석자에게 직접적으로 의견을 물음으로써 회의의 진행을 원활하게 유지할 수 있다. 앞서 이야기한 것처럼 간혹 회의를 하다 보면 '배가 산으로 가는 경우'가 있다. 너무 긴 예시나 관련 없는 이야기는 허락하지 않는 게 좋다.

그렇다면 리더는 어떻게 하는 게 좋을까? 여러분은 회의 리더라고 하면 우선 어떤 이미지가 떠오르는가? 지금은 그렇지 않겠지만 필자가 사원, 대리였던 시절만 해도 부서장이 주관하는 일일회의, 주간회의(공장장, 본부장 주관 회의는 말할 것도 없고)는 기본이 2시간이었다. 그 중 50% 이상을 부서장의 무용담을 듣고 또 듣고 하는 것이었다. 그 때 농담 삼아 '늙으면 기(氣)가 입으로 간다'고 했던 기억이 난다. 여러 가지 이유가 있겠지만 리더가 더 많은 발언시간을 가지는 이유는 회의 주제에 대해 더 중요한 정보를 가지고 있고, 회의를 통해 무언가를 더 많이 수행해야 할 절차적 의무감 같은 게 있기 때문이다. 물론 다른 참여자를 제재할 더 높은 지위에 있는 것도 하나의 이유가 될 수 있다.

이 경우에 촉진자가 효율적으로 운영하는 회의는 리더의 회의시간 점유율이 반으로 줄어드는 회의가 될 것이다. 회의에 참석하는 사람들은 모두가 보다 균형 잡힌 발언권을 확보하게 될 것이고, 이에 따라 좀 더 생산적인 회의를 할 가능성은 높아지게 된다. 이처럼 균형 잡힌 발언시간을 촉진하는 것은 리더의 참여적이고 이성적인 의사결정에 대한 의지를 드러내는 것으로서 회의의 효율성과 효과성 측면에서 보다 긍정적 의미를 가질 수 있다.

효과적인 리더는 창의성을 가로막지 않고 새로운 아이디어를 활성화하면서 토론과정을 관리할 수 있다. 또한 회의 참석자들로부터 언어적인 또는 비언어적인 단서를 관찰하고 의미를 포착해내는 능력을 갖춰야 한다. 리더가 모두 심리학자나 정신과의사일 수는 없지만 이 정도의 암시는 알아채는 감각이 필요하다. 참석자가 눈썹을 올린다는 것은 회의 진행이나 내용에 대해 의문을 표시하는 것이다. 시선을 피하는 것은 '나는 당신이 말하는 것이 가치 있다고 생각하지 않아요'라고 말하는 것과 동일하다. 초조함이나 당황스러움의 표현은 여러 가지로 나타난다. 회의 테이블에 손가락을 튕긴다든지, 다리를 덜덜 떤다든지, 계속 움직이기도 한다. 팔짱을 끼고 있는 것은 적의^{敵意}, 공격당하고 있다는 느낌을 대변한다. '나는 당신 말을 잘 듣고 있지 않아'라는 의사표시이다.

12) 빅마우스를 퇴치하라

"'착착 분임조'의 테마보다 우리 '용광로 분임조' 테마가 분명히 개선효과가 클 거야. 과거 경험으로 볼 때 더 이상 논의의 여지는 없겠어." 용해 공정의 김반장이 큰 소리로 자신 있게 말했다. 다른 참석자는 그 박력에 압도당했는지 묵묵히 있을 뿐이다. 김반장은 진행자를 향해 "최우수 테마로 우리 분임조 테마를 결정해도 되겠지요?"라고 강력하게 말했다." 만약에 이런 상황이 회의 진행자인 당신 앞에 펼쳐진다면 어떻게 대응하겠는가?

이래서는 다른 참석자들이 납득할 수 없다. 일부 사람의 억지주장이 통하는 회의는 의미가 없다. 물론 묵묵히 앉아 있기만 한 다른 참석자에게도 책임은 있으나, 이때는 진행자가 김반장에게 조금 자중해 달라고 요구해야 한다. 예를 들면 이렇게 하면 될 것으로 보인다. "아직 발언하지 않은 사람도 있으니 조금 기다려 주십시오. 박직장님, 전문가 입장에서 하실 말씀이 없으십니까?"라고 말이다.

지금은 이런 일이 거의 없지만 얼마 전까지만 해도 '자동차 사고가 나면, 우선 목소리부터 높여라'라는 말이 있었다. 자신의 과실이 작더라도 인정하고 나면 손해를 보게 되고, 과실이 크더라도 큰 소리로 우기면 부담이 덜 가게 된다는 것이다. 유감스럽게도 이런 방식은 회사 내에서 회의를 진행할 때에도 종종 효과를 발휘한다. 문제가 생겼을 때나 여럿이 모여서 회의를 할 때 보면 사실에 근거한 논리적인 주장보다 성격이 괄괄한 사람이나 목소리 큰 사람이 이기는 경우가 종종 있게 된다.

결국 문제 해결은 간 곳이 없고, 회의에서도 제대로 된 결론이 내려지질 않는다. 이 정도에서 멈추면 문제는 그리 심각하지 않을 수도 있지만, 대개 여파가 남는다. 자신의 합리적인 의견이 묵살당한 사람이 느끼는 좌절감은 어떻게 할 것인가? '이런 회사가 과연 오래 갈까? 다른 곳을 알아 봐야겠다'와 같은 마음을 먹지 않으리라는 보장이 없지 않은가? 이런 고질병은 회사에서 큰 목소리를 낼 수 있는 사람이 거의 정해져 있는 경우에 더 자주 발생한다. 직급이나 직위를 권력으로 남용하는 회사가 그 예인데, 이런 회사에서는 모든 일 처리가 상명하달식으로만 이루어진다. 회의에서 괜히 자기의 주장을 펴봐야 돌아오는 건 호통과 질책뿐이라는 생각에 '침묵만이 감도는 회사'가 될 수 있다.[6] 드라마 『미생』에서 안영이(강소라 분)가 속한 자원팀의 마부장(손종학 분)같은 사람이 상사로 있거나 회의를 주재하게 된다면 이러한 호통-질책-침묵의 악순환은 매일의 일과가 될 것이다.

자신 있는 태도, 목소리의 크기, 혹은 발언자의 지위나 권력 등은 문제의 본질이 아니다. 적당한 의견인지 아닌지가 판단의 기준이 되어야 한다. 특히 회의를 진행하는 사람은 분위기에 휩쓸려서는 안 된다. "모두가 찬성하는 안건에는 제대로 된 것이 없다"고 한 어떤 경영자의 말은 귀담아 들을 필요가 있다. 이 부분과 관련해서는 아래의 흥미로운 인터뷰를 참조해볼 필요가 있다.

Q: 너무 빨리 결론이 나면 뭔가 잘못된 것이라 보고 회의를 다시 한다고 들었다.

A: 결론이 빨리 난다는 것은 뒤집어 말하면 빤한 아이템이라는 얘기다. 모두가 동의하는 아이템은 가장 위험한 아이템이다. 기승전결이 쉽게 읽히는 아이템이기 때문이다. 그래서 결론이 빨리 나면 아 이건 다시 생각해봐야지, 하고 회의를 되돌린다.

앞에서 언급한 나영석 PD의 또 다른 인터뷰에 나온 내용이다. 어떤 인터뷰에서 나 PD는 회의를 '즐긴다'는 느낌을 강하게 주고 있긴 하지만, 내 개인적으로도 예상보다 빨리 끝났던 회의치고 찝찝하지 않은 적이 거의 없었던 것 같다. 준비를 철저히 해서 의사결정만 착착 진행되는 회의라면 모를까 뭔가 회의를 통해 아이디어를 창출해 내고, 업무 추진의 방향성을 구체화하는 회의가 일찍 끝났다면 문제가 분명히 있는 것이다.

13) 회의 진행을 방해하는 참석자들

김과장: "지금 하고 있는 업무의 50%을 외주로 돌립시다. 그렇게 하면 더욱 창조적인 일에 시간을 할애할 수 있을 것입니다."

한대리: "그건 경비절감 흐름에 역행하는 일이죠!"

김과장: "시급이 비싼 우리들이 단순 업무를 하는 것이야말로 경비를 높이는 일 아닌가요?"

원가경쟁력 확보를 위해 당장 무엇을 할 것인가에 대해 열띤 토론을 하고 있는 어떤 부서의 풍경이다. 이럴 경우 당신이 회의를 주재하는 입장이라면 어떻게 해야 되겠는가? 이 경우 김과장의 의견이 지금 당장 실행하기에는 많은 부담이 되는 게 사실이다. 이런 경우 진행자는 이 안건을 구분하여 생각하면 좋을 것이다. 즉 안건을 중기와 단기로 나누어 생각하도록 유도하는 것이다. 이렇게 하면 김과장의 안건은 중장기적인 과제로서 검토할 여지가 있다는 결론이 나오고, 본인도 납득할 것이다. 김과장의 재반론에 대해 한대리를 비롯한 다른 참석자들노 다시 반박할 것이 분명하므로 침묵하고 진행상황을 지켜보자.

회의 중에 이상적인 또는 급진적인 아이디어를 제시하는 참석자가 있다면 금방 무시하지 말고, 그 내용에 귀를 기울여야 한다. 분명히 대담하고 거대한 발상은 큰 장점이 있을 수 있기 때문이다. 전체를 부정하려 하지 말고, 거기에서 현실문제 해결에 도움이 되는 힌트를 끌어내도록 해야 한다.

14) 참석자가 회의에 집중하지 않는다면?

업무 회의가 중반을 지났을 무렵 웅성거리는 분위기로 바뀌어 간다. 사적인 이야기를 하는 사람, 꾸벅꾸벅 조는 사람 등이 눈에 띄기 시작한다. 이미 진행자가 "여러분! 조용히 해주세요!"라고 두세 번 주의를 주었지만 별 효과가 없다. 자, 이런 때는 어떻게 하는 것이 좋을까?

불성실한 참석자에게는 말로 주의를 주거나, 침묵한 채로 응시하거나, 조용히 빤히 바라보는 방법 등 여러 대응책이 있다. 이것은 의외로 효과가 있다. 또 다른 방법으로 이런 사람에게 "김대리, 이 건에 대해서 어떻게 생각하십니까?"라고 질문을 던지는 것도 방법이다. 상대는 갑작스러운 질문에 당황할 것이다. 말하자면 지루해 하는 참석자에게 긴장감을 주는 것이다. 나의 경우는 회의를 주재할 경우, 또는 교육을 진행할 때 이 방법을 간혹 쓰기도 한다. 또는 조용히 졸고 있는 사람 옆에 가서 살짝 깨워주거나 주의를 환기시켜 주기도 한다.

진행자 입장에서는 그들에게 주의를 주는 것도 한 방법이지만 그 전에 그들이 왜 그렇게 되었는지를 생각해볼 필요가 있다. 대부분 회의진행 방식에 그 원인이 있다. 누구 한 사람만 길게 얘기하지 않는지, 이야기가 엇나가지는 않는지, 졸리는 시간대를 선택한 것은 아닌지 등 원인이 무엇인지 검토해야 한다. 이럴 때는 비록 쉬는 시간이 되지 않았다 하더라도 잠깐 휴식을 취하는 것도 방법이다. 그리고 이 쉬는 시간 동안 회의 진행자는 문제의 원인 및 대응책을 잠깐 생각해 봐야 한다.

회의 진행 중 문제가 될 사람의 유형을 확인한 뒤 이에 대한 대처 방법을 준비하는 것은 회의를 원활하게 진행하기 위해서 반드시 필요하다. 비록 모든 방해 행위를 적절히 다루기는 힘들지만 촉진자는 회의의 방해 요소가 회의에 영향을 안 미치도록 조절하여 본래 의제에 집중할 수 있도록 다양한 중재 기술을 능숙하게 사용할 수 있어야 한다. [표 39]와 [표 40]은 회의에 도움이 되지 않는 사람들이 어떻게 회의를 방해하는지, 그러면 어떻게 대처해야 하는지를 일목요연하게 정리한 것이다. 참조하기 바란다.

[표 39] 회의에 도움이 되지 않는 사람들을 관리하는 방법 (1)

유형	회의를 방해하는 방법	대처 방법
늦게 참석하는 사람	• 늘 늦고, 회의의 핵심내용을 자주 놓침. • 사실적인 정보가 미팅 앞부분에 전달되는 업무 지향의 회의의 경우, 그들은 좋은 의사결정을 위한 기회를 놓치게 된다. • 더 나쁜 것은, 그들은 회의 앞부분에서 다루어졌던 일들에 대해 회의 내내 말을 하게 된다는 점이다.	• 그룹 앞에서 이들을 논박하지 말라. • 회의가 끝날 때까지 기다려서 왜 항상 늦는지 물어보라. • 항상 늦는 사람에게 어떻게 하면 회의가 더 중요하게 여겨져서 시간에 맞춰 오고 싶어지겠냐고 물어본다. • 그들에게 회의 앞부분에 있을 중요한 일을 담당하게 한다.

끝나기 전에 나가는 사람	● 회의에 참석하고 있는 사람들의 의욕을 떨어뜨린다.	● 그들에게 왜 일찍 가냐고 물어 본다. ● 회의 시작 시에 모두에게 끝날 때까지 자리에 남아있을 수 있는지 물어 본다. ● 만약 모두가 남아있을 수 있다고 말한다면, 먼저 빠져나가는 사람들은 줄어들 것이다.
이미 논의된 사항을 다시 언급하는 사람	● 다루었던 내용을 계속해서 다루게 한다.	● 각 개인에게 이 점이 중요하다는 것을 인식시키기 위해 기록을 남긴다. ● 만약 각 개인이 그 이슈를 다루었고 그것에 대해 말할 기회를 얻고자 한다면, 당신은 이렇게 제안할 수 있다. "지금 당신이 말하는 것을 듣기 위해서 3분을 쓰는 것은 어떤가? 그러면 당신을 충분히 말할 수 있을 것이다, 우리는 당신이 남은 회의시간 동안 우리와 함께 진행할 수 있도록 마음을 편하게 가지길 바란다."
회의적인 사람	● 어느 그룹이나 비판자가 있다는 것은 건강한 것이지만, 공격적인 회의주의는 창의력을 억누른다.	● 확실한 증거가 있기 전까지는 아이디어에 대해서 평가하지 말도록 동의를 얻어낸다. ● 회의적인 사람이 부정적인 반대의 의도를 가지고 방해할 때, 그것이 세워진 룰에 맞지 않는다고 지적한다.
조는 사람	● 앞자리에 앉아서 고개만 흔들거나, 하품하거나, 지루해하거나, 역겨워하거나, 다리를 꼬거나, 미팅 리더를 괴롭힌다. ● 그러나 이런 사람들은 스스로의 행동을 대개 전혀 인식하지 못한다.	● 이런 경우 정중하게 항의하거나 스스로의 행동이 어떻게 인식되고 있는지 알게 한다.

	앉아서 낙서나 하거나, 창 밖을 바라보거나, 하품하거나, 비행기나 기차시간을 확인하거나, 심지어는 미팅이 진행 중인 상황에서 보고서를 읽는다.	현재 시점에서 논의되고 있는 어려운 것을 물어본다. 그리고 직접 그 사람에게 물어보기 전에 다른 사람에게 물어보기 위한 시간을 허락한다.
딴짓 하는 사람		사람들은 이 사람들이 다른 짓을 하는 이유를 알게 되어서는 놀랄 수도 있다.
잡담하는 사람	잡담하는 사람은 끊임없이 옆 사람에게 속삭이고, 가장 짜증스러운 행동을 하는 사람 중의 하나이다. 당신 가까이서 두 사람이 속삭이거나 킬킬댄다면 집중하기 매우 어려워진다. 그러나 많은 사람들은 그것에 대놓고 반대할 용기를 가지고 있지 않다.	촉진자로서 그들에게 가까이 가는 것을 시도한다. 때로는 이런 완곡한 시도가 효과를 낼 때도 있다. 만약 많은 사람이 이런 행동을 하고 있다면 이렇게 말할 수 있다 "여기 한 가지 주제에 집중합시다." 이 미묘한 방법은 언제나 잡담하는 사람을 서로로부터 떨어뜨릴 방법을 찾는 것이다.

[표 40] 회의에 도움이 되지 않는 사람들을 관리하는 방법 (2)

유형	회의를 방해하는 방법	대처 방법
목소리 큰 사람	목소리 큰 사람은 너무 자주, 많이, 크게 말을 하며 미팅을 지배한다. 목소리 큰 사람들은 성격상 그러는 경우가 많고 어느 회의에서나 그러는 경향이 있다. 종종 목소리 큰 사람은 나이 많은 사람이나 의사 결정자일 수 있다. 이런 사실은 촉진자로 하여금 이 문제에 대처하기 어렵게 한다.	가장 효과적인 방법은 당신과 그 사람의 물리적인 거리를 가깝게 하는 것이다. 그들이 말을 하면 할수록 그들에게 가까이 가서 결국 당신은 그들 앞에 가게 된다. 당신의 물리적인 존재-당신이 서 있고, 그들이 앉은 자리-는 그들이 행동을 깨닫게 하고 그들이 조용히 하도록 할 것이다.

남의 말에 공격하는 사람	• 이들은 개인적인 비판을 하려 하고 사실과 논리는 도외시 하려 한다.	• 공격을 사람에게 하지 말고 주제를 향해서 하라고 지시한다. • 회의실은 개인에 대한 공격을 위한 장소가 아니라 결과를 얻기 위한 장소라고 말한다. • 가장 좋은 방법(반응)은 아무 반응도 보이지 않는 것이다.
타인의 말을 반복하는 사람	• '스스로 지정한' 번역가들로, 자신은 생각이 별로 없으며, 먼저 말한 사람이 말한 것이 아니라 자신이 가정한 것을 말로 옮김으로써 참여한다.	• 원래 말한 사람에게 해석이 맞는지 틀리는지 물어본다.
불확실한 정보를 말하는 사람	• 이런 사람들은 적절한 지지하는 자원을 가지고 있지 않고 반쯤 진실인 사실을 말하기 때문에 위험하다.	• 유일한 해결책은 회의를 중단하고 그 정보를 즉시 입증하는 것이다. • 몇 가지 정보가 맞지 않고 그들이 반쯤만 맞는 정보를 가지고 말하고 있는 것이 밝혀졌을 때, 그들은 이러한 행동을 멈출 것이다.
모든 것을 아는 사람	• 모든 것을 아는 사람들은 자신들의 자격, 나이, 근속년수, 전문적인 지위들을 내세운다.	• 이들의 경험을 일단 인정하나, 왜 그룹 모두와 토의해야 하는지 말한다. "그래요, 우리는 이 방면에서 당신의 경험을 알고 있고 존중하지만, 결정은 모든 대안들이 구성원들에게 다루어지고 나서 내려져야 합니다."
바쁜 사람	• 바쁜 사람들은 회의 안과 밖을 쉴 새 없이 넘나들며, 끊임없이 메시지를 받고, 전화 받으러 뛰어나가며, 위기를 다룬다. • 이 사람들이 나갈 때마다 회의는 멈출 수 있으며, 이들은 다시 들어올 때마다 브리핑을 받아야 할 수 있다.	• 촉진자로서 바쁜 사람을 회의 중에 다루기는 불가능하다. 오직 구성원이나 매니저. 혹은 의장이 이들에게 압력을 가할 수 있다. • 당신은 그들이 회의에 방해 없이 참석할 수 있을 때까지 잠시 휴회를 추천할 수 있다. • 이 방법에 대처하는 가장 좋은 방법은 회의 전에 이런 행동이 얼마나 방해가 되며, 회의시간 동안 구성원들이 얼마나 자신의 말을 따르고 전화를 받지 않을 수 있는지 동의를 얻는 것이다.

남의 말 중간에 끼어드는 사람	◦ 남의 말 중간에 끼어드는 사 람들은 다른 사람이 말을 끝 내기 전에 말한다. ◦ 이들이 무례하기 때문이 아 니라 인내심이 부족하거나 흥분했기 때문이다. ◦ 목소리 큰 사람처럼 중간에 방해하는 사람은 빨리 말을 하지 않으면 자신의 아이디 어가 날아가 버릴까봐 두려 워한다.	◦ 촉진자로서 당신은 중간에 방해하 는 사람을 즉시 다루어야 한다. ◦ 당신의 주요한 기능은 교통경찰이 고 모두가 방해 없이 말을 할 기회 를 주는 것임을 기억하라. ◦ 이것은 당신의 중립성과 조직에 대 한 봉사를 시험할 첫 번째 기회이 다. 조직원들은 당신이 이들은 정말 막아낼지 지켜볼 것이다.

15) 막힌 회의를 풀어주는 질문 요령

진행자가 어떤 문제에 대한 사정을 설명한 김과장에게 "하지만 방금 본인에게 책임이 있다고 말하지 않았습니까?"라며 큰 소리로 말했다. 이에 대해 김과장도 "부하에게 맡겨 두기만 했던 것에 대한 책임이 있다고 한 것이지, 문제 자체에 대한 책임이 있다고 한 것은 아닙니다"며 강하게 반발했다.

진행자가 김과장에게 추궁하듯이 말했기 때문에 이런 일이 발생한 것이다. 그러나 진행자는 좀 더 냉정해져야 하고, 같은 말을 할 때에도 좀 더 부드럽게 말하는 방법을 찾아야 한다. 예를 들어, "그렇다면 두 사람의 부하 직원이 그 문제에 대해서 제대로 이해하지 못했다는 것인가요?"와 같이 어디까지나 객관적으로 확인하는 말투를 써야 한다. 그렇게 하면 다른 참석자들도 보다 자유롭게 발언할 수 있기 때문이다.

진행자는 찬성 의견이나 반대 의견을 말해서는 안 된다. 진행자가 질문을 잘하면 의문과 불안한 점을 해소하고, 정보나 인식의 공유를 유도하며, 일부 참석자의 독기를 뺄 수 있다. 질문의 이점은 더 있다. 질문을 통해서 참석자 모두를 결론으로 유도해가는 고차원적인 테크닉을 활용할 수 있다.

16) 질문의 유형

진행자는 다양한 형태의 질문을 통해 회의의 분위기를 원활하게 조율하고, 자발적인 토의가 이루어지도록 유도해야 한다. 회의의 진행에 따른 진행자의 질문 유형을 여기서는 네 가지 정도 살펴보도록 한다.

먼저 회의에 참석하는 모두를 대상으로 하는 질문이 있다. "여러분, 어떻게 생각하십니까?", "다른 의견이 있으신 분이 계십니까?"라며 참석자 모두를 향해 질문을 던지는 방법이다. 이 방법은 참석자들의 참여의식을 높이는 데 도움이 된다. 단, 이렇게 전체를 대상으로 질문을 할 경우 대답하는 사람이 아무도 없으면 회의 분위기가 더욱 가라앉을 수도 있으므로 유의해야 한다.

다음으로 릴레이식 질문 유형에 대해 살펴보도록 하자. "김과장, 지금 한대리가 제기한 의문점에 대해 어떻게 생각합니까?"와 같이 한 참석자의 질문을 다른 참석자가 대답할 수 있도록 유도하는 방법이다. 이 경우, 진행자에게 제기된 질문에 대해서는 진행자 자신이 직접 답하는 것을 원칙으로 한다.

세 번째로는 특정인을 지명하여 질문하는 경우에 대해 생각해보기로 하자. "서대리, 보다 좋은 의견이 있을까요?"와 같이 특정 개인에게 질문을 하는 방법을 말한다. 전문가의 의견을 듣거나 앞서 말한 것처럼 발언을 적게 하는 참석자의 입을 열게 하는 데에 도움이 된다. 또한 발언을 독점하거나 논의에서 벗어난 발언을 하고 있는 사람의 말을 막고, 다른 사람에게 발언하게 할 때에도 효과적이다. 진행자의 역량에 따라서는 가장 효과적인 방법이 될 수 있다.

마지막으로 역逆 질문 상황에 대해 알아본다. 질문이 나오면 질문한 사람에게 "그렇군요. 확실히 문제가 있네요. 그럼, 오차장님께서는 어떻게 생각하십니까?"와 같이 질문을 한 당사자에게 되묻는 방식이다. 질문한 사람을 괴롭혀서는 안 되겠지만 '사회자를 곤란하게 만들어야겠다'는 악의가 느껴지는 질문의 경우 이 방법은 효과적일 수 있다. 또는 질문자가 이미 답변을 알고 있거나, 답변을 하고 싶어서 사전에 정지작업을 하는 경우일 수도 있으니 잘 살펴서 역질문을 하게 되면 의외로 회의가 효율적으로 진행될 수 있을 것이다.

17) 효과적인 회의 마무리 – 회의 결과 얻기

회의를 마무리할 때가 되었다면 촉진자는 회의의 결론을 내리고, 회의 결과를 행동으로 옮기기 위해서 역할과 책임을 명확히 해야 한다. 즉, 회의를 진행하는 동안 무슨 일이 일어났는지 회의에 참여한 사람들에게 인식시키는 작업이 맨 먼저 이루어져야 한다. 회의가 회의로만 끝나서는 의미가 없다. 무언가 의사결정 사항이 나오면 이를 실행할 수 있도록 준비하는 게 맞다. 지금까지의 회의와는 별도로 다음 과정을 준비하고, 책임을 할당하고, 각각의 역할수행에 대한 기한을 정해야 한다.

회의를 한다고 해서 모든 문제가 해결되지는 않는다. 미제未濟인

문제를 어떻게 다룰 것인지 계획을 만드는 것도 빠뜨려서는 안 된다. 여기에는 회의를 통해 제기된 새로운 문제, 아직 완전하게 해결되지 못한 문제, 그리고 다시 논의되어야 할 문제들이 포함된다.

피터 드러커는 이 과정에서 효과적인 의사결정을 하기 위해서는 다음과 같이 할 것을 제언하고 있다. 그의 말을 들어보자.

- 모든 참여자가 문제가 무엇인지 동의할 때까지 처음의 질문을 진술하는데 충분한 시간을 사용하라
- 의견들이 모두 제안되고, 논의되도록 하라
- 의견은 테스트하는 것이지 논쟁하는 것이 아니다. 일종의 실험의 가설처럼 여겨라.
- 현실적 상황을 고려할 때, 주제 및 달성되어야 할 결정에 대하여 의견을 시험해볼 적절한 방법을 결정하라.
- 정보를 좀 더 수집하기 위해 적절한 정도의 기준을 세워라.
- 의견을 달리하는 것을 권장하라.
- 평가하지 마라. 다양한 관점을 존중하라.
- 참여자들이 회의에 기여하도록 모든 관점을 고려하라.
- 적절한 합의를 만들어내라.
- 항상 '이 결정이 필요한가?'라고 물어라. 또 다른 대안은 아무 것도 하지 않는 것이다.
- 결정이 성공적인지 확인할 피드백 체계를 만들어라.[7]

회의의 성공은 회의의 결과에 의해서 평가될 수 있다. 결과란 회

의 참여자 간에 동의한 결정과 활동이기 때문이다. 다시 말하면 실행 계획, 다음 단계, 다음 결정을 위한 방향설정, 확실성과 명료성 등이 회의를 통해 구체적인 산출물로 나와야 하는 것이다. 그리고 앞에서 언급한 것처럼 회의의 결괴는 일반적으로 추가되는 회의에서 논의되어야 할 다른 새로운 이슈들을 만들어내곤 한다.

[표 41]은 어떤 회사에서 조직 구성원들에게 제시한 회의의 원칙과 관련된 사례이다. 전체적인 윤곽을 살펴보는 데 유용할 것으로 생각된다.

[표 41] 회의의 원칙 사례

철저한 준비와 효율적인 운영, 명확한 결과 도출로 성과를 극대화 합니다 – 꼭 필요한 회의를, 필요한 만큼, 필요한 사람끼리 –		
회의에 참여하는 나는		
"회의 준비자" 로서 명확한 회의목적을 알립니다. 필요한 사람만 참석시킵니다. 회의자료를 사전에 보냅니다.	"회의 주재자" 로서 회의목표 달성에 집중합니다. 참가자 모두를 참여시킵니다. 회의시간을 준수합니다.	"회의 참여자" 로서 회의를 철저히 준비합니다. 능동적으로 참여합니다. 다른 의견을 경청합니다.

한편, 회의를 얼마나 효율적으로 진행하였는지를 평가할 수도 있다. [표 42]의 평가표를 참조하기 바란다. 평가 항목, 비중 그리고 측정하는 방법 및 시기는 회사의 상황에 따라 달리 적용할 수 있지만, 통상 회의를 끝내는 당일 또는 그 다음날까지 회의에 참가한 사람들이 직접 평가하면 된다.

[표 42] 회의 효율화지수 평가 사례

평가 항목	비중	문항
회의시간 적절성	30%	회의 안건 및 목적 고려 시 회의시간은 적절했습니까?
		회의 시작과 종료 시간은 잘 지켜졌습니까?
회의 참석자 적절성	20%	본인이 이 회의에 참석할 필요가 있었습니까?
회의준비 적절성	10%	회의안내, 자료공유 등이 사전에 이루어져 회의준비는 충분했습니까?
회의진행 적절성	10%	주재자는 의견을 골고루 유도하는 등 회의를 적절하게 주도했습니까?
목표달성 수준	30%	회의목표는 달성되었습니까?
		목표달성에 충분히 기여했습니까?

2. 지시의 문화

얼마 전에 취업전문업체 『스카우트』에서 직장인 901명을 대상으로 직장생활 내 스트레스와 관련한 흥미로운 설문조사를 한 결과를 본 적이 있다. 응답자 중 가장 많은 41.4%가 '불합리한 업무지시'를 스트레스의 주원인으로 꼽았다는 것이다.[8] 또한 2014년에 고용노동부에서 《일하는 방식과 문화에 대한 인식조사 보고서》를 발행한 적이 있는데, 여기에 보면 '업무효율이 낮다고 생각하는 이유'에 대한 설문조사 결과가 나온다. 이 설문에 참여한 임금근로자 622명과 인사담당자 116명은 공히 상사의 갑작스러운 업무지시를 두 번째 이유로 꼽고 있다.[9] 이렇듯 명확하지 않고 구체적이지 않은 업무지시는 부하직원들의 스트레스 지수를 급격히 높이고 있는 것이다. 어떤 대기업에서 실시한 '업무 스피드 저해 요인'에 대한 설문조사 결과도 비슷한 양상을 보이고 있다. '업무 프로세스 미정립', '보고서 반복수정'과 함께 '불명확한 업무지시'가 21.5%를 기록하며 세 번째 높은 원인으로 지목되고 있다.

예전 현업에서의 경험을 되돌아보거나 컨설팅을 진행하면서 현업에서 업무를 하는 경우를 보게 되면 불명확한 업무지시의 또 다른 버전인 '결자해지結者解之'식 업무지시가 자주 목격된다. "김대리, 당신이 아이디어 냈으니 이제부터 이 건은 당신이 챙기도록 해." 어디서많이 들어본 것 같지 않은가? 회의를 하다 보면 꼭 발생하는 것 중하나가 말한 사람에게 그 일이 주어진다는 것이다. 머릿속에 떠오른생각을 꺼내보자는 취지에서 이야기를 한 것일 뿐인데 말이다. 새롭게 나온 아이디어에 대한 구체화나 실행을 했을 때 가장 잘 해낼 수있는 사람에 대한 고민이 전혀 없이 말이다. 그저 단지 '귀찮으니까', 혹은 '일단 한번 빨리 해봐야 하니까'라는 편의주의적인 발상의 산물인 것이다. 물론 아이디어를 낸 사람이 가장 잘 해낼 수 있는 사람일수도 있지만 이런 식의 업무지시가 반복되다 보면 나중에는 회의를할 때 어느 누구도 의견을 내지 않는 '고요한 침묵의 바다'를 경험하게 될 것이다. 열심히 하려고 나서봐야 자신만 고생하게 된다는 것을몸으로 체득하는 것이다.[10]

기업 내로 들어와서 한 번 더 이와 관련된 내용을 살펴보도록 하자. 다음은 어느 국내 유명 기업에서 소통이 잘되는 조직 문화를 구축하기 위해 사전에 설문조사한 내용의 일부이다. '우리 기업 지시문

화의 문제점은 무엇이라고 생각하는가?'에 대한 답변으로 주로 아래
와 같은 내용이 나왔다.

"내용이 명확하지 않은 일방적인 지시를 한다."
"지시보고의 기준을 모른다."
"즉흥적인 업무지시를 한다."
"계통을 무시한 지시 보고가 빈번하게 이루어진다."
"현실을 고려하지 않는 지시가 가끔 있다."
"과장된 보고가 많다."
"단시간에 보고를 완벽히 하기를 요구한다."
"상명하달식으로 자기주장을 앞세운 지시가 많이 있다."

여러분은 어떻게 생각하는가? 혹시 우리 회사의 자화상이라는 생
각은 안 드는지 모르겠다. 여러 가지 원인이 있을 수 있겠지만, 몇
단계를 거쳐서 구두로 내려오는 지시 형태, 지시를 받는 사람에 대한
배려의 부족 등이 그 주요한 원인이라 할 수 있다. 이 외에도 목표가
확실히 설정되어 있지 않은 상태에서 즉흥적, 동시다발적으로 지시
가 되면 이와 관련된 업무의 질은 기대할 수 없을 것이다. 위에서 구
체적으로 언급은 없지만 지시하는 사람이 내용을 정확히 알지 못한
상태에서 지시를 하는 경우도 간혹 발견되곤 한다. 그렇기 때문에 명
확한 결과를 요구하는 지시인지 그냥 지나가는 말로 한 것인지 지시
를 받은 사람은 헷갈릴 때가 있는 것이다. 명확하지 못한 업무지시는
업무의 비효율을 초래할 뿐만 아니라 조직 내 상하 간 신뢰도를 훼손

하는 결과를 가져올 수 있음을 명심해야 한다.

이 회사의 경우는 조직 내 전 계층에서 커뮤니케이션, 특히 지시나 보고 등에 대해 낮게 평가했다고 보고하고 있다. 한 단계 더 들어가서 보면 중복되는 지시와 보여주기 위한 지시로 인해서 조직 내의 업무효율을 떨어뜨리고 동기부여를 약하게 하는 결정적 요인이라고 지적하고 있는 것이다.

아주 못된 업무지시의 또 다른 사례로 이런 '괴물'이 있다. 경험적으로 보면 일은 몰리는 사람에게만 몰리는 경향이 있다. 변화와 혁신을 추진하는 과정 중에 빈번히 나타나는 것 중의 하나인 것이다. 현장이나 사무실을 보면 항상 일이 많아서 쩔쩔 매는 사람이 있는 반면에 어떤 사람은 항상 한가해 보이는 사람이 간혹 눈에 띈다. 한가한 게 나쁠 수는 없다. 능력이 좋아서 자신에게 맡겨진 일을 빨리 마치고 쉬는 것일 수도 있으니까 말이다. 하지만 대개의 경우는 그렇지 않다. 직장에서 상사들이 일을 시킬 때는 잘하는 사람에게만 시키는 경우가 많기 때문이다.

왜 그럴까? 상사의 입장에서는 믿고 맡길 만한 사람에게 일을 시키고 싶기 때문이다. 능력이 모자라는 사람에게 일을 시킬 경우, 상사가 신경을 써야 하는 부분이 많아지기 때문인 것이다. 시간 내에 결과물이 나올지, 자신이 원하는 방향으로 잘 가고 있는지, 중간에 문제가 발생하는 것은 없는지 등등 이래저래 귀찮다보면 이린저런 고민을 할 것도 없이 능력이 좋은 친구에게 일을 시키고 상사는 그저 결과만 기다리면 된다. 문제는 일이 몰리게 되는 사람이 지친다는 것이다. 이 사람이 지쳐서 다른 팀으로 자리를 옮기기라도 하면 그 순간 모든 업무가 마비되어 버릴지도 모른다.[11] 그 동안 부서 내 한두 명에게 지시를 내렸을 테고, 그들이 거의 모든 일을 다 해왔을 것이다. 다른 사람들은 일을 배울 기회가 부족했기 때문에 빈자리를 메우는 것도 쉽지 않게 되는 '악순환의 구렁텅이'에 빠지는 것이다.

1) 효율적, 효과적 지시를 위한 핵심 성공요소

심리학적으로 보면 상하 1단계를 거칠 때마다 전달되는 내용의 50%가 변형된다고 한다. 요즈음은 TV를 잘 안보지만 내가 어렸을 때 허참이 진행했던 『가족오락관』을 재미있게 본 기억이 있다. 이 프로그램에 보면 출연자들이 단어나 문장을 같은 팀에게 계속 전달하여 맞히는 게임이 있었다. 첫 번째 듣거나 보게 된 출연자가 귓속말로 전달을 시작하여 마지막까지 정확히 전달되었는지의 여부를 가지고 승패를 가리는 게임이었다. '사과'를 전달하여야 하는데 결과적으로 '배'가 나오는 경우가 자주 연출되곤 했다. 그만큼 지시나 전달은 어려울 수밖에 없다.

이제 기업 내부에서 발생하는 업무지시에 대해 살펴보자. 이상적인 업무지시는 다음과 같은 모습이어야 할 것이다. 반드시 수행되어야 할 지시만 이행되어야 하고, 지시를 받은 사람이 명확하게 지시를 이해하고 있어야 한다. 그리고 지시한 사항에 대해서는 언제나 논의가 가능할 수 있도록 해야 한다. 더불어 지시 중간마다 수행여부가 철저히 점검되어서 전체 일정이 합리적으로 관리될 수 있도록 노력해야 한다. 나아가서는 이러한 지시의 수행이 지시를 받는 조직 구성원의 업무역량 향상에 직결되어야 할 것이다. 이러한 이상적인 모습은 효율적이면서도 효과적인 업무지시가 이루어져야 가능하다. 효율적, 효과적으로 업무지시를 하기 위해서는 '지시 준비', '지시 수행', '모니터링'의 세 단계가 성공적으로 관리되어야 한다.

2) 지시 준비

먼저 지시 준비에 대해 알아보도록 하자. 이미 수행된 지시가 불필요했던 것으로 밝혀지면, 업무 생산성과 직원들의 동기부여를 크게 저하시키므로 반드시 지시를 하기 이전에 업무지시가 유효한지를 다시 생각해볼 필요가 있는 것이다. 즉 지시를 통해서 내가 얻고자 하는 정보를 얻을 수 있는지 지시자는 자문을 해볼 필요가 있다. 만약에 내가 업무를 직접 하는 것보다 다른 사람에게 지시를 통하여 위임하는 것이 업무 생산성 측면에서 더 효과적이라면 지시를 하는 게 마땅하나 그렇지 않다면 재론의 여지가 있다. 꼭 업무 생산성만 가지고 따질 문제는 아닐 수 있다. 비록 업무 생산성은 다소 떨어지더라도 부하직원에게 업무를 수행하게 함으로써 그들의 역량을 더욱 발전시킬 수 있다면 효과적인 지시라 할 수 있다.

만약에 위와 같은 제반 검토를 마치고 지시가 필요하다고 판단된다면 업무를 지시하는 사람은 지시를 받는 사람의 업무 이해도를 높이기 위해 업무 수행의 배경, 목적, 예견되는 답안 등을 감안한 전체 업무 흐름을 먼저 정의하는 게 좋다. 가령 다음 사례와 같이 현재 처한 상황과 문제를 미리 파악하고 있으면 더욱 효율적인 지시가 이루어질 수 있을 것이다.

"최근 우리 회사는 기술혁신을 위해서 더 많은 연구 인력을 필요로 하고 있으나 불행히도 R&D 인력의 수가 점점 줄고 있는 실정이다. 그 이유를 따져 봤더니 최근 연구소의 연구 인력에게 주어지는 많은 부가적 업무로 인해서 업무에 대한 불만이 많아지고 있다는 조사 결과가 보고되고 있다. 그로 인해서 다른 부서로 옮겨가거나 퇴사하는 경우가 늘고 있는 것이다. '이들이 본연의 핵심 업무에 집중할 수 있도록 도울 수 있는 방안은 무엇인가?', '이들의 부가적 업무는 무엇인가?' 그리고 '핵심 업무에 집중하지 못하는 이유는 무엇인가?'를 적극적으로 검토해야 한다. 향후에는 연구원들의 부가 업무를 최소화 할 수 있는 전산 시스템을 도입하고 핵심 업무에 대한 인센티브를 더 늘리는 방향도 모색해야 할 것이다."

위 사례에는 현재 처한 상황과 문제점, 핵심적인 해결의 방향성과 비록 정답은 아니지만 앞으로 실현하게 되면 얻어지는 결과 등을 살펴볼 수 있다. 업무를 지시하는 사람은 이와 같이 전체 업무 흐름을 사전에 정의를 해야만 효율적인 업무지시가 이루어질 수 있는 것이다.

이와 더불어 업무지시자는 지시를 가장 효과적으로 수행할 수 있는 사람을 선정해야 하며, 지시를 받는 사람에 대한 배려가 필요하다. 여기서 말하는 배려는 지시를 받게 될 부하직원의 업무 부하를 고려하라는 것을 의미한다. 배려라는 게 현실에서는 참으로 실천하기 어렵다는 사실을 독자 여러분은 모두 알고 계실 것이다. 하지만 효율적인 커뮤니케이션 문화를 구축하기 위해서는 지시를 내리는 상사나 지시를 받는 부하사원 모두 '용기'를 낼 필요가 있다. 예를 들어, 업무 부하 정도를 출근하자마자 측정한다거나, 개인의 컨디션을 바로 알려서 서로가 배려할 수 있도록 유도하는 것도 하나의 방법이 될 수 있다. 그리고 수고스럽지만 지시자의 지시 내용에 대해 지시를 받는 부하사원이 동의를 하는 절차는 반드시 있어야 한다. 더불어 지시받은 내용이 불명확하면 지시를 받는 부하사원은 용기를 내어 되물어야 한다. 이건 누가 만들어줄 수 없다. 스스로 '용기'를 내어야 한다. 이와 반대로, 상사는 부하사원에게 내용이 명확하게 전달되었는지 확인하는 절차가 필요하다. 또한 지시사항에 대한 진행사항을 전화나 이메일 등을 통하여 관심을 나타내는 것도 지혜로운 처사일 것이다.

3) 지시 수행

지시를 수행하는 데 있어서 가장 중요하게 고려해야 할 것은 무엇일까? 아마 여러분은 이에 대해서 지금까지 깊이 있게 생각해보지는 않았을 것이다. 한 가지 사례를 들어보겠다. 필자가 예전에 다녔던 직장에는 박대리가 계셨다. 박대리? 여기서 말하는 대리는 진짜 직급을 말하는 것이 아니고 일 처리를 대리처럼 한다고 해서 우리가 지어준 본부장의 별명이었다. 이 분의 버릇 중의 하나가 금요일 오후에 업무지시를 하고는 월요일 아침에 보자고 하는 것이었다. 다시 말하면 주말에도 나와서 일을 하라는 기묘한 지시인 것이다. 아마 여러분 중에도 이런 경험을 하셨던 분들이 (혹은 지금도 하고 계시는 분들이) 종종 (아니면 아주 많이) 계시리라 생각된다. 이렇게 되면 기쁜 마음으로 업무지시를 이행하기는 어렵지 않을까?

지시 수행은 지시를 받는 사람이 지시로 인한 심적 부담감을 최소화하고 업무에 집중할 수 있는 시점에 내려야 하는 게 타당하다. 그렇다면 적절한 업무시점이란 과연 언제를 말하는 것일까? 업무지시의 '골든타임'은 다음 세 가지로 보면 된다. 첫 번째로 금일 마감업무는 오전에 지시하라는 것이다. 업무 마감시간에 지시를 하게되면 업무 부담으로 인해 스트레스를 받게 된다. 이것보다 더 안 좋은 것은 시간에 쫓기다 보니 업무의 완성도가 떨어질 가능성이 매우 높아지게 되는 것이다. 두 번째, 다음 날 시작해도 되는 업무는 다음 날 오전에 지시해야 한다. 왜냐하면 퇴근을 할 때 다음 날 업무에 대한 생각으로 심적 부담이 늘어나기 때문이다. 꿈에 악몽이 나타나는 것이다. 굳이 꿈에서까지 보고 싶지 않은 서류뭉치나 직장상사를 보게 된다면 그 스트레스는 이루 말할 수 없을 것이다. 마지막으로, 지시를 하는 사람이나 지시를 받는 사람 모두 집중할 수 있는 시점에 지시를 하는 게 가장 효과가 좋다는 것이다. 이것은 곧 업무가 바쁘거나 외근할 때, 회의석상에서, 그리고 식사시간이 임박한 경우 지시를 하게 되면 업무의 맥이 끊길 수 있으니 주의하라는 것이다.

지시의 효과를 극대화하기 위해서는 지시를 하기 이전에 준비된 내용을 지시를 수행할 사람에게 6하 원칙에 따라 명확하게 전달할 필요성이 있다. 여기에는 지시를 한 배경, 목적, 핵심 해결사안, 예상답안 그리고 보고시한 등이 포함된다. 아울러 지시를 받는 사람을 고려해야 한다. 즉 지시를 하는 사람은 지시를 수행하는 사람의 수준(역량, 자신감 등)에 따라서 이해하기 쉽도록, 전달받는 사람이 확실히 이해할 때까지 설명할 '의무'가 있는 것이다. 여기서 지시를 수행하는 사람의 역량과 자신감에 대해 한 번 더 생각해보도록 하자. [표 43]에 보면 역량과 자신감의 발달 단계에 따른 적절한 지시의 방향성이 제시되고 있다.

[표 43] 역량과 자신감의 발단 단계에 따른 지시 수행

단계	역량	자신감	지시의 방향성	권한부여 기준
1단계	낮음	높음	역할과 목표를 포함하여 구체적인 지시를 하고 지시 수행과정에 대해서 자세히 평가함	–
2단계	증가함	낮아짐	문제 해결에 제안을 받아들이지만 과제의 방향에 대해서는 지시를 함	업무수행능력 〈 업무난이도
3단계	꽤 높음	가변적	문제를 해결하고 결론을 도출하는 과정에서 지속적으로 상호 의견을 교환하면서 협력함	업무수행능력 = 업무난이도
4단계	높음	높음	과제수행방법에 대한 결정 및 수행 결과에 대한 책임을 함께 위임함	업무수행능력 〉 업무난이도

위의 표에 추가적으로 제시되고 있는 것처럼 업무 수행을 위한 권한부여의 수준은 역량과 자신감의 발달 단계를 바탕으로 결정되어야 한다. 가령 4단계의 경우는 업무지시를 수행하는 자의 독자적 판단으로 진행할 수 있도록 될 수 있으면 많은 권한을 부여하는 게 더 효과적일 수 있다. 3단계의 발달 단계에 있는 사람에게 지시를 할 경우는 업무수행 시 통제 수준은 낮으나 원활한 진행을 위해서 지시를 한

사람에게 진행 방향을 알린 후 업무를 추진할 수 있도록 유도하면 좋다. 반면에 2단계의 발달 단계에 있는 사람들에게는 아무래도 지시 수준을 벗어나지 않은 범위에서 지시를 한 사람의 통제 하에 업무가 수행될 수 있도록 하는 게 타당하다고 생각된다.

또한 업무지시의 목적을 달성하고 지시를 수행하는 사람이 업무를 사전에 예측하고 계획할 수 있도록 상호 간의 '커뮤니케이션 플랜'을 협의하고 확정하는 게 업무를 진행하는 데 많은 도움을 줄 수 있다. 이 경우 처음 지시를 할 때, 최종 보고 및 중간 보고의 형태를 미리 정의해 두는 게 좋다. 아울러 지시를 전달한 이후, 최종 보고 이전에 정기적인 중간 점검 미팅의 형태 및 시기를 함께 정의해 두어야 한다. 굳이 완벽한 보고서 형태를 고집할 필요는 없다. 비공식적인 중간 보고의 경우, 이메일이나 구두보고를 사용하여 효율적으로 진행 상황을 판단할 수 있도록 하면 된다.

김부장: 지금까지 지시한 내용 다 이해가시죠?
박대리: (고개를 끄덕이며) 예.
김부장: 그럼, 바로 업무 진행을 해주세요.

어디서 많이 본 듯한 살풍경한 모습 아닌가? 이 책을 읽는 독자 여러분이나 나도 직장생활을 하면서 한번쯤은 경험해봤을 대화 내용이라 생각한다. 어떤 취업 포털의 조사에 따르면, 직장상사가 부하직원에게 하는 거짓말 1순위로는 "자네만 믿네"가 23.7%로 가장 많았으며, 부하직원은 상사에게 "일이 문제없이 잘 진행되고 있습니다.(25.3%)", "예! 알겠습니다.(17.5%)"를 가장 많이 하는 거짓말로 꼽았다고 한다.[12] 상사로부터 "이해하겠습니까?", "알겠어요?' 같은 질문을 받으면 부하사원들은 이해하지 못하는 부분이 있더라도 말하지 않는 경우가 많다. 지시를 마무리 할 때에는 반드시 질문을 할 여유를 주고 끝내야 한다. 지시자가 설명하고 있는 동안 고개를 끄덕였다고 해서 충분히 이해하고 있는 뜻은 결코 아니라는 사실을 명심해야 한다. 자! 그럼 지금부터는 이렇게 해보자.

김부장: 지금까지 내가 정확히 지시를 했는지 확인했으면 합니다. 해달라고 한 일이 어떤 것인지 얘기 좀 해주겠어요?

박대리: 지금까지 지시한 내용은 ~입니다.

김부장: 업무 수행과 관련하여 제가 추가적으로 더 부연설명해줘야 할 사항이나 질문사항이 있나요?"

4) 모니터링

이 단계에서 주요 할 일은 앞서 설정한 커뮤니케이션 플랜에 따라서 지시 수행 중 진행 상황을 수시로 확인하고, 변경사항이 발생하면 서로 커뮤니케이션을 실시하는 것이다. 모니터링의 내용, 방식 그리고 시점에 대해서는 [표 44]를 참조하기 바란다.

[표 44] 모니터링의 내용, 방식 및 시점

구분	상세 내용
모니터링 내용	● 수행 과제의 진행 상황 ● 지시 중 수립한 방향서의 변경 내용 ● 갑자기 발생한 문제점 ● 예산, 인력 등에서의 변경 내용
모니터링 방식	● 구두 보고 ● 이메일 보고 ● SMS 보고 ● 문서 보고(필요한 경우 간략하게)
모니터링 시점	● 커뮤니케이션 플랜에서 정해진 시점 ● 지시의 내용에 변경이 발생하였을 때 ● 지시수행자가 업무 수행을 하던 중 변경사항이 발생하거나 새로운 방향이 도출되었을 때는 보고하도록 함

　　지시 수행과 마찬가지로 모니터링 시점과 빈도는 반드시 지시를 수행하는 사람의 업무수행 능력과 업무의 난이도를 고려하여 정해야 한다. 또한 모니터링 시간을 정확히 알려준 이후 실시해야 한다. 안 그러면 지시를 수행하는 사람이 자신의 업무 스케줄을 관리할 수 없게 된다. 지시를 한 사람은 지시를 받은 부하사원이 지시한 업무에 대해서 잘 진행되고 있을 것이라는 긍정적인 태도로 커뮤니케이션을 할 필요가 있다. 지시한 업무의 세부 사항을 감독하고 있다거나, 직원의 능력에 대해 부정적인 인식을 갖고 있다는 인상을 주지 말아야 하는 것이다. 진척 사항에 대해서 '코칭'을 한다는 생각을 가지고 업무 수행자와 커뮤니케이션하는 게 효과적이다. 이왕이면 "일을 제대로 하고 있는지 3일 후에 봅시다"보다는 "3일 후 같은 시간에 만나 얼마나 진행이 되었는지 봤으면 합니다"라고 말하는 게 더 좋다는

것이다.

　다음은 모니터링을 피드백이라는 관점에서 살펴보도록 하자. 모니터링 시에는 지시 사항의 수행 여부에 초점을 맞추고 잘된 점, 개선사항, 교훈 측면에서 피드백을 해주어야 한다. 다음과 같은 지시자의 대응을 예로 들어보자.

　"핵심 내용이 이렇게 미흡한데 이걸 어떻게 보고하라는 겁니까?"
　"그렇게 지시를 잘 내려줬는데 이 정도밖에 못합니까?"
　"내일까지 다시 해오세요!"

　'말 한마디에 천 냥 빚을 갚는다'는 속담도 있는 데 참 모질게 대하는 직장상사의 모습인 것 같다. '내 사전에 칭찬은 없다!'를 목숨처럼 생각하는 부장님들이 간혹 있다. 또 잘못된 것은 모두 '네 탓이오'를 외치는 못된 습성을 가진 상사들도 종종 눈에 띈다. 잘못된 건 업무 수행자의 능력 부족 때문이라는 것이다. 문제는 이런 잘못된 피드백이 업무 수행의 질을 현저히 떨어뜨린다는 점이다.

　"지시 내용이 보고서에 잘 표현되고 흐름이 아주 매끄럽습니다."
　"다만 핵심 장표의 내용이 명확하지 않아서 좀 아쉬운데 이 부분은 이러이러한 점을 반영해서 수정해주면 보고서가 성공적으로 잘 마무리 될 것 같습니다."
　"핵심 장표에 들어가야 할 내용은 제가 설명을 좀 더 구체적으로 알려주지 못한 것 같습니다. 이 부분은 문제가 있을 시 모니터링 일자와 관계없이 저랑 토의해서 풀어 나가도록 합시다."

어떤가? 많이 다르지 않은가? 잘된 점은 칭찬을 통해 성취감을 느낄 수 있게 해줘야 한다. 두 번째 문장에 있듯이 만약에 개선이 필요한 사항은 정확히 알려준다. 이때 질책이나 힐난을 하는 듯한 인상을 주는 표현은 하지 않는 게 좋다. 마지막 문장도 좋다. 앞서 '못된 피드백'에서는 지시를 수행하는 사람에게 모든 책임을 묻고 있지만, 여기에서는 '상호' 미흡했던 점에 대한 문제점 파악으로 교훈을 습득할 수 있도록 유도하고 있다. 익숙하지 않고 힘들겠지만 이렇게 되어야 한다.

우리 모두 연습이 필요하다. 지시의 방향을 애매하거나 추상적으로 말하거나 자세한 설명이 없이 단순하게 지시를 내리고, 결과가 마음에 들지 않는다고 '무한 수정'에 돌입하는 상사는 직원들의 업무 만족도를 하락시키는 가장 큰 원인이다. 지시를 내리는 위치에 있는 관리자라면 업무지시를 할 때 스스로 맥락과 방향을 알고, 자신이 보고서를 쓰거나 대안을 제시한다면 어떤 형태가 될지 역지사지易地思之의 심정으로 명확하게 설명할 수 있어야 하는 것이다. 부하직원이 자신에게 질문하기를 어려워하지는 않는지, 자세히 길을 알려주는 것보다는 '윽박지르는' 때가 더 많은 것은 아닌지 곰곰이 되돌아보아야 한다. 부하직원이 지시받은 사항에 대해서 과연 '내가 해낼 수 있을까?'를 어느 정도 솔직하게 이야기할 수 있는 분위기를 만들어주어야 한다.[13] 자! 이제 우리에게 필요한 것은 '실행'이다. 일하는 방식을 체계적으로 구축해나감으로써 여러분 직장의 회의, 보고, 지시의 문화가 제대로 실현이 되기를 기대한다. [표 45]와 [표 46]은 이러한 조직문화를 구축하는 데 도움이 될 만한 사례를 소개하고자 한다.

[표 45] 업무지시의 기본원칙 사례

업무지시의 대원칙
"필요하고 타당한 업무만 지시"

지시 준비	지시 수행	지시 모니터링
즉흥적인 업무지시 금지 지시계획서에 의거한 업무지시 계획 수립 – 지시 제목/예상 결과물 – 업무 (공동) 수행자 – 중간 점검일 및 완료일 – 지시자/최종 피보고자 – 보고 방법 – 착안 사항	업무지시시스템 활용 6하 원칙에 의거 구체적이고 명확한 업무지시 업무수행자 경우 수명사항 반복으로 재확인 유선, 구두 수명인 경우 업무지시 시스템에 등록 관리	업무 수행자의 업무수행 능력, 이해도를 고려하여 중간 점검일 설정 중간점검일 정확히 통보 잘된 점, 개선사항 측면에서 피드백 실시

[표 46] 워크 스마트 구축 사례

회의문화 개선	보고, 결재문화 개선
회의 'Only 1' Action "회의는 1시간 이내"	보고/결재 'Only 1' Action "보고서는 1장으로/결재는 1일 이내"
● 회의자료 및 참석인원 최소화 ● 회의자료 1일 전 공지 ● 회의내용 사전 숙지 ● 정시 시작 및 종료 ● 적극적인 의견 제시 ● 회의 결과 1일 내 공유	● 불필요한 보고자료 최소화 ● 텍스트 중심 작성(현란한 장식 지양) ● 보고형식 간소화(구두, 메모, e-mail) ● 전자결재 활성화 ● 명확한 업무지시와 신속한 의사결정 ● 위임 전결 규정 준수

3. 보고서를 잘 쓴다?

"백과장, 이게 뭐야. 술집 작부가 화장한 것 같아! 다시 써와!"

독자 여러분께서는 갑자기 웬 술집 이야긴가 할 것 같다. 이 말은 내가 한 게 아니라 전에 다니던 직장의 공장장께서 입에 달고 다니던 '어록'의 하나이다. 사실 조직에서 일을 한다는 것은 보고서를 쓰면서 시작이 되고, 보고서를 '보고'하면서 완성이 된다고도 할 수 있다.

《대통령 보고서》라는 책이 있다. 보고서의 형식 및 내용의 질적 향상을 목적으로 2007년 대통령 비서실 보고서 품질향상 연구팀에서 청와대 비서실의 보고서 작성법을 소개한 책이다. 제목에서 드러나는 바와 같이 대통령 비서실 자체의 보고서에 대한 문제 인식에서 시작된 이 책에서 보고서는 그저 귀찮고 형식적인 과정이 아닌 '혁신의 기본'이라고 강력하게 주장하고 있다. 비단 공공기관만의 문제는 아니겠지만, 보고서 작성 능력은 효율적인 의사소통과 업무 생산성 향상에 필수적인 요소이며, 중앙 및 지방의 주요한 정책결정은 각종 보고서를 통해 결정됨에도 불구하고, 생산되는 보고서 형식은 구성원의 숫자만큼이나 제각각이며, 보고서 작성과 처리 과정도 현실에 부합하지 않고 있는 상황이었다고 한다.

이 책에서는 보고서 작성의 문제점을 4가지로 제시하고 있다. 맨 먼저 지적하는 것은 바로 보고서의 '기본적인 틀'이 미흡하다는 것이다. 회사 내에서 정한 '표준서식'을 무시한 보고서는 표준에 익숙해 있는 보고서 수요자에게 불편함을 주게 된다. '표준서식'에 맞게 보고서를 작성하는 것이 보고서 작성의 첫 번째 단계임을 잊지 말아야 한다. 표준서식은 가장 이상적인 보고서의 형식과 규칙이다. 글자체, 글자 크기, 줄 간격, 제목 쓰는 법 등이 이에 포함된다고 볼 수 있다. 요즈음은 회사의 규모를 막론하고 기획실 또는 경영지원실 등이 주관이 되어 전사 표준보고서 서식을 연초에 정해서 그대로 시행하는 게 일반화되어 있다.

또한 제목이 너무 포괄적이거나 목차가 보고서의 내용을 제대로 담고 있지 못한 경우에는 보고를 받는 사람이 오판을 할 수밖에 없으며, 보고서의 중요성에 대해서도 인식하지 못하게 된다. 아울러 사소한 오탈자나 맞춤법 실수, 부주의한 시제 사용은 보고서 전체의 신뢰를 떨어뜨릴 수 있으므로 주의가 필요하다. 사소한 오탈자는 바로 그 자리에서 수정해주고 윗선으로 보고를 하라고 했던 부서장이 간혹 있긴 하다. 하지만 이를 믿고 보고서 작성에 심혈을 기울이지 않는다면 큰 낭패가 된다. 이와 더불어 보고서의 내용 구성에 논리적 비약이 있거나 논리전개가 뒤바뀌게 되면 설득력이 떨어지는 정도를 넘어 기본이 안 되어 있다는 평가를 받게 된다.

두 번째로 지적되는 문제점은 바로 내용의 '충실성'과 관련된다. 보고를 받는 대부분의 의사결정자는 바쁜 일정 가운데 매일 수십 건의 보고서를 검토해야 한다. 쓸데없이 긴 보고서나 내용이 장황하고 초점이 명확하지 않은 보고서는 그 사람들 입장에서 읽기에 고역이 될 수밖에 없다. 사전에 충분한 검토과정을 통해 개념 및 내용을 정리하여야 하며, 보고서에는 자신의 주장이 분명히 담겨 있어야 '살아 있는 보고서'라 할 수 있다. 또한 논점과 직접 관련 없는 것을 상세히 설명해서는 안 되며, 유사한 내용을 말만 바꿔 설명하는 것도 피해야 한다. 될 수 있으면 보고서의 각 문장마다 새로운 시각과 정보가 들어 있어야 한다는 생각을 가지고 보고서를 작성해야 한다.

세 번째는 보고서의 '완결성' 문제이다. 기업이나 공공기관에서 보고서는 간단하게 써야 한다는 인식이 널리 퍼져 있다. 그러다 보니 정제된 언어로 압축하는 경향이 있고, 실제로 이것을 잘하면 보고서를 잘 쓴다는 말을 종종 듣기도 한다. 하지만 지나치게 내용을 압축하게 되면 읽으면 읽을수록 궁금증이 유발되는 것도 부인할 수 없는 사실이다. 완결성을 갖춘 보고서란 그 보고서 자체만으로 더 이상 추가적인 보고 없이 의사결정을 할 수 있도록 완성도가 높은 보고서를 의미한다. 따라서 최종 보고 전에 보고받는 사람의 입장에서 의문사항을 체크해 보고, 보고서가 이에 대한 해답을 제시하고 있는지를 철저히 점검하는 자세가 필요하다.

아울러 출처나 근거자료의 제시도 보고서의 완결성과 관련하여 고민해야 할 부분이다. 국가기관이나 공공기관뿐만 아니라 기업에서 작성하는 보고서의 경우도 공신력과 책임이 뒤따른다. 따라서 출처가 분명한 자료를 인용하거나 근거를 제시하는 것은 필수적인 요소이다. 요즘 팟캐스트를 자주 듣게 되는데, 한 팟캐스트에 손님으로 초대된 국회의원 한 분이 연해주에서 농사를 지었던 경험담을 책으로 펴낸 일화를 소개하였다. 그 전까지 존재했던 정부 문서의 근거 없는 출처와 인용, 그리고 이러한 인용문의 재인용으로 낭설에 불과한 자료가 국가 정책수립에 영향을 끼치는 것을 보고 한심하게 생각하여 직접 철저히, 객관적으로 조사하고 이를 책으로 펴냈다는 이야기를 한 적이 있다. 출처가 애매하거나 공신력이 떨어진다고 판단되면 아예 인용을 하지 않는 게 더 낫다. 아울러 보고를 받은 의사결정자는 경험이 풍부하고 해당 분야에 대한 전문지식이 많은 게 일반적이다. 일부 분야나 특정 이슈의 지나친 강조, 다양한 의견이나 관점을 균형적 시각에서 접근하지 않은 보고서는 한계가 나타날 수밖에 없다.

마지막으로는 좀 어려운 이야기이긴 하지만 가장 중요하다고 볼 수 있는 근본적인 '문제의식'의 부재를 제시하고 있다. 모든 보고서는 어떤 상황까지 고려했는지, 문제에 얼마나 근본적으로 접근했는지 등 고민한 만큼 '깊이'가 있다. 단순하게 사례만 나열한다거나, 심도 깊은 분석 없이 현황보고에 머문다면 보고를 받는 '고객'을 만족시킬 수 없다. 아니, 그들은 금방 눈치를 챈다. 또한 보고받는 사람의 입장에서는 보고서를 다 읽고 나서 어떤 조치를 취해야 하는지가 중요하다. 보고를 받은 사람의 지시가 필요한 경우 보고서 본문에 구체적으로 드러내거나, 결론 부분에서 건의내용을 명확히 해야 한다. 애매하고 객관화하기 힘든 부분이지만, 나의 경험에 의해 분명히 말할 수 있는 것은 '고민한 만큼 결재를 더 빨리 끝낼 수 있다'는 것이다. 고민의 깊이가 깊을수록 의사결정 및 사후 업무진행의 속도에도 긍정적인 영향을 미친다.

1) 보고서 작성의 기본원칙

이 책에서는 보고서 작성의 기본원칙을 다음과 같이 프로세스화로 만들어 자세히 제시하고 있다([표 47] 참조). 여러분이 여기에서 제시하는 목표설정 → 자료수집 및 분석 → 보고서 작성 → 보고 및 사후조치라는 절차만 잘 따른다면 아마 조만간 '보고의 달인'이 되어 있으리라 확신한다.

[표 47] 보고서 작성과 처리과정

목표 설정 ⇒	자료수집 · 분석 ⇒	보고서 작성 ⇒	보고와 사후조치
보고 주제 설정	자료수집	개략구성	보고 과정
▼	▼	▼	▼
수요자 선정	자료이해와 분석	초안작성	후속조치
▼		▼	▼
보고 시기 결정		수정과 보완	
▼		▼	
보고서 틀 구상		최종교정	

2) 목표 설정

먼저 '목표 설정'과 관련한 부분부터 살펴보자. 일단 보고서를 작성하는 사람은 보고 목표를 정하고 보고서 구상에 들어가야 한다. 보고서와 관련된 핵심 이슈를 설정하고 그 이슈를 무슨 이유로, 어떤 목적에서 보고하려고 하는지 등의 보고 배경을 명확히 해야 한다.

필자가 요즘 한국 기업의 해외 지사 컨설팅을 많이 하게 되는데, 이들 나라의 보고서를 보면 한결같이 이 부분이 빠져 있다. 왜 내가 이 보고서를 작성하고 있고, 목적이 무엇인지 명확하지 않기 때문에 나를 포함한 주재원들이 항상 이 부분을 강조하고 있다. 가장 중요한 대목이 누락되었기 때문에 뒤에서 아무리 화려한 분석을 하고 개선방향을 제시하더라도 눈에 들어오지 않는 것이다. 아울러 보고서를 누가 읽게 될 것인지, 어디에 사용될 것인지를 판단하는 것도 중요하다. 왜냐하면 보고 대상이 누구인지에 따라 보고서의 내용과 형식, 구체성의 정도, 분량 등을 적절하게 조절할 필요가 있기 때문이다. 최고경영자에게 보고하는 데 100페이지짜리 〈비전 및 전략설정 제안서〉를 보고한다는 것은 보고를 포기하겠다는 것과 다를 바 없다.

수요자가 필요로 하는 최상의 보고 시기가 언제인지를 미리 판단하는 것도 꽤나 중요하다. 보고 시점은 보고서 작성시간만 포함시킬 것이 아니라 보고 과정에 소요되는 시간까지 감안해 여유롭게 설정하는 것이 좋다. 사안의 성격이나 보고를 받는 상급자의 요구와 상황 등을 고려하여 '최적의 시점'을 선택해야 한다. 구두로 간략히 보고하고 나서 수요자의 반응을 감안하여 최적의 보고 시기를 선택하는 것도 하나의 방법이다.

행사계획과 같은 보고서는 행사 전날 보고하는 것이 최적의 시점이라 할 수 있지만, 내용이 많고 참고자료로 올리는 보고서인 경우 필요 시점보다 여유롭게 시간을 두고 보고하는 게 더 좋다. 부득이하게 너무 일찍 보고서를 올렸다면 내용을 추가로 보완해 주의를 환기하는 보고를 한 번 더 하는 것이 좋다.

필자가 두 번째로 재직했던 국내 유수의 전자회사에서 겪었던 일화이다. 앞에서 논의한 것처럼 '고민의 깊이'를 더하기 위하여 팀원들끼리 숙고에 숙고를 더하여 드디어 최고경영자 앞에서 보고를 하게 되었다. 그런데 하필 그날 판매, 생산계획에 큰 차질이 빚어져버린 것이다. 이미 전사 임원진들을 다 호출하고 우리 부서에서도 나름 철저히 프레젠테이션을 준비했지만, 이미 화살은 떠나 버렸고, 사장님은 (그 전 보고 때와는 달리) 시시콜콜 (안 되는 쪽으로) 질문공세가 이어졌던 것이다. 물론 보고를 담당했던 팀장의 대응에도 문제가 있었지만 전체적으로 엉망이 되어버렸던 아픈 추억이 있다. 그 이후로 그 팀은 자천타천 해산되는 운명을 맞이하게 되었다.

일단 보고의 목표가 정해지면 이를 기반으로 보고서 전체의 모습, 즉 빅 픽처Big Picture를 조망해야 한다. 자료수집 이전에 어떻게 주제를 다루고 문제를 풀어나갈 것인지, 보고서 작성 문체는 어떻게 할 것인지, 분량은 어느 정도로 할 것인지 등 전체 보고서의 틀에 대한 구상을 철저히 해야 한다. 아웃풋 이미지Output Image라고도 흔히 이야기하는 부분인데, 보고서의 질을 결정하는 중요한 부분이라 할 수 있다. 보고서를 작성하다 보면 일단 무얼 조금이라도 채우려고 애를 쓰는 자신을 발견하게 된다. 그러지 말라는 것이다. 큰 틀을 설정하고 나아가면 훨씬 수월하게 보고서 작성을 할 수 있다는 것이다. 따라서 다음에 다룰 자료수집과 연동하여 여기에서는 '가설적'으로 접근하는 자세가 필요하다. 즉, 전체적으로 일관된 방향성을 가지려면 '이러이러한 자료가 필요할 것이다'라고 미리 상정을 하고 자료 출처를 명확히 하는 접근법이 매우 유효하다는 것이다.

3) 자료수집 및 분석

다음으로 살펴봐야 할 것은 '자료를 수집하고 분석'하는 방법과 원칙이다. 포털 검색사이트나 사내에 구축되어 있는 인트라넷 등 공개된 자료를 활용하는 게 가장 일반적인 방법이다. 또한 과거에 추진한 사례나 관련부서의 담당자에게 자료를 요청하는 등 조직 내부의 정보를 활용할 수 있다면 보다 쉽게 원하는 자료를 얻을 수 있다.

수집된 자료에 대해서는 자료의 적합성, 출처의 신뢰성, 내용의 정확성 등을 꼼꼼히 확인하여 완전히 이해하고 신뢰할 수 있는 자료만 보고서에 사용해야 한다. 역설적이지만 해당 전문가 수준으로 깊이 이해하게 되면 비전문가도 이해할 수 있도록 쉽게 쓸 수 있는 토대가 된다.

보고서를 작성하면서 은근히 애를 먹게 되는 때가 바로 이때가 아닌가 싶다. 탄탄한 자료를 구하기가 쉽지 않을 때가 간혹 있기 때문이다. 한번은 유럽에서 가장 큰 외국계 컨설팅업체와 같이 일한 적이 있다. 뮌헨으로 출장을 가서 2주 동안 독일 컨설턴트들과 같이 일을 하게 되었는데, 고객에게 보고해야 할 전체적인 윤곽은 나왔는데 채워야 할 기초 데이터가 턱없이 부족한 것이었다. 이럴 경우는 어떻게 해야 할까? 여러 가지 전제조건을 합리적으로 설정한 다음에 가지고 있는 데이터를 가지고 전체적인 보고서 방향을 훼손하지 않으면서 깔끔하게 마무리하는 게 아닌가. 나의 무능력이 마음을 많이 아프게 했지만 독일 컨설턴트들에게 한 수 배웠던 소중한 경험이었다.

마음에 흡족한 데이터를 주어진 시간 내에 확보하는 게 간혹 어려울 때가 있다. 또한 규모가 큰 보고서는 협업을 하는 경우도 있다. 이럴 경우는 위에서 언급한 것처럼 객관성이 저해되지 않는 범위 내에서 확보한 자료를 '적극적'으로 해석하는 지혜가 필요하다. 일반적으로는 독일 컨설턴트들처럼 전제조건을 달고 전개할 수도 있고, 해당 분야의 전문가 의견으로 정량적인 데이터를 대체할 수도 있는 것이다.

4) 보고서 작성

그렇다면 '보고서 작성'은 어떻게 해야 할까? 마치 그림을 그릴 때 스케치를 하는 것처럼 접근하면 된다. 수집된 자료를 기초로 하여 목차를 작성하고 각 목차에 포함될 주요 내용을 개략적으로 작성하는 게 처음 해야 할 일이다. 그런 다음 개략적으로 구성된 보고서에 연관성을 고려하여 문장을 쓰고, 표를 작성하고, 그림을 붙이는 등의 작업을 해야 한다. 필자가 컨설팅을 할 때 항상 강조하는 것이 있다. "장표 한 장을 작성하더라도 작성자의 입장이 아니라 이 장표를 보는 고객의 입장에서 작성해야 한다"고 말이다. 즉 다음과 같은 내용을 자문자답 해보는 것이 중요하다. "보고를 받는 사람이 요구하는 것이나 궁금하게 생각하는 것을 해소할 수 있게 작성했는가?", "보고를 받는 사람이 동의할 만큼 객관적이고 설득력 있게 작성했는가?", "단어나 문장에 불명확한 표현은 없는가?"

배가 산으로 간다는 말이 있다. 보고서 작성에도 이 경구가 적용된다. 한번은 필자가 지도한 프로젝트의 결과를 추진 리더가 임원진에게 보고를 한 적이 있다. 고객 중심의 보고서 작성을 무수히 강조했음에도 불구하고, 담당임원이 "분석내용이 좋은 것 같긴 한데, 무슨 말인지 모르겠다"는 게 아닌가? 본인은 잔뜩 통계적 분석을 해놓고 이걸 자랑하고 싶었겠지만, 보고를 받는 사람은 '그래서 어쨌다는 건가'에 대한 해답을 요구하는 것이다. 항상 강조하는 것이지만 결론 (분석이나 개선의 결과)을 먼저 제시하고, 상세한 내용은 생략하든지 핵심이 되는 부분만 누구나 알기 쉽게 정리해서 간단히 전달하면 되는 것이다. 보고서의 양식은 전달할 내용, 목적에 따라 대상자가 이해하기 쉽게 구성해야 한다. 보고서 양식이 일단 정해지면 중도에 변경하는 것은 힘들다. 양식을 표준화하게 되면 보고서에 들어갈 자료를 작성할 팀원들 사이에 명확한 의사소통을 가능하게 하며, 작업 효율에 큰 영향을 미치게 된다. 자료 작성자들이 각자 자기 방식의 서식을 따를 경우, 나중에 정리할 때의 번거로움은 상상을 초월할 수도 있다.

보고서 설계의 일반적인 원칙은 다음과 같다. 가장 훌륭한 보고서는 추가설명을 따로 하지 않아도 이해할 수 있게 작성된 것으로, 보고를 받는 사람의 눈높이에 맞춰 작성된 보고서라고 할 수 있다. 따라서 전문용어나 어려운 한자, 불필요한 외래어 등의 사용은 하지 않는 게 좋다. 하지만 맥락상 꼭 필요한 때는 괄호로 설명을 덧붙이도록 하자. 보고서 중간에 적절하게 예시나 사례를 제시하고, 그래프나 그림을 사용한다면 보고서를 다채롭고 풍성하게 할 수 있는 장점이 있다. 이 때에도 과유불급過猶不及 즉 너무 지나치게 화려함을 추구한다거나, 너무 많은 색을 넣는다거나, 내용과 관계없는 그림이나 그래프를 삽입하는 등의 작업은 하지 말아야 한다. 그림의 사용은 멋을 내기 위해서가 아니라, 간단명료하면서 의미를 정확히 전달하기 위한 것이다. 일반적인 그림의 사용은 최대한 자제하도록 하자. 하지만 장별로 장 전체의 전개, 말하고자 하는 바를 보여주는 개념도 한 장 정도를 사용하는 것은 바람직하다.

사람의 눈은 '왼쪽에서 오른쪽으로, 위에서 아래로' 향하는 것이 일반적이므로 도표의 배치 및 도표 내 구성도 이에 따르는 게 좋다. 페이지의 가운데를 중심으로 전체적인 구도를 염두에 두고 넉넉하게 구성해야 한다. 시각적으로 어느 한 쪽에 치우치거나, 여백을 옹색하게 사용하지 않도록 한다. 여백이 있다고 해서 무엇인가를 자꾸 추가해서 쓰려고 하지 않도록 한다. '여백의 미'까지는 아니더라도 빡빡한 느낌이 들지 않도록 주의한다. 대부분 장표의 간결성을 해치는 사족일 뿐이다.

수치로 된 표보다는 그림으로 된 표를 사용하게 되면 시각적 효과를 더 높일 수 있다. 다만 어떻게 최대한의 간결성을 유지할 수 있을 것인가는 좀 더 고민을 해야 한다. 같은 수준의 항목이나 요인을 도식화할 때는 다음 순서를 고려한다. 먼저, 수치로 된 데이터가 있다면 크기순으로 배열한다. 수치가 큰 순서, 또는 작은 순서로 배열하여 어느 항목이 전체 중에서 얼마나 비중을 차지하고 있는가를 나타내기도 하고, 상위 수치나 평균과의 차이를 나타낼 수도 있다. 데이터 항목으로서의 규모는 기업, 직위, 능력 등에 따라 배열한다. 예를 들면 삼성, 현대차, LG, SK의 부채 비율이라든지, 부장, 과장, 사원의 만족도 등으로 배열을 하면 좋다.

5) 즉독성, 간결성, 소구성[14]

그림이나 표를 사용할 경우에는 항상 '즉독성卽讀性', '간결성簡潔性', 그리고 '소구성訴求性'을 염두에 두기 바란다. 즉독성이란 시각화 도구를 적절히 활용하여 사실을 즉석에서 이해시키는 것을 말한다. 그림이나 표의 형태로 시각화를 통해 의미하는 바를 신속, 정확하게 보고를 받는 상사에게 전달하여, 보고를 하는 사람과 보고를 받는 사람 모두가 같은 보조로 인식하는 것을 의미한다. 따라서 각각의 수치를 단순 시각화하는 것이 중요한 것이 아니라, 자료 전체의 합리적인 관계가 표현될 수 있도록 해야 하고, 형태가 아무리 간결해도 일반 상식과 다르거나 보고를 받는 사람이 가지고 있는 통상적인 인식 범위를 벗어난 표현은 오해와 거부감을 초래하기 쉽다는 점을 명심해야 한다. 상호 비교를 통해서 기업별 구조조정과 생산성 향상을 보고해야 하는데 막대그래프 대신에 꺾은선 그래프를 사용한다면 오해를 살 수가 있다는 것이다. 또한 이러한 시각화 방식뿐만 아니라, 문장을 기술하는 데 있어서도 보고를 받는 사람이 익숙한 용어를 선택하도록 노력해야 한다. 예를 들어, 기업들은 인원 삭감과 생산성 향상을 병립시켰음을 생산성과 종업원 수의 변화를 통하여 파악하고자 한다. [그림 14]는 언뜻 보면 시계열 분석 도표로 오해하기 쉽다. 생산성과 종업원 수의 변화를 산업별로 비교하기 위한 것인데 말이다. 이럴 경우는 [그림 15]와 같이 표현하는 게 적당하다.

[그림 14] 즉독성 관점의 미흡한 표현

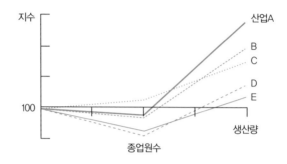

[그림 15] 즉독성 관점의 바람직한 표현

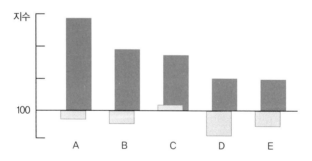

간결성은 핵심 포인트가 쉽게 눈에 띄게 구성하라는 것이다. 보고는 선택과 삭제의 기술이다. 보고를 받는 사람의 주의를 끌기 위해서는 '얼마나 정보를 많이 갖고 있는지'보다 '무엇을 말하고 싶은가?'에 초점을 두어야 한다. 보고서 작성의 포인트는 깔끔한 정리 속에 전달하고 싶은 바가 확연히 드러나고 있느냐이다. 예를 든다면 간결한 도표와 함께 보고서 상단에 있는 메시지도 전체의 흐름에 주의하면서 도표의 핵심, 또는 그 전략적 의미를 간결하게 기술하라는 것이다. '1 Page, 1 Message'라는 원칙이 있다. 전체 논리 구성에 따라 제시할 정보, 자료의 범위를 정하고 메시지와 도표를 일체화시키는 방법이다. 간결성 확보를 위해서 유념해야 할 원칙이라 할 수 있다.

예를 들어, 기술 도입과 공급의 추이를 보여주고 최근에 이르러 기술 도입 체질에서 벗어난 것으로 판단된다는 메시지를 전달하고 싶다면 [그림 16]은 미흡한 것이다. 막대 내부의 색채가 상하 막대의 차이를 나타내고 있지만 쉽게 이해가 되지 않는 면이 있는 것이다.

[그림 16] 간결성 관점의 미흡한 표현

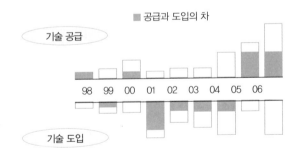

다음 페이지의 [그림 17]에서처럼 추세를 나타내는 두 개의 꺾은선 그래프로 표현을 하고 '최근'의 추세에 변동이 있음을 색깔로 표현하면 한결 간결하면서도 정보 전달에 성공할 수 있을 것이다.

[그림 17] 간결성 관점의 바람직한 표현

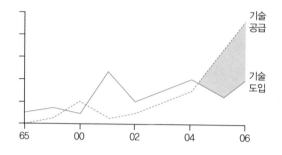

소구성을 가져야 한다는 것은 보고서 한 장 한 장에 강한 호소력과 설득력을 지닐 수 있도록 '정성'을 다한다는 의미이다. 여기서 말하는 '정성'은 전달하고자 하는 메시지와 정확히 일치되는 도표의 형태를 적절히 구사하라는 것이다.

[그림 18] 소구성 관점의 미흡한 표현

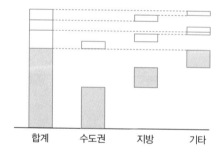

효과적인 보고를 위해서는 보고서 내에서의 도표와 부속 문장이 서로 보완될 수 있도록 해야 한다는 것이다. 추이를 알고 싶은데 원형 그래프를 제시한다면 참으로 난감할 수밖에 없을 것이다. 예를 들어, 메이커별 시장 구성을 파악하고 싶고, 파악한 결과 시장의 75%

는 A사가 점하고 있음을 알려주고 싶을 때 [그림 18]에서처럼 표현한다면 도형 내 색깔이 지점별 식별용으로 사용되고 있을 뿐 데이터 특성에 초점을 맞추고 있는 것이 아니다. 따라서 메시지도 장황해져 도표 작성의 의도가 불분명해지는 결과를 초래하고 있다. 이런 경우에는 [그림 19]와 같이 표현하는 게 소구성 측면에서 훨씬 유연하다고 볼 수 있다.

[그림 19] 소구성 관점의 바람직한 표현

6) MECE

구두로 함께하는 보고서는 즉독성卽讀性이 중요하지만, 보고서만 제출할 경우에는 어느 정도 상세하게 기술記述할 필요가 있다. 앞에서도 잠깐 언급했지만, 최고 경영층에게는 자세한 설명보다는 명확한 논지가 전달될 수 있도록 핵심을 포착하는데 초점을 두는 보고서 작성이 되어야 한다. 하지만 실무적인 작업을 담당하는 중간 계층에게는 관련 분야별로 상세한 설명을 해주지 않으면 구체성 결여에 대해 문제를 제기하거나, 실행을 주저하게 되는 '사고'가 발생할 수 있으니 유념해야 한다.

보고서 작성 시 유용하게 사용할 수 있는 개념이 있다. 바로 MECE[Mutually Exclusive and Collectively Exhaustive]이다. MECE란 세계적인 컨설팅 회사인 맥킨지에서 문제를 해결하는 과정의 선결조건으로 제시하는 개념으로서 '서로 배타적이면서, 부분의 합이 전체를 구성하는 것'을 의미한다. 문제를 구성하는 이슈를 규정할 때 모든 항목들이 별도의 독립적인 특성을 갖는 (즉 서로 배타적인) 목록을 만든 후에는, 그 목록을 통해 문제와 관련된 모든 항목들이 포함되는지(즉 그것이 전체적으로 포괄적인지)를 반드시 확인해야 한다는 것이다. 보고서에 담기는 내용을 체계화, 구조화하려면 혼란과 중복을 피하면서 전체를 볼 수 있어야 한다. MECE는 사고를 최대한 명확하면서도 완벽하게 구조화시킬 수 있는 논리적 사고의 핵심 도구이다.[15]

이 책의 독자 여러분은 아마 어골도[Fishbone Diagram]라는 말을 들어본 적이 있고, 혹은 사용해본 적이 있으리라 생각한다. 우리에게는 '특성요인도'라는 이름으로도 알려진 이 품질관리 도구에는 MECE의 개념이 고스란히 녹아들어가 있다. 다른 게 아니다. 똑같은 것이다. MECE는 보고를 받는 대상에게 보고자가 자신의 입장을 밝히고 논의의 장으로 상대방을 끌어들이기 쉽도록 하는 논리적 사고이다. MECE는 전체 집합을 완전히 논리적으로 분해했다는 판단을 했을 때, 또는 누락이나 중복이 절대 없다고 단언할 수는 없지만 전체적인 맥락에서 보면 큰 중복이나 누락은 없다고 볼 수 있는 경우에는 종료할 수 있다.[16]

보고서를 어렵게 쓰는 것은 쉽고, 쉽게 쓰는 것이 오히려 어려울 수 있다. 보고서를 쉽게 쓰려면 보고서 작성자가 보고 내용을 충분히 이해하고 소화하고 있어야 하며, 보고하는 사람이 이해하지 못한 내용은 보고 받는 사람도 이해할 수 없다는 것을 명심하기 바란다.

7) 보고와 사후조치

마지막으로 '보고와 사후조치'에 대해 알아보자. 여러분은 보고서의 필수항목이 무엇이라고 생각하는가? 보고서 제목과 작성 일자, 작성자 소속 등은 기본적인 정보이자 반드시 있어야 하는 항목이다. 일단 결재가 이루어지면 지시사항을 반드시 챙겨야 한다. 또한 추진 계획, 점검 일정에 따라 이 지시사항의 이행 여부를 확인해야 한다. 보고도 중요하지만 현실적으로 후속조치, 사후관리가 더 중요하다는 것은 주지의 사실이다.

예전에는 누구 하나 챙기는 사람이 없이 그냥 보고만 멋들어지게 하고 업무가 흐지부지되는 경우가 종종 있었다. 사후관리 계획이 없거나 사내 표준화와 연계가 안 되면 틀림없이 이렇게 된다. 소규모 프로젝트의 경우, 개선을 했는데 실제로 효과가 있는지, 표준문서는 개정이 되었는지, 현업에서는 개선된 내용을 알고 있는지 등을 면밀히 살펴보아야 하는 것이다. 대규모 프로젝트의 경우는 이렇게 안 챙길 수는 없겠지만, 업무의 누락이 발생하지 않으리라는 보장이 없는 것이다. 실질적인 업무의 효과는 사후관리와 표준화가 보장한다는 점을 명심해야 한다.

필자가 다녔던 회사나 컨설팅을 했던 일부 업체나 공공기관에서는 결재 보고서를 인트라넷에서 철저히 챙기거나, 시스템에 등록하기도 한다. 이렇게 되면 누가 언제까지 챙길 것인지가 꼼꼼하게 점검이 되

[그림 20] 1매 베스트 사례

작성부서			등급표시	기밀, 대외비, 일반
작성자		작성일	Page	1

1. 추진 개요

구 분		내 용
고객	내부	전 임직원
정의	외부	제품을 거래하는 거래선
고객 요구 사항		변화와 혁신의 현 수준을 정확히 인지하고, 모델 사업장이 되자
핵심 품질 특성		경영혁신 의식수준 평가체계 확립
문제 진술		당 사업장은 전사 경영혁신 성숙도 진단 시 최우수 사업장으로 선정되었으나, 지속적으로 변화하고 개선하지 않으면 타 사업장에 뒤처질 수 있으므로 전 임직원을 대상으로 우리의 수준을 측정하고 개선방안 수립이 요구됨

2. 목표 설정

Y(고객의 혜택)	현재 수준	목표 수준
의식수준 평가체계	평가기준 및 평가방법 없음	객관적인 평가항목 및 평가절차 정립

3. 조사 분석

- 조사 대상: 간부, 사원, 과제 리더 대상 무작위 표본조사 후 설문 실시
- 조사 일정: 9. 15~9. 22
- 설문 문항(75문항): 경영혁신 의식수준(15), 교육(15), 과제활동(15), 관리계획(15), 의사소통(15)

4. 결과 정리(전체 평균 : 3.6점)

구분	조사평점	구분	조사 평점
경영혁신 의식수준	3.8	관리계획	3.7
교육	2.9	의사소통	4.2
과제 활동	3.5	총 점	3.6

[5단계 설문 : 매우 그렇다(5), 그렇다(4), 보통이다(3), 그렇지 않다(2), 매우 그렇지 않다(1)]
- 강점: 의사소통에서 가장 평점이 높음 〉〉 정보 공유가 원활한 것으로 조사되었음
- 약점: 교육에 대한 이해도가 아직까지 부족하며, 사례 및 실습 중심으로 교육전환이 요구됨

5. 향후 추진방안

- 조사결과, 부진한 항목에 대하여는 워크숍을 통하여 개선방안을 도출하여 개선 실시
- 임직원의 VOC를 청취할 수 있는 시스템적인 프로세스를 정립하여 개선활동 추진

6. 사후 관리

- 반기 단위로 설문조사를 지속적으로 실시하여 경영혁신 문화정착에 기여한다(연간 2회).

는 것이다. 실무자 입장에서는 당장은 '고통'스럽겠지만 이러한 노력
이 쌓이게 되면 오히려 업무의 효율성을 증대시키는 긍정적인 효과
가 크게 된다.

8) 사례 연구

필자가 예전에 다니던 직장에서는 업무간소화 차원에서 〈1매 베
스트〉 운동을 벌인 적이 있다. 무슨 이야기냐 하면, 그 당시 폭풍처
럼 밀어닥쳤던 6시그마의 로드맵을 활용하여 전사 보고서를 한 장
으로 요약 정리하여 보고하라는 것이었다. 요약하는 데에는 나름 강
점이 있다고 생각했던 나뿐만 아니라 모든 조직 구성원들이 애를 먹
었던 기억이 새롭다. 그렇지만 이를 달리 생각해보면 이러한 훈련을
통해 생각을 정리하고 논리적으로, 목표의식을 가지고, 사후관리까
지 고려하면서 보고서를 작성할 수 있다는 아주 좋은 경험을 했었던
것이다. [그림 20]을 통해 그 사례를 살펴보도록 하자. 일반적인 보
고서에서는 볼 수 없는 게 있다. 고객에 대한 명확한 정의와 목표의
추구가 바로 그것이다. 또한 사후관리에 대한 부분도 눈여겨볼 대목
이다.

성공적 변화와 혁신을 위한 제언

"노란 숲길에 길이 두 갈래로 났었습니다/ 나는 두 길을 다 가지 못하는 것을 안타깝게 생각하면서/ 오랫동안 서서 한 길이 굽어 꺾여 내려간 데까지/ 바라다 볼 수 있는 데까지 멀리 바라다 보았습니다 … 훗날에 훗날에/ 나는 어디선가 한숨을 쉬면서 이야기할 것입니다/ 숲 속에 두 갈래 길이 있었다고/ 나는 사람이 적게 간 길을 택하였다고/ 그리고 그것 때문에/ 모든 것이 달라졌다고"

위 시는 미국의 시인 로버트 프로스트 Robert Lee Frost(1874~1963)의 〈가지 않은 길〉을 수필가 피천득 선생이 번역한 것이다. 유명 정치인이기도 한 유시민 작가, 박원순 서울시장 등이 언급하여 유명세를 탄 시이기도 하다. 나는 이 시가 변화와 혁신을 바로 앞에 둔 여러분이 깊이 새겨 두어야 할 금언이지 않을까 생각해본다. 변화와 혁신을 통해 누구도 가지 않았던 새로운 길을 꾸준히 고민하는 자만이 생존할 수 있지 않을까?

바야흐로 변화와 혁신의 시대이자 창조의 시대이다. 나는 이 책을 통해서 (기업뿐만 아니라 공공기관, 학교 등의) 현업에 종사하는 우리 모두가 궁금해 하는 '변화'와 '혁신'이라는 화두를 검증된 이론과 다양한 그동안의 경험을 통해 독자 여러분에게 보여주고자 하였다. 비록 미진하지만, 왜 변화를 해야 하는지, 변화를 관리한다는 것은 과연 무엇을 말하는 것인지를 알아보았고, 이러한 변화관리를 추진하는 데 있어서의 장애요인 및 해결 방안을 나름대로 모색해보았다.

그리고 지금까지 알려진 여러 변화관리 추진 모델 중에서 가장 널리 쓰이는 모델 몇 가지를 여러분과 함께 공유하였다. 이를 토대로 필자가 그동안의 회사 경험과 컨설팅 경험을 종합하여 경영사상가들이 제시하고 있는 '단계'별 접근보다는 '통합'적인 모델을 여러분에게 제시하고자 하였다.

먼저 왜 이러한 변화관리를 (해야만) 하는 것인가에 답으로서 인지 → 태도 → 행동의 단계적 발전에 따라야 할 것을 제안하였다. 또한 무엇을 할 것인가What to do, 어떻게 전개할 것인가How to do에 대해 진정성, 동기부여, 소통, 그리고 회의, 보고, 지시문화 등의 키워드를 중심으로 여러분에게 보다 광범위하게 사례를 소개하였다. 특히 그동안 따로따로 논의되거나 (소통, 동기부여 등) 아예 취급이 되지 않았던 (진정성, 회의/보고/지시 문화 등) 주제들은 연계하여 통합적으로 제시함으로써 조직 내에서 실무적으로 움직여야 하는 구성원들에게 많은 도움이 될 수 있기를 기대하고 있다. 이 책 전반에 걸쳐 졸저《MBBBB를 위한 Six Sigma Bible(운영편)》에서 제시하였던 변화관리 추진 사례를 대폭 보강하여 적재적소에 배치함으로써 변화와 혁신을 현업에 적용하고자 하는 여러분들에게 작으나마 도움을 줄 수 있도록 구성하였다.

생물학자 윌리엄 해밀턴이 1964년 내놓은 유명한 논문[1]에서 주장했듯이, 개미집단의 사회적 응집력은 흥미롭게도 그들의 유전적 특질과 관련된다. 인간은 형제들과 평균 절반 정도의 유전자를 공유하는 반면, 한 집단을 이루는 개미 형제들은 유전자의 4분의 3을 공유한다. 그러한 유전자 공유는 종족 보존에 대한 더 높은 관심을 의미하고, 부모와 자식보다 훨씬 더 밀접한 관계를 의미한다. 공동의 '유전적 배'를 탔다는 사실은 더 원활한 협동으로 이어진다.[2] 유전자 묶음이든 밈 묶음이든 한 배를 탄 그 무엇은 생산적 협동을 위해 행동하지 않으면 함께 죽는 경향이 있다. 유전자의 경우 그 배는 하나의 세포이거나 다세포 유기체일 수 있고, 가족과 같이 더 헐거운 집단일 수 있다. 밈의 경우 그 배는 큰 사회집단인 마을, 부락, 국가, 종교 등이 될 수 있다. 따라서 유전적 진화는 원활하게 통합된 유기체를 창조하고, 문화적 진화는 원활하게 통합된 유기체 '집단'을 창조한다.[3]

지금은 경영학의 고전이 된 논문 〈The Discipline of Innovation〉에서 피터 드러커는 혁신의 원리 중 하나로 "변화를 감지하라Changes in Perception"고 강조하고 있다. 반 컵의 물잔이라는 동일한 현상을 보면서 컵이 반 차 있는지, 아니면 반이 비었다고 인식하는지에 따라 변화와 혁신의 기회는 크게 달라진다는 것이다. 인식이 변한다고 해서 곧바로 사실을 변화시키지는 않지만, 아주 빠르게 그 의미를 변화시키는 속성을 가지고 있으며 이를 혁신의 기회로 활용할 수 있는 것이다. 깨어 있는 경영자나 혁신 주도자라면 이를 눈여겨봐야 할 것이다.[4] 포드사의 최고경영자였던 윌리엄 클레이 포드는 "혁신은 기업의 미래를 가리키는 나침반과도 같다. 이제 포드의 핵심 전략은 혁신이다"라고 했으며, 마이크로소프트의 최고경영자였던 스티브 발머는 "고객을 만족시키고 경쟁사를 이기는 유일한 해법은 혁신밖에 없다"라고 혁신의 의미를 강조하고 있다.[5] 기업을 성장시킬 수 있는 본질적인 원동력은 바로 혁신이다. 혁신을 통해 조직을 더욱 개선하고 새롭게 만들 수 있는 것이다. 따라서 이러한 본질적 성장을 위해 조직의 리더들은 지속가능하고 탄력적인 역량과 조직문화를 만들어나가는데 주력해야 한다. 그 속에서만 혁신이 가능하기 때문이다.[6]

'Passion without System, System without Passion'이라는 말이 있다. 열정과 체계적인 일처리 방식이 효율적으로 결합되어야 최고의 성과, 최고의 변화, 최고의 혁신을 이루어 낼 수 있다는 말이다. 여러분에게 열정은 어떤 모습으로 발현되는가? 이 책에서 제시하는 다양한 모델이나 방법론은 일종의 일하는 방법, 즉 시스템을 구축하는 것이라고 할 수 있다. 이제는 이 시스템에 여러분의 열정을 탑재할 시간이 된 것이다. 《전략적 의사결정을 위한 문제해결 툴킷》의 편저자인 노구치 요시아키는 다음과 같이 열정과 시스템을 좀 더 문제해결에 적합하게 표현하고 있다. "뛰어난 능력을 발휘하려면 마인드나 스킬 어느 한 쪽만 갖추어서는 안 되며, 반드시 마인드와 스킬 모두를 갖추어야 한다. 이때 어느 한 쪽이 제로가 되면 전체가 제로가 되며, 수치적으로는 마인드 쪽이 더 큰 비중을 차지한다. 그렇다면 어떤 식으로 능력을 향상시킬 것인가? 그것은 바로 마인드는 사고로, 스킬은 도구로 대치"시켜야 한다고 하면서 '능력(기술)=사고×도구'라는 해법을 제시하고 있다.[7]

독수리는 평균 수명이 인간과 비슷하다고 한다. 그 이유는 늙음과 죽음이라는 문턱에서 독수리가 스스로 새 삶의 문을 열기 때문이다. 독수리가 30년쯤 살게 되면 부리가 목을 찌를 정도로 자라나고 깃털이 무거워져 날지 못하게 되어 생사의 기로에 선다. 하지만 이때 독수리는 6개월 정도 먹는 것도 포기하고 높은 산의 암벽에 부리를 쳐 깨뜨리는 '아픔의 시간'을 견뎌낸다고 한다. 새 부리가 돋아나면 무거워진 깃털을 뽑아내고, 새 깃털이 자랄 때까지 참으로 힘든 고통의 과정을 견뎌내야 한다. 이 고통과 인내의 과정은 독수리에게 새로운 생명을 약속하는 것이다.[8]

자! 이제 준비는 되었다. 변화가 무엇이고, 왜 이것을 관리해야 하는지도 알게 되었다. 다양한 사례와 경험을 통해 자신감도 한층 높아진 상태이다. '즉시 한다. 반드시 한다. 될 때까지 한다.' 일본전산의 행동지침이라고 한다. 변화와 혁신을 위한 무기를 장착했다면 이제는 실행이다. 여러분의 조직이 변화의 기로에 서 있다면 여기에서 제시하고 있는 방법론을 적용해보기 바란다. 독자 여러분 모두 원하는 목표를 성취하기를 간절히 바라는 마음이다.

들어가며

1. 안타깝게도 우리나라 대중음악에 대한 소개는 별로 없다.

2. 이어령, 2009: 198

3. 포사다, 싱어, 2009: 80

4. 마이클 샌델의 《정의란 무엇인가》에서 말하는 정의Justice와는 다르다.

5. 개리 해멀이나 존 코터는 확실히 나를 모를 것이고, 피터 드러커는 이미 고인이 되었다.

제1장

1. 선스타인, 2013

2. 통상 영미권으로 유학을 가게 되면 전공을 막론하고 에세이라고 부르는 소규모 논문을 지속적으로 쓰고, 이를 통해 과목에 대한 평가를 받게 된다.

3. 예를 들면 TPM이라든지 TPS 또는 Six Sigma 등은 기법이자 곧 그 회사의 경영 혁신 자체이기도 하다.

4. 중앙일보(2012년 1월 6일자 경제면 기사)

5. 천대윤, 2008b

6. Lawrence, 1969

7. 천대윤, 2008b

8. 라빈스, 2008

9. 식스 시그마, VE, Workout, 벽 없는 조직 등의 개념이 모두 GE에서 나왔고, 최

근에는 창조성 및 TPS(Lean) 사상을 혁신에 접목하고 있다. GE에서 굉장히 유연하고 지속가능한 경영혁신이 끊임없이 일어나고 있다는 것은 틀림없는 사실이다.

10. 19세기 말 이후 과학자들에 의해 점진적으로 끓는 물 안에서 과연 개구리가 어떤 행동을 보일 것인가에 대해 많은 실험이 있었지만, 결과가 제각각이어서 여기서는 비즈니스에서 일종의 비유로 쓰이고 있음을 표현하고자 하였다.

11. 이제는 널리 알려진 혁신 10계명은 다음과 같다. ① 5%는 불가능해도 30%는 가능하다 ② 한 방에 끝내자 (주먹밥 사고) ③ 큰 덩치'를 잡아라 ④ 조직을 파괴하라 ⑤ 실천하는 것이 힘이다 ⑥ 'No' 아닌 '대안' ⑦ '나' 아닌 '우리' ⑧ 자원유한 지무한 資源有限 智無限 ⑨ Early Innovation ⑩ 과수원 패러다임을 배워라.

12. 이명재, 2004

13. 정호승, 2013에서 재인용

14. 이지훈, 2010

15. 이승창, 2008

16. 코터, 2003

17. 이명재, 2004

18. 해멀, 2009

19. 이지훈, 2010

20. Total Productive Maintenance의 약자, 전사적 설비보전으로 번역한다. 이하 TPM

21. Kotter, 1995

22. 이승창 외, 2008

23. 이승창 외, 2008

24. 이명재, 2004

25. 사전적으로는 '진취성; 결단력, 자주성'이라는 뜻과 함께 '(특정한 문제 해결, 목적 달성을 위한 새로운) 계획'의 의미가 있다. 여기서는 후자의 의미가 강하다.

제2장

1. 드로스테크, 2004

2. 코터, 2002

3. 진단 및 평가는, 워낙 방대하고 양이 많기 때문에 이 책에는 싣지 않았다. '혁신의 생태학 시리즈'의 다른 책자를 통해 집중적으로 소개할 예정이다.

4. 김인숙, 2002

5. 김인숙, 2002

6. 이승창 외, 2008

7. 박민수, 2007

8. 이는 앞서 소개한 [그림 2]의 변화관리 곡선과 유사하다.

9. 코터, 2003

10. 하버드 경영대학원, 2004

11. 하버드 경영대학원, 2004

12. 박민수, 2007

13. 회사에서 이루어지는 평가(고과)는 일반적으로 업적평가와 능력평가로 이루어진다. 능력평가는 구성원의 자질에 대한 정성적 평가이고, 업적평가는 각 구성원이 약속한 지표를 달성했는지 여부를 가지고 평가하게 된다.

14. 예를 들면, 평가 비율에 대한 사전 공감대 형성, 혁신활동에 대한 적극적인 지원약속 등이 여기에 해당한다.

제3장

1. 코터, 2002

2. 황인경, 2004

3. '학습된 무력감'은 마틴 셀리그만이 '유기체가 자신의 환경을 통제할 수 없게 되면 그 결과로 통제하려는 시도를 포기하는 것을 학습한다'고 주장하면서 처음 세상에 알려지게 되었다. 원래 실험실에서 우리에 개를 넣고 개가 피할 수 없다는 것을 학습하게 되어 나중에는 전기충격을 피할 수 있는 상황에도 피하려 하지 않는 실험결과에서 나온 것이다. 이후 인간을 대상으로 광범위하게 연구가 이루어졌으며, 그 연구 결과는 종을 초월하여 일반화 될 수 있음을 입증하였다.

4. 한상엽, 2006

5. 셜, 2003

6. 이 내용은 제4장에서 변화관리 추진 모델 중 GE의 CAP을 소개하면서 다시 한 번 강조하여 설명하고 있다.

7. 진종순, 2007

8. 장해순 외, 2007; 이동배, 2008

9. 김종관, 변상우, 2003

10. Lawrence, 1969

11. 한주희, 1999;Lawrence, 1969

12. 박민수, 2007

13. 한주희, 1999

14. 한주희, 1999

15. 한주희, 1999

16. 웰치 외, 2005

17. 삼성그룹 홈페이지 보도자료(2013년 4월 8일 접속)

18. 한주희, 1999

19. 이 사례들은 제8장 「소통」 편에서 보다 자세히 다루고 있다.

20. 포드사는 1990년대 들어 격화되는 글로벌 경쟁에 앞서나가기 위해 조직 혁신
    이 무엇보다 중요함을 깨닫고 현장의 능동적인 변화를 이끌어내기 위한 방법
    의 일환으로 개발하였다. 이 프로그램은 약 3,000명의 중간관리자들이 조직
    내에서 변화를 시도하고, 보다 효과적으로 리더십을 발휘할 수 있도록 설계되
    었다. 특히 실제 작업, 영업 현장에서의 혁신으로 이어질 수 있도록 하는데 많
    은 주안점을 둔 것으로 알려져 있다(이병찬 외, 2005).

21. 이병찬 외, 2005

22. 이윤미 외, 2008

23. 보다 자세한 내용은 손욱(2006)을 참조하기 바란다.

24. 내들러, 2001

25. 이동배, 2008

26. Lawrence, 1969

27. 오춘백, 2010

28. 따라서 구체적인 실행계획, 책임과 권한의 분배는 찾아볼 수 없었다.

29. 오춘백, 2010

30. 행정자치부, 2005

31. 오춘백, 2010

32. Lawrence, 1969

33. 코터, 2002

34. 코터, 2003

35. Lawrence, 1969

36. 원래 이 용어가 처음 소개된 곳은 다음 논문이다. Camerer, Colin; George Loewenstein & Mark Weber (1989). "The curse of knowledge in economic settings: An experimental analysis". Journal of Political Economy 97: 1232~1254. 일종의 '인지적 편향'을 일컫는 심리학 용어이다. 이 개념은 소통에서 중요한 부분이기 때문에 제8장에서 다시 한 번 자세히 설명하고 있으니 참조하기 바란다.

37. 이 부분은 제8장에서 '경청'이라는 주제로 다시 한 번 강조하여 설명하고자한다.

38. 조선일보(2009년 10월 17일)

39. 안타깝게도 이 현상은 아직도 자주 목격된다. 특히 외국 현지법인 담당자를 대상으로 컨설팅을 진행할 경우 "이메일 보냈는데요?"라는 말을 굉장히 많이 듣는다. 자기는 이메일을 보냈으니 '소통'을 다 했다는 투다. 컨설팅을 진행하면서 가장 듣기 싫은 말 중 하나이다. 참으로 중요하면서도 간과하기 쉬운 대목이다.

40. 제리슨, 2008

41. 행정자치부, 2005

42. 이동배, 2008

43. Lawrence, 1969

44. 정진홍, 2006:8

45. 유영만, 2008:30~31

제4장

1. 이외에도 변화관리 추진 모델로는 〈내들러의 5단계 변화관리 모델〉, 〈제리슨의 변화의 J곡선〉, 〈하이아트의 ADKAR 모델〉, 〈베카드와 해리스의 변화방정식〉, 〈허친스의 조직변화 4단계 모델〉 등이 있다. 이에 대한 자료가 필요한 독자 여러분께서는 언제든지 연락을 하기 바란다.

2. 국내에 소개되는 책이나 사내 매뉴얼 등을 보면 대개 3단계를 재결빙(Refreezing) 으로 해석하고 있는데, 원문을 보면 Freezing으로 표현하고 있음을 알 수 있다.

3. Tuckman, 1965

4. 이 모델은 위키피디아를 참조함(http://en.wikipedia.org/wiki/K%C3%BCbler-Ross_model)

5. 황인경, 2004

6. 코터, 2003

7. 사실 존 코터의 변화관리 8단계를 보면 항상 닭이 먼저냐, 달걀이 먼저냐에 대한 생각을 하곤 한다. 왜냐하면 이 이론이 제시되기 전에도 8단계에 맞게 변화와 혁신을 추진해왔던 것으로 기억되고, 또 다른 한편으로 생각해보면 이 이론이 제시되면서 본격적으로 우리나라에 '변화관리'와 경영혁신이 화학적으로 결합되었다고 생각하기 때문이다.

8. 김종관, 2008

9. 김종관, 2008

10. 김종관, 2008

11. 그 다음 해에는 임원들의 연봉 반납식을 거행하였다. 물론 연말에는 (다행인지, 불행인지) 아무런 일도 발생하지 않았다.

12. 회사에 따라서는 비상경영, 긴축경영, 위기경영 등으로 불리고 있다. 엄밀히 말하자면 코터의 1단계와 연계되는 것은 위기경영이라 할 수 있다. 불확실성이 증대할 때 기업의 연속성을 유지하기 위해 전사적 위험요소에 대해 자체의 프로세스로 관리하는 경영을 말한다.

13. 도요타에서는 2000년대 초에 '생존을 위한 미래위기 대비'를 강조하면서 엄청난 흑자를 내면서도 '임금 동결'을 유지하는 '안정적인 위기경영'을 했었고, 삼성전자는 전 직원이 지켜보는 가운데 불량 휴대전화를 모조리 불태우는 등 과감한 혁신을 통해 '세계 1등 제품을 만들겠다'는 뚜렷한 목표의식이 현재의 위기의식으로 내재화하려 했던 것이다.

14. 존 코터는 리 아이아코카, 샘 월튼 그리고 루 거스너를 예로 들고 있다

15. 웰치 외, 2005

16. 잘된 비전과 잘못된 비전에 대한 예시는 코터(2002) 113~115쪽에 자세히 나와 있다. 비전은 일단 간단명료하고 전달이 쉬워야 한다는 점에서 그의 책에서 제

시된 사례에 선뜻 긍정의 한 표를 던지기는 어렵다는 게 나의 생각이다.

17. 코터, 2002에 필자의 사례를 추가하고, 강조 표시를 하였다.

18. 그 때 '선언'한 비전에 대해서 간략히 소개하면 다음와 같다. "진정한 용기로 비전을 열어 가는 우리는, 자신과 남에게 정직하고 성실합니다(Integrity), 변화와 혁신을 멈추지 않습니다(Ever Changing), 제품과 프로세스, 시스템의 품질을 6σ 수준으로 높여 고객요구에 철저히 서비스합니다(Customer), 전체를 먼저 생각하고 주도적으로 협력합니다(Team Player), 기본에 충실하며 타인의 성공을 돕는 진정한 프로입니다(Professionalism)."

19. 이윤미 외, 2008

20. Yukl, 2006

21. 강호영, 2011

22. 고호석, 2010

23. 도요타의 기업문화에서 중요시되는 7가지 습관은 다음과 같다(시바타 마사하루, 가네다 히데하루 2001, 심상범, 2009에서 재인용). ① 상대방의 이야기를 잘 듣는 습관을 가지고 있다 ② "무엇이 문제인가"를 생각하는 습관을 가지고 있다 ③ 격려하고 제안하는 자세를 가지고 있다 ④ "어떻게 하면 이길 수 있을까" 하고 지혜를 짜내는 습관을 가지고 있다 ⑤ 언제나 네트워크로 일하기 때문에 서로 의논하는 자세를 가지고 있다 ⑥ 현장, 현물주의가 철저하다는 의미에서 사실에 바탕을 두는 습관이 있다 ⑦ "우선 해보자" 하는 습관이 있다.

24. 심상범, 2009

25. 이 업체에서는 꼭 성공만 했던 것은 아니다. 초기에 너무 강력히 혁신을 기업문화로 정착시키려는 최고경영진의 요구를 수용하지 못하고 결국 실패한 경험도 가지고 있다.

26. 울리치와 커, 2002

27. 에케스, 2003에서 응용

28. 에케스, 2003에서 응용

29. 이 부분은 제8장 '소통'에서 자세히 다루고 있으니 참조하기 바란다.

30. 이 부분은 제3장에서 '저항에 대한 효과적 가이드라인'이라는 주제로 논의된 적이 있으니 참고하기 바란다.

31. 국내 유수의 논문 데이터베이스에서 '변화관리', '변화경영'이라는 키워드로 검

색해보면 주로 국내 대기업에서 적용했던 사례나 특정 업종(예를 들면, "변화관리 측면에서 본 L화학 기술연구원의 오픈 이노베이션 추진 사례")에서 특정한 변화관리의 수단이(예를 들면, "호텔기업의 ERP 사용자 특성과 변화관리가 혁신저항에 미치는 영향에 관한 연구") 영향을 끼치는 정도를 논문화한 자료가 대부분을 차지하고 있음을 알 수 있다. 이 부분에 대한 메타분석도 필자의 주요 관심대상이다.

32. 황인경, 2004

제5장

1. 황인경, 2004
2. 신동엽, 2012.
3. 해당 사이트는 다음과 같다. "30대 그룹 신년사 대해부… '경영 · 성장 · 위기 '키워드" http://www.newspim.com/view.jsp?newsId=20150107000119
4. 한상엽, 2006
5. 임수연, 1998
6. Wessells, 1995
7. 브리태니커 편찬위원회, 2014
8. Wessells, 1995
9. 임수연, 1998
10. 브룩스, 2011
11. Tversky, Kahneman, 1981
12. 브룩스, 2011
13. 애리얼리, 2008
14. 미디어 오늘(2014년 8월 28일)
15. 카너먼, 2012
16. 하정민, 2013
17. 브룩스, 2011
18. 카너먼, 2012
19. 고슬링, 2008
20. 도벨리, 2012
21. 정은주, 2013

22. 파운드스톤, 2011

23. 윤혜숙, 2005

24. 김범열, 2002

25. 브룩스, 2011

26. 브룩스, 2011

27. http://terms.naver.com/entry.nhn?docId=2066047&cid=42107&categoryId=42107

28. 피그말리온은 그리스 신화에 나오는 뛰어난 조각 기술을 가진 인물이다. 여성에게 이상하리만큼 관심을 가지지 않고 냉담하던 그는 자신이 만든 여자 조각상을 너무나 사랑한 나머지 신에게 조각상에 생명을 불어넣어 주기를 간청하기에 이른다. 그런 그의 간절한 소망에 감동한 신은 결국 그의 소원을 들어주게 된다. 피그말리온 효과는 이 신화에 나오는 이야기처럼 어떤 대상을 향한 기대가 넘쳐 그 대상을 향해 열과 성을 다하다 보면 심지어 조각상까지도 생명을 가질 수 있는, 그 원하는 기대가 실현되는 것을 말한다.

29. 한국교육심리학회, 2000

30. 브룩스, 2011

31. 탈러, 선스타인, 2009

32. 크리스토퍼 시, 2011

33. 그의 책이 두세 권 나와 있는데 출판사마다 이름이 다르다. 세일러라고도 쓰여 있고, 탈러라고 쓰여 있기도 하다. 독자 여러분께서는 혼동이 없기 바란다.

34. 세일러, 2007

35. "이름 없는 과잠 = 학벌주의 그림자", 한국일보(2015년 7월 1일)

36. 신병철, 2013

37. 신병철, 2013

38. 이계평, 2011

39. 이외수, 2004

40. 범상규, 2013

41. 이윤미 외, 2008

42. 강호영, 2011

43. 김인수, 2013

44. 브룩스, 2011

45. 김인수, 2013

46. 김인수, 2013

47. 하정민, 2013

48. 범상규, 2013

49. 도벨리, 2012

50. 조직 구성원이 조직 내 제도의 목적과 취지를 잘 이해하고, 제도몰입, 제도
만족, 제도에 대한 심리적 주인의식을 통해 내재화하는 것을 의미함(김진희,
2007).

51. 주석 50과 같은 논문, 2007

52. 황인경, 2004

53. 김진희, 2007

54. 칙센트미하이, 2007

55. 이지훈, 2010

56. 이지훈, 2010

57. 랭어, 2011

58. 보시디, 2004

59. 탈러, 선스타인, 2009

60. 그는 분석의 한계점을 3가지로 말하고 있다. 첫째, 중요한 사실을 발견하는 데
는 분석이 필요 없는 경우가 많다는 것이다. 둘째, 분석 도구는 급변하는 상황
에 적용하기에는 한계가 있을 수 있다는 점이다. 셋째, 동기부여라는 용어 자
체가 감정과 관련된 단어라는 점에서 정확한 분석만으로는 사람들에게 강력한
동기부여를 하기 힘들다는 것이다(코터, 2003: 35).

61. 립잇업rip it up은 뜯어내거나 찢어버린다는 뜻으로, 무언가를 완전히 새롭게 바
꾸도록 요구할 때 쓰이는 아주 강력한 표현이다.

62. 랭어, 2011

63. 디그래프, 2007

제6장

1. 존메디나, 2009

2. 시사인 367호, 2014.9.27., "PD가 읽어낸 PD, "예능의 최종 형태는 아마도 〈인
   간극장〉?" http://www.sisainlive.com/news/articleView.html?idxno=21316

3. 박성희, 2010

4. 정동일, 2011

5. 베니스, 2003

6. 박성희, 2010

7. 이미영 외, 2012

8. 김명수 외, 2012

9. 우리에게는 욕구 5단계설로 알려진 애이브러햄 매슬로가 대표적인 학자이다.

10. 정동일, 2011

11. 정동일, 2011

12. 박서영, 2007

13. 웰치, 2005

14. 박서영, 2007

15. 김명수 외, 2012

16. 이지훈, 2010

17. 하영원, 2012

18. 최근 AVIS사는 "It's Your Space"로 슬로건을 바꿨다.

19. 이세나, 2011

20. 챔피, 2009

21. 길모어 외, 2010

22. 길모어 외, 2010

23. 챔피, 2009

24. 신동엽, 2010

25. 최순화, 2013

26. 김상훈, 2011

27. 이세나, 2011

28. 김상훈, 2011

29. 웰치 외, 2005

30. 과연 아이폰이 최초의 스마트폰이었는지에 대한 논쟁은 여기서 하지 않기로

한다.

31. 김상훈, 2011

32. 김상훈, 2011

33. 무슨 이유인지는 모르겠으나 우리나라에는 아직 도입이 안 되고 있다. 우리나라에 있는 〈프리스비〉라고 하는 판매처와는 차원이 다르다. 지니어스바를 통해 최상의 서비스를 서구는 물론 중국, 일본의 아이폰 고객은 받고 있다.

34. 최순화, 2013

35. 김상훈, 2011

36. 김상훈, 2011

37. 허지성, 2009

38. 길모어, 2010

39. 김상훈, 2011

40. 최순화, 2013

41. 김상훈, 2011

42. 박종하, 2015

43. 길모어 외, 2010

44. 김상훈, 2011

45. 챔피, 2009

46. 길모어 외, 2010

47. 신동엽, 2010

48. 정동일, 2011

49. 신동엽, 2010

50. 한봉주, 2013

51. 신동엽, 2010

52. 정동일, 2011

53. 박서영, 2007

54. 박서영, 2007

55. 김명수 외, 2012. 일반적으로는 짐 콜린스가 제시한 리더십의 다섯 번째 단계는 '서번트 리더십'으로 해석하지만, 나는 이 논문의 논지에 동의하는 바이다.

56. 정동일, 2011

57. 박서영, 2007

58. 정동일, 2011

59. 박서영, 2007

60. 박서영, 2007

61. 정동일, 2011

62. 반 헤케, 2010

63. 김호, 2011

64. 최순화, 2014

65. 김호, 2011

66. 신동엽, 2010

67. 김명수 외, 2012

68. 정동일, 2011

69. 김명수 외, 2012

70. 정동일, 2011

71. 정동일, 2011

72. "침 뱉은 거 잘 먹었어?", 동아일보(2013년 8월 13일)

73. 최순화, 2013

74. 김명수 외, 2012

75. 최순화, 2014

76. 신동엽, 2010

77. 송복 외, 2006

78. 웰치 외, 2005

79. 김선우 2012

80. 송복 외, 2006

81. 최순화, 2014

82. http://www.huffingtonpost.kr/2014/10/25/story_n_6046052.html

83. 최순화, 2014

제7장

1. 10개는 다음과 같다. ① What Really Motivates Workers, ② The Technology

That Can Revolutionize Health Care, ③ What the Financial Sector Should Borrow, ④ Getting the Drugs We Need, ⑤ A Market Solution for Achieving "Green", ⑥ A Faster Path from Lab to Market, ⑦ Hacking Work, ⑧ Spotting Bubbles on the Rise, ⑨ Creating More Hong Kongs, ⑩ Independent Diplomacy

2. 강호영 외, 2011

3. 강호영 외, 2011

4. 이임정 외, 2006

5. 강호영 외, 2011

6. 강호영 외, 2011

7. 데시 외, 2011

8. 서덜랜드, 2008

9. 이지훈, 2010

10. 드러커 외, 2000

11. 이지훈, 2010

12. 원래는 미국의 금주시대(1920~1933)에 행해졌던 밀주제조를 의미하였고, 20세기 후반에는 불법으로 만들어지고 유통되던 음반을 의미하였다. 하지만 3M에서는 '딴 짓'을 하는 시간이다. 유일한 조건은 연구자들이 자신의 아이디어를 동료들과 '테크포럼'을 통해서 공유해야 한다는 것이다. 1974년 종이제품 부서 기술자 아서 프라이는 동료가 공유했던 '무능했던 풀'을 지루한 예배시간 공상에 잠기다 '포스트잇'을 생각해 냈다고 한다.

13. AT 커니, 2005

14. 강호영 외, 2011

15. 이지훈, 2010

16. 아마빌, 2010:216

17. 아마빌은 이를 4단계로 제시하고 있다. 1단계는 문제를 확인하는 단계, 2단계는 준비하는 단계, 3단계는 답을 도출하는 단계, 마지막 4단계는 답을 검증하고 전달하는 단계이다.

18. 아마빌, 2010:219~220

19. "이계안 2.1연구소 이사장 겸 동양피엔에프 회장, 경영·정치 넘나든 '컨버전

스 맨', 포춘코리아(2015년 2월호)

20. 와이스버그, 2009

21. 핑크, 2011

22. 헤이스케, 2008

23. 드 보통, 2009

24. Amabile & Kramer, 2010

25. 하지만 역설적이게도 설문에 참가한 대부분의 관리자들은 동기부여 효과가 가장 낮은 요인으로 '업무 진전'을 꼽았다.

26. 강호영, 2011

27. 김현기, 2010; 신유근, 1997; 강호영, 2011

28. 이지훈, 2010

29. 칙센트미하이, 2007

30. 데시, 2011

31. 데시, 2011

32. Kanter, 2011

33. 칙센트미하이, 2007

34. 박재림, 2010

35. 이지훈, 2010

36. http://www.huffingtonpost.kr/2014/10/25/story_n_6046052.html

37. 아마빌, 2010:274

38. 성과에 대한 보상으로 토큰을 주어 일정 개수를 모으면 피험자가 원하는 것을 상으로 주는 실험이다.

39. 아마빌, 2010:287

40. 아마빌, 2010:313~315

41. 최병권, 2004

42. 데시, 2011

43. 이지훈, 2010

44. 아마빌, 2010

45. 현실적으로 보자면, 또한 필자의 20년에 걸친 관찰과 경험에 의하면 시회적, 물질적 보상은 (내가 출장 다녔던) 동서양의 어떤 국가를 막론하고 구성원들이

애타게 기다리는 것이었던 것 같다. 앞서 제시한 저명한 심리학자, 경영학자들의 내적 동기부여의 중요성은 충분히 인정하지만 사회적, 물질적 보상이 주어졌을 때, 보상을 받은 이들의 눈이 반짝반짝 빛났었음을 나는 아직도 기억하고 있다. 일이 재미있다 보니 보상이 주어졌는지, 아니면 보상을 염두에 두고 일을 하다 보니 일이 재밌어졌는지는 여전히 탐구의 대상이다.

제8장

1. 이지훈, 2010

2. 이지훈, 2010

3. 이지훈, 2010

4. 박재림, 2002

5. 박재림, 2010

6. 한국 기업의 '회장'에 해당한다.

7. "김범수 ⋯ '지식의 저주' 뚫고 아무도 안 가본 길 갔다", 중앙일보(2012년 1월 3일)

8. 히스, 2009

9. 이지훈, 2010

10. http://news.chosun.com/site/data/html_dir/2009/03/13/2009031300862. html에서는 위클리비즈와 인터뷰한 내용을 상세히 볼 수 있다.

11. 이지훈, 2010

12. 믿다가 큰 코 다친 게 2015년 6월의 메르스 사태가 아닐까? 안타깝게도 메르스 사태에 대한 정부의 대응은 국민들에게 불신의 사례로 길이 남을 것 같다.

13. 이지훈, 2010

14. 헤케, 2010

15. 해럴드 경제(2015년 3월 24일)

16. 이종태 외, 2012

17. 권수일, 2004

18. 천대윤, 2001

19. 권수일, 2004

20. Murray, 1968

21. 권수일, 2004

22. 권수일, 2004

23. 안성민, 1999; 장해순 외, 2007; 권수일, 2004

24. 장해순 외, 2007

25. 안성민, 1999

26. 권수일, 2004

27. "'삼시세끼' 먹듯 회의하는 남자", 시사인 388호(2015년 2월 17일)

28. 장동운, 1986

29. 안성민, 1999

30. 권수일, 2004

31. 리프킨, 2015

32. 고수일, 2004

33. 고수일, 2004

34. March and Simon, 1958

35. 이지훈, 2010

36. 은재호 등, 2012

37. 박원우, 2010

38. 김태훈 외, 2008

39. 박원우, 2010

40. 글을 쓰고 있는 지금 이 순간도 세월호는 여전히 국가의 아픔으로 남아있다. 가장 시급하고 중요하게 '협력형 갈등관리'가 이루어져야 할 국가의, 국민의 채무이다. 조속한 해결을 바라는 바이다.

41. 김태훈 외, 2008

42. 박원우, 2010

43. 김태훈 외, 2008

44. 박원우, 2010

45. 김태훈 외, 2008

46. 박원우, 2010

47. Four Steps For Building A Culture Of Open Communication(www.forbes.com, 2014년 10월 3일)

48. 당시 한국의 어느 회사나 마찬가지였겠지만 상명하달식의 경직된 조직구조가

지배적이었고, 솔직하게 자신의 고충을 털어놓을 수 있는 환경이 만들어지지 않았기 때문에, 사내게시판을 운영하는 것은 '있을 수 없는 일'이 벌어진 것이었다.

제9장

1. Kaplan & Norton, 2008

2. 고용노동부, 2014

3. 니콜스 외, 2004

4. "'삼시세끼' 먹듯 회의하는 남자", 시사인 388호(2015.2.17.)

5. 니콜스 외, 2004

6. 한상엽, 2006

7. 피터 드러커, 2007

8. "직장인41% "상사지시 말 안될 때 '뚜껑' 완전 열리죠"", 동아닷컴(2005년 12월 10일자), 웹사이트는 http://news.donga.com/3//20051210/8255528/1(접속일시 2015년 3월 11일)

9. 임금근로자의 59.3%, 인사담당자의 52.9%가 설문에 응했다. 나머지 이유로는 '불합리한 업무 분장 또는 과다한 업무량'이 가장 많은 이유로 꼽히고 있으며 '복잡한 보고 및 문서 수발 절차', '근무시간 중 잡담 및 딴짓', '지나치게 많은 회의 및 장시간 회의 관행' 등이 그 뒤를 잇고 있다.

10. 한상엽, 2006

11. 한상엽, 2006

12. "직장상사 거짓말 1위 '자네만 믿네'", 한겨레(2004년 4월 1일),

13. 고용노동부, 2014

14. 이 부분은 실무적인 보고서 작성요령의 핵심적인 부분이기는 하지만 양이 너무 방대하기 때문에 이 책에 모두 싣지 못한다. 관심 있는 독자 여러분은 연락을 하기 바란다.

15. 라지엘, 1999

16. 이 부분은 워낙 중요한 논리적 사고의 스킬이기 때문에 혁신의 생태학 중 문제해결을 다루는 시리즈에서 집중적으로 다룰 예정이다.

나오며

1. Hamilton, William D. (1964), "The Genetical Evolution of Social Behaviour," parts 1 and 2. Journal of Theoretical Biology 7:1~52. '포괄 적합도', 또는 '호혜적 이타주의'라고도 하는 개념으로 소위 '사회생물학'의 기반을 구축한 개념으로 받아들여진다. 이에 따르면 이타적 행동은 유전적으로 가까운 사이일수록 진화할 가능성이 높아진다. 따라서 유전자에겐 자신의 보존을 위한 '이기적'인 행동이 인간에겐 '이타적' 행동으로 이어진다는 것이다.

2. 존슨, 2004

3. 라이트, 2009

4. Drucker, 1985

5. 최병권, 2008

6. 디그래프, 2007

7. 여기서 말하는 '사고'는 문제를 해결하기 위해 열정을 구체화한 것이라 할 수 있다. '사물에 대한 이해', '현상에 대한 견해', '전체 구조를 정리하는 방법'이 여기에 해당한다. '도구'는 여기에서는 다루지 않고 있지만 생각이나 현상을 '정리하는 도구', '프레임워크 도구', '분석 도구'를 지칭한다. 이 '사고思考뭉치'에 대해서는 다른 시리즈를 통하여 구체적으로 다룰 예정이다(노구치, 2005).

8. 정호승, 2013

참고문헌 —————————————————————————————————————

● 강호영 외(2011), "임파워먼트와 보상 공정성이 내재적 동기부여를 통해 조직
구성원 성과에 미치는 영향 −제조업을 중심으로−", 회계정보연구
● 거스너, 루이스(2012), 코끼리를 춤추게 하라 − 위기의 IBM을 부활시킨 책, 북
앳북스
● 고려대학교 한국사회연구소(2008), "제1차 한국인의 갈등의식조사 결과표", 고
려대학교 한국사회연구소
● 고슬링, 샘(2010), 스눕(상대를 꿰뚫어보는 힘), 한국경제신문사, (김선아 옮김)
● 고용노동부(2014), 일과 삶의 균형을 위한 일하는 방식, 문화 개선 매뉴얼, 고용
노동부
● 고호석, 강인원(2010), "패밀리레스토랑 종업원의 임파워먼트가 직무만족, 조직
몰입과 이직의도에 미치는 영향", 한국항공경영학회지. 8(3): 19~34
● 권수일(2004), "갈등의 발생원인 및 갈등관리 방법", 서울산업대학교
● 길모어, 제임스 외(2010), 진정성의 힘(소비자들이 진정으로 원하는 것은 무엇인가),
세종서적
● 김명수 외(2012), Authentic Leadership이 조직 구성원의 긍정심리자본과 정서
적 몰입에 미치는 영향, 인적자원개발연구 제15권 1호 2012
● 김범열(2002), "도전적 목표(Stretch Goal) 이렇게 관리하라", LG 주간경제
● 김상훈(2011), 진정성 마케팅: 가짜 많은 세상을 뚫는 힘, 동아비즈니스리뷰(79호)
● 김선우(2012), 박태준의 힘, 진정성 리더십, 동아비즈니스리뷰(108호)
● 김성회(2012), "유능한 상사가 되려면 팔로워십을 키워라: 팔로워십을 키우는 5

가지 방법", 브레인월드

- 김인수(2013), "[Hello Guru] 조직행동론의 '구루' 히스 형제, 의사결정 원칙을 말하다", 매일경제(2013년 10월 25일)
- 김인숙(2002), "변화관리활동이 변화이행에 미치는 영향에 관한 연구", 연세대학교 교육대학원
- 김종관, 변상우(2003), "조직변화에 대한 저항원인과 관리방안에 관한 연구", 한국기업경영연구, 17: 101~119
- 김종관(2008), "경영혁신의 영향요인과 조직몰입과의 관계에 관한 연구", 인적자원관리연구 제15권 제3호, pp. 49~62
- 김진희(2007), "고용지원센터의 조직문화, 상담원 태도와 고객 만족도의 관계 분석", 고용 이슈, 한국고용정보원
- 김태홍 외(2005), "국민통합을 위한 사회갈등 해소방안 연구", 한국여성개발원, 경제 · 인문사회연구회 협동연구총서 05-02-01
- 김태훈 외(2008), "공업계 고등학교 교사의 갈등관리유형과 직무만족도 분석", 한국기술교육학회지, 8(2): 127~142
- 김현기(2010), "구성원이 몰입하지 못하는 이유", LG Business Insight(2010년 2월 24일)
- 김호(2011), "나만의 스토리, 진심어린 사과, 좋은 질문 … 진정성 리더십은 커뮤니케이션부터 다르다.", 동아비즈니스리뷰(75호)
- 내들러, 데이비드(2001), 변화의 챔피언, 21세기북스, (도근우 옮김)
- 노구치 요시아키(2005), 전략적 의사결정을 위한 문제해결 툴킷, 새로운제안, (이봉노 옮김)
- 니콜스, 랄프 외(2004), 강한 회사는 회의시간이 짧다, 21세기북스, (심영우 옮김)
- 대통령비서실 보고서 품질향상 연구팀(2007), 대통령 보고서: 청와대 비서실의 보고서 작성법, 위즈덤하우스
- 데시, E.L., 플래스트. R(2011), 마음의 작동법(무엇이 당신을 움직이는가), 에코의 서재, (이상원 옮김)
- 도벨리, 롤프(2012), 스마트한 생각들: 사람의 마음을 움직이는 52가지 심리 법칙, 걷는나무, (두행숙 옮김)
- 도킨스, 리처드(2006), 이기적 유전자(30주년 기념판), 을유문화사, (홍영남 옮김)

- 드 보통, 알렝(2009), 일의 기쁨과 슬픔, 이레, (정영목 옮김)
- 드러커, 피터 외(2000), 현상돌파의 사고력(Breakthrough Thinking), 21세기북스, (현대경제연구원 옮김)
- 드러커, 피터(2002), 미래경영, 청림출판, (이재규 옮김)
- 드러커, 피터(2007), 피터 드러커 매니지먼트, 청림출판, (남상진 옮김)
- 드로스데크, 안드레아스(2004), 철학자 경영을 말하다, 을유문화사, (인성기 옮김)
- 디그래프, 제프 외(2007), 리딩 이노베이션, 마젤란, (홍성준, 조자현 옮김)
- 라빈스, 앤서니(2008), 네 안에 잠든 거인을 깨워라─무한 경쟁 시대의 최고 지침서, 씨앗을뿌리는사람, (조진형 옮김)
- 라이커, 제프리(2004), 도요타 방식(The Toyota Way), 가산출판사, (김기찬 옮김)
- 라이트, 로버트(2009), Nonzero(넌제로): 하나된 세계를 향한 인간 운명의 논리, 말글빛냄, (임지원 옮김)
- 라지엘, 에단(1999), 맥킨지는 일하는 방식이 다르다, 김영사, (이승주 외 옮김)
- 랭어, 앨런(2011), 마음의 시계(시간을 거꾸로 돌리는 매혹적인 심리 실험), 사이언스북스, (변용란 옮김)
- 리프킨, 제레미(2015), 엔트로피, 세종연구원, (이창희 옮김)
- 메디나, 존(2009), 브레인 룰스(의식의 등장에서 생각의 실현까지), 프런티어, (서영조 옮김)
- 민경호(2010), 리더십 이론과 개발, 무역경영사
- 박민수(2007), "eERP 성공요인과 변화관리 특성 간의 상호작용효과가 기업성과에 미치는 영향에 관한 연구", 대한경영교육학회, 경영교육저널 제11권, 2007. 6, pp. 145~161
- 박서영(2007), "리더의 진정성이 부하의 리더 몰입 및 정당성 인식에 미치는 영향에 대한 연구", 이화여자대학교
- 박성희(2011), 진정성, 이너북스
- 박원우(2010), 임파워먼트 실천 매뉴얼, 시스마인사이트컴
- 박일한(2006), "리더는 만들어진다. '가타카'의 빈센트", 육군 2006년 1/2월호
- 박재림 외(2003), 일하기 좋은 기업, 거름
- 박재림(2010), "일하고 싶은 기업 문화, 몰입을 낳다.", 동아비즈니스리뷰(49호)
- 박종하(2015), "모방과 다양성 확보부터 시작 '잡종의 힘'을 믿고 융합하라", 동

아비즈니스리뷰(182호)

- 박진숙(2011), "전통적 리더십과 최근 리더십에 관한 탐색적 고찰: 윤리적 리더십을 중심으로", 한국행정학회, 정기학술대회, 2011년 추계학술대회
- 반 헤케 M. L.(2010), 브레인 어드밴티지(창조적인 리더를 탄생시키는 뇌의 비밀), 다산초당, (이현주 옮김)
- 백기복 , 신제구 , 차동옥(1998), "한국 경영학계의 리더십 연구 30년: 문헌 검증 및 비판", 경영학연구, 한국경영학회
- 백기복(2000), 이슈리더십, 창민사.
- 번스, 제임스 M.(2000), 리더십 강의, 생각의나무, (한국리더십연구회 옮김)
- 번스, 제임스 M.(2006), 역사를 바꾸는 리더십(변혁의 정치 리더십 연구), 지식의날개, (조중빈 옮김)
- 범상규(2013), "착각하는 소비자 심리", 네이버캐스트(2013년 1월 11일)
- 베니스, 워렌(2003), 리더십 원칙(고양이를 길들이듯 사람들을 리드하라), 좋은책만들기, (양영철 옮김)
- 베셀(1985), 인지심리학(제6판), 중앙적성출판사, (김경린 옮김)
- 보시디, 래리 외(2004), 실행에 집중하라, 21세기북스, (김광수 옮김)
- 브룩스, 데이비드(2011), 소셜 애니멀: 사랑과 성공 성격을 결정짓는 관계의 비밀, 흐름출판, (이경식 옮김)
- 브리지스, 윌리엄(2004), 변환관리, 물푸레, (이태복 옮김)
- 브리태니커 편찬위원회(2014), 뇌의 발견 인류 지식의 표준, 브리태니커가 집대성한 뇌 과학의 모든 것, 아고라, (이한음 옮김)
- 삼성경제연구소(2009), "한국의 사회갈등과 경제적 비용", CEO Information, 삼성경제연구소
- 서덜랜드, 스튜어트(2008), 비합리성의 심리학, 교양인, (이세진 옮김)
- 석안식(1998), "6시그마 운동의 성공 요인: GE 사례", 대한산업공학회 98 추계학술대회 논문집, 고려대학교: Session C43.2(초청 세션(Six Sigma))
- 선스타인, 캐스(2013), 심플러, 21세기북스
- 설, 도널드 N.(2003), 기업혁신의 법칙, 웅진지식하우스, (안진환 옮김)
- 세일러, 리처드 H.(2007), 승자의 저주: 경제 현상의 패러독스와 행동경제학, 이음, (최정규, 하승아 옮김)

- 셀리그만, 마틴(2009), 긍정심리학, 물푸레, (김인자 옮김)
- 손욱(2006), 변화의 중심에 서라, 크레듀
- 송복 외(2006), 박태준 사상, 미래를 열다, 아시아
- 시, 크리스토퍼(2011), 결정적 순간에 써먹는 선택의 기술, 북돋움, (양성희 옮김)
- 시비타 마사하루, 가네다 히데하루(2001), 도요타 최강경영, 일송미디어, (고정아 옮김)
- 신동엽(2010), "Authentic Leadership: 진정한 리더, 직원을 춤추게 한다.", 동아비즈니스리뷰(64호)
- 신동엽(2012), "2012년 재계 신년사 분석", 동아비즈니스리뷰
- 신병철(2013), "[DBR 경영 지혜] 좋은 제품이라면 … 먼저 써보게 하고 기다려라", 동아일보(2013년 2월 8일)
- 신유근(1997), 인간존중의 경영, 다산출판사
- 신제구(2015), "'좋은 일터' 만들기가 중요한 이유", 포춘코리아 2015년 2월호
- 신창호(2013), 계절의 순환에서 리더십을 읽어 보자, 월간 경영계, 한국경영자총협회
- 심상범, 유인선(2009), "도요타 생산시스템의 기업문화가 생산관리 목표 및 경영성과에 미치는 영향", 상품학연구 제27권 3호
- 아마빌, 테레사(2010), 심리학의 눈으로 본 창조의 조건, 21세기북스, (고빛샘 옮김)
- 안성민(1999), "갈등관리의 제도화", 한국행정학회 1999년도 동계학술대회 발표논문집, 1999. 12, pp. 45~157.
- 안영진(2007), 변화와 혁신, 박영사
- 애리얼리, 댄(2008), 상식 밖의 경제학, 청림출판, (장석훈 옮김)
- 엄기성(2007), "조직역량과 조직 효과성 인식에 관한 연구", 석사논문 연세대 교육대학원
- 에케스, 조지(2003), 6시그마 리더십(21세기 기업 생존을 위한 새로운 경영 혁신 전략), 위즈덤아카데미, (김석우 옮김)
- 오춘백(2010), MBB BB를 위한 SIX SIGMA BIBLE(운영편), 이담북스
- 와이스버그, 로버트 W.(2009), 창의성: 문제 해결 과학 발명 예술에서의 혁신, 시그마프레스, (김미선 옮김)

- 와이즈먼, 리차드(2013), 립잇업(멋진 결과를 만드는 작은 행동들), 웅진지식하우스, (박세연 옮김)
- 왕중추(2005), 디테일의 힘, 올림, (허유영 옮김)
- 울리치 데이브, 커 스티브(2002), The GE Work-Out, 물푸레, (이태복 옮김)
- 웰치, 잭, 웰치, 수지(2005), 잭 웰치, 위대한 승리, 청림출판, (김주현 옮김)
- 유영만(2008), 학습파워, 위즈덤하우스
- 윤혜숙(2005), "독자기자석: 반상회 집값 담합 한심", 한겨레(2005년 7월 1일 30면)
- 은재호, 장현주(2012), "조직 내 갈등에 대한 공무원의 갈등관리유형에 관한 연구: Thomas & Kilman의 갈등관리유형을 중심으로", 한국인사행정학회보, 제11권 제1호
- 이관응(2006), "GWP 구현을 위한 서번트 리더십 모델의 개념적 모색", 숙명 리더십 연구
- 이계평(2011), "내가 가진 것은 너무 소중하다? 상품 거래 시 '소유 효과' 경계를", 한국경제(2011년 12월 9일)
- 이동배(2008), "기업조직에서의 변화관리", 월간 인재경영
- 이명재(2004), "조직 변화관리와 조직발전", 사회과학연구, Vol. 19, p.1
- 이병찬 외(2005), 중소기업 중간관리자를 위한 직무역량강화 프로그램, 지역인적자원개발센터 대구경북연구원
- 이미영, 최현철(2012), CSR 활동의 진정성이 기업태도에 미치는 영향에 관한 연구, 韓國言論學報, 56권 1호
- 이상우(2013), "호텔 구성원의 팔로워십이 서비스 지향성에 미치는 영향", 한국콘텐츠학회
- 이세나(2011), "현란함보다 진정성 돋보이는 시대", 한국마케팅연구원, 마케팅, 제45권 제5호, page(s): 68~71
- 이수광(2010), "변혁적 리더십이 정서적 - 유지적 몰입에 미치는 차별적 영향에 관한 연구", 관광경영연구 제14권 제1호(통권 제42호) pp.131~146. 관광경영학회
- 이승창, 허원무(2008), "CRM 구현 이후 변화관리의 중요성", 한국산업경영학회, 경영연구, 제23권 제2호, pp. 117~150
- 이어령(2009), 젊음의 탄생, 생각의나무

- 이영희(2004), "민주화와 사회 갈등: 공공정책을 둘러싼 사회갈등의 이해", 동향과 전망, 61, pp. 36~67
- 이외수(2004), 감성사전, 동승동
- 이윤미, 김복미(2008), "변혁적 리더십과 조직몰입의 관계에 미치는 임파워먼트의 매개효과", 대한간호학회지, 제38권 제4호
- 이임정, 윤관호(2006), "유비쿼터스시대의 핵심인재계발을 위한 모티베이션의 활용", 전자상거래학회지, 제7권 제4호
- 이종태, 김종길, 김희연(2012), "디지털 사회갈등의 새로운 양상과 사회 통합의 정책방향", 정보통신정책연구원, 방송통신위원회
- 이지훈(2010), 혼 창 통 – 당신은 이 셋을 가졌는가, 쌤앤파커스
- 이창균 외(2010), "사회통합을 위한 갈등관리제도의 효율화 방안", 경제인문사회연구회
- 임수연(1998), "포장디자인이 소비자에게 미치는 시각인지심리에 관한 연구", 석사논문, 한양대학교 교육대학원
- 장동운(1986), "조직 내 갈등에 관한 연구", 한국인사관리학회, 인사관리연구, Vol. 10, 1986. 12, pp. 135~154
- 장한기, 조영주(2006), "교사들의 갈등관리유형에 따른 직무만족의 차이", 수산해운교육연구
- 장해순, 한주리, 이인희(2007), "출판사 조직 구성원의 갈등관리행동이 갈등 후의 결과 및 관계만족도에 미치는 영향", 한국출판학회, 한국출판학연구 통권 제52호, pp. 273~303
- 정동일(2011), "'참된 나'를 찾아라, '진정성 리더십'이 온다.", 동아비즈니스리뷰(75호)
- 정은주(2013), "판사를 좌지우지하는 검사: 초깃값에 의존하는 '정박 효과'", 한겨레21(제956호)
- 정진홍(2006), 완벽에의 충동, 21세기북스
- 정호승(2013), 내 인생에 용기가 되어준 한마디, 비채
- 제리슨, 제럴드(2008), 유쾌한 변화경영: 뜨는 조직, 뜨는 회사의 변화관리 비법, 가산출판사, (포엠아이컨설팅 옮김)
- 조영호(2001), 청개구리 기업문화, 크리에이츤

- 조성대 외(2001), 인간관계의 이해, 동림사
- 조현영(2007), "Leadership Essence". 월간 리더피아. Retrieved September 29, 2009 from http://magazine.hunet.co.kr/Magazine/Index.aspx
- 존슨, 스티븐(2004), 이머전스: 미래와 진화의 열쇠, 김영사, (김한영 옮김)
- 진종순, 문신용(2007), "팀제 도입에 대한 공무원 수용성의 영향요인−지방국토관리청을 중심으로", 정부학연구, 제13권 제4호(2007): 113~142
- 차동옥(2005), "리더십 연구의 최근 동향: CEO 리더십을 중심으로", 인사관리연구 Vol.29 No.4, 한국인사관리학회
- 챔피, 제임스(2009), 착한 소비자의 탄생 − 그들은 무엇에 열광하는가, 21세기북스, (박슬라 옮김)
- 천대윤(2001), 갈등관리전략론, 선학사
- 천대윤(2008a), 현장중심의 액션러닝 변화혁신 리더십, 북코리아
- 천대윤(2008b), "변화혁신의 확산요인 및 시사점: 이론과 사례를 중심으로", 한국행정학보, 제42권 제2호, 71~95
- 최병권(2004), "동기부여 강화를 위한 3가지 포인트", LG 주간경제
- 최병권(2008), "창의성 발현의 10가지 비결", LG Business Insight
- 최서현, 이도화(2013), "팔로워십이 LMX 질을 매개로 조직 구성원의 조직몰입과 혁신행동에 미치는 영향", 한국산업경제학회, 산업경제연구 26(5)
- 최순화(2013), "고객 대하듯 조직 구성원에게 마케팅하라 품격 있는 진정성이 가능해진다", 동아비즈니스리뷰(136호)
- 최순화(2014), "'잘못 1 + 사과 1 = 잘못 0 ' … 진심 담은 'I'm sorry'의 위력", 중앙Sunday
- 최인철(2007), 프레임, 21세기북스
- 최종학(2015), "진정성에서 극명한 차이를 보인 땅콩 회항과 타이거 우즈 사건", Fortune Korea
- 치알디니, 로버트(2002), 설득의 심리학 1, 21세기북스, (이현우 옮김)
- 칙센트미하이, 미하이(2007), 몰입의 즐거움, 해냄출판사, (이희재 옮김)
- 카너먼, 대니얼(2012), 생각에 관한 생각, 김영사, (이진원 옮김)
- 칸노 히로시(2006), 리더십 테크닉, 비즈니스맵, (보스턴컨설팅그룹 옮김)
- 코터, 존(2002), 기업이 원하는 변화의 리더, 김영사, (한정고 옮김)

- 코터, 존(2003), 기업이 원하는 변화의 기술, 김영사, (김기웅 옮김)
- 코터, 존(2006), 빙산이 녹고 있다고-펭귄에게 배우는 변화의 기술, 김영사, (유영만 옮김)
- 콜린스, 짐(2002), 성공하는 기업들의 8가지 습관, 김영사, (워튼포럼 옮김)
- 콜린스, 짐(2011), 좋은 기업을 넘어 위대한 기업으로, 김영사, (이무열 옮김)
- 탈러, 리처드, 선스타인 캐스(2009), 넛지(똑똑한 선택을 이끄는 힘), 리더스북, (안진환 옮김)
- 파운드스톤, 윌리엄(2011), 가격은 없다: 당신이 속고 있는 가격의 비밀, 동녘사이언스, (최정규, 하승아 옮김)
- 포사다, 호아킴 데(2009), 마시멜로 이야기, 한국경제신문사, (김경환 옮김)
- 피터스, 톰(2005), 초우량기업의 조건, 더난출판, (이동현 옮김)
- 핑커, 스티븐(2004), 빈 서판(인간은 본성을 타고 나는가, 사이언스 클래식 2), 사이언스북스, (김한영 옮김)
- 핑크, 다니엘(2011), 드라이브-창조적인 사람들을 움직이는 자발적 동기부여의 힘, 청림출판, (김주환 옮김)
- 하버드 경영대학원(2004), 변화 경영의 핵심 전략, 청림출판, (현대경제연구원 옮김)
- 하영원(2012), "고객과 가치 공유한 마케팅 3.0, 한계와 발전 방향은?", 동아비즈니스리뷰(116호)
- 하정민(2013), "[세계경제를 움직이는 사람들] 주류 경제학 '구멍' 파고든 '행동경제학' 창시자", 신동아(인터넷)
- 한국교육심리학회(2000), 교육심리학용어사전, 학지사
- 한국여성개발원(2005), "국민통합을 위한 사회 갈등해소 방안", 한국여성개발연구원
- 한봉주(2013), 변혁적 리더십, 진정성 리더십과 조직몰입 간의 관계에 관한 연구-심리적 자본과 LMX의 매개효과를 중심으로, 한국조직학회, 한국조직학회보 10(1), 157~201
- 한상엽(2005), "리더의 성공, 팔로워십에 달려 있다", LG 주간경제
- 한상엽(2006), "변화를 가로막는 조직의 고질병", LG 주간경제
- 한주희(1999), 기업 내 변화에 대한 저항 극복 방안, Prime Business Report 제

79호, 현대경제연구원

- 해머, 마이클. 챔피, 제임스(2008), 리엔지니어링 기업혁명(비즈니스 혁명을 위한 마지막 선언), (공민희 옮김)
- 해멀, 개리(2009), 경영의 미래, 세종서적, (권영설 외 옮김)
- 행정안전부(2011), 과학적 조직관리를 위한 조직진단 매뉴얼, 행정안전부
- 행정자치부(2005a), 지방행정혁신 표준매뉴얼, 행정자치부
- 행정자치부(2005b), 05년 진단·혁신관리매뉴얼, 행정자치부
- 행정자치부(2006), 조직 진단 매뉴얼. 1-2, 행정자치부
- 행정자치부(2008), 혁신 지속성 확보와 GWP(Great Work Place) 구현 방안 – 성과창출형 조직문화 구축을 중심으로, 행정자치부 내부자료
- 황인경(2004), "변화 리더의 성공 5계명", LG 주간경제
- 허지성(2009), "힘 잃은 포지셔닝… 대안은 진정성", 동아비즈니스리뷰(41호)
- 히레비니액, 로렌스 G(2007), Making Strategy Wokr–전략실행(CEO의 새로운 도전), 럭스미디어, (AT 커니 코리아 옮김)
- 히로나카 헤이스케(2008), 학문의 즐거움, 김영사, (방승양 옮김)
- 히스 칩, 히스 댄(2009), 스틱, 웅진윙스, (안진환, 박슬라 옮김)
- Amabile T. M., Kramer S. J (2010), What Really Motivates Workers: Understanding the power of progress, Harvard Business Review
- AT커니(2005), 창조 혁명 보고서, 매일경제신문사
- Bass, B. M (1985), Leadership and Performance Beyond Exception. NY: The Free Press
- Bovey, W. H., Hede, A (2001) "Resistance to organizational change: the role of cognitive and affective processes", Leadership & Organization Development Journal, Vol. 22 Iss: 8, pp.372-382
- Burns, J. M(1978). Leadership, New York: Harper & Row
- Coch, L. and French, J. R.(1948) Overcoming resistance to change, Human Relations
- Dotlich, D. L. & Cairo. P. C., (2003), Why CEOs fall: the 11 behaviors that can derail your climb to the top-and how to manage them. San Francisco, CA: Jossey-Bass

- Drucker, P. (1985), "The Discipline of Innovation", HBR
- Drucker, P. (2004), "What Makes an Effective Executive", Harvard Business Review.
- Drucker, P. (2006), "What Executives Should Remember", HBR
- Goleman, Daniel (1998), "What makes a leader", Harvard Business Review
- Hernandez M, Eberly MB, Avolio BJ (2011), "The loci and mechanisms of leadership: Exploring a more comprehensive view of leadership theory", The Leadership Quarterly 22 1165−1185
- Hiatt, Jeffrey M. (2006). "ADKAR: A Model for Change in Business, Government and Our Community." Prosci
- Kanter, Rosabeth Moss (2011), "How Great Companies Think Differently", Harvard Business Review
- Kaplan R. S, Norton D. P. (2008), "Mastering the Management System", Harvard Business Review, January, 2008
- Kotter, John (1995), "Leading Change − Why Transformation Efforts Fail", Harvard Business Review
- Lawrence, P. R. (1969), How to Deal with Resistance to Change, Harvard Business Review
- Lewin, Kurt (1947), "Frontiers in Group Dynamics : Concept, Method and Reality in Social Science; Social Equilibria and Social Change", Human Relations 1: 5
- March, J. and Simon, H. (1958), Organizations, NY: John Wiley
- Murray, E., (1968), International Encyclopedia of the Social Science, III, NY: Macmilan & Free
- Piaget, J. (1968), On the development of memory and identity, Barre, MA: Clark University Press with Barre Publishers
- Quinn, R. E. (1988). Beyond rational management. San Francisco, CA: Jossey−Bass
- Reece, Brandt, Howie (2011), Effective Human Relations − Interpersonal and Organizational Applications 11th, Cengage Learning

- Senge, Peter M. (1990), The Fifth Discipline (The Art & Practice of the Learning Organization, Currency and Doubleday

- Thomas, K. W. & Kilman, R. H. (1974), Thomas-Kilman Conflict Mode Instrument, Tuxedo, NY: Xicom

- Thomas, K. W. & Kilman, R. H. (1975), "The Social Desirability Variable in Organizational Research: An Alternative Explanation for Reported Findings", Academy of Management Journal, 18(4)

- Tuckman, Bruce (1965). "Developmental sequence in small groups". Psychological Bulletin 63 (6): 384-99

- Tversky, Amos, Kahneman, Daniel (1981), The Framing of Decisions and the Psychology of Choice, Science, New Series, Vol. 211, No. 4481. (Jan. 30, 1981), pp. 453-458

- Weisbord, M. R (1976), "Organizational Diagnosis : Six Places to Look for Trouble with or without a Theory", Group and Organization Studies. 1: 430-447

- Yukl, G. (2006), Leadership in Organizations, Prentice-Hall

※ 접속한 웹사이트 정보는 주석에 명기하였다.

변화를 경영하다

지은이 | 오춘백
펴낸이 | 박영발
펴낸곳 | W미디어
등록| 제2005-000030호
1쇄 발행 | 2015년 10월 24일
주소 | 서울 양천구 목동서로 77 현대월드타워 1905호
전화 | 02-6678-0708
e-메일 | wmedia@naver.com

ISBN 978-89-91761-86-5 (세트)
ISBN 978-89-91761-87-2 (04320)

값 19,000원